孔祥毅文集

财经教育及其他

（九）

经济管理出版社
ECONOMY & MANAGEMENT PUBLISHING HOUSE

图书在版编目（CIP）数据

孔祥毅文集/孔祥毅著 . —北京：经济管理出版社，2016. 10
ISBN 978 – 7 – 5096 – 4344 – 0

Ⅰ.①孔…　Ⅱ.①孔…　Ⅲ.①金融学—文集　Ⅳ.①F830—53

中国版本图书馆 CIP 数据核字（2016）第 074940 号

组稿编辑：杜　菲
责任编辑：杜　菲
责任印制：司东翔

出版发行：经济管理出版社
　　　　　（北京市海淀区北蜂窝 8 号中雅大厦 A 座 11 层　100038）
网　　址：www. E – mp. com. cn
电　　话：(010) 51915602
印　　刷：北京九州迅驰传媒文化有限公司
经　　销：新华书店
开　　本：787mm × 1092mm/16
印　　张：233. 75（全九卷）
字　　数：3916 千字（全九卷）
版　　次：2016 年 10 月第 1 版　　2016 年 10 月第 1 次印刷
书　　号：ISBN 978 – 7 – 5096 – 4344 – 0
定　　价：1280. 00 元

本书承瀚华金控股份有限公司资助出版

本集目录

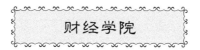

财经大学

财经教育研究

研究方法论

学生记忆

国学教育

财经学院

山西财经学院院长关于学校情况向中华全国供销合作总社领导的汇报

背景说明

　　山西财经学院原为山西省办学校，1978 年划归中华全国供销合作总社直属领导，1984 年归商业部直属管理，后来因国家将商业、粮食、物质和供销合作总社四部合为内贸部，成为内贸部的下属学校。1995 年 5 月 15 日供销合作总社恢复独立建制，山西财经学院又划归总社管理。9 月 15 ~ 17 日，全国供销合作总社召开直属高校工作座谈会，听取山西财院、安徽财院、北京商业干部学院等各院长汇报并讨论学校发展、特色与效益。因为这是学校发展史上的一个重要节点，涉及办学方向和发展规划等重大问题，特收录于此。需说明，这是汇报提纲的摘要。

　　我们听到学院隶属总社领导后，感到非常高兴。山西财经学院早在 1978 年就由总社直属领导。之后国家机构几次变革，山西财院划归商业部、内贸部等，现在总社恢复成立，这对我们学院的发展又是一次难得的机遇。下面我们从管理体制沿革、学院基本情况、当前工作任务和存在问题及今后工作思路五个方面向总社领导作一简要汇报。

一、管理体制沿革

　　山西财经学院的前身是山西省财贸系统的商业、供销、财政、银行、粮食五所干部学校，1958 年 9 月 1 日，经中共山西省委、省政府批准，将五所干校合并，正式成立山西财经学院。1969 年开始招收第一届本科生。是新中国成立以后建立较早的一所高等财经院校。

但是，山西财院走过的 37 年的路程是艰难的，曾经经历了"三上两下"的曲折。1958 年成立后，只招了三届本科生，1962 年 7 月停止招收本科生，并降格为山西财经学校。这期间山西财经学院和山西财经学校的校牌、印章同时使用。学校既有本科生也有专科生、中专生，不久，随着经济形势的好转，于 1964 年 7 月 6 日，经国务院批准，恢复山西财经学院，由山西省人民委员会主管；同年开始招收本科生。"文革"期间，于1971 年 7 月，学院第二次"下马"改为山西省财贸干部学校，两年后于1973 年，再次经国务院批准，山西财经学院恢复招生。

自 1973 年第三次"上马"之后，到 1978 年 9 月 4 日经原教育部批准，山西财经学院的领导体制由山西省领导，改为以全国供销合作总社和山西省双重领导，并以总社为主的领导体制。1984 年，商业部、粮食部和供销总社合并为商业部，山西财经学院的领导体制也同时变更为直属商业部领导，1993 年国内贸易部成立，山西财经学院同时成为内贸部直属的高等学校。

二、学院基本情况

建院 37 年来，学院前进的道路虽艰难曲折，历经坎坷，但是在党和政府的关怀与支持下，经过学院历届领导和全体师生的共同努力，学院从小到大，逐步发展，先后为国家培养、培训了 3 万多名各级各类经济管理人才。与此同时，学院各方面的面貌都发生了巨大的变化。

（一）学院机构设置

学院现有系、处级机构 34 个，其中：党群工作部门 9 个（党委办公室、组织部、宣传部、统战部、离退人员工作部、学生工作部、纪监审办公室、工会和团委）；行政处、室 10 个（院长办公室、外事办公室（与院办合署办公）、教务处、人事处、学生处（与学工部合署办公）、总务处、财务处、科研处、保卫处、校园经济开发管理处）；教学系、部 15 个（贸易经济系、工商管理系、计划统计系、会计学系、审计学系、财政金融系、信息管理系、法律系、经贸外语系、基础课教学部、马列主义理论教学部、外语教学部、研究生部、成人教学部、图书馆）。另有科研、科技开发机构 5 个（经济研究所、合作经济研究所、三晋经济研究所、出版发行部、商务实用技术咨询部)。

（二）专业设置

学院有硕士研究生学位授予权的专业是：统计学、商业经济学、货币银行学三个专业 12 个研究方向；本科专业 19 个，均具有学士学位授予权。19 个本科专业是：国民经济管理、统计学、财政学、货币银行学、贸易经济、国际金融、国际贸易、税务、审计学、投资经济、劳动经济、企业管理、会计学、理财学、市场营销、经济信息管理、企业管理涉外专门化、经济法、英语（经贸英语）。此外还设有 11 个专科专业，包括合作经济、文秘等。

（三）学生情况

研究生教育：1986 年经国务院学位委员会正式批准 1987 年开始招收首届硕士学位研究生，至今已招收 7 届学生，毕业 6 届 33 人，其中在国内外读博士的 2 人，在高校任教的 7 人，其余在银行、商业、科研等部门工作。1995 年下半年在校研究生将达到 51 人。

本科教育情况：从 1959 年开始招收首届本科生，到现在已毕业 28 届，为国家培养和输送了高级经济管理人才近万人，不少同志在各级经济管理部门担任要职或成为企业的业务骨干，为社会主义经济建设做出了积极的贡献。现在在校本科生人数为 9712 人，今年本科毕业生为 583 人，本科生招生计划为 930 人，到 9 月开学后，学院本科生人数将达到3059 人。

专科教育情况：根据经济形势的发展和紧缺专业对人才的需求，共培养了专科生 23 届，人数达 6090 余人，现有在校专科生 816 人，1995 年专科毕业生 629 人，专科生计划招生人数 332 人，到 9 月开学后学院专科学生将达到 519 人。

成人教育及培训情况：我院从 1958 年建校起，始终对成人教育及干部岗位培训抓得比较好。特别是 1983 年恢复成人高等教育以来，经过十几年的发展，共培养函授、夜大本专科学生及全脱产师资班、干部班学生7000 余人，各类专业证书大专班、短期培训班学员 20000 余人。目前在学函授、夜大、双招班等成人学历教育的人数为 561 人。各类脱产和半脱产的专业证书班在学人员约 500 余人（自学考试系列，我院属于财经类专业的主考院校，每年大约承担数万人的主考工作）。

以上四个层次的学历教育人数按国家教委教育统计折算口径在校生人

数为 5392 人（函授生 5 个折 1 个本科生、夜大 2 个折 1 个本科生、全脱产师资班 2 个折 1.5 个本科生、研究生 1 个折 2 个本科生）。

（四）教职工队伍状况

学院现有在职教职工 823 人。其中教师 406 人，教学辅助人员 131 人，科研人员 9 人，党政干部 135 人，工勤人员 142 人。离退休人员 153 人。计划内用的临时工 110 人。实际拿工资的人数 1086 人。

专任教师中（含离退休返聘的教师）的职务结构是：教授 22 人，占教师总数的 5.4%；副教授 114 人，占教师总数的 28.1%；讲师 173 人，占教师总数的 42.6%；助教 73 人，占教师总数的 18%；未定职称的 24 人，占教师总教的 5.9%。教师的学历构成是：研究生毕业（含取得硕士学位）的 111 人，占教师总数的 27.3%；本科毕业的 253 人，占教师总数的 62.3%；本科以下 42 人，占教师总数的 10.3%。教师队伍的年龄结构是：30 岁及 30 岁以下的 135 人，占教师总数的 33.3%，31 ~ 40 岁的 155 人，占教师总数的 38.2%；41 ~ 50 岁的 47 人，占专任教师总人数的 11.6%；51 ~ 60 岁的 57 人，占教师总数的 14%；61 岁及以上的 12 人，占教师总数的 3%。

（五）基础设施情况

学院占地面积为 167 亩（其中校本部 132 亩，成教分院 35 亩），校舍建筑总面积为 113484 平方米，其中教学用房 23062 平方米，行政办公用房 11627 平方米，生活及其他用房 78795 平方米（其中：学生宿舍 23249 平方米，学生食堂 8411 平方米，教工单身宿舍 3767 平方米，教工住宅 38027 平方米，其他附属用房 5341 平方米）。拥有固定资产约 4675 万元，其中教学仪器设备 992.5 万元，图书馆藏书 47 万册。

此外，我们还建有语言实验室、计算机实验室、会计模拟实验室、商品学实验室、视听阅览室、电教中心等。

（六）办学效益

我们注重走内涵发展的道路，通过深化改革、加强管理充分发挥了学院现有人力、物力和财力的潜力，扩大了规模，在提高学院办学效益的同时，也扩大了学院办学的社会效益，主要表现在以下几个方面：

1. 产出效益

1991 ~ 1994 年共为国家输送各级各类经济管理专门人才 13000 余人，其中研究生本科生（含成人本科生）3066 人，专科生（含成人专科生）

5970 人，以专办专业证书或举办培训班等形式为社会培训经济管理人员 5000 余人。

2. 规模效益

在校研究生、本专科生由 1991 年的 3006 人发展到 1994 年的 3662 人；成人本专科的在学人数也由 1991 年的 4225 人，发展到 1994 年的 5615 人。专任教师与在校生之比为之 1∶8.8，在全国高教系统中算比较高的。

3. 质量效益

在规模不断扩大的同时，学院十分重视教学质量的提高，取得了比较明显的效果。全国大学生四级英语统考通过率由 1990 年（88 级）的 40%，提高到 1993 年（91 级）的 69.7%，1994 年通过率为 70.07%；在国家教委和中央电视台 1993 年 10 月举办的"首届全国计算机基础知识大赛"中，我院 1992 级信息本科班学生郭晨光荣获第二名；几年来我院向省委、省政府推荐的优秀毕业生占山西 14 所本科院校推荐的毕业生总数的 17%；在山西省 1991 年组织的首次公开选拔 4 名副厅级干部中，金榜题名者中有 3 名是我院毕业生；在省教委组织的 31 所大专院校教师外语统考中，我院连续数年名列榜首；山西省教委 1993 年组织的全省 14 所本科院校"马列主义理论课教学质量评估"中，有三项指标，我院除经费投入列第 13 位外，"组织领导"和"教学质量和科研水平"两项指标，分别列第一、第二位；在省教委 1992 年组织的教学管理评估中，我院取得一类（80 分以上）的好成绩；我院成人教学部 1993 年荣获山西省教委授予的"全省成人高等教育先进单位"称号。

（七）科研状况

1. 研究机构

学院现有科学研究机构为三所一室，即经济研究所（专职）、合作经济研究所（兼）、三晋经济研究所（兼）和高教研究室（专）。其研究方向分别为商业经济、合作经济和山西地方经济，专兼职人数中，有 5 名享受政府特殊津贴的专家、8 名部级优秀专家（含享受政府特贴），有 3 名"青年科学家"。

2. 学术刊物

有三刊一报。即《山西财经学院学报》、《高等财经教育研究》、《经济研究资料》、《山西财经学院报》。

3. 研究成果

1992 年我院教职工完成科研成果 343 项，其中著作（译著）75 部，论文 267 项（篇），成果总量比上年增长 10%，是 1985 年成果总量的三倍还多，在 75 部著作中，全国性出版的达 30 余部；在 267 篇论文中，全国性重点杂志发表 29 篇，占论文总量的 10%，超过了以往的任何一年。1993 年我院教职工完成科研成果 468 项，其中著作 90 部，论文 378 篇，成果总量比上年增长 46%，在 378 篇论文中，全国性重点杂志发表的有 61 篇，比上年增长 1 倍。1994 年我院教职工完成科研成果总数达 617 项，其中著作 93 部，论文 524 篇，成果总量比上年增长 32%，在发表的 524 篇论文中，全国性杂志发表的 140 篇，比 1993 年翻了一番。

4. 获奖科研成果

1994 年山西财院科学研究在服务经济建设中又迈出了较大步伐，在省委宣传部、省教委组织的优秀科研成果，及省团委等单位组织的优秀青年评奖中都取得较高的中奖率。

为促进山西经济的发展与腾飞，中共山西省委宣传部、山西省哲学社会科学规划领导小组决定，从 1994 年起设立"山西省社会科学研究成果应用奖"，在首届社会科学研究成果推广应用奖评审中，我院推荐孔祥毅教授的"山西商人及其历史启示"研究报告获一等奖；刘永祥副研究员撰写的《新编工业会计》一书、张新伟同志撰写的《城市工业发展一般规律探寻》及郭立焕教授主持的《城市商业经济效益比较研究》课题获二等奖。

在"首届社会科学研究成果推广应用奖"评审过程中，我院科研处由于组织工作细致，推荐成果中奖率高，同时被评为"山西省首届社会科学研究成果推广应用组织工作先进单位"。

为了充分发挥全省高等学校人文社会科学研究工作者从事古科学研究的积极性和创造性，促进科学建设与人才培养，推动社会主义物质文明和精神文明建设，国家教委和山西省教委同时决定进行人文社会科学优秀成果评审。在省教委人文社会科学研究优秀成果奖评审中：1979~1994 年我院共推荐的 59 项成果参评，有 25 项成果获奖，中奖率为 42.4%，其中一等奖 10 项，二等奖 15 项。

5. 1994 年度

我院除正在进行中的省、部级以上课题"企业破产问题研究"、"金融与商业关系研究"、"宏观调控理论及政策体系研究"外，又争取到省部级以上研究课题 6 项，包括省科委 2 项、国内贸易部 1 项、国家教委 1

项、财政部 1 项、国际土地局 1 项。

在上述课题中属于应用计算机管理系统的课题，均已通过鉴定，投入运行后，受到用户的好评。综观 1994 年度立项课题和横向课题，其在研究方向上更注重应用性和实践性。

三、近期工作任务

近期我院工作总的指导思想是：以邓小平建设有中国特色社会主义的理论为指导，坚持党的基本路线，认真贯彻中共十四大和十四届三中全会、四中全会精神，落实全国教育工作会议和国内贸易部及山西省教育工作会议任务，统一思想，加强领导，深化改革，推进发展，保持稳定，提高办学质量和办学效益。在这个总的指导思想下，主要抓好以下十项工作：

（一）以学科建设为中心，狠抓教学质量

（1）在 1994 年、1995 年上半年两次根据市场经济发展对人才需要，大幅度调整教学计划基础上，正在对教学大纲进行修订和制订。目前共开设 271 门课程，拟分三批把大纲健全。1995 年拟完成核心课和主干课大纲 61 门，1996 年再完成 140 门，逐步实现没有大纲不能开课的目标。

（2）加强教材建设，1995 年教材规划为更新 15 门，新编 15 门，实现统编、联编、自编教材相结合，保证教材质量。

（3）对已经建立的 2 个试题库进行修订，1995 年再建设 3 门课试题，逐步实现题库化。

（4）加强教风、学风建设，狠抓考风考纪。

（二）实施"521"工程，加强师资队伍建设

师资队伍的目标是 3~5 年，中、老年教师绝大部分达到博士水平，具体要求：一是了解学科前沿动态；二是在本学科内的若干问题上有自己独立的见解；青年教师（45 岁以下）基本达到博士硕士化。为此，要全面实施山财"521"工程，即山西财院的跨世纪人才工程。用 5~7 年的时间，培养 50 名 46 岁左右的教学科研型人才；培养 20 名 40 岁左右的科研教学型人才；培养 100 名教学骨干即教学型人才。

为了实施这项工程，拟用 5 年的时间筹措 100 万元的资金（每年 20 万元），拨出一定的高职指标、拿出若干套住房用于教师培养和吸引人才。

（三）积极准备、迎接国家教委对高校教育水平进行综合评估

根据国家教委教计（94）239 号文件，国家教委今后对高校的宏观管理，其中一项很重要的工作就是要开展对高校教育水平评估，并要向全社会公布评估结果，这项评估将作为确定高校发展规模的重要依据。因此，我院要积极开展自评，缺啥补啥，及早动手，及早安排。目前，研究生工作评估和成人教育工作评估工作正在进行。

（四）搞好新增硕士点的申报工作

一个学校硕士点多少是衡量学校教学水平高低的一个重要指标；是关系到高级职称评审权的一个重要条件。硕士点的增加，关系到财院大局，关系到财院的发展和未来。今年申报增列的硕士点，经济学方面有会计学（会计理论与实务、财务管理、社会审计、管理会计四个研究方向）、企业管理（合作经济理论与管理实务、商业企业管理、市场营销三个研究方向）、中共党史（国共关系史、地方党史、毛泽东—邓小平中国经济理论三个研究方向）、计算机信息管理（自动化研究方向等）。

（五）加强科研管理工作的力度

积极制造条件，促进科学研究工作上质量、上水平、上档次。

（六）继续加强和改进德育工作

在学生中开展世界观、政治观、道德观、价值观和经济观五观教育，继续开展创建优良学风和宿舍文化系列活动。

（七）加强后勤管理，深化后勤改革，为师生员工排忧解难

全力搞好已建两栋住宅楼的分配，准备再建一栋住宅楼，争取在1995 年、1996 年两年使无房户减少到现在的 1/3。

（八）继续搞好基本建设工作

一是抓紧抓好 5 号宿舍楼的施工和 6 号楼的开工准备工作；二是抓紧华能国际工商管理学院的工程建设。

（九）切实搞好整章建制，推动学院工作向制度化、规范化、科学化发展

今年要重新审核、修订、汇编学院近年来的规章制度；在财务管理工作中要深化改革，大力开展增收节支，进一步理顺学院和各系创收的财务关系，管好用好预算内外资金，集中财力增加教学投入，确保教学、科研工作的正常发展和教职工生活水平的逐步提高。

（十）坚持"两手抓、两手都要硬"，把校园精神文明建设落到实处

要切实搞好师生精神文化生活，开展各种健康有益的文体活动，把精

神文明建设工作落到实处。加强校园综合治理，确保校园有个稳定的政治局面和良好的校园环境。

四、存在问题

（一）教育经费紧张，财务赤字严重

近年来，经费短缺一直是制约学院发展的重要因素。以 1994 年为例，国拨经费总数为 1037 万元，学院收入抵支 350 万元，1995 年预计缺口 490 万元。此外，1994 年太原市实行集中供热后，我院拖欠二次管网费 966.5 万元，其中一次管网费 177.8 万元，二次管网费 88.7 万元。最近，又要在校园建设一个高层供热加压站，要出资 35 万元，仅集中供热这项工程欠热力公司 309 万元。另外，职工医药费累计外欠 140 万元。

（二）教师队伍不稳，住房矛盾突出

目前山西省高校副教授以上的教师住房已经达标，现正在解决讲师一级的住房达标问题，无房户已全部解决。学院在职和离退休教职工 976 人，无房户就有 142 户，教授，副教授，讲师，院、处领导的住房有 80% 不达标。相当多的一部分高、中职人员挤占在一二类人员的住房里。

（三）教学设备投入严重不足，离国家规定相差甚远

按照国家教委规定，财经类文科院校图书藏书量应为生均 220 册，我院按现有全日制本、专科学生计算，应有藏书 78 万册，实际为 47 万册，生均藏书为 132 册，离教委规定生均图书差 88 册。如果将函授、夜大学生折合本科生计算后相差就更远了。教学仪器设备按国家教委规定，财经类文科院校生均设备值 4000 元为达标合格，我院应有设备值为 1425 万元，实际只有 992 万元，尚差设备总值 433 万元，生均相差 1214 元。

（四）学校规模紧张，无法发展

学校占地面积仅 167 亩，就是按原商业部 1983 年批注的 2500 人规模，尚差 133 亩，差 500 余人的建筑设备。现在在校生已达 3500 人，运动场不到规定要求的 1/5。

（五）缺水严重

太原地区严重缺水，我院属自来水公司输送管道的末端，不仅水质不达标，而且质量不达标的自来水也常常供应不上。进入 7 月上旬后杨家堡新区 300 多名学生和 300 多名教职工断水 12 天。因此从长远考虑，急需

打两口自备井，以彻底缓解缺水现状，但是，两口井需要 80 万元左右。

五、今后工作思路

（一）学院发展和思路

第一方案：与山西经济管理学院、山西省财政专科学校合并，成立北方经济大学。实行完全的学院制、学分制，办学规模可达到在校本专科生 8000～10000 人。

第二方案：单独发展，征地 100～300 亩，扩大校园，由现在的在校本专科生 3700 人，发展到 4000～4500 人，加上 5000 人的函授、夜大等成人教育，在校学生人数达 9000～9500 人。

第三方案：稳定规模，提高档次。维持在校本专科生 3500 人的办学规模，逐步减少专科生，增加本科生，成人教育方面稳定规模（5000人），调整结构，增加夜大生减少函授生，研究生由 60 人扩大到 100 人，实现翻一番的奋斗目标。使山财逐步达到教学与研究并重，成为教学—研究型大学。在现有 1 个专职研究所（经济研究所）、2 个兼职研究所（合作经济、三晋经济研究所）的基础上，再发展 7～10 个系（部）、所合一的研究机构。

（二）办学指导思想

按照党和国家的教育方针，以社会主义市场经济和中国特色理论为基础，山财努力在专业设置和培养方向上实行宽口径厚基础、重应用、有特色的指导思想。在学科发展上，重点办好经济与管理学科群，同时办好文学（经贸外语）、法学（经济法）以及工学等各个学科，使各个学科在课程设置、教学内容以及学生素质上体现出市场化、国际化的特色。

（三）专业建设

在现有的 9 系 5 部 19 个专业（即贸易经济、国际贸易、企业管理、企业管理涉外专门化、市场营销、统计学、国民经济管理、劳动经济、投资经济、会计学、审计学、理财学、国际金融、货币银行学、财政学、税务、经济信息管理、经济法、经贸英语）的基础上，将合作经济专科专业改为本科专业，新增旅游经济专业，恢复烹饪专业和商品学专业，使山财在大流通、大市场学科群方面更加完善。

（四）科研方面

重点办好合作经济研究所，争取到 20 世纪末成为供销总社的合作经济理论与管理的思想库之一，同时办好三晋经济研究所，使其成为山西地方政府经济决策智囊团的成员，把大市场、大流通、大商业作为山财科研的主要方向，到 21 世纪末，有一批优秀的科研成果奉献社会。

（五）师资队伍建设

要具体制定"521"工程的实施方案，使我院教师队伍的业务素质有一个较大提高，职务结构更加合理。

（六）思想建设

要抓好"三风"：即行政干部的作风建设，教师队伍的教风建设，学生工作的学风建设。

（七）将内部管理的重点放在后勤改革上

三年内实现管理与服务分离，基本实现企业化、社会化管理。

（八）基本建设

现在教职工住宅总面积为 29237 平方米 630 套。在 630 套住宅中（包括在建的），离、退休人员占了 178 套，在职人员占 452 套，按原教育部 1979 年对高校住宅的规划是不包括离、退休人员的，所以在职人员的住房学院仅解决了 52%，可见我院与山西省高校距离在一天天拉大。希望在 2～3 年内能完成 12000 平方米的住宅建设，使部分教师从低洼的平房迁进楼房，与山西省高校水平接近。另外，要加快华能国际工商管理学院的基建速度，力争按期保质完成校舍工程建设。

（九）图书建设

试验与教学设备方面。努力在 3～5 年达到国家二级要求，实现生均教学仪器设备大于或等于 4000 元的规定要求。

（十）体育设施

体育设施也要有较大的改善。

深化改革　开创我院研究生教育新局面

——在山西财经学院第二次研究生工作
会议上的讲话（摘要）

背景说明

　　本书原载《山西财经学院研究生论丛》1994 年第 1 期。1992年 9 月作者作为副院长分管科研与研究生教育和成人教育后，每年召开一次研究生工作会议，这是在第二次工作会议上的讲话。

　　社会的进步与市场经济的发展，需要更多的高层次人才。为了适应这一要求，我院的研究生教育管理工作应根据国内外发展趋势和我院的实际情况，大胆改革，加速发展，更多地为社会培养知识面广、学识渊博的高水平人才，这也是时代对我们研究生教育事业的要求。

一、研究生教育发展概况

（一）国外研究生教育发展动向

　　目前，国外研究生培养工作的新趋势，简单地说，可以概括为四句话，研究生教育发展的高速化、研究生招生培养定向化、研究生教育高质量化、重视研究生的科研能力。随着知识量的剧增，各学科的相互渗透，延长了掌握知识的时间，社会对就业者的学历要求越来越高，在发达国家出现了高等教育大众化、研究生教育高速化的情形。如美国 1965 年在校研究生为 37 万人，1975 年为 95 万人，1985 年为 157 万人，每 10 年翻一番。同时出现了一批以培养研究生为主的研究生院，使高等教育体制、目标、方法都发生了显著变化。所谓定向化，即由过去的按导师的研究情况决定招生对象和数量，扩大为以委托定向培养为主要招生方式，改变了过去有的专业供大于求、有的专业求大于供的现象，使之学用一致，人尽其才。一般是由科研机构、企业部门与有关大学对高级专门人才的需求进行预测，做好研究生招生计划的调查，然后签订定向委托培养研究生的长期合同，并通过奖学金、助学金等形式吸引大学生去攻读某学科、某专题，研究生毕业后回到曾为他提供资助的单位和部门去工作。工厂、企业与学校签订合同，也便于大学把研究成果直接运用于生产，研究生在校时就为他未来的企业承担研究课题，当然企业也为其提供必要的条件，对学校、对企业双方都是有利的。美国有65所大学与198家企业有这种关系。所谓高质量化，就是各国都重视研究生培养质量的不断提高。如日本所采用的办法是组建联合研究生院，推广学分互换制度。具体来说就是同一系统的两个以上大学联合成立研究生院，这既可以推进学术交流，又可开展协作研究；学分互换制度是指研究生在各大学、研究生院学习，所得学分可以互换，这样可以克服关门办学的缺陷，有利于学生开阔视野，同时也能够克服因师资、设备等条件限制造成的开课不足，有利于提高研究生质量。法国提出，要培养研究生的"创造和探究精神"，其对研究生教育的指导原则是：重视对创造和探究精神的培养，进行富于想象力的教学和贯彻为社会服务的思想三方面。目前，各国在研究生培养过程中都很重视其科研能力的培养，因为科研是研究生教育的重要方面。许多国家认为，研究生应在学习期间重视自己科研能力的提高。科研能力的高低一般是通过评价研究生的科研成果来判定，而且现在多数国家不再把科研当作教学的补充，而是把其当作培养研究生能力的重要组成部分。在美国，理工研究生至少用一个学期从事科研活动，因而在美国研究生也成了科学研究的一支重要力量。

在研究生培养方法与方式上，国外尤其是美国也有许多值得我们学习的东西。如美国培养研究生具有两个特点：一是灵活有度，二是制约有方。具体来说表现在以下方面：①课程上的灵活性。学校为研究生开设了多门课程，给学生以较大的选课自由，按自己专业领域、职业要求、学习兴趣选课，一般由自己决定选什么课后，经导师同意签字，学校办理登记注册生效。这样就出现了同一专业、同一导师、同一年级，但选课不同的局面。②学制的灵活性。美国的大学或研究生院一般没有入学考试、修业年限、年龄等严格规定，只规定需达到多少学分。如要在美国获得硕士学位必须达到两点：一是提交论文；二是修完 15 学分（如不提交论文须修完 24 学分），至于学习在什么时间进行，由学生根据自己的具体情况和经济状况来决定，只要在一段时期内（如硕士最长不超过 5 年、博士最长不超过 7 年）完成即可。③自主的学习方法。本科阶段主要是随教师课堂听课，而硕士阶段教师只概略地讲，提供一个深入学习的思路，指定大量必读的书由学生自主学习。尤其与我国不同的是，要求学生写出指定书的读书内容摘要。指导教师抓住这一环节，监督学生自主学习，按读书摘要来判定学生的学习质量和理解程度。这一点是我们在研究生培养过程中应该借鉴的。④兼任助教与助研。在美国大学中几乎没有专职助教和助研，全由研究生兼任。这样一可减少学校编制；二可增加研究生收入；三可提供研究生锻炼机会。⑤作业控制。每学期一门课，要有 1~2 项作业，作业与期末考试成绩挂钩、与奖学金挂钩、与学位挂钩，作业是老师控制学生的直接手段。⑥学费控制。在美国上研究生要交纳学费，一般一个学位研究生注册一门课大约需 1400 美元，非学位课减半。交纳学费，把教师置于学生雇佣地位，学生以此来制约老师的讲课质量。

（二）我国研究生教育的发展

研究生教育是我国教育的最高层次，它肩负着培养我国各类高层次专门人才的任务。研究生教育的发展，对建设有中国特色的社会主义具有重要意义。1978 年研究生恢复招生以来，我国的研究生教育在探索中取得了长足的发展。国务院学位委员会进行了 5 次博士、硕士点的审批。其中第 5 次审批工作是在 1993 年进行的。这次审批新增硕士学位授权学科专业点 860 多个，博士授权专业点 270 多个，博士生导师 1900 多人。到现在全国的授权单位和学科点为：硕士 600 个单位，8400 个点；博士 272 个单位，2400 个点。在这次国家增点过程中，经复查，暂停了对 12 个硕士点的授权，并限期调整。工商管理硕士的试点单位在这次审批中由 9 个增加到 26 个。

山西的研究生教育始于 1958 年，这一年山西师范学院（现山西师范大学）和山西农学院（现山西农业大学）招收研究生 33 人，1960 年招收 6 人，1962 年招收 6 人。"文革"后研究生教育是 1978 年恢复的，全省招收 153 人，1979 年、1980 年、1981 年、1982 年在校研究生分别为 206 人、218 人、129 人、156 人，到 1986 年山西省高校研究生达到 837 人。

国内贸易部部属院校 1983 年前共有硕士学位授予权单位 7 个，即北京商学院、杭州商学院、郑州粮食学院、天津商学院、黑龙江商学院、安徽财贸学院和山西财经学院，有学科专业点 17 个，每年招生大约 80 多人。1993 年第 5 次审批硕士点时，内贸部部属院校增加了 6 个点，共达到 23 个点。

二、我院研究生教育发展回顾

我院研究生教育工作起步较晚，1985 年才开始申报招收研究生，1986 年国务院学位委员会第 3 次硕士、博士点审批时，批准了我院统计学专业的硕士授予权，从 1987 年开始招收第一批研究生。1991 年商业经济学专业开始招生，货币银行学专业将于 1995 年开始招生，到现在我院共有 3 个专业可招收硕士研究生。

我院研究生历年招生情况如表 1 所示：

表 1　历年研究生招生情况

年份	招生数	在校生数	毕业生数
1987	4	4	
1988	3	7	
1989	7	14	
1990	5	15	4
1991	7	19	3
1992	7	19	7（其中考取博士 1 人）
1993	12	26	5（其中考取博士 1 人）
1994	15	34	7

8 年来，在院党委的领导下，各有关系、部、处对研究生工作都给予了极大的支持，我院的研究生教育取得了较大成绩。到 1994 年，我院共送走了五届毕业研究生，为国家和社会做出了一定的贡献。在这 8 年间，我院的研究生教育管理体制发生过几次变化，大体分为三个阶段：第一阶段（1987～1990 年），由计划统计系兼管；第二阶段（1991～1993 年），由科研处与系两级管理；第三阶段（1994 至今），由研究生教学部集中管理。

我院研究生教学部是 1993 年组建的，研究生教学部成立以来，在全体人员的努力下，我院的研究生工作得到了加强，主要表现在以下几个方面：①逐步建立健全和修订了研究生管理办法；②提出了研究生教育改革和发展方案；③积极进行新的研究生专业点的申报工作；④全面完成了1993年研究生招生和分配工作；⑤对研究生考试办法进行了改革；⑥研究生思想政治工作得到了加强；⑦积极申报了 MBA 试点；⑧研究生后勤工作有了很大改善。

总之，研究生教学部组建一年多来，我院研究生培养工作在管理水平上有提高，思想政治工作上有加强，专业建设上有发展，招生人数上有增加，成绩是显著的。但由于我院研究生教育起步晚，现在专业点审批越来越难，规模效益太低，管理工作也不好搞，因此造成我院研究生管理工作和培养工作跟不上形势。今后怎么办？下面针对我院研究生教育中的一些情况和问题，按照国务院学位委员会的要求和教委、内贸部的指示，结合兄弟院校的经验，讲几点意见。

三、加强研究生培养工作的几点意见

（一）关于发展规划

按 1993 年我院《教育改革方案》要求，要在 5 年内使研究生规模即研究生在校人数达到 60 人。"八五"计划已过三年多，只有一年半时间即到"八五"末，我院研究生专业点只有三个，其在校生人数不可能超过 40 人，因此，关键在"九五"。"九五"要在研究生教育工作上有发展，必须现在积蓄力量，早做准备，搞一个发展规划是完全必要的。1995年可能搞第六次博士、硕士点审批工作，我们一定争取上会计（审计）、财政、企管、信息，别的专业也要积极创造条件。统计、商经两个硕士点力争升级，上报博士点。力争到 2000 年我院能有博士点、硕士点不少于 5 ~ 8 个，上 MBA，在校生人数不低于 100 人。为此，期望各系、部、处都要考虑这一问题，特别是在学科建设上，要积极培育学院的优势学科。优势学科的形成，要在学术带头人及梯队建设上下功夫，目前各校都在进行学术队伍的建设，我们也应有自己的考虑，在教师的配备方面，我们要有梯队，通过定编定岗，优化教师结构。在职称上，鼓励中青年教师破格，特别是 40 岁以下的副教授要争取破格，在科研课题安排上我们也要有所侧重，总之我们要积极为中青年教师的成长创造条件。对这个问题，我们应尽快拿出一个规划，订出措施，把它落实下来，因为这关系到学院

的地位和声誉，同时也关系到我们今后的生存和发展。

（二）关于思想政治教育与品德教育问题

首先必须明确，研究生教育是大学本科后的教育，但不是本科教育的延续，是一个独立的有着明显特点和不同要求的教育阶段。根据研究生教育培养目标，思想政治和品德教育的要求是：①进行坚持四项基本原则和坚定正确的政治方向的教育；②拥护党、热爱社会主义祖国的教育；③为人民服务和为"四化"献身的教育；④自觉遵纪守法、培养良好道德品质的教育；⑤勇于攀登、开拓进取的良好学风教育等，从而提高研究生的素质。

按 1987 年 8 月 12 日国家教委党组和中宣部"关于加强研究生思想政治工作的几点意见"的要求，我们将尽快配备专职的研究生思想政治工作人员。教育形式，我认为要结合研究生的心理特点来考虑，形式要多样，内容要有新意，使教育能真正深入人心，特别是思想政治和品德教育要与业务活动结合、与社会实践结合。特别要加强研究生党团组织建设，积极慎重地在研究生中发展党员，要加强党团组织的活动。

对研究生进行思想政治和品德教育，除专职工作人员之外，各部门都有责任，尤其是导师，责任更重大。导师必须既教书又育人，导师教书育人工作的好坏，直接影响着研究生的质量，导师不仅是学术上的带路人，也要对思想政治教育负责，教书和育人是导师的天职和义务，导师必须挑起教书育人两副担子，二者缺一不可。为此，希望各位导师做到：第一，入学时要了解研究生的学习经历、思想和工作能力，以及性格、兴趣，了解其特点，实行因材施教，要教育学生"如何做人"；第二，在严谨治学和职业道德方面言传身教；第三，要做研究生的良师益友。

（三）关于课程设置与教学

这次会议，我们将修订三个专业的教学计划，对于课程设置和教学我提几点建议：

1. 课程设置和教学要保证合理的知识结构

也就是说，要根据社会主义市场经济建设对本专业高层次人才的要求，合理设置课程和安排教学，使研究生具有坚实的理论基础和系统的专业知识。为此，一要保证基础理论的教学，二要注意现代科学的高度分化和高度综合趋势：分支科学、边缘科学、综合科学、横向科学不断产生和发展，要注意理论上的新突破，把专与博结合起来。

2. 要体现高、深、新的特色

高，即高起点、高要求，要设专门课程，不能拿本科的内容来个重复和重点复述；深，即对问题的讨论要深入，要结合研究方向，有针对性；新，即课程内容要新，新理论、新方法、新成果、新应用都要反映出来。

3. 要重视学位课的设置与教学

我国学位制度的特点是政治思想教育与学位课业务教育并重，课程学习与学位论文并重。这一特点充分表明了学位课程在研究生教育和学位质量中的地位和作用。我国《研究生学位条例》中对硕士学位的要求是：第一，在本门学科上掌握坚实的基础理论和系统的专门知识；第二，具有从事科学研究工作或独立担负专门技术工作的能力。这两个要求，体现在学位课程和学位论文中。学位课程主要反映知识水平，学位论文主要反映研究能力。能力是获取知识和解决问题的手段，而知识是能力赖以存在和发展的基础，二者相辅相成。从我院的实际情况看，学位课程设置得不少，教学效果也不错，但从发展的眼光来看，还存在着一些问题，有待进一步提高，特别是要注意以下几个问题：

（1）学位课要规范化，要有一定深度和较大的覆盖面，不能一人一变、一年一变，每门课讲什么要有稳定的内容，要有教学大纲。

（2）学位课要系统化，既要考虑基础理论、专业理论和应用技术的顺序性，又要考虑点（深度）、线（系统）、面（广度）有机组合。会后要逐个专业议一下教学内容，每门学位课应有教学大纲。

（3）要处理好学位课与非学位课的关系。要稳定学位课，灵活选修课。

（四）关于研究生实践活动方面

研究生的实践活动，按我们现在的安排，是一年到一年半时间（包括社会实践与写论文时间），限于经费问题和其他困难，我们这方面还有差距。根据现实情况，目前我们应当要求：①搞好教学实践，让研究生搞一段教学实践；②抓好科研实践，有针对性地带领研究生从事至少一项课题研究工作；③开展社会调查，这对研究生今后的工作学习将有很大益处；④有选择地开展社会服务；⑤在可能的条件下搞一些实习或实践，到有关业务部门工作一段时间；⑥尽量参加学术活动，导师在有可能的条件下带研究生参加各种学术会议。

参与和参加实践活动的目的，在于提高研究生学习与学术研究的能力，贯穿于研究生学习的全过程，但实践阶段更为重要。

（五）关于学位论文

指导研究生撰写学位论文工作是研究生培养过程中进行能力培养的重

要环节，也是培养研究生严谨治学态度和科学作风的重要手段。学位论文水平的高低，也是体现研究生培养质量的重要标志。这几年我院有少数研究生对这一重要学习阶段不重视，写出来的论文水平较低，对此应该引起我们管理部门和导师的重视。

（六）关于研究生管理

再好的培养方案，没有强有力的管理也不行。要想提高研究生教育的质量，必须加强研究生培养工作的管理。根据我院情况，提出以下几点意见：

1. 学分制

我们现在规定研究生学完 36～40 学分，才可进入写论文阶段。在进入论文阶段之前，必须对学分进行严格审核，平时要做好档案管理工作，保证学籍管理的基础工作。

2. 淘汰制

中期淘汰制是国家教委的规定。一般在第三学期末或第四学期初进行，即对研究生德、智、体诸方面全面考核，合格者才准予其进入学位论文阶段，否则要进行处理。在这一方面，我们要参考兄弟院校的经验，制定具体办法，绝不能迁就。

3. 质量考核

我们现在的学位课一般是考试课，非学位课大部分是考查课，但对科研能力方面基本上没有进行考核，这是我们的缺陷。科研能力的考核，是培养质量考核的重要组成部分，内容包括：研究生的专题讨论、社会实践、教学实践、文献阅读、撰写论文等环节。主要以考查方式进行，由任课老师和导师对其进行考核，并给出成绩。要写入档案，作为学位评定的依据之一。

4. 研究生与导师联系制度

为了保证质量，检查研究生与导师的联系情况，我们拟建立联系卡，每周一卡，学期初研究生部把卡发给研究生，每周向导师汇报一次（学习内容、读书目录、读书笔记、问题），导师要把指导意见要求、作业和评语填在卡片上，并签字，然后送研究生部存档，以此作为考核导师的依据，也是检查学生的依据。这个方法是否可以，我们可以试一试。

5. 奖学金制

根据国家教委和财政部（91）98 号文件，要鼓励研究生勤奋学习、刻苦钻研、品学兼优、全面发展，应将生活补贴改为研究生奖学金制。这在兄弟院校已开始实施，对此我们应单独制定一个办法，在我院研究生中实行奖学金制度。

6. 生活管理问题

由于我院基础设施条件较差，研究生的生活问题一直是一个难题，经后勤、教务、图书馆等单位近年来的努力，研究生住宿、教室、图书阅览等方面的条件已大大改善。我们各部门今后还要继续努力，进一步改善研究生的生活，为其提供一个良好的学习环境。

总之，研究生培养在我院虽然历史不长，新体制—集中管理还刚刚起步，研究生人数少，管理人员不多，规模效益上不去，提高确有困难。但在院党委领导下，其工作运行还是基本顺利的，我们也应该有信心、有能力把研究生工作进一步搞好，争取在较短的时间内再上一个新台阶。

在山西财经学院成人教育分院
学术研讨暨工作会议上的讲话

背景说明

　　本文是在"山西财经学院成人教育分院学术研讨暨工作会议"上的讲话。原载《山西财经学院报》1997 年 10 月 31 日，山西财经学院成人教育在商业部、内贸部和供销合作总社不同管理时期都是规模比较大的学校。为了提高教师和管理人员包括各函授点管理人员的水平，学校每年通过以会代训的方式进行培训。

　　山西财经学院成人教育分院学术研讨暨1997 年函授教育工作会议今天在忻州召开，我代表山西财经学院向到会的专家、教授表示诚挚的敬意和热烈的欢迎，向常年工作在我院函授教育第一线的各位代表和一贯支持我院成人教育的各行业的朋友们表示热烈的欢迎和衷心的感谢。这次函授工作会议有别于往年的会议，我们安排了一组学术讲座，请全国知名专家、教授就经济体制改革和经济发展作报告，同志们将会学习到一些新观点，接受一些新信息，这对我们了解国际国内经济形势、开阔视野、拓宽思路、促进教学，都是有好处的。同志们，专家们在百忙中抽出时间为我们讲学，让我们再次表示热烈的欢迎。

　　下面，我就高校改革和发展的形势以及如何更好地发展我院成人教育谈几点意见。

一、高校改革和发展的形势

当前高校改革和发展形势很好，国家教委副主任局远清同志讲"是我国解放以来最好的时期"。这可用四句话来概括，一是高等教育迅速发展。新中国成立初期，全国在校大学生 11 万人，现在在校大学生达到 500 万多人，"八五"期间高等学校向社会输送人才等于"六五"和"七五"十年的两倍。1990 年，全国有 1080 所普通高校，在校生 180 万，每校平均在校生 1700 人，师生比为 1∶6。1996 年，全国普通高校由 1080 所减少到 1032 所，但在校学生达到了 310 万人，平均在校生 3000 人，师生比为 1∶8。到 2000 年，全国普通高校数量将减少到 1000 所以内，平均在校生达到 4000 人，师生比达到 1∶10。可以看出，我国高校数量在减少，规模在扩大，效益在提高。二是高校体制改革取得了突破性进展。今年，全国普通高校都实行并轨改革，双轨制已经彻底结束。并轨以后，一方面缴费上学，另一方面自主择业，这是并轨改革的两个实质性内容。这一举措，改变了过去一上大学就是国家干部，一毕业国家就包分配的做法。李岚清副总理讲：这是一个翻天覆地的变化。但是，这个变化要求我们做的事情很多，我们要保障贫困生不能因为经济困难而退学，因此学校要拿出学费的 1/3 用于学生的助学金、奖学金、贷学金和勤工俭学等，这项改革也减少了"走后门"问题，有利于提高教学质量。高校在管理体制改革方面也取得了可喜的成绩，改革主要是解决两个问题：一个是条块分割问题，各省（市）、各部（委）甚至各厅（局）都办大学，为行业服务；另一个问题是单科院校太多，综合性院校太少。现在全国人大正在讨论高等教育法，为"什么是大学"做定义。多数人认为，作为一所大学必须是综合性的，至少要有三个以上主干学科，单科不能成为大学。明年世界高等教育会议要在巴黎举行，世界高等教育正在趋向国际化、全球化，专业正在相互渗透。日本目前搞了一所"社会理工大学"，把社会学、理科、工科融合在一起。我们还停留在讲文理渗透，步子慢了些。最近，国家教委副主任周远清同志在太原曾讲道：现在我们文理渗透已提了好几年了，但是真正的大学应当是包括工、农、医、师、文、理、经济类这样的综合性大学。由 9 所大学合并组建的扬州大学，可以说是比较理想的大学，扬州市有 40 万人，扬州大学在校生 4 万人，扬州将来是个大学城。现在全国共建的高校有 70 多所，有些高校打破条块分割，今后要更多更好地为区域经济服务。在高校合并问题上，周远清同志讲，过去指导思想不明确，主张搞松散型联合；目前这个思路正在调整，扬州大学、南昌大学和广西大学都是这样。目前 160 多所高校合并成为几十所，它们的模式都是共建共管、共建合并和合作办学。这几个模式正得到发展，目的就是要重新配置高校的教育资源。三是教学改革进入了实质性改革阶段。1996年国家教委搞了一个面向 21 世纪的教学体系，包括课程体系和教学内容的改革，由几百所大学的 1 万多名教师，从事 210 项课题研究，国家教委拿出 700 多万元，各地方、各部（委）也拿出了很大一部分资金支持这项研究工作。最近，国家教委又公布了研究生专业目录，对一级学科、二级学科专业设置做了大幅度调整。本科专业现在正在修订，预计明年也要公布。目的就是要对大部分相近专业进行合并，并且在教学计划修订中，突出人文科学教育，其学时要占到总学时的 30%～35%，特别是加强思想道德教育。四是在我国悄然兴起教育思想和教育观念大讨论。教育改革主要是体制改革、教学改革、教育思想和观念改革。体制改革是关键，教学改革是核心，教育观念和教育思想改革是先导。教育观念和教育思想改革已经被提到重要的日程上了。高教改革主要是强化素质教育，改变过窄的专业教育，如房地产、证券专业；改变过弱的人文教育，加强思想教育，改变功利主义的倾向，即饭碗教育。高等教育讲素质教育，概括起来就是对人的教育。20 世纪 50 年代，高等教育是给学生知识，七八十年代是给学生能力，现在讲素质，主要是思想素质、文化素质、业务素质、心理素质。现在大学生心理素质很差，一旦目标实现不了，就可能出事，这一问题已成为摆在学校领导面前一个突出的问题。知识＋能力＋素质（思想素质、文化素质、业务素质、心理素质），全面培养人才，才能为社会主义建设培养合格的接班人。

二、学院改革发展情况以及面临的挑战

我院目前改革和发展的任务很重，压力很大。"文革"前，全国有财经类院校 18 所，山西财经学院是其中的一所。"文革"后，只剩一半。财经院校中第一家恢复办学的是山西财经学院，至今还没有博士点，步子慢了些。1984 年全国有财经类大学 83 所，财经专业 2230 多个。在 100 多所综合大学，设有财经类专业 1100 个，另外在农、林、医、理、工科院校也广泛开展财经教育，财经教育已不为我们财经类院校所垄断。如会计

学专业，全国有800多个教学点，我们只是其中一个教学点。在市场经济条件下，高等教育竞争越来越激烈，我们压力很大。目前国家为了改善办学条件，提高办学质量，正在加强质量监控体系建设。国家教委在全国进行教学评估一个是合格评估，一个是优秀评估，有几所院校被国家教委亮了红牌，将停止招生。我院已经形成三大板块的教育，即普通本专科教育、成人教育和研究生教育。这三块教育都有评估标准。去年，我院成人教育已接受评估验收，在全国841所普通高校举办的成人教育评估中，我院被评为全国49所"示范和优秀单位"之一，我们感到很高兴，但我们也知道成人教育问题还不少。在研究生教育评估中，我们学校已通过初评，被列为合格院校。普通本专科教育评估现在处于自评阶段，通过自评我们的软件基本属于 A 或 B，软件包括师资、教学管理、教材建设等；但硬件包括校园面积、校舍面积、教学设备等，大部分是 C 或 D。目前市场经济竞争、专业竞争日趋激烈，在教育评估压力下，我院如何生存和发展，前途何在？这些都是需要我们进行研究和解决的问题。我们只能以改革求生存，以改革求发展。为了解决这一问题，总社和山西省政府决定山西财经学院和山西经济管理学院两校合并办学，这不仅是大势所趋，也是为了学院的发展。几年来，学院共完成300多项科研成果，其中有60余项获得省部级奖励。今年后半年，我院将和悉尼大学联合举办一场中国省区经济发展战略研讨会议，届时将有10个国家的50多名学者云集山西财经学院进行学术研讨。学科建设是学校的生命线，我们研究通过了学院学科建设规划，确定了省级重点建设学科，同时启动了"521"跨世纪人才建设工程，在师资队伍建设方面，也有了较大进步。

在成人教育方面，去年我院成人教育顺利通过国家教委的评估验收，今年5月，我院成人教育分院获得国家人事部和全国供销合作总社授予的"先进集体"称号；今年6月，在全国841所普通高校中又被国家教委评为函授、夜大学教育"先进和示范单位"，我院的成人教育在全国是有一定影响的。

三、进一步做好成人教育工作的几点意见

为了加强管理，提高教学质量，在竞争中求得生存和发展，现就进一步做好成人教育工作提出几点要求，希望同志们讨论。

（一）努力提高成人教育管理的干部素质

我院成人教育辐射宁夏、内蒙古、河北、陕西、山西5省区，分院和

函授站共有管理干部百余人。管理干部队伍的素质不仅会影响函授教育质量，而且会影响我院成人教育未来的发展。只有努力提高管理干部素质，才能更好地适应新形势的客观要求。因此，我们的管理干部必须树立四个观念，提高两个水平，强化两种能力。

1. 树立四个观念

（1）合作共事的观念。我院成人教育辐射 5 省区，注册学生 5000 余人，各项工作都要涉及方方面面，成教分院不仅要处理好与学员所在单位、与学院各部门的关系，还要正确处理好与 29 个函授站和函授站所挂靠业务主管部门、招生管理部门等方面的关系。函授站也是如此。我们必须树立合作共事的观念，处理好各种关系，才能克服困难，把成人教育办得更好。

（2）社会效益第一的观念。近年来，我院成人教育办学的指导思想是："稳定规模，调整结构，提高质量，办出特色。"我们适度压缩办学规模，其目的就是为了提高教学质量，提高社会效益。据内蒙古函授站同志讲有的学校函授教育收费较低，但大家还愿意报考山西财经学院，原因就是我们面授时间多，教学质量高。不论过去、现在、将来，我们都必须坚持"以质量求生存"的宗旨，树立社会效益第一的观念，不能把成人教育作为一种创收手段。

（3）经济效益共享的观念。尽管我们不以创收为目标，但高等教育不是义务教育，普通本专科教育缴费上学，成人高等教育也要缴费上学。目前我们的收费标准是教育成本的一部分。我们要正确处理好函授站、成教分院和学校三者之间的利益关系，使各方面都感到有一种公平感、合理感，才能有效地调动各方面积极性。按照国家要求，成教收费主要用于成教事业发展，不能用于其他。过去我们这样做了，今后仍然不变。我院成人教育教学楼、教学设备、计算机实验室、图书室、阅览室、食堂和澡堂都是自己发展起来的。充分的办学投入，受到了国家教委远距离教育处负责同志和国家教委评估专家组的一致好评。

（4）服务育人的观念。管理干部，一方面服务于教师，另一方面服务于学员，是教师和学员之间的桥梁和纽带。我们的成人学生既要当一个好干部，又要当一名好学生，有些学员还有家庭问题，学习是十分困难的。因此，我们要关心学员，但关心并不等于降低标准，必须严格纪律，严格管理，今年我院成教应毕业 2400 多人，实际毕业 2000 余人，有 323

人因考试成绩或毕业论文不合格不能按时毕业。为了解决这一问题，我们采取了"降级自费试读制度"，如仍不合格将被淘汰。因此我们要积极创造良好的育人环境，帮助学员坚持学习。

2. 提高两个水平

（1）政策水平。成人教育工作者必须认真学习邓小平同志建设有中国特色的社会主义理论，学习党的路线、方针和政策，掌握国家有关成人教育的政策和规定，努力提高我们的政策水平。按照国家各级教育行政管理部门和学校的要求，管好学籍，管好文凭。

（2）业务水平。成人教育管理工作必须具备的管理知识，包括管理学、应用写作、教育心理学等。努力扩大知识面，掌握专业知识和技能，了解各门课程之间的联系，熟悉教学计划，熟悉管理制度，才能更好地工作。

3. 强化两种能力

（1）公关能力。成人教育要处理好本部门与学院各部门、函授站主管单位以及各省区的招生管理部门的关系，就必须强化我们的公关能力，懂得公共关系学。很多函授站与当地教育行政管理部门、招生管理部门相处得十分融洽，为各项工作的顺利开展奠定了良好的基础。

（2）应变能力。函授教育是一种远距离教育，函授站与成教分院之间，不可能事事都具体商量，只有努力提高我们成人教育管理干部的政策水平、业务水平、理论水平、综合素质，才能提高其应变能力。我们管理干部不仅要有独立处理问题的应变能力，还必须做到准确、及时。

上述要求，我们管理干部首先要自己努力，成教分院要积极创造条件，比如以会代训。今年我们的工作会议请来了几位专家学者进行学术讲座，就是一个很好的尝试，目的就是提高我们的管理水平。

（二）进一步完善教学质量监控体系

"以质量求生存"是我院成人教育一贯坚持的办学宗旨。进一步完善教学质量监控体系，必须强化六个环节的管理：一是招生环节；二是学籍管理环节；三是教学计划的制定、修订和执行环节；四是教材选用环节；五是课堂教学、辅导与作业环节；六是考试环节。

我们要从以上6个环节强化管理程序。过去我们已经积累了一套有效的管理办法和经验。新学年，重点是强化教学质量监控体系，研究我们的管理程序和环节是否科学，是否完整，把管理工作真正规范化、制度化，只有这样，教学质量才能得以保障。

（三）修订教学计划，加强教材建设

我院成人教育目前执行的教学计划是1994年修订的，在执行过程中发现了一些不足和问题，我们认为有必要重新修订教学计划。现在教学计划的修订已经安排下去了，力争本学期完成。我们要按照新的教学计划要求，抓好核心课程和主干专业课程教学大纲建设。在教材建设方面，已完成了20门课程的教材建设工作。前几天，供销总社系统高校在大连召开了教材建设会议，先搞3个主干专业教学计划，然后完成10门核心课程和主干专业课程统编教材建设工作。

（四）进一步加强师资队伍建设

我院成人教育目前有50名专职教师，今年有6名教师晋升为教授和副教授，占到全院晋升教授和副教授人数的17%，职称结构渐趋合理，专业技术职务晋升成绩可喜。成教分院在师资队伍建设方面要继续采取措施，政策有所倾斜，鼓励教师在高质量地完成教学任务的同时，积极开展科学研究工作，努力攻取高一级的学历和学位，努力提高师资队伍素质。

（五）积极开展成人教育研究工作

我院成人教育基本上是业余教育，与全日制教育在教学组织、教学管理等方面存在很大的差异，成人教育具有自身的特点和规律。为此，全体成人教育工作者都必须积极参与教学管理研究工作。尤其是要大胆、积极地探索建立新的、有序的、高效的管理模式和机制，积极推进管理手段和管理方法的现代化，逐步实现管理工作科学化、程序化和规范化。

总之，在新学年，我们要进一步深化教学改革，规范教学管理，在教学质量监控体系上做文章，努力提高教学质量。

同志们，我们召开这次会议，一是希望工作在函授教育第一线的函授教育人员、成教部教学管理人员以及副教授以上的教师，认真总结过去一年函授教育工作的经验和问题，积极采取措施，使我院函授教育质量进一步得以提高。二是希望大家认真聆听专家、学者的学术讲座，开阔视野，活跃我们的学术气氛，提高我们的业务水平。

两校合并

山西财经大学筹备工作口头汇报

背景说明

　　山西财经学院与山西经济管理学院两校合并组建山西财经大学的筹备过程中，筹备工作组定期、不定期多次向山西省教委和全国供销合作总社人事教育部领导进行书面或口头汇报。这是筹备中期的一次汇报会，可以看到两校合并组建山西财经大学筹备工作的程序、内容、步骤、方法等基本情况。

　　1997年4月4日，两校干部大会宣布临时成立党委和筹备领导班子后，筹备工作随之展开。两个多月来，在省教委领导和总社人教部领导的关心支持下，经过同志们的辛勤努力，各项筹备工作进展顺利，交付的筹备任务基本完成，现简要汇报如下：

一、筹备工作进展情况

前段筹备工作可归纳为三个阶段：

第一阶段：学习文件、讲话，召开两个会议，全面部署工作。

　　筹备班子宣布以后，4月6日临时党委书记、筹备组组长、省教委联系人李源泉、赵如琳等四位同志，就山西财经大学筹备工作起步的有关问题，在一起进行了研讨，为召开首次党委会作了准备。

　　4月10日上午，临时党委在财院召开第一次会议。这次会议的主要内容：一是党委成员全体学习4月3日上级关于山西财经学院和山西经济管理学院合并办学的会议纪要，学习曹福成主任和刘守仁部长在两院干部大会上的讲话；二是在学习文件和两个讲话的基础上，党委成员分别作了表态发言，从而把大家的思想统一到纪要和两位领导讲话精神上来；三是研究了筹备工作的指导思想和具体要求；四是确定了方案组、规划组、制度组、学位申报组、综合组五个专门小组的任务与人员组成。

4月10日下午，临时党委和筹备领导组召开首次党政联席会议，学习了纪要和两个讲话精神，传达了首次党委会议的决议，提出了筹备工作的具体要求。

4月11日上午，临时党委和筹备领导组召开了全体筹备工作人员大会，宣布了五个专门工作小组的负责人和成员组成。至此，工作人员全部就位，筹备工作全面展开。

第二阶段：考察学习，收集资料，草拟方案。

方案组先后派出6人次分别到上海大学、南昌大学、青岛大学、首都经贸大学、东北财经大学、太原工业大学等进行了考察学习；制度组先后派出了6人次分别到河北经贸大学、天津商学院、四川联合大学、中南财经大学调研取经。与此同时，在家的同志对两校的基本情况，作了详细的调查了解，规划组的同志收集了国家教委有关高校的大量资料，为制定财大"九五"发展计划和2010年远景目标规划，准备了政策依据。

在考察学习、收集资料的基础上，结合两校实际情况，进行了"三定"方案和合并实施方案的起草、"九五"计划和远景目标规划的草拟、九月挂牌运转急需的规章制度（草稿）的制定以及以山西财经大学名义申报硕士和博士学位点的有关工作。

5月15日临时党委和筹备领导组召开第二次党政联席会议，详细听取了5个专门小组的工作汇报，并就当前工作中遇到的问题，进行广泛、深入的研究讨论。并根据这次会议上议定的事项，起草了《山西财经大学筹备工作汇报提纲》（1997年5月19日），书面提出了进一步搞好筹备工作需要解决的8个问题。

第三阶段：修改和审定方案。

5月20~24日总社联系人任泽锋同志到山西后，双方联系人李源泉、赵如琳、任泽锋三位同志和我们一起研究讨论了搞好筹备工作需要解决的8个问题。经双方联系人分别及时向主管领导汇报之后，在一些重大问题上基本达成了共识，从而使我们对进一步开展筹备工作，明确了方向，统一了思想。

5月27日我们召开各专门小组组长会议，并请教委主任助理赵如琳同志介绍了他对提请上级解决的8个问题的理解意见。这次会议是一次统一思想的会议，使大家对方案和规划以及运转急需的规章制度的修改、充实、提高和完善，取得进一步的共识。

6月4日总社人教部李景荣、任泽锋两位同志来山西后，于6月5日下午和双方联系人在一起研讨"三定"方案和合并实施方案。

6月6日上午，党政联席会议进一步审议了两个方案的讨论稿并提出了个别修改意见；6日下午党政联席会议审议了"九五"规划讨论稿；6月7日上午和6月10日上午，党政联席会议，讨论了山西财经大学成立后运转急需的部分规章制度，并研究讨论了挂牌庆典活动的有关事宜。

6月10日下午，临时党委召开第二次会议，正式审议通过了"三定"方案（草案）、合并方案（草案）、规划（草案）以及运转急需的规章制度目录，并决定将这几个文件（草案）正式上报省教委和总社人教部。9月16日已报送双方主管部门。

总的来看，筹备工作开始以来，两院的日常工作和教学秩序良好，筹备工作人员情绪饱满，工作认真负责，先后召开了数十次大小会议，专门研究筹备工作。基本达到了临时党委提出的保运转、保筹建、保稳定的要求。之所以能够取得比较满意的成绩，一是有上级领导的关心和支持；二是有双方联系人的及时指导和帮助；三是有两院党委与财大临时党委的协调和配合；四是有筹备组全体人员的辛勤工作。

二、关于"三定"方案和合并方案中需要说明的几个问题

（一）制定两个方案的指导思想和遵循的原则

在制定"三定"方案和合并办学实施方案中，我们坚持以邓小平建设有中国特色社会主义理论为指导，坚持社会主义办学方向，全面贯彻党的教育方针和《中国教育改革和发展纲要》；遵循教育规律，根据国情、省情、社情、校情，考虑需要与可能，体现财大的办学特色，主动适应我国社会经济发展及供销合作社系统和山西地方经济建设对人才的需要；尽可能符合中外高等教育的发展趋势，具有超前性、可操作性和科学性；贯彻改革、开放精神，力争高起点，一步到位。同时遵循了以下基本原则：①要充分发挥综合优势，强化学科建设，提高办学效益；②坚持改革，积极稳妥，分步实施，条件成熟的改革项目一步到位；③集中统一，适度放

权；④从实际出发，统筹兼顾，在保证稳定的前提下，尽量缩短过渡期。

（二）学院的设置问题

根据国家教委的学科目录和两院现有专业与学生规模，在听取教职工意见的基础上，我们把山西财经大学未来学院的目标模式规划为：经济类设经贸学院、财政金融学院；管理类设工商管理学院、管理工程学院；法学类设法学院；工学类设信息科学学院。另根据学生层次设成人教育学院、研究生院。简称"6+2"模式。

在挂牌时拟组建经贸学院、财政金融学院、工商管理学院、管理工程学院、法学院和成人教育学院，简称"5+1"模式。2000年后，根据学科建设和研究生发展情况，组建信息科学学院和研究生院，实现"6+2"的目标模式。这样做，特别是"5+1"模式实行同步组建，一步到位，有利于学科的建设和发展，有利于干部、教师队伍的稳定与建设，有利于教学和学生的管理，有利于学校中、长远规划的实现。

（三）校、院、系三级管理问题

山西财经大学实行校、院、系分级管理的体制。学校是法人单位，学院为教学实体，系为教学的基本单位。学校、学院、系分别为正厅级、副厅级、正处级建制。三级管理体制问题的主要矛盾是职责划分（校、院、系的主要职能详见"三定"方案）。

（四）编制问题

根据国家教委教计字（1985）090号文件和省教委晋教人字（1992）11号文件规定，山西财经大学2000年发展规模（普通本科生6000人、普通专科生900人、研究生100人；函授生4000人、夜大学生2200人、成人脱产班学生800人），教职工总编制2678人，在2000年前控制在2000人以下。

（五）实质性合并的步骤和方式

财院和管院的合并，不同于工大和矿院的合并。组建理工大学，两校系和专业的调整任务不大，也不存在搬迁问题，教职工的思想相对比较稳定。而组建山西财经大学则不同，原两院专业设置重复较多，生均校舍面积悬殊，两院距离较远。合并的目的是实现两校的优势互补，故最大的任务是专业调整和资源的合理配置，最难的工作是分区教学和统一管理。我们认为，长痛不如短痛。因此，实施合并不留尾巴，一步到位，如学院的摆布、专业的合并、学生的住宿安排、干部的调整等，均宜一步彻底到位，否则实质性合并就难以进行，资源优化的目标就难以实现，教师队伍的稳定亦难以保证。当然，在坚持一步到位的前提下，拟采取分层次合并的方式进行，即先合并两院党政管理部门，后合并两院系、部教学部门；先规划办公教学用房，后进行搬迁。

三、下一步工作的主要问题和建议

按照拟定的方案，要实现 9 月 1 日挂牌运行的目标，我们在操作程序上以倒计时的方式作假定模拟：财院 9 月 1 日开学、管院 8 月 25 日开学，一校运行首先应该统一开学时间，学生搬迁、调整住宿必须提前一周到校，即在 8 月 20 日或 8 月 25 日返校，准备搬迁。两校的后勤部门必须在 8 月 10 ~ 20 日使全部工作就绪。8 月 10 日之前，应该有财大新班子运行的职能机构和指挥系统，7 月下旬至 8 月上旬，财大新班子需正式产生。若这种模拟成立，那么在实际运行中就可能会遇到以下几个问题：

（一）时间紧迫，合校操作需要及早启动

关于 9 月挂牌运行和国家教委的正式批文下达时间问题。国家教委的批文需在 7 月中、下旬下达，否则，挂牌的时间就得推迟。用一个半月的时间筹备挂牌庆典是十分紧张的。目前，两校正临近期末，7 月 11 日学生放假离校，按正常教学秩序，下学期课程安排必须在本学期放假前两周内下达。如果在放假前排不出课程表，教师接不到授课通知书，下学期的教学秩序就会受到影响，就无法按一校运行，稳定就难以保证。因此，下学期课程如何安排？是按哪种体制运行？教师到哪儿上课？后勤如何保障以及教师和职工上下班的接送车辆购置等，已迫在眉睫，需要尽快做出决策。

若要实行下学期开学前学校管理体制按"三定"方案及合并实施方案一步到位，新学年按新体制运行，必须在七八月做如下工作：①党政工勤人员和教师全部不放假；②合并党政职能机构，并确定分区教学与管理的派出机构和人员；③统一规划原两院校舍，安排党政职能机构及院、系、部和后勤、学生等用房；④学生宿舍维修粉刷，配备必要设备，9 月 1 日前搬迁完毕；⑤统一安排下学期课程；⑥购置交通车辆，合并两校车队；⑦制定运行的各种规章制度。

（二）新班子宜早确定，同时要和筹备工作搞好衔接，避免出现空档

关于实施合并方案的操作和财大正式班子的组建问题。我们认为，实

施合并方案的操作时间，最早是在国家教委批文下达、两校建制停止运行和财大新班子组成之后。临时党委和筹备组是无法实施合并操作方案的。然而，机构合并、人员到位、办学及学生住房搬迁调整，是一项十分艰巨的工作，涉及方方面面利益的调整，需要有绝对的权威和比较充裕的时间，需要有过硬的思想政治工作和组织措施作保证。这一段工作，是等学校正式班子确定之后实施，还是临时党委和筹备组先行实施，请领导明确指示。

（三）任务艰巨，难度较大，需要谨慎处理好速度和稳定的关系

从去年 4 月联合宣布"三冻结"以来，两校经历了一年多的时间，尤其是今年 4 月初，两校合并进入实质性筹备阶段以来，广大教职工对合并办学的好处的认识逐步提高。曹主任和刘部长在两校干部大会上讲话，对合校起到了很好的动员和推动作用。《山西日报》5 月 9 日第三版披露 9 月 1 日挂牌的消息之后，教职工对合并办学有了倒计时的思想准备。一方面表现出了对挂牌庆典的热切关注，另一方面也开始更多地考虑涉及切身利益的实际问题，各类人员思想波动较大，保运转、保筹备、保稳定的任务也日趋繁重。临时党委和筹备组经过认真分析之后，认为在合并速度和稳定的关系问题上，宜快不宜慢，宜早不宜迟。

（四）关于挂牌庆典和启动经费问题

为了保证两校合并的顺利实施，我们测算需要 1500 万元的启动经费，其中挂牌庆典活动 100 万元，两区校门维修改造 200 万元，校园美化 100 万元，办公设备购置 100 万元，对开接送车辆及轿车更新 300 万元，搬迁费 100 万元，学院开办和学科建设与专业调整投入 300 万元，两校教职工福利待遇在原有基础上填平补齐并略有提高的费用及其他需要 300 万元。

这些问题是针对 9 月挂牌运行任务重、难度大、时间紧、经费缺、矛盾多而提出的，能否得到妥善解决，是下一步工作顺利进行的关键。

谋群众之利益　成财大之伟业

——作者作为山西财经大学首任党委书记
在宣布校级班子大会上的发言

背景说明

　　1997 年 12 月 25 日，山西省人民政府、中华全国供销合作总社在山西财经大学举行了关于山西财经学院和山西经济管理学院合并办学的签字仪式。出席签字仪式的有中华全国供销合作总社穆励副主任、山西省人民政府副省长王昕等，会上宣布任命校领导班子成员。

　　山西财经大学党委及行政领导班子的宣布，意味着山西财经大学即将正式运行。作为党委书记，我真诚地感谢山西省委、供销合作总社党组对我的信任，真诚地感谢广大教职工对我的理解和支持。

　　刚才，穆励副主任和王昕副省长的讲话，对我们新班子提出了很好的要求。我们一定要遵照上级领导的指示，切实加强党的领导，坚决贯彻党的民主集中制原则，认真实行高校党委领导下的校长负责制；切实加强领导班子的思想建设和作风建设，领导班子成员要加强团结，相互尊重，相互支持，公道正派，廉洁奉公，以身作则，依靠群众，民主决策，充分发挥领导班子集体的作用，尽快把山西财经大学的新班子建设成为政治坚定，勤政廉政，业务过硬，求实高效，能够开创办学新局面的领导核心。我作为这个班子的班长，深感责任重大。由于我长期从事的是教学、科研和行政管理工作，现在要做好一个党委书记，我必须从头学起。首先要认真学习马列主义、毛泽东思想，特别是邓小平理论，认真学习党和国家的方针、政策，并切实贯彻落实到各项工作中去；要虚心向原两院的老领导学习，将他们丰富的工作经验转化为山西财经大学的宝贵财富，要虚心向广大教职工学习，将广大教职工的办学积极性凝聚成山西财经大学实现发展和腾飞的巨大动力。在山西省委和供销总社党组的正确领导下，在广大教职工的大力支持下，我将竭尽全力，当好这个班长，忠诚于党的教育事业，说实话，办实事，谋群众之利益，成财大之伟业，无愧于党组织对我的培养和信任，不辜负广大教职工对我的支持和厚望。

老师们、同学们，我们必须高举邓小平理论的伟大旗帜，贯彻落实中共十五大精神，坚持社会主义办学方向，立足山西区域经济和供销合作经济发展，面向全国、面向世界、面向未来，主动适应社会主义市场经济体制建立和社会发展的需要，积极发挥高校在人才培养、科学研究等方面的功能，把合并办学历史机遇作为新的起点，大胆探索，以教学科研为中心，改革内部管理体制，加强思想建设和精神文明建设，拓宽办学渠道，加强师资队伍建设和干部队伍建设，把财大办成一所有山西区域经济和供销合作经济特色的国内外有影响的财经大学。我坚信，有上级领导的关心和支持，有广大教职工的共同努力，我们一定能够担负起历史赋予我们的重任！

认清形势　统一思想　从严要求
扎实工作　圆满完成全年各项工作任务

——在山西财经大学1998年工作会议上的讲话

背景说明

1998年3月13日，山西财经大学正式挂牌后的第一次工作会议召开。山西财经大学未来坚持全日制本科教育、研究生教育、成人教育"三个模块"并重，将办成高级经济管理人才的培养基地、各级经济管理干部的培训基地、山西区域经济和供销合作经济科学的研究基地。

刚才，校党委副书记、校长冯子标同志代表校党委对今年的工作做了详细的安排，对今年我们要干什么、怎么干，都讲得很明确了。今年工作的主旋律就是要实施实质性合并，按照"三定"方案，进行党政职能机构的合并和院、系、部的组建；按照干部队伍"四化"方针和"德才兼备"的标准，进行院、系、部、处、室干部的调整和配备；按照改革精神，尽快制定教学科研和行政管理等各方面的规章制度，实施管理并轨；对原两院的资产进行清理、登记、评估、移交和财务并账，统一财产和财务管理；组织职能部门、院、系和学生进行搬迁；对研究生和本专科教学工作进行评价，加强教学基本建设；制订财大发展规划，统一安排学校布局和基建；按照国家教委制定的专业目录，调整、归并研究生和本科现有专业，全面修订各专业教学计划。上半年重点是抓好干部的配备、制度的建设与财产清查和财务并账工作。这个安排是经过党委集体讨论决定的，大家要认真落实，坚决执行，扎实工作，圆满完成。

一、审时度势，认清形势，把握改革的方向

中共十五大报告中明确指出：要深化科技和教育体制的改革，促进科技、教育同经济结合，解决科技和教育体制上存在的条块分割、力量分散的问题，优化教育结构，加快高等教育管理体制的改革步伐，合理配置教育资源。

李岚清副总理在全国高等教育管理体制改革经验交流会上说：高等教育管理体制改革，不是要不要改的问题，而是非改不可，势在必行。任何等待、观望的想法都是不对的。从今年开始要全面推进高教管理体制改革。通过共建、调整、合并、合作、划转等手段，打破条块分割、重复办学局面。高校管理体制改革和布局结构调整的具体目标是，高等学校的数量要减少，规模效益要提高，结构布局要更加合理。国家教委《关于加快高等教育管理体制改革和布局结构调整工作的意见》中提出，到20世纪末或21世纪初，全国普通本科院校保持在600所左右。从近几年全国高等教育管理体制改革的情况来看，已有30个省市、48个部委不同程度地进行了改革，涉及高校近400所。各种共建的高校有100所，划转的高校有8所，合作办学的高校有228所，企业、科研单位参与协作办学的高校有217所，涉及企事业单位近5000家，参与合并的高校有181所，减少高校建制88所。

我国之所以采取这样的战略选择，就是为了适应21世纪世界科技、经济、人才竞争的需要，建立具有中国特色的社会主义高等教育体制。21世纪将是一个充满竞争和挑战的时代。信息革命将发挥前导作用，生物技术加速产业化，能源技术将取得新的突破，新材料将得到广泛运用，环保技术和环保产业将成为竞争热点，太空技术的应用将快速发展；经济全球一体化和金融国际化极大地影响着各国的经济；跨国公司成为全球经济资源配置的重要力量；随着我国经济持续增长、结构调整步伐加快，就业、资源和环保成为日益突出的问题。这就势必要求我们站在时代的高度，从科教兴国战略和可持续发展战略以及经济增长方式转变的需要出发，来认识我们高等教育工作者所肩负的历史责任，来认识这场来势凶猛、势不可当的高等教育管理体制改革。

从山西教育的改革形势来看，今年要对全省范围内现有的高等学校包

括部属院校和地方院校，普通高校和成人高校在布局结构上进行统筹规划、合理布局、分步调整。我校的管理体制改革已经迈出了可喜的一步。国家教委周远清副主任在全国高教管理体制改革经验交流会上的讲话中提到：山西财经学院与山西经济管理学院合并组建山西财经大学，是集共建和合并于一身，使中央部委所属院校与地方院校有机地结合起来进行管理体制改革和布局结构调整，为高教管理体制改革提供了一种新的模式。前面冯校长讲到，我俩赴总社汇报工作时，穆励副主任说：从最近国务院机构改革和全国高教管理体制改革的情况来看，山西财经学院和山西经济管理学院合并，这一步走对了，下一步是要积极稳妥地实施实质性合并工作。

实质性合并是一个艰难而又复杂的过程，过程可以缩短，但绝对不能没有，更不可跨越。财大的成立，仅仅标志着我们在管理体制改革上迈出了第一步，两校合并不是简单的合并同类项，而是给了我们发展的良好机遇。我们在实施实质性合并过程中，必须处理好合并与改革的关系，借合并的契机，加大改革力度，积极推进内部管理体制的改革，进行大胆的教学和管理改革。只有这样，才能实现"1＋1＞2"的合并效应。如果不进行改革，或者改革的力度不大，就可能出现规模扩大了而办学效益降低，教学质量下降的情况，即"1＋1＞1"的情况。如果我们不能抓紧时间进行实质性合并，就会丧失学校发展的大好机遇，我们就无法向人民交代。

现在我校实质性合并工作已经开始，时代把我们推到了改革的前沿，我们的改革即将进入"动手术"的阵痛阶段，我们的党员、我们的干部、我们的教授、我们的教师、我们的每一位教职工，都应审时度势，认清形势，以对党和人民负责的态度，以山西财经大学主人翁的姿态，以改革的精神，以时代的责任感，积极投身到我们正在进行的改革过程中，做改革的支持者，做改革的拥护者，做改革的参与者。正像伏尔泰所说：在改革的大潮中，谁不具有这个时代精神，谁将承受这个时代的全部不幸！

二、明确任务，认准目标，探索财大的办学新路子

诞生在世纪之交的山西财经大学，是改革的产物、发展的需要。把一个什么样的山西财经大学带入21世纪，我们这一届班子和在座的各位都负有不可推卸的历史责任。

《中国教育与改革发展纲要》中指出，在21世纪要重点建设100所

大学，也就是大家所熟悉的"211"工程。这 100 所大学分三种类型：一是具有世界一流水平的大学；二是国内一流的大学；三是具有地方和行业特色的大学。前两种类型主要是从学科门类齐全的综合性大学中产生与建设。作为服务于地方经济和行业经济的山西财经大学，要在国内外"有影响"，只能从地方和行业特色上寻找出路，否则就没有出路。那么，我们采取什么样的战略选择，走什么样的办学道路，才能办出自己的特色呢？

校党委首先对我们山西财经大学的办学实力和目前在全国财经类院校所处位置，作了客观分析，从学科方面看，我们硕士点太少，即使这次申报的硕士点能批 6 个，我们也仅仅只有 10 个硕士点，没有一个博士点；国家级重大科研课题我们争取不上；国内 MBA 教育已经开了三批，由 36 所大学承办，我们作为培养企业家的财经大学还没有取得这一资格；进入"211"工程短时期内是不可能的。这就是我们的差距。

但是，我们必须看到，国家高等教育体制改革的大趋势，为我们提供了千载难逢的发展机遇。总社和山西省对我校实行了共建共管，两校合并后，办学条件的改善、师资队伍的壮大，科研力量的加强和学科的优化等叠加效应已经初步显现；我们还应该看到，我们毕竟是财经类院校中建校较早的院校之一，有 40 年的办学历史，积累了较丰富的办学经验，培养了一支政治素质较高、管理能力较强的干部队伍，云集了一批学术造诣较深、在国内外有一定影响的专家和教授，拥有一大批奋发向上、有发展前途的中青年骨干教师；同时，由于我校管理体制是实行省部共建共管的特殊性，使我们拥有山西区域和全国供销合作系统两个经济主战场，为我校提供了丰富的人才需求市场和广阔的研究领域。

我们只有抓住机遇，才能发展自己；只有扬长避短，才能走出一条既符合未来高等财经教育发展趋势，又有我们自己特色的办学新路子。这就是在办学指导思想的选择上，要高举邓小平理论伟大旗帜，坚持社会主义的办学方向，坚持教学和科研两个中心，坚持全日制本科教育、研究生教育、成人教育"三个模块"并重，面向 21 世纪，才能培养多层次、高素质的社会主义建设者和接班人。在目标和任务的定位上，我们要立足山西区域经济和供销合作经济发展对各类人才培养的需要，面向全国，把我校办成高级经济管理人才的培养基地，各级经济管理干部的培训基地，山西区域经济和供销合作经济科学的研究基地。力争到 2010 年把我校建设成为一所学科门类比较齐全，层次较高，规模适当，效益较好，竞争实力较强，能够主动适应现代经济以及21世纪人才培养需要，具有山西区域经济和供销合作经济特色的国内外有影响的财经大学。

我认为，山西财经大学要在国内外"有影响"至少应朝以下方向努力，第一，要全面贯彻党的教育方针，把培养社会主义接班人作为学校的根本任务；第二，要有一定的办学规模和效益，学校合并，为的就是这个目的；第三，在学科建设上，要逐步形成以经济科学为主，管理科学、信息科学、法学等学科门类比较齐全，并协调发展的几个学科群；第四，要有雄厚的科研实力，要办成一所研究型大学，使其既是教学中心又是研究中心；第五，要扩大对外学术交流，加强与国内外同类院校的合作和联系，扩大在国内外的知名度；第六，不但要向社会输送合格人才，还要向社会不断推出高水平、高质量的科研成果，为社会经济发展提供全方位的服务。

上级主管部门对我们财大的发展步骤提得很明确，三年强基础、五年上台阶、十年大发展。1998年是财大运行的开局之年，是三年强基础的第一年，是未来发展的奠基之年。刚才，党委副书记冯子标校长代表党委所做的工作安排，就是山西财经大学未来发展战略的第一步，这一步是非常关键的一步，我们在座的各位，我们全校师生员工都应该坚定不移地、积极主动地朝党委确定的奋斗目标，同心协力、开拓前进。我们各级干部不能看摊守业，更不能损公败业，要带领群众闯业创业，走出具有我们财经大学自己特色的办学之路！

三、从严治党，从严治吏，建立高素质干部队伍

今年工作任务十分艰巨，能不能顺利实施实质性合并，能不能完成1998年工作任务，能不能实现我们的工作目标，能不能把一个充满生机、充满希望的财大带入21世纪，关键是要靠两支高素质的队伍，一支是高素质的干部队伍，一支是高素质的教师队伍。只要有了这两支队伍，就能保证我们1998年工作目标的顺利实现。师资队伍建设刚才校长已经讲了，我这里着重讲一讲干部队伍建设。

毛泽东同志有句名言："政治路线确定之后，干部就是决定的因素。"我们1998年的工作任务已经安排，工作目标已经明确，下一步要靠我们的中层干部，去组织和动员群众来落实。为此，党委把干部队伍的建设作

为今年合并工作的重中之重。我们要坚决贯彻从严治党、从严治吏的方针，加强各级领导班子建设，加强各级党的组织建设。今年上半年，要完成中层干部的调整、配备和基层党组织组建工作。为了把这项工作做好，校党委根据《中共中央关于党政领导干部选择任用暂行条例》和《中共中央关于党政领导干部考核工作暂行条例》，结合我校实际情况，研究制定了《山西财经大学关于处级干部管理办法》，成立了干部考察调整工作领导组。在干部工作上，我们将坚持党管干部的原则，坚持干部"四化"方针和德才兼备的原则，坚持公正、公平、择优和任人唯贤的原则，坚持群众公认的原则，加大干部选拔透明度，采用群众评议、民主推荐、组织考察、党委集体研究的方式，以能点将，量力使用，看实绩、看工作、看贡献，使优秀人才脱颖而出。真正把那些政治上坚定、业务上过硬、埋头苦干、工作卓有成效的干部选拔到领导岗位上来。逐步把我校的干部队伍建设推向选拔民主化、管理科学化、奖惩制度化的发展轨道。

各级领导干部，尤其是中层干部，都要坚决按照党委的统一部署，转变观念，高标准、严要求，尽快使自己的思想和观念适应改革形势，提高自己的政治素养和领导水平。

为此，我们的干部必须重视学习，善于学习，用邓小平理论武装自己。中共十五大把邓小平理论确定为党的指导思想，号召全党："要重视学习，善于学习，兴起一个学习马列主义，毛泽东思想特别是邓小平理论的新高潮。"邓小平理论是毛泽东思想的继承和发展，是当代的马克思主义，是马克思主义在中国发展的新阶段，教育要"面向现代化、面向世界、面向未来"是邓小平同志教育思想的高度概括。我们要高举邓小平理论的伟大旗帜，要用这一理论武装自己的头脑，用这一理论指导我们的行动，用这一理论解决改革和发展中遇到的新情况和新问题。学习的关键是要理论联系实际，学以致用。通过学习，增强政治上的坚定性，真正解决政治上思想上与党中央高度保持一致的问题；通过学习真正解决好思想解放的问题。两校合并是改革的产物，我们所制定的制度，所建立起来的教学科研管理、后勤运行机制等一些办法，应该成为改革的成果，不能成为改革的对象。我们要继续学习中共十五大报告，把学习邓小平理论在前一段学习的基础上不断引向深入，进一步解决好我们的思想观念问题。通过学习，真正提高领导水平，促进学校的改革和发展。学习过程中，必须把邓小平理论同我们的工作结合起来；同合并过程中各种突出问题和热点问题结合起来。各级干部都应当深入到群众中去，广泛开展调查研究，了解教职工的思想动态，耐心细致地做好思想工作，把党委的决策变为群众的自觉行动，与群众一起投入到各项工作中去。只要有利于坚持社会主义办学方向，有利于贯彻党的教育方针，有利于学校改革、发展和稳定，有利于提高教学质量和科研水平，有利于全面提高学生素质，培养和造就合格的社会主义建设者和接班人，有利于提高教职工生活水平，就大胆探索，勇于实践。

前不久，中央和省委召开的组织工作会议上，中央领导和省委领导就明确提出，要"从严治党"、"从严治吏"。用"两严"来加强干部队伍自身建设，保证跨世纪发展战略的实现。今年的工作千头万绪，任务繁重。开局一战，关系着财大的未来。全体干部，尤其是党员领导干部，一定要遵守政治纪律，与党中央保持一致，把自己的思想、言行统一到校党委的部署上来。凡是校党委决定了的事情，要一个口径，一个声音，一贯到底，坚决执行。树立一校意识，增强团结，不等待、不观望，振作精神，敢于负责，积极主动带领本部门群众，圆满完成党委确定的各项工作任务。希望同志们在各自的岗位上，尽职尽责，努力工作，在这改革的年代，如果你今天不努力去工作，那么明天你将努力去找工作。

在世纪之交的历史性关键时刻，我们担负着财大建设和发展的重任。千里之行，始于足下。在这开局之年、奠基之年，让我们高举邓小平理论伟大旗帜，解放思想，振奋精神，抓住机遇，锐意改革，团结一致，奋力拼搏，一步一个脚印，扎扎实实奠基，认认真真操作，圆满完成1998年的各项工作任务，开创山西财经大学的新局面。

在山西财经大学干部调整工作动员大会上的讲话

背景说明

1998 年 6 月 5 日，学校召开干部调整动员大会。会上对选拔任用干部的政策依据、"三定"方案、学校机构设置及其名称与相应的干部职务名称做了说明，然后对处级干部调整、选拔、任用的指导思想、方法、原则与具体步骤做了说明。全校党组织和全体党员，要从党的事业和利益出发，以大局为重，讲政治、讲正气，在动员和组织群众做好干部评议推荐工作的同时，团结带领广大教职工，确保教学、科研、后勤、管理等各项工作的正常运转，保持良好秩序。反对拉帮结派、互相攻击、跑官要官等一切非组织活动。公道正派、认真负责地把中层干部调整、选拔、任用工作做好。

今天，我们召开全体系处以上干部和高级专业技术人员大会，主要是动员和组织实施我校中层干部的考核、调整、选拔、任用工作。这是一次非常重要的会议，希望大家高度重视这次会议。下面我重点讲四个问题：

一、这次干部考察和任用工作的准备情况

干部工作是一项非常严肃而认真的工作，3 月学校工作会议之后，校党委做了各项准备工作：

第一项工作：根据《中共中央关于党政干部选拔任用暂行条例》和

《中共中央关于党政干部考核工作暂行条例》，结合我校的实际情况，研究制定了《中共山西财经大学委员会关于处级干部管理办法》。这个办法既是我校对处级干部管理的一项较为长期的制度，同时也是这次干部考察、任用的重要依据。

第二项工作：积极进行"三定"方案的编制和报批工作。没有"三定"方案，我们就无法设置机构，也没有干部职数，干部调整和配备就是一句空话。这项工作上上下下、反反复复几经协商、修改，到5月18日上级才正式批复下来。关于进行这项工作的具体经过，我在6月1日上午党委召开的系、部、处、室主要负责人会议上已作了较为详细的介绍，校党委根据省教委晋教人字（1998）32号文件《关于下达山西财经大学机构编制的通知》，最后确定的我校机构设置，这里由于时间关系我就不再讲了。

第三项工作：研究确定了干部的职务名称。也就是每个部的干部叫什么，比如说，组织部、宣传部、基础课教学部、成人教育学院的教学管理部等都是部，那么这些部的干部是叫部长，还是叫主任。这些按规定必须有明确叫法。关于干部的职务名称校党委已研究确定，将专门发文通知，这里我也不再说了。

第四项工作：研究确定了处级干部职数的分解。也就是说根据"三定"方案下达的干部总职数和我校最后确定的机构，把干部总职数分解到各个部门和单位。

第五项工作：研究确定了我校基层党组织的机构设置。即我校在校党委以下，还设哪些党委机构和总支，总支下设哪些支部，由哪些单位组成。哪些总支书记是专职的，哪些总支书记是兼职的。

第六项工作：成立了干部考察调整工作领导组和干部考察组。考察组分南北校区两个小组，考察成员从校党委组织部和两校区纪检部门抽人，从南校区抽出的人员负责北校区干部考察工作，从北校区抽出的人员负责南校区干部的考察工作，并制定了考察组的工作方案。

第七项工作：任命了校党委组织部部长。

第八项工作：研究确定了这次干部考察、调整、任用的具体实施意见。主要有《关于处级干部考察、任用工作的实施方案》、《关于合并期间调整、选拔、任用处级干部需把握的原则》等。

到目前为止，干部考察、任用的各项准备工作已基本就绪，条件基本成熟，从今天开始就进入实施阶段，争取在 6 月底或 7 月初基本完成处级干部的调整工作。

二、本次干部考察和任用的方法、原则、步骤

（一）本次处级干部调整、选拔、任用的指导思想

本次处级干部考察任用工作，要立足合并，确保稳定。正确处理好合并与稳定的关系，改革与日常工作的关系，目标与步骤相协调的关系。坚持德才兼备的原则和干部"四化"方针。注重群众公认，注重工作实绩，统筹兼顾，量才适用，大胆起用优秀中青年干部。努力建设一支高素质的干部队伍，为我校的改革和发展，提供强有力的组织保证。

（二）本次处级干部调整、选拔、任用的基本方法

考察任用处级干部采用现任处级干部本人述职，进行民主评议和推荐，组织考察，党委集体讨论决定，按有关规定程序任命的办法。先党政机关后教学业务部门，先系部后学院，先正职后副职，先安排调整后提拔任用，就地就近，稳中求快，分步实施，逐步到位。

（三）本次处级干部调整、选拔、任用的基本原则

调整、选拔、任用干部的原则，我们要坚决按照《中共中央关于党政干部选拔、任用工作暂行条例》规定的原则办事，这就是：①党管干部的原则；②德才兼备、任人唯贤的原则；③群众公认、注重实绩的原则；④公开、平等、竞争、择优的原则；⑤民主集中制的原则；⑥依法办事的原则。严格按照中共中央关于选拔任用干部的六个条件和七个资格办事。

鉴于我校改革的需要和合并工作的实际情况，此次调整、选拔、任用处级干部，还要坚持统筹兼顾、相对稳定、逐步到位的基本原则。校党委根据中央规定和基本原则，研究确定了本次处级干部调整、选拔、任用的九条具体原则：

第一条：年龄要求。担任处级干部的年龄要求为男性在 57 周岁以下、女性在 52 周岁以下；男性满 57 周岁、女性满 52 周岁的现任处级干部改任同级调研员。拟提任副处级干部的年龄一般应在 45 周岁以下，拟任正处级干部的年龄一般应在 50 周岁以下（学科带头人可适当放宽）。

第二条：任职时间及经历要求。由正科级提任副处级，必须在正科级岗位上工作 3 年以上；由副处级提任正处级，必须在副处级岗位上工作两

年以上。

鉴于两校合并，干部冻结，副处级干部主持工作3年以上，工作成绩突出者，优先提拔使用；在筹建两校合并期间，工作成绩显著者，优先提拔使用。

结合我校实际，本次调整任用处级干部，专业技术职务可视同行政职务，正高级专业技术职务视同正处级；副高级专业技术职务视同副处级；中级专业技术职务视同正科级。专业技术职务聘任时间可视同行政职务任职时间。

上述年龄和任职时间计算截至1998年6月30日。

第三条：学历及专业技术职务要求。处级干部一般应具有大学专科以上文化程度，同等条件下要优先任用具有高学历的干部。对于教学、科研部门和分管教学、科研的处级干部应当具有硕士研究生以上学历或副高级以上专业技术职务。

第四条：专业要求。选拔业务管理干部要突出专业化，系主任必须是本学科带头人，具有本学科的正高级专业技术职务，同时，要求在学科领域取得突出成绩，做出较大贡献。

第五条：政绩要求。提拔任用干部要注重政绩，优先使用实绩突出、德才兼备的优秀干部。1996年以来的年终工作考核结果要作为本次干部选拔、任用的重要依据。

第六条：干部交流。根据晋财大党字（1998）13号文件关于处级干部管理办法的规定，干部要进行交流，但干部交流要根据实际情况分期分批进行。

第七条：由于各种原因，曾担任过处级职务而现在又没有实职的干部，本次任用时，视本人具体情况适当加以考虑。

第八条：根据上级有关文件精神，要注意选拔使用妇女干部、民主党派干部和无党派人士。

第九条：1996年以来，有下列情况之一者，不予提拔：①违背四项基本原则，不能与党中央保持一致者；②年终考核不合格者；③工作中造成事故，正在受党纪、政纪处分者；④涉嫌违纪，正在立案审查者；⑤违反规定，经商或从事营利性兼职者。

对于仍在校外继续经商或从事营利性兼职者，坚决不予任用。这一条，我们坚决按照中纪委关于处级干部"十不准"办事。

三、本次处级干部调整、选拔、任用的具体步骤

第一步：民主评议、推荐和自荐。分两个层次进行：

第一个层次，召开大会进行民主评议和推荐。首先是大会民主测评，大会民主测评、推荐在"两副"以上大会上进行，即副处级以上干部、副高级以上专业技术人员对现任处级干部进行测评。因为这两支队伍是我校的重要力量、骨干力量。参会人员首先对现任的全体处级干部进行评议，按优秀、称职、不称职三个档次填写评议表。其次是民主推荐，"两副"以上干部、专业技术人员大会对学校机关党政部门正职岗位的人选进行推荐，并填写推荐表。

第二个层次，按系统进行民主评议、推荐和自荐。

处级干部民主评议的推荐工作，由南北校区分别组织进行。南校区以党总支为单位进行，南校区马列支部归基础教学党总支。北校区按党群系统、行政后勤系统、教务科研系统、公共课教学系统、各系（包括系、部合一的系）、成人教学部、图书馆等来分组进行。上述各系统的全体人员参加评议和推荐，由这些部门的现任处级干部进行述职，并填写自荐表，然后进行民主评议和推荐。对现任处级干部述职的要求：①参加述职的现任处级干部，在指定范围内述职，并写出书面述职报告，由考察组收集交回党委组织部存档。②述职内容是：1996年4月至今，能否坚持四项基本原则，与党中央保持一致；对高校体制改革的态度和认识；工作实绩；廉政勤政情况；存在问题及不足。③述职报告力求全面准确，客观公正，实事求是，语言朴实，书写清楚，字数限于2000～2500字。

但各教学系、部干部考评时，只搞述职报告和民主测评，不搞民主推荐，系、部干部的推荐工作，由新组建后的系、部的全体人员在会上来推荐。

具体分组安排和具体程序组织部另行安排。

第二步：干部考察组向党委汇报。大会民主评议和推荐的情况由组织部负责整理汇总，向党委汇报。按系统民主评议和推荐的情况则由干部考察组负责整理汇总，向党委汇报。

第三步：党委研究确定考察对象。党委根据民主评议和推荐情况，并结合处级干部平时的表现，研究确定考察对象。确定考察对象将坚持德才兼备、群众公认、注重实绩，德、能、勤、绩全面衡量。

第四步：组织考察、审查。考察工作主要采取个别谈话、查阅资料等方式进行，全面了解考察对象德、能、勤、绩方面的情况。

审查工作要充分听取纪检、审计部门对考察对象的反映，认真查阅本人档案和有关材料，历史地、全面地了解考察对象。

在对考察对象认真考察和严格审查的基础上，由考察组写出考察报告，提出意见，由组织部统一汇总，向党委汇报。

第五步：党委研究、任命。党委召开会议，在充分酝酿的基础上，集体研究决定，并按有关规定程序任命。

四、干部考察、任用工作的意义及要求

在年初工作会议上我讲过，今年工作主旋律就是要实施实质性合并。实质性合并有三项重要工作：一是根据"三定"方案进行党政职能机构的合并和院、系、部的组建，按照干部队伍"四化"方针和"德才兼备"的标准，进行院、系、部、处、室干部的调整和配备；二是按照改革精神，制定教学科研和行政管理等各方面的规章制度，实施管理并轨；三是对原两院的资产进行清理、登记、评估、移交和财务并账，统一财产和财务管理。而干部的调整与配备工作则是重中之重的工作。这项工作能不能做好，能不能选准、用好处级干部，关系着财大能不能顺利实施实质性合并，能不能完成1998年的工作任务，能不能实现我们的工作目标；关系着财大的改革与发展，关系着财大的前途和命运，也关系着我们每一个教职员工的切身利益，意义重大而深远。假如我们让那些跑官要官、弄虚作假、挖学校墙脚，而不干工作、不学无术、在外挣钱的人当了我们的部门干部，我们搞什么改革，搞什么学科建设，这都是白说。为此，校党委对全校各级组织、党员、干部和广大教职工提出如下要求：

第一，各级党组织和全体党员要从党的事业和利益出发，以学校的大局为重，讲政治、讲正气，增强凝聚力，在校党委的领导下，坚持党管干部的原则，既要动员和组织好群众做好干部评议推荐工作，又要团结带领广大教职工，确保教学、科研、后勤、管理等各项工作的正常运转，保持良好秩序。

第二，要求全体干部特别是处级以上干部，要服从校党委的统一安排和部署，服从学校的整体利益和长远利益。要做到个人服从组织，端正思想，树立一校意识，言行正派，坚决制止造谣生事、拉帮结派、互相攻

击、跑官要官等一切非组织活动。对于违反组织纪律、制造混乱或者由于失职渎职、工作出现空档造成严重后果、影响学校大局的干部不仅不提拔，还要追究责任，严肃处理。

第三，要求广大教职工要以主人翁的精神，以高度的政治责任感和对财大前途命运负责的使命感，积极参加评议、推荐和考察，正确行使自己的权利，做到认真负责，客观公正。真正把那些德才兼备、勤奋工作、成绩突出的干部选拔到领导岗位上来。同时，要提高政治警惕，保持清醒头脑，加强群众监督，坚决制止那些以权谋私、弄虚作假、说一套做一套、言行不一、口是心非，一贯闹不团结不能与人合作共事，甚至用原则换人情、拿原则做交易、低级庸俗的干部进入领导岗位。

第四，要求干部工作的考察组工作人员，一定坚持公道正派、实事求是、认真负责、保守秘密的原则，严格按照考察方案进行考察。要提高认识、端正态度、高度负责、严守纪律。科学地、准确地把握好每一个干部，为党委选准、用好干部发挥参谋作用，尽职尽责、勤奋工作，努力做好干部的考察工作。

在座的各位以及全校的教职员工，都是未来财大的奠基人和创造者。我们要面向新世纪，高举邓小平理论的伟大旗帜，以高度的政治责任感和历史使命感，以饱满的精神状态和求实创新、勤奋高效的工作作风，圆满完成这项工作，为山西财经大学的壮大和发展建设一支高素质的干部队伍。

我相信，有上级机关的正确领导，有在座各位的积极配合，有广大教职员工的大力支持，我们山西财经大学中层干部调整、选拔、任用工作，一定能够取得圆满成功。

在山西财经大学首届处级干部任命
宣布大会上的讲话

背景说明

1998 年 7 月 15 日，山西财经大学首届处级干部任命宣布大会举行。会上说明处级干部推荐、考察过程和情况；任命了 156人，其中正职 60 人，副职 96 人，具有高级专业技术职务的 110人，占处级干部总数的 70.5%，50 岁以上的 31 人，占 19.9%，40～50 岁的 72 人，占 46.2%，40 岁以下 53 人，占 33.9%，平均年龄 43 岁；并对新任处级干部提出了六点要求。

年初工作会议上，校党委提出今年工作的主旋律就是要实施实质性合并，并确定了实质性合并的三项重点工作，即干部调整、制度建设、财产清查和财务并账。而干部的调整、选拔、任用工作是实施实质性合并的重中之重。在校党委的领导下，经过整整一个学期紧张有序、严肃认真的工作，我校干部调整、选拔、任用工作已圆满完成。今天，我们召开全体处级以上干部和两个新系筹备组成员大会，宣布我校的中层干部。根据校党委的安排，下面我就本次干部考察、选拔、任用工作讲几个问题：

一、本次处级干部调整、选拔、任用工作情况回顾

干部工作是一项非常严肃而认真的工作，而本次处级干部调整、选拔、任用工作，又是在两校实质性合并的特殊时期，不仅涉及人数多，而且是在两校中选拔任用，难度是很大的。能不能做好这项工作，能不能选

准用好处级干部，关系着财大能不能顺利实施实质性合并，能不能完成1998年的工作任务，能不能实现财大未来的目标；关系着财大的改革与发展，关系着财大的前途和命运，也关系着我们每个教职员工的切身利益，意义重大而深远。校党委的每一个成员都感到责任重大。因此，校党委把干部工作作为重中之重的工作全力来抓。这项工作大体是分为两个阶段进行的。

第一阶段：准备阶段。3月学校工作会议之后，一直到6月4日，校党委为本次干部调整、选拔、任用做了大量的、充分的、扎实的准备工作。

一是根据《中共中央关于党政干部选拔任用暂行条例》和《中共中央关于党政干部考核工作暂行条例》，结合我校的实际情况，研究制定了《中共山西财经大学委员会关于处级干部管理办法》。这个办法即是我校对处级干部管理的一项较为长期的制度，同时也是这次干部考察、任用的重要依据。

二是积极完善干部工作的组织机构。4月6日，校党委研究确定了党委组织部部长拟任人选和拟增补的校党委常委人选，报请省教委党组和山西省委组织部批准，5月27日正式任命了组织部部长。6月12日，省教委人事处处长贾坚毅同志向校党委全体成员传达了晋教党字（1998）15号文件"关于山西财经大学党委实行常委制及组成人员的批复"。至此，我校干部调整、选拔、任用工作的组织机构得到了完善。

三是积极进行"三定"方案的编制和报批工作。没有"三定"方案，我们就无法设置机构，也没有干部职数，干部调整和配备就是一句空话。这项工作上上下下、反反复复几经协商、修改，于5月18日上级正式批复下来。

四是认真研究确定干部调整、选拔、任用的一系列方案和方法。5月28日，校党委扩大会议根据省教委晋教人字（1998）32号文件《关于下达山西财经大学机构编制的通知》，研究确定了我校机构设置，跟着研究确定了《山西财经大学及其所属机构职责》，6月1日上午党委召开各系、部、处、室主要负责人会议，通报了机构设置情况。6月3～5日，校党委集中研究确定了《山西财经大学校、院、处级干部职务名称》、《各系、部、处、室处级干部职数》和《我校基层党组织机构设置》；研究通过了《处级干部考察、任用工作实施方案》和《关于合并期间调整、选拔、任用处级干部需把握的九条原则》；成立了干部考察调整工作领导组和干部考察组。这些方案、原则的正式出台，预先也就是在6月1日下午，向省教委党组进行了汇报，也向总社人教部作了电话汇报，上级领导对我们的准备工作很满意，认为我们准备得很充分，考虑得较细致，并作了重要的指示。我们在研究时，严格地按照上级领导的指示精神，对我们的方案、办法进行了补充和完善。

到6月4日，我校干部考察、任用的各项准备工作已基本就绪。

第二阶段：实施阶段。从6月5日开始我校干部调整、选拔、任用工作进入了实施阶段，到今天基本完成处级干部的调整、选拔、任用工作。

6月5日下午，校党委召开了由副处级以上干部和副高级以上专业技术人员参加的处级干部调整工作动员大会。在大会上对现任处级干部进行了测评，对学校党政24个部门的正职岗位干部人选进行了推荐。之后考察组分南北校区按系统组织进行了测评和党政部门的正副岗位干部人选的推荐工作。

6月12日上午，校党委召开了扩大会议，研究确定了各系专业设置和教师归口原则。当天下午召开了由系部主任、部分硕士生导师和有博士学历的教师参加的关于教师归口原则座谈会。13日上午，召开了全体教师大会，冯校长代表党委讲了各系专业设置和教师归口的基本思路和原则。13日下午，校党委对系部处级干部的职务名称、推荐方法、推荐对象及各行政、教辅人员参加推荐会议的去向等具体问题进行了研究。之后，考察组和组织部对测评和推荐情况进行了认真汇总。6月24日，干部考察组和组织部分别向党委汇报了分系统和"两副"以上干部、教师大会对处级干部的测评和推荐情况，并研究通过了《本次调整、选拔、任用处级干部的具体办法》（11条）。为了保证下一步工作更加扎实，24日中午我和冯校长一起再次向省教委党组汇报了我校处级干部测评、推荐的基本情况和下一步的具体操作办法，教委领导对我们的工作进展和下一步的工作思路给予了充分肯定，并要求我们一定要按照"9条原则"和"11条具体办法"操作。要加大民主监督的透明度，如果群众检举有不符合原则的，任用了也可以拿下来。26日上午，召开了各部门负责人会议，通报了本次调整、选拔、任用处级干部的11条具体办法，在会议上我代表党委向参会的各单位负责人明确表态：党委一定要严格按照"实施方案"、"9条原则"和"11条具体办法"操作，但是，由于这次干部调整、选拔、任用的范围大、人数多，考察组也好，党委也好，也可能会出现疏漏或把握不准的地方，大家可以有根有据地向纪检委、组织部反映，经调查落实后，确系违反"9 条原则"和"11 条具体办法"的，党委一定会研究取消其任职资格。

6 月 27 日开始，我校处级干部调整工作进入了酝酿阶段。按照"实施方案"、"9 条原则"和"11 条具体办法"的规定，在民主测评和推荐的基础上，校党委主要领导集中时间，首先征求了各位校领导对分管部门处级干部人选的意见，然后党委常委之间广泛交换了意见。6 月 28 日召开了书记碰头会，进行了商议。在书记碰头会商议的基础上，6 月 29 日，从早晨 8 点开始，一直到晚上 11 点，校党委召开常委会议，根据民主评议和推荐情况，考虑推荐人选德才兼备、群众公认，德、能、勤、绩方面的情况，结合处级干部平时的表现，集体研究确定了处级干部考察对象。从 7 月 1 日开始，考察组按系统对新提拔的处级干部，按照《实施方案》规定程序进行了考察，在对考察对象认真考察和严格审查的基础上，写出了每个考察对象的考察报告。7 月 10 日考察组又向党委汇报了考察情况，党委书记、副书记又充分地交换了意见。7 月 11 日下午 2 点半到晚上 10 点半，校党委根据考察结果，按既定的"实施方案"、"9 条原则"和"11 条具体办法"，进行了认真的研究和讨论，做出了财大第一批处级干部的任命决定。

二、本次处级干部任用的基本情况及原则的掌握

本次共任用处级干部 156 人，其中：正职 60 人，副职 96 人；男性干部 130 人，女性干部 26 人，女性干部占处级干部总数的 16.7%；中共党员 148 人，民主党派及非党人士 9 人，民主党派和非党人士干部占处级干部总数的 5.8%；具有高级专业技术职务的 110 人，占处级干部总数的 70.5%；具有研究生学历的 30 人（含双学位 2 人），占处级干部总数的 19.2%，具有大学本专科学历的 119 人，占 76.3%，其他学历的 7 人，占 4.5%；50 岁以上的 31 人，占处级干部总数的 19.9%，40～50 岁的 72 人，占到 46.2%，40 岁以下的 53 人，占 33.9%，平均年龄 43 岁。

本次处级干部调整、选拔、任用工作紧紧围绕"立足合并，确保稳定。正确处理合并与稳定的关系，改革与日常工作的关系，目标与步骤相协调的关系。坚持德才兼备的原则和干部'四化'方针，注重群众公认，

注重工作实绩,统筹兼顾,量才使用,大胆启用优秀中青年干部,努力建设一支高素质的干部队伍,为我校的改革和发展,提供强有力的组织保证"的指导思想,严格按照《中共中央关于党政干部选拔、任用工作暂行条例》规定的"党管干部;德才兼备,任人唯贤;群众公认,注重实绩;公开、平等、竞争、择优;民主集中制;依法办事"等原则和中共中央关于选拔任用干部的六个条件和七条资格,严格按照中共山西省委组织部《关于推荐、考察领导干部人选的暂行规定》,按照校党委制定的《处级干部考察、任用工作实施方案》、《关于合并期间调整、选拔、任用处级干部需把握的九条原则》和《本次调整、选拔、任用处级干部的十一条具体办法》进行操作。鉴于我校改革的需要和合并工作的实际情况,此次调整、选拔、任用处级干部工作中,还要坚持统筹兼顾、相对稳定、就近就地、逐步到位的基本原则。这次处级干部调整、选拔、任用工作中,校党委主要是从下面五个方面进行把握的:

一是从条件上把握。在这次处级干部测评、推荐、考察、选拔、任用过程中,校党委从建设高素质干部队伍的要求出发,依据"实施方案"、"9条原则"和"11条具体办法",把握处级干部的任职条件。具体来说:

在政治表现与工作实绩掌握方面,严格考察干部的德、能、勤、绩等方面的情况,既看干部政治素质、思想水平、艰苦奋斗和奉献精神,又看干部工作实绩、工作能力;既看干部对高校体制改革,特别是对两校合并的态度与工作成绩,又看干部平时各方面的表现。同时,对不同岗位的人选,有所区别,有所侧重,除应具备规定的基本条件外,还要求具备履行其职责所必需的某些特殊素质。鉴于两校合并,干部冻结,这次处级干部选拔、任用中,对副处级干部主持工作3年以上、工作成绩突出者,以及在筹建两校合并期间,工作成绩显著者,优先进行了提拔使用。

在任职时间及经历的掌握上,由正科级提任副处级,必须在正科级岗位上工作3年以上;由副处级提任正处级,必须在副处级岗位上工作两年以上。结合我校实际,本次调整任用处级干部,专业技术职务视同行政职务,正高级专业技术职务视同正处级;副高级专业技术职务视同副处级;中级专业技术职务视同正科级。专业技术职务聘任时间视同行政职务任职时间。任职时间的计算截止到1998年6月30日。这一方面,只有新任的团委副书记高文胜同志差几个月。这是党委考虑到团干部年轻化的特殊性,而且符合中央和省里对团干部任职条件的规定。

在年龄的掌握上，这次任用的正处级干部中，男性均在 57 周岁以下、女性均在 52 周岁以下；男性满 57 周岁不满 60 周岁，女性满 52 周岁不满 55 周岁的原任处级干部，均在原单位改任了同级调研员，这次共改任处级调研员 18 人。男性年满 60 周岁、女性年满 55 周岁的原任处级干部有 7 人，按有关规定，该退休的由组织部办理退休手续。副教授以上的教师，可根据工作需要，办理返聘手续。

在学历及专业技术职务的掌握上，处级干部一般掌握在大学专科以上文化程度，在同等条件下优先任用了具有高学历的干部。对于教学、科研部门和分管教学、科研的处级干部一般掌握在具有硕士研究生以上学历或副高级以上专业技术职称。在任用的 156 名干部中，有 7 人达不到学历要求，其中有 6 人原任处级干部，实际上在学历要求上只突破了 1 人，即中专学历。党委常委经过认真的讨论，一致同意破格任用，理由有两个：一为该同志工作成绩突出；二为省教委 11 号文件规定，对膳食、水电、车队等岗位的干部可降低学历使用。

在专业的掌握上，选拔业务管理干部主要是突出专业化，系主任均是本学科带头人，具有本学科的正高级专业技术职称，在本学科领域取得了一定成绩。这次对思想素质好，有组织有能力的博士生、留学归国人员也优先进行了提拔使用。教学、科研管理部门及教学单位的业务"一把手"，任用为教授者，我们直接安排了正职（正处），为副教授者，我们安排其为副职（副处）主持工作。当然，也有不少教授由于岗位的限制，被安排在副职岗位上。

二是从职数上把握。上级批准我校处级干部的总职数为 154 个，不包括学校协助省教委和总社人教部管理的学院级的处级干部职数；经校党委研究，上级同意在工商管理学院、经贸学院、财政金融学院的办公室和基建处各增设一个兼职；根据上级文件规定，我校党委组织部可设两名专职组织员，这样总共有 160 个职数。这次我们共任用了 156 人，总职数还空 4 个。总职数没有突破，但校党委集体研究掌握的部门职数上有个别突破，这主要是考虑到这些岗位的正职快到改任同级调研员的年龄，便于今后工作上协调。下次学院干部任用后，还可腾出一部分职数。

三是从结构上把握。这次任用处级干部中，一方面，注意了专业结构，如基础课教学部两个职数，语文考虑了一个，数学考虑了一个。另一方面，坚持统筹兼顾原则，对每个单位处级领导班子，原则上由原两院的人员组成。另外，还注意男性干部与女性干部、党员干部与民主党派干部和无党派人士的比例结构。

四是从程序上把握。在干部任用过程中，我们严格履行了现任干部个人述职和自荐、民主测评和推荐、广泛征求意见和党委常委之间充分酝酿后确定考察对象、组织进行考察、党委集体讨论决定的合法程序。在具体操作过程中，坚持统筹兼顾的原则，采用了先党政机关，后教学部门；先正职，后副职；先安排调整，后提拔使用的基本方法。也就是说，我们在操作过程中，对原任正职按就近就地的原则，先安排党政部门，后安排教学部门；空下的岗位再从副职中选拔。对原任副职，先进行安排；然后对空下的岗位从科级干部中选拔补充。最后全盘出台。

五是从纪律上把握。在"9条原则"中规定，坚决按照中纪委关于处级干部十不准的规定，对于违背四项基本原则，不能与党中央保持一致；年终考核不合格；工作中造成事故，正在受党纪、政纪处分；涉嫌违纪，正在立案审查；以及违反规定，经商或从事营利性兼职的干部，不予提拔。对于现仍在校外继续经商或从事营利性兼职者，不予任用。

从这次考察情况看，我们的干部都能够坚持四项基本原则，与党中央保持一致；年终考核均为合格，这次干部测评，包括"两副"以上干部、教师大会测评和分系统测评结果，我们的处级干部均在称职以上。无工作中造成事故，正在受党纪、政纪处分的干部；也没有涉嫌违纪，正在立案审查的干部。对群众检举有违反规定经商或从事营利性兼职的干部，已查证落实，对组织通知脱钩并按时脱钩的，这次任用了。对仍在外经商或从事营业性兼职的，按规定没有任用。

另外，在干部交流方面，根据晋财大党字（1998）13号文件关于处级干部管理办法的规定，干部要进行交流，但干部交流要根据实际情况分期分批进行。结合合并的实际情况，这次我们对正职基本上是按就地就近的原则先任用上岗，对一部分副职进行了适当轮岗。待下一步安排学院干部时，对处级干部再做适当的轮岗或调整。

三、对大家的几点希望与要求

在座的各位，是财大干部队伍的骨干，是群众的领头人，是财大的主力军。财大的改革、财大的发展、财大的未来、财大的希望，寄托在大家身上。为此，我代表校党委向大家提出几点希望和要求：

（一）要以事业为重，努力做到个人利益服从学校大局

财大处级干部调整、选拔、任用的大批量工作已基本结束，各位级干部即将赴任上岗。那么，上岗前思想必须准备充分，精神面貌一定要好，这关系着是否能够尽快进入新的角色，担负起新的责任。从这次处级干部调整、选拔过程中发现，原任处级干部也好，教师也好，不少人期望值很高。从这次处级干部考察中也发现，我们财大不少的干部和教师，政治立场坚定，思想水平较高，业务素质很好，组织能力也较强，应该提拔任用。而且，他们也非常愿意为财大多做一些工作。但是，由于我校干部职数的限制和专业与岗位不一致各种因素，有的没能提拔，有的没有任用。对这些没能提拔或没有任用的同志来说，可能会有一些想法。对此我们是可以理解的，但在上岗前必须解决，轻装上阵。

为此，校党委要求全体处级以上干部，要以党的教育事业为重，要以党和人民的利益为重，以财大的事业为重，以学校的大局为重，讲政治、讲正气、看发展，服从校党委的统一安排，做到个人服从组织，正确对待升、退、留、转，经得起考验。要端正思想，尽快调整心态和情绪，以饱满的热情、积极的态度，面对现实、面对未来、主动上岗、认真工作。

（二）要加强学习，努力提高自己的政治理论素养

前段时间，由于合并工作较忙，一些领导干部律己不严，炒股热心，经商诚心，打牌用心，跳舞开心，就是学习不那么专心，党报不读，联播不看，新闻不听。特别是一些干部在最近组织的教育思想、教育观念学习和讨论中，还是不专心、不认真地学习，应付差事，敷衍了事。这是非常错误的，必须纠正。

作为一名领导干部，对学习的态度如何，可以反映出其素质的高低和对事业有无责任感。作为财大的中层领导干部，必须重视学习，善于学习。高度重视学习是我们党的优良传统，是事业获得发展的前提和基础。江泽民总书记多次强调，讲学习、讲政治、讲正气，是把讲学习摆在第一位。加强学习，是时代的要求、形势的要求、事业的要求。在新的时代面前，我们不懂的东西很多，已经懂得的东西如不及时更新，也会变得陈旧。学习现已成为人类面临的最紧迫课题，不大力加强学习，就跟不上时代的发展，就担当不起跨世纪的历史重任。只有善于学习，才能拓宽思路，把握规律，增加工作的预见性、科学性、创造性。学习是提高思想境界的根本途径。掌握的知识越多，思想就越充实，境界就越高，胸怀就越

开阔，就能始终保持积极进取的精神状态，自觉拒腐防变。只有用全人类最先进的思想、最科学的理论、最丰富的知识武装自己的头脑，才能走在时代前列，担负起跨世纪的历史重任。

讲学习，最根本的是学习马列主义、毛泽东思想特别是邓小平理论。邓小平理论是指导中国人民在改革开放中胜利实现社会主义现代化的正确理论。在当代中国，只有把马克思主义同当代中国实践和时代特征结合起来的邓小平理论，而没有别的理论能够解决社会主义的前途和命运问题。同样，也只有这个理论，才能解决高等教育和我们财大改革与发展中出现的新情况、新问题。

学习的根本目的是改造思想，指导工作。因此，学习必须在联系实际、务求实效上下功夫。要通过学习，保证办学的正确方向，坚定政治立场，坚持思想信念，充实精神世界，修养道德情操，讲政治，顾大局，守纪律，在任何时候、任何情况下，都自觉地在思想上、政治上、行动上与党中央保持一致，自觉地接受校党委的统一领导，确保政令畅通。要把学习的过程作为提高自身素质的过程，不断增强做好工作的紧迫感和使命感；要把学习的过程作为接受新思想、新事物的过程，不断激发工作的主动性和创造性；要把学习的过程变为追求真理、开拓进取的过程，不断实现主观与客观的一致，理论与实践的统一。

（三）要严于自律，高度重视自身的道德修养

江泽民总书记在要求领导干部一定要讲政治时强调："各级领导同志更应该自重、自省、自警、自励，在各方面以身作则，树立好榜样。要求别人做的，自己首先做到，禁止别人做的，自己坚决不做。"江总书记这个讲话语重心长，对领导干部的道德建设提出了很高的要求。我们一定要按照江总书记的要求，严于自律，高度重视自身的道德修养，努力提高自己的道德素质。

自律问题就是要解决事功与修身的关系问题，也就是行事与人格、道德的关系问题。领导干部的道德修养，是立身之本，也是为"官"之道。高尚的人格，是凝聚人才的无形力量，领导干部一定要讲"官"德，要以德教人，以德服人，以德树威。一方面要躬身做"官"，当人民的公仆，为人民的利益尽心竭力，鞠躬尽瘁。另一方面要挺起腰板做人，不在金钱、美色上授人以柄，更不做金钱、美色的奴隶；要顾大局、识大体，坚持原则，主持正义，廉洁自律，无私奉献，自觉做到"自重、自省、

自警、自励"，努力做一个高尚的人，一个纯粹的人，一个有道德的人，一个脱离了低级趣味的人。

（四）要牢记党的宗旨，努力争做师生员工的合格公仆

党的干部是人民的公仆，全心全意为人民服务是党的根本宗旨，做到全心全意为人民服务是党的干部最基本的品德。因此，校党委要求我们每一位共产党员，每一位财大的干部，必须时刻牢记党的宗旨，全心全意为人民服务，在各种利益调整、组合的过程中，必须把为人民谋利益放在首位；必须做到先天下之忧而忧，后天下之乐而乐，吃苦在前，享受在后；正确对待手中的权力，防止以权谋私；身先士卒，带头加强自身修养。要求我们的干部想群众之所想，急群众之所急，真正把教职员工"拥护不拥护"、"赞成不赞成"、"答应不答应"作为工作的出发点和落脚点，在思想上尊重群众，感情上贴近群众，行动上深入群众，生活上关心群众，多为群众办一些"雪中送炭"的事情；要把是否有利于党的教育事业的发展，是否有利于财大的改革与发展，是否有利于提高教学质量、培养合格人才，作为判断工作好坏的根本标准。只有这样，才能获得取之不尽的力量源泉；才能在前进的道路上克服艰难险阻，立于不败之地；才能不会为个人名利上的一时得失荣辱而挫伤精神，真正做一名无私无畏、毫不利己专门利人的革命者。

（五）要注重团结，正确处理好同志之间的关系

在财大的开局之年、奠基之年，要求大家一定要树立一校意识，同心同德，团结一致，为财大的改革和发展奋力拼搏。为此，在座的每一位同志，特别是我们财大的中层干部，一定要正确处理好同志之间的关系。而要处理好同志之间的关系，一是要做到谦虚谨慎，戒骄戒躁，正确认识自己，正确对待别人。不鄙人之短，不恃己之长，虚心向周围的同志学习，以他人之长补自己之短。要转变作风，充分发扬民主，对别人提出的意见和批评，要认真听取，虚心接受，即使一些意见有失偏颇，也要做到"有则改之，无则加勉"，而不能对提意见的同志耿耿于怀，更不能打击报复。二是要具有宽阔的胸怀。要时刻想到我们都是为了财大的未来与发展走到一起来的，要始终把党的教育事业放在第一位，识大体，顾大局。相互之间要多一些理解信任，多一些宽容大度，只要不是原则性问题，就要互相谦让，互相体谅。要善于与人合作共事，包括要善于与有不同意见的同志一同工作。三是要坚决克服个人主义思想。俗话说，心底无私天地

宽。只有无私，才能做到同志之间赤诚相待，与人为善，团结互助，共同进步。只有无私，才能淡泊名利，公道处事，正派为人，秉公用权，抵制庸俗思想，消除市侩习气，保持同志之间的纯洁性。四是要开展批评与自我批评，经常交心谈心，沟通思想，消除隔阂，化解矛盾，有话说在当面，不要为谗言巧语所惑，不要为小道消息所迷。对那些心术不正的人，对破坏正常同志关系的人，要批评教育，及时纠正。绝不能见怪不怪，熟视无睹，更不能听之任之，姑息迁就。

（六）要尽快进入角色，有条不紊地开展工作

有一套符合实际的工作思路，确定工作的指导思想、重点及落实措施，是进入角色、有条不紊地开展工作和打开局面的根本。因此，在走上新的工作岗位之后，要在调查研究、吃透情况的基础上，明确抓什么，怎么抓，尽快进入新角色。对新提拔的处级干部在进入领导角色时，一定要确立实事求是的指导思想，有积极稳妥的工作思路。具体来说要注意三点：一是要从实际出发，不急于求成；二是要在基础性的工作上下功夫，不做表面文章；三是要注意保持工作的连续性；四是要虚心向老同志学习。

我们财大的每位干部，每一位党员，都要有不同于一般教职工的事业心和责任感，也就是要以共产党人崇高的使命感和对党对人民的教育事业高度负责的精神，要以饱满的热情，投身财大改革和建设的实践，不论在什么岗位，在其位，谋其政，专心致志工作，踏踏实实做事；要有锐意改革、敢为人先的锐气，有迎难而上、坚韧不拔的精神，有忘我拼搏、奋发进取的干劲，抓住机遇而不可丧失机遇，开拓进取而不可因循守旧，努力奋斗创业。

在座的各位以及全校的教职员工，都是财大的奠基人和未来的创造者。我们要面向新世纪，高举邓小平理论的伟大旗帜，以高度的政治责任感和历史使命感，以饱满的精神状态，以改革的精神，以求实创新、勤奋高效的工作作风，全身心地投入到工作中去，在财大的改革和发展中，走出新路子，迈出新步伐，跃上新台阶，做出新贡献。

提高领导方法和艺术
必须处理好几个关系

——在山西财经大学党校第一期处级干部培训班上的报告

背景说明

1998 年 7 月 16 日，山西财经大学党校第一期处级干部培训班召开，本文是作者作为学校党委书记，对干部进行的一次专题培训。

在座的各位，是山西财经大学的处级以上领导干部。财大的改革、财大的发展、财大的未来、财大的希望，关键在你们。在你们即将走上新的岗位、进入新的角色、担负新的责任之际，我想就今后工作中需要注意的一些问题和需要处理好的几个关系，谈谈我个人的认识。

一、正确处理党、政之间的关系

1989 年中共中央在《关于加强高等学校党的建设的通知》（以下简称《通知》）中明确规定，高等学校实行党委领导下的校长负责制。这是经过长期摸索后总结出来的更合理、更科学的高校领导体制。实践证明，这一领导体制更符合我国的国情和高校的实际情况。怎样使这一科学的体制得到贯彻实施并不断完善，是搞好高校建设尤其是高校领导班子建设的根本前提。因此，在我们的工作中，必须正确处理好党、政之间的关系。

一是要正确认识搞好党政分工的重要性，适当划分各自的职能。这样有利于充分发挥党的系统和行政系统两个方面的积极性，促进学校的建设、改革和发展，从整体上提高学校的教育质量和办学水平。校党委根据中共中央《关于加强高等学校党的建设的通知》中规定的高校党的委员会的主要任务和《中国共产党普通高等学校基层组织工作条例》（以下简称《条例》）中规定的高校党的委员会的主要职责，已在校党委会议制度中明确规定。那么，各系的总支也要根据中央的这个《通知》中规定的系党总支的主要任务和《条例》中规定的系党总支的主要职责，将系教学行政进行适当的职能划分。这样，才能各尽其责、各司其职，把各方面的积极性充分调动起来，如果混淆职责，其结果不是导致以党代政，就是导致淡化党的领导。不论出现哪种情况，都会因领导关系的不顺而造成工作上的被动。

二是要认真做到党政相互配合，形成协调一致的局面。在一个单位，党政工作是紧密、有机地联系和渗透在一起的，其工作目标是统一的。这里需要特别注意的是，党政分工不是党政分家、分开，绝不能把党政的具体事务工作机械地、绝对地割裂开来，更不允许形成党政各自的管辖范围，形成互不联系的"壁垒"或界限。事实上，行政工作的组织领导和指挥实施、教学科研工作的组织实施，本身包含着大量的艰苦细致的思想政治工作，需要党的系统的积极有效的支持；而党的系统要发挥其核心作用，不积极参与行政工作也是不行的。历史经验证明，高校党政越是互相配合、紧密协调，其整体的领导水平就越高；党政配合失调，势必影响整体功能的发挥，影响办学质量和水平。如果把党政分工视为党政分家、绝对分开，就往往是领导班子不团结、失去凝聚力和战斗力的开始，其结果不是出现"两张皮"的现象，就是出现"一手硬，一手软"的局面，从而严重影响整体的工作。党政关系主要体现在党政"一把手"的关系上，因此，要求党政"一把手"必须协调好关系，从而保证党政相互配合，形成团结统一的局面。

同时，要加强和改进党的支部委员会的建设。党支部是党的工作和战斗力的基础，担负着直接联系群众、宣传群众、组织群众、团结群众，把党的路线方针政策和校党委的决策、决定落实到基层的主要任务。我校的改革、发展、稳定，教学质量的提高，合格人才的培养，都要依靠基层党组织的战斗堡垒作用和广大党员先锋模范作用的充分发挥。因此，必须下大功夫把党的基层组织建设好。

二、正确处理正职与副职的关系

正职与副职，既同为班子成员，又是领导与被领导的关系。正职对上级领导负责，副职在正职领导下开展工作，对正职负责。然而，副职对正职负责的程度，既取决于副职的自身素质状况，又取决于正职的领导艺术和水平。正职善于充分发挥副职的作用，副职勇于对正职负责并积极工作，这个班子就能形成众星捧月之势，就有凝聚力、战斗力，这个单位的工作也就一定能够做得更好。

对正职来说，首先要善于处理矛盾。正职与副职共事，不仅要有兄弟般的感情，而且要有较高的处理相互之间矛盾的能力。这就要求正职要做到善"放"：一是放心。不仅要对副职的思想品质高度信任，不忧虑副职对自己的感情不真诚，不忧虑副职对工作不尽力，不忧虑副职对班子建设不尽心；而且要相信副职能够胜任自己的工作，相信副职能够履行好自己的职责，相信副职能够创造性地工作。但是，放心并不是放弃对副职的管理，前者是一种感情，后者是一种职责，二者是应该而且是能够统一起来的。二是放手。这主要体现在责权的统一上，也就是给副职多大的责任，就要给副职多大的权力，使其有职有责有权。放手不仅要从形式上放，而且要从实际行动上放，也就是说对副职责任范围内的事要多了解、多引寻、多启发，对副职的正确决策要大力支持，对副职的决策失误要多补、多指点，并帮助其总结经验教训。一句话，使副职感到虽有正职在上，但不缩手缩脚；虽有正职可依靠，但不依赖。三是放正。也就是说正职要把每个副职都视为知己，将其摆到应摆的位置，不在副职中搞亲疏，分轻重。若在副职中分亲疏，不放正位置，甚至拉一部分，排挤一部分，轻者是自残手臂，重者是自我树敌。

其次要善于引导竞争。一个班子的每个成员都拼着劲干工作，生怕自己分管的工作落后了，这个班子就有活力，就有战斗力。班子内部的工作竞争，实质是观念的竞争、意志的竞争。有了浓厚的竞争意识，班子成员就会在各项工作包括日常生活中的一言一行上比着干，看谁先进，看谁政绩明显。因此，作为正职必须把相当多的精力放在班子成员的竞争意识的培养上，把它作为班子建设的重要内容常抓不懈。同时，还应注意分工的平衡性、支持的均衡性、协调的及时性。因为，副职的分工是否合理，正职对副职工作的支持是否均衡，正职对副职间开展的竞争活动是否密切关注、及时协调，直接关系着竞争活动的质量和效益。

最后要善于用其长处。正职与副职共事的要领之一就是善用副职之长，使副职有充分显示才华的机会。用副职之长，关键在于识其长。要深入了解，看其与别人相比有何之长，与自身相比有哪些方面更突出。既要抓住副职的长中之长，充分发挥其作用；又要创造副职发挥长处的条件，做副职的坚强后盾。既要充分发挥其作用，又要带头学习副职之长，完善自身素质。

对副职来说，首先要摆正位置。作为副职必须搞清楚自己所处的地位和所起的作用。正职负责部门的全面工作，处于领导核心地位；副职负责某一方面的工作，处于领导的从属地位。也就是说必须摆正自己的位置，而要摆正位置，需要注意两点：一是要有全局观念。要全面理解正职的工作意图，并在工作中得到充分体现。在考虑问题时，不能只强调所分管工作的重要性，要站在全局的角度来思考问题。要把自己分管的工作作为全盘工作的一部分来对待，紧紧围绕全局工作目标开展工作。二是不能越位。副职就是要配合正职做好工作，献计献策不能强加于正职，决策问题要由正职下结论。正职一旦拍板定案，副职就应贯彻执行，绝不能另搞一套。否则，会影响班子的团结。

其次要当好参谋助手。向正职献计献策，当好正职的参谋助手，是副职的一项重要职责。一个部门，涉及方方面面的工作，而每一项工作，都有其不同的特点和规律，要科学决策各方面的事情，只靠正职一个人的智慧是不易做到的，尤其是在科学技术迅速发展的当今社会，正职更需要副职的谋略，从而形成和丰富领导集体的智慧和创造力，使决策更加科学、合理，工作效率更高。因此，作为副职要抓好时机、选准问题，为正职出主意、提建议，献计献策。但要特别注意：切莫当歪参谋，切莫炫耀自己。在实际工作中常常会出现这样的问题，比如：正职采纳了副职的意见、建议，产生了好的效果，副职就在群众中说："要不是采纳我的建议，还没有这样好的效果。"正职没有采纳副职的意见、建议，造成决策失误，副职就在群众中说："就是没有采纳我的建议，才搞成这样，如果采纳我的建议，就不会这样。"在讨论研究问题时，正职吸收了副职的一些观点时，副职就说："他讲的这些，不就是刚才我说的，他又没有加入什么新东西。"副职这样做，是非常错误的，也是很危险的。必须走出炫耀自己、贬低正职的误区，处处维护正职的威信，当好助手。

最后要积极主动地完成分管工作。作为副职要充分发挥自己的聪明才智，独当一面地开展工作。一方面，要在自己分管的工作中当好主角。副职相对于正职是配角，而相对于自己分管的工作来说，则是主角。因此，只要是职权范围内的工作，不推诿，不扯皮，果断决策，敢于实施，使自己的工作对全局工作起到推动作用。另一方面，要独立思考，创造性地工作。同时，副职要尽可能地独立解决属于自己职权范围的各种矛盾，遇到矛盾推给正职，这是副职不负责任或无能的表现。

三、正确处理领导与群众的关系

我们每个系、部、处、室既是工作运转的基础单元，又是对上对下的结合部。处级干部处在被领导与领导地位，扮演着双重身份。也就是说，上有分管领导，处于被领导的地位；下有教职员工，又处于领导的地位。作为处级干部，就处事工作方法来讲，核心问题是如何把握微观思维基础，从容面对上、下、左、右，正确处理和平衡各方面的关系，形成和谐、协调的工作氛围。

作为处级干部，对上级的决策、领导布置的任务，应该不折不扣地去贯彻执行。但不是简单的"执行官"，更不能变成"机器人"，整天用"是、是、是，好、好、好"来束缚自己的大脑。一个称职的处级干部对上级领导，应当善于处理好以下两个至关重要的问题：一是要积极化解异议。可以肯定地讲，作为处级干部，只要负责地对待工作和对问题进行全面、深入的研究，每个人都会遇到和领导意见不一致的地方，只是程度不同而已。那么，如何看待和消除工作中的意见和分歧？首先，要从辩证的观点出发，分清是否属于原则分歧，是否影响大局。分歧点如果不是原则问题，就应自觉地接受领导的意见，和领导保持一致。其次，如果领导的决策，确实不完善或可能引起不良后果，如果领导坚持自己的意见，按照下级服从上级的原则，应该坚决地执行，并在执行中设法为领导补台。二是把原则性与灵活性有机结合。从一个整体来说，为使工作规范化、秩序化，必须有个规矩，也就是说必须坚持原则。每一个具体部门的情况有所不同，为使工作做得更好，还需要有一定的灵活性。办同一件事情，对原则性和灵活性两方面的运用不同，在实践中产生的结果就不同。因此，在工作中，要注重把原则性和灵活性有机结合，做到"运用之妙，存乎一心"。在一个工作点上只有一个"原则性"，本身不具有可选性。可灵活性是一种方法，一种艺术，具有多向性、可选性。那么，这时就需要特别注意灵活性选择的方向。要在坚持原则的前提下，灵活地把工作做得更好、更完善。而不能"上有政策，下有对策"，与上级的精神相抵触。

作为处级干部，不能只唯上，不唯下，这样是不会得人心的。下就是指自己的部下和基层群众，也就是我们的广大教职员工。面对群众，处级干部不是长官，而是"领头羊"。要始终树立群众是依靠、群众是未来的观念。自己和群众只是职位和分工不同，在人格上是完全平等的，同样应该尊重和关心群众。同时不仅要出思路、教方法，而且要经常亲自动手、同甘共苦，做到严格管理，精心培养，大胆使用。遇到问题多说理、少批评；遇到责任多自担、少推诿。做到：行为品格，以德昭人；工作处事，以能服人；功利面前，以谦让人；责任面前，以身护人。领导与群众的关系，就是舟与水的关系。领导干部要切实为群众谋利益，为教职工多办实事、多服务、多解决实际问题，切记"水能载舟，也能覆舟"。所以，领导干部在工作中，一定要做好群众工作。而要做好群众工作，要在三方面下功夫：一是在了解群众上下功夫。了解群众，是要了解群众的政治思想、经济水平和生活工作状况，了解群众的意见、呼声和要求，特别是要了解群众广为关注的热点、难点问题，全面准确地掌握群众各方面的情况。做到这一点，领导干部在工作上就有了主动权，做起群众工作来就能有的放矢，取得良好的效果。要了解群众，必须深入群众，要广泛听取群众意见。古人云：兼听则明，偏信则暗。必须深入基层，加强调查研究。没有调查就没有发言权。当然，群众的意见往往是多方面的，领导干部要全面分析，对于赞扬性意见，要把它当作一种鼓励，在今后的工作中做得更突出一些，但千万不可沾沾自喜；对于肯定性意见，要实事求是地承认，并加以具体分析，再接再厉；对于批评性意见，应虚心接受，真诚改之。同时要认真对待群众意见，要实事求是，一切以有利于党的事业、有利于工作大局、有利于广大教职工为原则，合理的要求，要尽量满足；对无理取闹，要严肃批评、耐心教育。二是在教育群众上下功夫。要通过各种教育途径、各种教育手段，宣传党的路线、方针、政策，宣传党委的决策、决议、决定，感化、教育、引导群众，不断提高群众的思想政治水平，使他们具有坚定的集体主义和社会主义信念，有强烈的政治责任感和献身精神，能够服从大局的需要。要让群众深刻地认识到，学校的发展和个人的利益是相互联系的，只有学校发展了，个人才能得到相应的利益。

三是在团结群众上下功夫。团结群众是要通过艰苦细致的群众工作，把广大群众紧紧团结在校党委的周围，把广大群众的积极性和无穷智慧集中到学校的改革、发展、稳定和提高教学质量、科研水平的伟大实践上来。只要我们的每一位领导干部都能够把群众的利益当作第一要素，把群众情绪作为第一信号，把群众的需要放在第一位置，真心实意做好群众工作，不犯脱离群众的错误，就能形成团结和统一的局面。这样，无论在学校的改革发展中遇到任何艰难险阻，我们都能够战胜。

作为处级干部，除了要处理好对上、对下的关系外，还应正确处理左右的关系，也就是要正确处理好横向关系。在横向关系的处理上，一是要尊重，就是要尊重对方，无论牵头还是配合，都应真诚地尊重所合作部门的意见。二是要补台，合作部门的考虑欠周、方法欠妥时，应主动提醒、主动补台，做到一不指责埋怨，二不推卸责任。

四、正确处理谋政与廉政的关系

中共十五大报告中指出："把群众公认是实绩突出、清正廉洁的干部及时选拔到领导岗位上来，是我们的事业取得成功的关键。"这里所说的实绩突出就是谋政的结果，清正廉洁就是要廉政。领导干部既要谋政，又要廉政，这样群众最为拥护。只谋政而不廉政，政绩会自然而然地被抵消。既不谋政又不廉政，在群众中将威风扫地，最终形成群众和干部的对立，严重影响班子的号召力。

何为"廉"？共产党人的廉就是一不为当官发财，二不为个人或小集团谋利益，入党的目的就是要全心全意为人民服务，甚至牺牲生命也在所不惜。因而，共产党人特别是领导干部都应该有廉政的能力。

干部要廉政，做到权钱名利诱惑面前不动心，用好人民给予的权力，经受住各种考验，除了组织上经常性的帮助教育外，关键是自己要不断提高党性修养，强化自律意识，廉洁奉公。具体来说，就是要做到"四慎"：一要慎权。权力具有两重性，在职责范围内正确行使权力，恪尽职守，对党、对国家、对人民都是一种贡献，对自己也是一种自我价值的肯定。如果失职渎职，以权谋私，对党、对国家、对人民就是一种犯罪，最终也会毁了自己。古人说，官贵始终一节，为官应有节。"节"是人的脊梁，是人的灵魂。作为领导干部要明白这个道理，堂堂正正做人，清清白白做官。二要慎欲。人都有七情六欲，领导干部也不例外。讲"慎欲"，就是要求我们领导干部不能放纵欲望，不能谋取规定以外的特殊利益。古人说："天下之福，莫大于无欲；天下之祸，莫大于不知足。"所以，我们领导要耐得住清贫，时刻警惕和防止个人欲望的膨胀，在任何时候，都要坚持艰苦奋斗的优良传统，俭以养德，保持良好的品德和高尚的情操。三要慎微。古人说：千里之堤，溃于蚁穴。讲的就是慎微的道理。我们领导干部要保持高度的警惕性，在工作、生活中不能有丝毫的大意，注意从小处着眼，重视小节，防微杜渐。否则，由于放松了小问题而犯了大错误，就会一失足成千古恨。四要慎独。就是说在无人监督或在制度约束之外，也能洁身自好，不越党纪国法之雷池半步。作为领导干部，无论是在公务活动中，还是在个人生活方面，无论是有人监督，还是无人监督，都应该遵纪守法，严于律己，廉洁奉公。只要做到了这四"慎"，就会自重、自省、自警、自励，就能牢记宗旨，永葆本色。

五、正确处理求实与创新的关系

正确处理创新与求实的关系，也就是要正确处理开拓创新与务实求效的关系。创新就是要把上级的指示、学校的意见细化。细化的程度越高，创新的程度也就越强。创新要建立在实事求是的基础上，要讲求实效。创新是对现实的开拓和发展。创新不能追求即时效应，要从党和人民的利益出发，真抓实干，做到为官一任，造福一方；创新要量力而行，要用科学的态度，讲究质量，注重效益。可见，创新必须以求实为前提，必须在求实的基础上进行。

创新就是要创造性地开展工作。江泽民同志曾多次要求领导干部要"创造性地开展工作"。创造性地开展工作，首先要有创造性思维。思维决定出路，有了新思维，才有大作为；思维方式的更新，才会在认识上有巨大飞跃，实践上有伟大创造。可以说，创造性思维是创造性工作的前提，是创造性工作之母，是创造性工作的灵魂。也可以说，创造性思维是财富，它能够结出惊人的丰硕成果。

创造性思维的特点是一个"新"字，其实质是透过现象，深入本质，揭示出事物之间的真实关系，从而指导实践，取得成功。作为一个领导干部，要勇于运用创造性思维，创造性地解决新问题，开创工作的新局面。

领导干部从某种意义上讲就是创造。大家可以想一想，要前进就要开拓，开拓就得"闯"，就得披荆斩棘。如果轻车熟路，还需要领导吗？所以说，没有创造性思维，不能开拓创新，就不是名副其实的领导。特别是在科学技术日趋发展、市场经济竞争日趋激烈的今天，作为一个领导，没有创造性思维，不能创造性地开展工作，就很难有立足之地。那么，如何才能具有创造性思维呢？首先要有强烈的事业心。强烈的事业心是创造性思维的动力和基础。只有积极进取，奋发向上，执着追求，勇于攀登，在事业上要求建树，做出贡献，建功立业的人，才会有永不衰竭的进取心，才会不满足现状，勇于探索，披荆斩棘，开拓创新，积极进行创造性思维。其次是要解放思想。解放思想是创造性思维的前提条件。头脑里被许多旧思想、旧观念束缚着，不敢越雷池半步，根本无从谈起什么创造性思维。只有把头脑从各种紧箍咒中解放出来，才可能有创造性思维，才能有所发现，有所前进。再次是要博采众长，丰富知识。法国古典哲学家康德说过："有学问，然后有先见，有先见，然后能力行。"因此，要勤奋学习，博采众长，不断用新的理论和科学文化知识丰富自己，为创造性思维提供用之不竭的源泉。拓宽知识面，形成合理的知识结构，才易于突破思维定式，迸发灵感，使创造性思维之花常开不衰。最后应掌握好创造性思维的技巧，技巧也就是方法。法国科学家贝尔纳说过："良好的方法能使我们更好地发挥运用天赋的才能，而拙劣的方法则可能阻碍才能的发挥。"所以，方法问题也是个不可忽视的问题，要讲究方法。要用新的思维、新的观念、新的勇气、新的实践去开拓创新。

认清形势，胸怀全局，
同财大发展共命运

——在山西财经大学党校第二期（科级）干部培训班上的讲话

背景说明

1998 年 11 月 29 日，山西财经大学党校第二期（科级）干部培训班召开。山西财经大学成立后的科级干部配备完成后，也同处级干部一样，以党校培训班形式进行培训。

一、当前形势

21 世纪即将到来，这是一个充满竞争和挑战的时代。当代国际政治、经济格局，正朝着政治多极化、经济全球化发展，信息革命正发挥着前导作用，物质技术加速产业化，能源技术取得了新的突破，新材料得到了广泛应用，环保技术和环保产业成为竞争热点，太空技术的应用在快速发展，国际资本流动规模迅速扩大，速度加快，金融国际化极大地影响着各国的经济和社会发展。

从国内形势来看，"回顾 1989 年以来走过的路程，我们党成功地经受了一系列重大考验。80 年代末、90 年代初国内发生了政治风波，国际上出现了东欧剧变和苏联解体，我们党经受了严重的政治考验。去年以来，亚洲爆发了金融危机，由于前几年我们果断地采取了宏观调控措施，有效地抑制了通货膨胀，实现了软着陆，今年内又采取了正确的政策和措施，保持了经济社会稳定发展的大局，我们党经受了经济方面的严重考验。"江泽民说："我们这次能够顶住亚洲金融危机的冲击，主要原因有两条，一是20年的改革和发展使我们具有相当的承受和抵御风险的能力；二是中央及时采取了正确的对策和措施。中央在年初提出'坚定信心，心中有数，未雨绸缪，沉着应付，埋头苦干，趋利避害'的方针，果断做出增加投入，扩大国内需求，开辟国内外市场和保持人民币汇率稳定的重大决策。""这次我们党带领广大军民战胜了历史罕见的洪涝灾害，经受住了来自自然界的严重考验。经过这些困难和考验，我们党领导现代化建设的本领和水平进一步提高了。我们坚持以经济建设为主，坚定不移地推进改革开放，坚定不移地坚持四项基本原则，积累了正确处理改革、发展、稳定关系，维护社会政治稳定的丰富经验。我们积累了国际政治斗争的经验，也积累了在国际金融和经济风浪中搏击的经验。我们掌握了在发展市场经济条件下对付通货膨胀的本领，也开始有了扩大内需、促进经济增长的办法。我们具备了组织扩大军民抗击自然灾害的能力，也确立了加强生态环境建设、实现可持续发展的方针政策。事实证明，我们党具有在复杂情况下驾驭局势的能力。"

当然，也存在经济社会发展中的一些问题和矛盾。

我们面对的工作，是高等教育，是广大师生。

什么是高等教育？它是如何发展而来的？世界的高等教育萌芽为公元前386年柏拉图创办的"阿加德来"学园和公元前335年亚里士多德设立的"吕克昂"哲学学校。西方高教史上的第一所大学一般被认为是公元前200年古希腊的雅典大学。中世纪后期，随着商业的发展，城市的兴起，出现了一批大学，如1088年的意大利波隆纳大学、1180年的法国巴黎大学、1209年的英国剑桥大学和1168年的牛津大学。到文艺复兴初期，欧洲已有80所大学。那时的欧洲大学一般下设四个学院、一个文学院，为初级学院，学习专业基础课，毕业后获硕士学位，然后上医学院或法学院、神学院。

近代高等教育是随着资本主义社会的发展而发展的。

中国的高等教育是如何发展的呢？有人认为中国的高等教育开始于奴隶社会，西周就有了，但那不是真正意义上的高等学校。汉武帝时，即在公元前124年设立了一个大学，置博士弟子50人，可被认为是中国封建社会官办高等教育的开始。南北朝时，南宋文帝（公元438年）在京师开设"四学馆"：儒学馆、史学馆、文学馆、玄学馆。这是我国最早的单科教育。后来有书院，也是高校，特别是五代以后的书院。近代中国的高等教育，最早是洋务运动中的"洋务学堂"，1862 年的"同文馆"（京师），1863 年的上海广方言馆，1866 年的福建船政学堂，1881 年天津水师学堂，以上仅仅都只能算作专科。1898 年国立京师大学堂才是中国近代的第一所大学。清末，1910 年大学一般设 7 科：经济学、文学、法政、商科、农科、工科、格考，学制四年。

民国时期，大约有 200 多所大学，其中教会办 21 所。在革命根据地有抗日军政大学、鲁迅艺术学院、马列学院、华北联合大学等。

新中国成立后，1952 年下半年国家曾进行过一次院系调整，"以培养工业建设的人才和师资力量为重点，发展专门学院，整顿和加强综合大学。"调整后，全国高校由 210 所减少为 184 所，其中，综合大学 14 所，工业院校 38 所，师范院校 33 所，语文院校 8 所，农村院校 29 所，医药院校 29 所，财经院校 6 所，法政院校 4 所，艺术院校 15 所，体育院校 4 所，少数民族院校 3 所，其他院校 1 所。1955 年又进行了第二次大学院系调整，由沿海地区的大城市向西部和内地转移。到 1957 年全国高校达到了 229 所。1958~1960 年发展到 1289 所。1961 年搞"八字方针"又进行了一次调整，到 1963 年压缩为 407 所，本科专业 549 种，减少了 191 种。1965 年为 434 所，比 1947 年（新中国成立前的最高）增加 1.1 倍，在校学生 67 万，比新中国成立前最高时增加 3.3 倍。

"文化大革命"中，全面停止招生 6 年，停止派出留学生 7 年，停招研究生 12 年。1966~1976 年至少少培养了 100 万大学生。当时大学减少了 106 所。

1981 年高校为 704 所，1988 年高校达 1075 所。学生人数为 270.1 万人。1997 年在校本专科学生为 590 万，是 1978 年 89.16 万人的 6.6 倍。

高等学校自产生以来，无论西方还是东方，都是培养人才和学术研究的场所。欧洲人把中学毕业后升入正规大学的教育视为高等教育，不包括中学毕业后所受的多种形式的专业技术教育和训练。而中国、美国、日本等国把受训完全的中等教育之后所进行的各种层次、各种形式的专业教育都视为高等教育。包括正规大学、专科、职业技术学院、成人教育。

高等学校的特点：①处于国家教育的最高层次；②对象是青年和成年人；③目标是为国家培养多方面的高级专门人才；④教育与科研相结合；⑤提供各种社会服务。高校规模大，分工细，协作复杂，加强科学管理是办好现代高等教育不可缺少的条件。"三分条件，七分管理。"

教育部提出的"面向21世纪教育振兴行动计划"已经国务院批准。这个计划包括：①实施"跨世纪素质教育工程"和"多层次创造性人才培养工程"，为建设国家创新体系打好基础。②全面推进各级各类政府改革与发展，进一步推进实施"211工程"和"跨世纪园丁工程"，不断提高教学质量和效益。③深化教育体制改革，加大教育投入，以进一步完善教育优先发展的保障机制。④充分发挥教育的智力优势，实施"高校高新技术产业化工程"，为培养新经济增长点作贡献。⑤建设开放式的教育网络，实施"现代远程教育工作工程"，构建终身学习体系，争取到21世纪初，基本建成适应社会发展所需的经济体制、政治体制和科技体制并体现现代教育特点和规律的教育体制。

现在世界已经进入知识经济时代。由传统的制造业为主进入信息产业……知识从经济的边缘进入经济的中心，高校将成为高质量的创新性人才的培养基地，是经济的创新者，创造性的知识成为经济社会发展的领导力量；物质生产方式和生产模式将发生变化；知识在社会经济发展中成为资源。在农业时代，人们追求土地；在工业时代，人们追求资金；在当代，人们追求知识，终身教育成为时代的主流。伴随经济信息化、国际化、全球化，国际交流与合作将更加密切。可以说知识经济时代，是一个公平、公正、文明和持续发展的时代。

中国近代高等教育的发展，最早是模仿日本，后来模仿欧美，新中国成立以后曾经模仿苏联。现在我们正在建立自己的培养模式和体系。最近教育部陈自立部长在国务院新闻办记者招待会上，强调了改革开放20年中国教育改革发展的巨大成就，《中国教育报》发表了新闻背景材料——"改革开放20年中国教育事业的巨大成就和21世纪中国教育的辉煌前景"。

我们必须重视教学、人才培养在学校工作中的中心地位，教学工作在学校工作中处于中心地位、核心地位、优先地位。关键是培养人才，哈佛大学自建立以来培养了6位美国总统，500家最大企业2/3的决策经理都是哈佛大学培养出来的，这就是质量。

二、学校目标

我们的高等教育如何办？根据国家的要求：

（一）一个方针，全面贯彻党的教育方针

高等教育一个目标：培养和造就合格的社会主义建设者和接班人，培养和造就适应21世纪需要的综合性人才、复合型人才和创造型人才。

（二）两个中心，教学与科研

两支高素质队伍，即高素质教师队伍和干部队伍。

（三）三个基地

立足山西区域经济和供销合作经济发展对各类人才培养的需要和两个经济主战场，面向全国，把山西财经大学建成高级经济管理人才的培养基地，各级管理干部培训基地，山西区域经济和合作经济科研基地。

三个模块：普通本专科教育，研究生教育，成人教育。

三阶段：三年强基础，五年上台阶，十年大发展。

（四）四个结合

专业教育与经济学、管理学、计算机应用、外语教学相结合。

（五）五上

教学上质量、科研上水平、办学上效益、管理上规范、服务上档次。

（六）六个努力方向

①全面贯彻党的教育方针，把培养合格的社会主义建设者和接班人作为学校的根本任务；②要有一定的办学规模和效益；③学科建设上形成以经济学、管理学为主的，文、理、工、法等门类比较齐全的协调发展的综合性财经大学；④要有雄厚的科研实力，办成一个教学与研究型大学，既是教学中心，又是科研中心；⑤扩大对外交流，扩大国内外知名度；⑥向社会推出人才同时，推出科研成果和社会服务。

（七）山西财大的发展目标

第九个五年计划期间，优化办学结构：包括学科结构、人才层次结构、人员结构、课程结构、投入结构。以提高教学质量、科研质量，稳定发展。以办学体制改革为龙头，以教学内容和课程体系改革为核心，以教育思想观念改革为先导，稳定提高和发展。

办出特色：合作经济和区域经济。

"九五"发展：办学规模计划；学科建设计划：专业建设、重点学科建设、课程建设、教学资料建设；科研发展计划；队伍建设计划；基础设施建设计划：校舍、设备、图书、土地。

保证措施：十大措施（略）。

三、几点要求

对于我们基层的领导干部，制度要求的四句话，十六字：学习进取，廉洁实干，尊师保教，团结合作。

（一）学习进取

江泽民在三中全会上提出："领导干部……都率先加强学习，努力成为适应时代，适应党和人民要求的政治家……如果不是不断学习，不断进步，我们的知识和经验就不能适应新形势的要求。"

学什么？学习邓小平理论；学习党的方针政策、法规制度；学习业务知识、技术；学习历史和文化知识。

怎样学？提高学历，干部可以考虑提高一级学历；读书；向同事学，向领导学；在实践中探索，总结经验；进取。越学习越知自己之不足，就会有劲头，工作起来要求就更高，就会进步。不学习，埋怨领导不提拔，群众不满意，领导也可能不喜欢，自己要找原因。如果你不会做计划，不会写总结，不知工作规范，不遵守规章制度，遇事没办法，工作没效率，只会跑官要官，投机取巧，这不叫进取，这叫没水平，叫没有自知之明。

（二）廉洁实干

我们的科级干部都在工作的第一线，每天与群众打交道，每天的工作都"关系着保持党和人民群众的血肉联系，关系着维护社会稳定和经济发展"。所以"要讲政治、讲法制、讲原则、讲纪律、绝不能讲情面、讲关系"。要学会"讲学习、讲政治、讲正气、讲原则、讲纪律、讲奉献"。

如果一个干部办一件事情都先想自己有什么好处，这个干部就一定不能成为一个好干部，就会慢慢威信扫地，在我们的干部中，这种人还不少。这次处级干部考查和科级干部考查中就有不少例子。如群众向党委反映；如要求把某某免了；如告状；等等。

有的吃里爬外，有的无法无天，有的欺上瞒下，有的不遵守劳动纪律，有的拿国家的工资干自己的事，有的雁过拔毛……

还要实干，实实在在地干。有的干部很好，在全校搬迁工作中，在日常工作中，有为才有威，有威就有识。

有为、有威、有识是相互联系在一起的。

（三）尊师保教

大学的水平高低，取决于教师队伍的素质。教师队伍的状况如何，看学校能给他们什么样的工作环境和条件，为什么这几年我们走了那么多的好教师？

我们有些科级干部不把教师看在眼里，不尊重教师，在住房问题上、领东西上、生活服务上，等等。

我们一定要把服务教学的声音叫响，把保证教学和科研的需要叫响。为我们上博士点，扩大研究生招生，提供周到的服务。上博士点的任务必须完成，不论哪一级干部，谁干扰招生目标，就调整谁。

"要真干事，要真想干事，要真干成事。"

"不是不会，而是不为。"

培养什么人的问题，"质量意识要升温"。教学质量问题是重中之重、难中之难、急中之急。但是，质量观念要更新。21世纪人才质量是什么？是创造精神和素质。素质是在先天的基础上后天进行熏陶的结果。一是思想，二是知识，三是文化，四是健康。要使学生们学会在更高层次上做人，会正确处理人与人、人与社会、人与自然的关系。思想素质是根本，文化素质是基础。像哈佛那样，为寻求知识走进来，为服务祖国和同胞走出去。在思想素质教育中，我们的管理育人，我们的服务育人，是很重要的方面。

"行动计划"提出：100个人才模式、1000本精品教材、滚动式发展，年终加入滚动。国家对高校进行三种评估：合格评估、优秀评估、随机评估。

（四）团结合作

团结就是力量，团结才能搞好工作，但做起来很不容易。我们要变"文人相轻"为"文人相敬"、"文人相亲"。不能"看自己一朵花，看别人一脸疤"，这种人是不能进步的。

不能与人合作共事的人，本身就是一个不称职的干部。事是大家的、国家的事，不可能一个人包下来。人是社会的人，要大家共同来做，一个人根本不可能什么都能干成。往往一件事要很多的人来共同协作，没有团结是根本干不成的。那种看不起别人，突出个人，把别人的功记在自己账上，背后议论别人，嚼舌头，说闲话，贪小便宜，不吃亏，遇事推诿，遇困难绕道走，吹牛、拍马、说大话的人都不可能搞好同事关系，都不可能很好地与人合作。要学习别人的长处，要责己严责人宽，要尊重别人，将心比心，"己所不欲，勿施于人"。团结合作，工作做好，大家都好。闹不团结，心里不和，你踩我，我踩你，冤冤相报何时了？一定要看大局，看发展，互相关心、互相帮助，共同进步。

实现"五统一"完成实质性合并

——在全国高校合并工作座谈会上的发言

背景说明

　　1999 年 6 月 28~30 日"全国高校合并工作座谈会"山西在太原召开，教育部副部长周远清出席会议并讲话，来自全国 39 所高校的校领导及 14 个省教委的负责同志参加了会议。会议的主题是总结交流高校合并工作的经验，进一步推动高教管理体制改革。山西财经大学的五点经验成为会议总结报告中全国高校合并经验六条的主要内容，得到教育部和合并高校的肯定。

　　山西财经大学是适应新时期社会主义现代化建设需要，顺应我国高教管理体制改革潮流，经原国家教委批准，由原山西财经学院和山西经济管理学院合并组建的隶属于山西省人民政府和中华全国供销合作总社的一所多科性普通高等学校。

　　进行高教管理体制改革，是贯彻《中共中央关于教育体制改革的决定》和《中国教育改革和发展纲要》精神而采取的具有战略意义的重要措施。高教管理体制改革作为高教体制改革的重点和难点，是一项十分复杂的系统工程，涉及许多深层次的问题，牵动面大，情况复杂。然而，路是人走出来的，事业是人干出来的。我校在山西省委、总社党组和省教委、总社人教部的共同领导下，紧紧依靠全校广大教职员工，踏着我国高等教育体制改革的先行步伐，从宣布筹备领导班子开始筹建工作，到正式宣布学校党政领导班子挂牌成立，最后全面实现"五统一"（即统一学校主体、统一机构和领导班子、统一发展规划、统一管理制度、统一学科建设），仅用了短短 16 个月的时间，闯过了实质性合并过程中的道道难关，走完了国内同类合并院校 3 ~ 5 年的路程，实现了完全意义上的实质性合并。

一、省部共建，统一学校主体，变条块分割为条块有机结合

1997 年 4 月 4 日，山西省委和总社党组宣布山西财经大学筹备领导班子，10 月 27 日，原国家教委正式下文批准山西财经学院与山西经济管理学院合并组建山西财经大学。12 月 25 日，山西省和总社在两院合并办学协议书上正式签字，并宣布了山西财经大学首届党政领导班子。12 月 26 日，山西财经大学成立。至此，山西财经学院和山西经济管理学院建制撤销，山西财经大学真正成为办学主体和法人单位。我校为什么能在短短八个月的时间内，圆满完成艰巨的筹备任务，实现学校主体和领导班子的统一呢？其主要因素有五个：

第一，省委、省政府和总社党组在实施高校结构和布局调整中，站得高，看得远，做出了两院合并办学的战略选择；原国家教委、省教委和总社人教部在两院合并的具体操作上方向明、决心大，指导及时，措施得力。这是我校顺利实施合并的前提。

早在 1994 年秋，山西省教委曹福成主任和原国内贸易部教育司纪宝成司长（现任教育部发展规划司司长）在上海开会时，就谈起过财院和管院合并办学事宜。1995 年 10 月 28 日，总社人教部刘守仁部长和省教委曹福成主任等同志，在太原晋棉宾馆就两院合并办学问题进行了正式磋商。之后，省教委和总社人教部分别就两院合并办学进行了可行性分析。时隔不久，山西省委专门听了省教委关于两院合并办学的汇报，总社人教部也向党组递交了关于两院合并办学的可行性报告，引起了省委、省政府和总社领导的高度重视。于是，一个具有战略意义的决策在省、部之间达成了共识。1997 年 4 月，山西省委和总社党组经过反复协商，做出了成立山西财经大学筹备领导组临时党委和筹备领导组，并正式筹建山西财经大学的决定。

在合并筹建过程中，国家教委、省教委和总社人教部的领导，特别是省教委曹福成主任多次亲临学校指导工作，省教委和总社还派出副厅级督学李源泉、主任助理赵如琳、副司级调研员李景荣和副处长任泽锋四位同

志为财大筹备工作联系人，协助学校进行筹建工作，对我校合并筹备工作给予了很大的帮助和指导。

12月26日，国家教委、总社和省五大班子的领导出席了庆祝山西财经大学成立大会。省委书记胡富国、副省长王昕、总社副主任穆励、原总社党组书记常务副主任白清才、教育部计划建设司韩进等领导同志在大会上作了重要讲话和热情洋溢的祝贺，给予了我校广大师生员工极大的鼓舞。

第二，合并办学实实在在是两院求生存、谋发展、上水平、上档次的历史性抉择，符合两院实际情况和未来发展需要，有利于优势互补，优化资源配置，提高办学效益。这是我校顺利实施合并的基础。

创建于1958年的山西财经学院，是新中国成立之后建立较早的财经院校之一，在数十年的办学实践中，积累了丰富的办学经验，培养了一支素质较高的管理干部队伍，云集了一批学术造诣较深在国内外有影响的专家学者，为国家培养了一大批高级经济管理专门人才，在全国有较好的办学声誉。但是，随着我国经济体制改革的深化和教育事业的发展，山西财经学院的校舍设施与办学规模严重不匹配，4000多名学生和近千名教职工拥挤在不足200亩的校园里，学院的发展受到了极大的限制。

当时的山西经济管理学院，虽然创建仅有十来年，但在省委、省政府的大力支持下，经过艰苦创业，已发展成为一所占地500余亩，校舍建筑面积18万平方米，环境优雅、设施先进的新型学校。由于多种因素，许多校舍和设施没有发挥出应有的作用，15层教学大楼7层以上基本闲置。

两院地处同一城市，相距七八公里；科类基本相同，专业设置大部分重复；财院教学"软件"强，"硬件"弱，管院教学"硬件"强，"软件"弱。若各自完全靠自身发展，不仅不能在短期内克服劣势，而且优势也难以充分发挥。"两院"合并办学，不必另选校址大量征地，就可以扩大办学规模；还可以优势互补，减少浪费，增强竞争实力，提高办学效益；同时，可以扩大学校服务面，更好地为山西区域经济和全国供销合作经济发展服务。

第三，山西财经大学筹备领导班子坚定地贯彻上级的决策，积极主动、有条不紊地带领两院教职工在"保运行、保稳定、保筹建"方面做了大量工作，圆满完成上级交给的筹备任务。这是我校顺利实施合并的关键。

"好风凭借力，送我上青云。"上级领导和主管部门的决策和支持，为我校的顺利合并创造了外部条件。但要凌云高飞，还必须自身振羽展翅。1997 年 4 月 4 日，省委和总社党组宣布山西财经大学筹备领导班子后，筹备领导组临时党委立刻投入了紧张的筹备工作。

第一阶段主要是研究制定我校《"三定"方案》、《两院合并的实施方案》、《"九五"计划和 2010 年长远规划》以及挂牌运行后急需的规章制度。4 月 6 日，临时党委书记孔祥毅教授、筹备组组长冯子标教授与上级派到学校帮助筹备工作的联系人一起研究了筹备工作起步的有关问题；4 月 10 日，临时党委召开会议，在认真学习筹备工作有关文件和领导讲话的基础上，研究了筹备工作的指导思想和具体要求，成立了方案组、规划组、缺席组、学位申报组、综合组五个专门工作小组，确定了各小组的工作任务，抽调了具有改革意识和创新精神的干部参加筹建工作；当天下午，临时党委召开了党政联席会议，传达了党委会议决议；4 月 11 日，又召开了全体筹备工作人员大会，作了筹备动员和工作安排。从 4 月 12 日开始，各专门工作小组投入了紧张的筹建工作。筹备工作人员情绪饱满，外出考察，内集资料，研究讨论，加班加点，于 5 月下旬，完成了方案、规划及急需制度的草稿。从 6 月初开始，临时党委多次召开党政联席会议，逐项研究、讨论、审议、审定有关材料；6 月 16 日，临时党委和筹备领导组正式讨论通过上述文件及运转急需的规章制度，并报送了双方上级主管部门。短短三个月的时间，临时党委和筹备领导组圆满完成了上级交给的筹备工作任务，也实现了临时党委提出的"保运行、保稳定、保筹建"的要求，受到了上级主管部门领导的表扬。

第四，在原两院建制继续运行的情况下，临时党委与两院党委相互配合，采取多种形式，积极主动地疏导教职工的情绪，统一思想，提高教职工对高教管理体制改革的认识。这是我校顺利实施合并的重要手段。

合并办学符合市场经济和政治体制改革的要求，符合我国高教管理体制改革的总趋势，大多数教职工是拥护的。但并校改革，涉及方方面面的利益调整，必然会产生思想认识上的碰撞，引起情绪波动。部分同志由于受计划经济的长期束缚，对建立在市场经济体制下的高校改革的复杂性、艰巨性认识不足，持观望、怀疑态度；部分同志有一种"丢了牌子、失了位子、少了票子"的担忧，特别是在筹建任务迅速完成，改革实实在在地降临到自己头上，原有的工作和生活规律即将被打破时，由于对合校和调整搬迁心理准备不足，甚至出现了极个别企图逆转改革潮流的冲动或对筹备班子领导的诬告、攻击。

面对这些矛盾、这些情绪、这些困难、这些问题、这些阻力，筹备组临时党委并没有迁就、回避，在上级领导的大力支持下，与两院党委，多次召开干部教师大会和不同类型的座谈会、讨论会，组织师生员工学习讨论上级文件精神，系统宣传合并办学的战略意义，引导大家认清形势，提高认识。从而疏导了教职工的思想情绪，排除了他们的思想障碍，保证了合并工作的顺利进行。

第五，有一个坚强、团结、拼搏、奋进的领导班子，以财大的事业为重，讲学习、讲政治、讲正气、讲责任、讲奉献、讲大局。这是我校顺利实施合并的根本。

财大的成立，仅仅标志着我校在管理体制改革上迈出了第一步，实质性合并刚刚开始。实质性合并是一个系统工程，又是一个艰难而又复杂的过程。而这个过程可以缩短，但绝对不能没有，也不可能跨越。而要缩短这个过程，步入正轨，必须有一个坚强、团结、拼搏、奋进的领导班子。

财大成立，百事待举，摆在校党政班子面前的工作千头万绪，抓什么，怎么抓，直接关系到实质性合并的成败。如何搞好财大的实质性合并工作，充分调动全校师生员工的积极性，实现优势互补，提高办学效益，把一个新型的财大带入 21 世纪，是财大首届领导班子的一项重要任务。财大首届领导班子在财大成立大会一结束，就集中了三天时间，学习文件，统一思想。在领导班子学习会上，省教委曹福成主任作了重要讲话，对山西财大的起步、开局、运行作了具体的指导，对新班子成员提出了殷切的希望。通过学习、讨论，大家一致认为，作为财大首届领导班子，一定要开好局，打好基础，这对财大改革、发展、稳定至关重要。表示一定要讲学习、讲政治、讲正气、讲责任、讲奉献、讲大局，牢固树立一校意识，坚决维护领导班子的团结，在校党委的领导下，同心协力带领师生员工把财大建设好。

山西财大成立后，原两院建制和财大筹备领导班子同时撤销，但财大仅仅有了校级党政领导班子，中层和基层机构、干部尚待设置与安排，新旧运行机制急需衔接。为此，12 月 30 日，校党委召开了首次处级干部大会，校长冯子标教授就财大在合校过程中，新旧运行机制转换与衔接及假期前后的工作做了详细的安排。党委书记孔祥毅教授作了重要讲话，他要求原院处级干部原地原位，原职原责，坚守岗位，做好工作；说一校话，想一校事，讲政治，讲正气；严于律己，宽以待人，开阔胸怀，接受考验；要支持新班子，服从新领导，相互配合，共同搞好实质性合并工作。

1998 年是我校实质性合并的关键一年，也是为财大未来发展开好局、打好基础的一年。1998 年工作如何运行，校党委十分重视。利用寒假多次召开党委扩大会议研究讨论，最后确定了 1998 年工作的主旋律就是要实施实质性合并。而实质性合并能否顺利进行，关键取决于机构的合并，院系的组建，中层干部的调整，规章制度的建立，资产的清查、移交和财务的统一。为此，校党委把"根据'三定'方案进行党政职能机构的合并和院、系、部的组建，按照干部队伍'四化'方针和德才兼备的标准，进行中层干部的调整；按照改革精神，制定教学、科研和行政管理等各方面的规章制度，实施管理并轨；对原两院资产进行清理、登记、移交和财务并账，统一财产和财务管理"作为 1998 年上半年的三项重点工作。

3 月 13 日，我校召开了财大挂牌运行后的首次工作会议。校长冯子标教授代表党委对 1998 年的工作做了全面的部署安排。党委书记孔祥毅教授就"如何围绕实质性合并这一主旋律，圆满完成 1998 年各项工作任务，实现五统一；如何为财大的发展开好局，为财大的未来奠好基"作了动员讲话。这次会议开得非常成功，既是 1998 年工作的安排会，又是实质性合并的动员会。会议明确了任务，提出了要求，鼓舞了人心，振奋了士气，为我校顺利完成实质性合并奠定了坚实的基础。

二、合理精简，统一组织机构，建设坚强高效的干部队伍

干部工作是一项非常严肃而又认真的工作。能不能选准、用好干部，关系着财大能不能顺利实施实质性合并，能不能实现我们的工作目标；关系着财大的改革发展，关系着财大前途和命运，也关系着我们每一个教职员工的切身利益，意义重大而深远。因此，校党委在年初工作会议上，把干部的调整与配备作为实质性合并的重中之重，成立了干部工作领导组，校党委书记担任组长亲自抓。经过准备、实施、任命培训各个阶段紧张有序、严肃认真的工作，到 7 月 15 日，圆满完成了我校处级干部调整、选拔、任用工作，新调整任命处级干部 154 人。合并后新调整任命的干部同合并前两院的干部比较，无论是整体素质，还是结构，都发生了明显的变化。一是处级干部职数与办学规模的比例扩大。原两院为 1：35，合并后

1:52。二是平均年龄下降。新任命调整的干部平均年龄43岁，比调整前下降了4.4岁。三是学历结构提高。具有大专以上学历的处级干部占处级干部总数的比例，合并前为92.5%，合并后为95.5%，提高了3个百分点。其中具有研究生以上学历的处级干部占总数的比例较合并前提高了6个百分点。四是职称结构提高。具有高级专业技术职务的处级干部占处级干部总数的比例，合并前为95%，合并后为96%，提高了1个百分点。五是妇女干部、民主党派及无党派人士处级干部占处级干部总数的比例提高。其中妇女干部提高了4个百分点，民主党派及无党派人士干部提高了3个百分点。我校为什么能够顺利地统一组织机构，完成中层干部任用工作，闯过"位子问题"这道难关呢？我们的主要体会有六个方面：

其一，尽快地研究、制定、报批学校"三定"方案，科学地建立统一的组织机构，合理地确定干部职数，是我校顺利完成干部任用工作的前提条件。

没有"三定"方案，就无法设置机构和确定干部职数，干部调整和配备就是一句空话。校党委十分重视"三定"方案的研究、制定、报批工作，在筹备领导组临时党委起草的《"三定"方案（草案）》的基础上，多次召开各类会议讨论，征求意见，并积极主动地与省教委和省编办协商，上上下下、反反复复几经协商、修改，5月18日，上级正式下达了《山西财经大学机构编制》，校党委根据上级下达的《机构编制》，研究确定了《山西财经大学机构设置》、《山西财经大学各部门工作职责》、《山西财经大学校、院、系处级干部职务名称》、《各系、部、处、室处级干部职数》。

其二，有一个坚强有力、团结协调的党委领导核心，党政班子成员思想统一，以事业为重，公道正派，把握大局，是我校顺利完成干部任用工作的根本所在。

我校一开始起步运行，就坚决地实行党委领导下的校长负责制。首先，校党委根据中共中央《关于加强高等学校党的建设的通知》中规定的党委的主要任务，进行了党政分工，划分了各自的职责。对于这次处级干部的调整、选拔、任用工作，校党委坚决贯彻党管干部的原则，党委集体讨论决定。校党委一班人，牢固树立一校意识，以学校的改革和发展事业为重，为实现财大的奋斗目标建设一支高素质的干部队伍，齐心协力，公道正派。其次，在整个实质性合并过程中做到了党政领导班子相互配合、相互支持，形成了协调一致的局面。在整个干部调整、选拔、任用过程中，党委无论是研究确定方案、办法，还是讨论决定考察对象，都要认真听取和征求校行政领导的意见。特别是党政"一把手"，团结一心，互相支持与配合，遇事经常通气，模范地执行民主集中制，形成了可贵的党内民主气氛，在党委班子内形成了一种为财大选准、用好干部的统一意志和氛围；在干部问题上，充分显示了党政班子的凝聚力、战斗力及整体功能和整体水平。

其三，结合学校实际，将中央和省委有关文件规定细化为我校可把握、可操作的干部任用原则、标准、办法，是我校顺利完成干部任用工作的制度保证。

为了完成好这次干部调整、选拔、任用工作，校党委一班人认真学习了《中共中央关于党政干部选拔任用工作暂行条例》、《中共中央组织部关于党政干部考核工作暂行条例》、《山西省委组织部关于推荐、考察领导干部人选的暂行规定》等文件和江泽民总书记关于干部问题的重要讲话，在深刻领会文件和讲话精神的基础上，按照文件规定，结合我校的实际情况，研究制定了《处级干部管理办法》、《处级干部调整、选拔、任用工作实施方案》、《处级干部调整、选拔、任用的九条原则》、《处级干部调整、选拔、任用的十一条具体办法》等，对干部任用的年龄、学历、专业技术职务、政绩、廉政、交流等多方面做出了具体的、明确的规定。特别是根据我校从 1996 年 4 月以来因合并人、财、物三冻结，人心不稳，精神涣散；干部年龄尤其是教学业务干部年龄老化，老的退下去了年轻的无法补充上来，教学业务干部缺岗较多；一部分在副职岗位主持多年工作且成绩突出的干部无法获得提拔等实际情况，在《九条原则》、《实施方案》中，明确规定：本次调整、选拔、任用处级干部，"既要看干部的政治素质、思想水平、艰苦奋斗和奉献精神，又要看工作实绩、工作能力；既要看干部对高校管理体制改革，特别是对两院合并的态度与工作成绩，又要看平时各方面的表现。对副处级干部主持工作三年以上，工作成绩突出者，以及在两校合并期间态度坚定、工作积极、成绩突出者，优先提拔使用"。"大胆起用优秀中青年干部，男性满 57 周岁不满 60 周岁，女性满 52 周岁不满 55 周岁的原任处级干部，不再担任实职，改任同级调研员"。"专业技术职务视同行政职务，正高级专业技术职务视同正处级，副高级专业技术职务视同副处级，中级专业技术职务视同正科级。专业技术职务聘任时间视同行政职务任职时间……处级干部一般掌握在大专以上文化程度，在同等条件下优先任用具有高学历的干部。对于教学、科研部门和分管教学、科研的处级干部一般掌握在具有硕士研究生以上学历或副高以上专业技术职务。""选拔业务管理干部主要是突出专业化，系主任必须是本学科带头人，具有本学科的正高级专业技术职务，在本学科领域取得突出成绩。对思想素质好，有组织能力的博士生、留学归国人员优先提拔使用。"同时规定："对于违背四项基本原则，不能与党中央保持一致者；年终考核不合格者；工作中造成事故，正在受党纪、政纪处分者；涉嫌违纪，正在立案审查者；违反规定，经商或从事营利性兼职者，不予提拔。对于现仍在校外继续经商或从事营利性兼职者，不予任用。"如此等等，都为我校贯彻干部"四化"方针，建设高素质的干部队伍提供了制度保证。

其四，工作严谨，步骤扎实，严格按照校党委制定的干部调整、选拔、任用的原则、标准、办法和程序操作，是我校顺利完成干部任用工作的关键所在。

校党委充分认识到合校期间干部任用工作的复杂性、艰巨性和重要性，在处级干部调整、选拔、任用工作中，紧紧围绕"立足合并，确保稳定；正确处理合并与稳定的关系，改革与日常工作的关系，目标与步骤协调的关系；坚持德才兼备的原则和干部'四化'方针，注重群众公认，注重工作实绩，统筹兼顾，量才适用，大胆起用优秀中青年干部，努力建设一支高素质的干部队伍，为我校的改革和发展，提供强有力的组织保证"的指导思想，严格按照《实施方案》、《九条原则》和《十一条具体办法》进行操作，基本做了"五严格"：一是严格条件，从政治表现与工作实绩、年龄要求、专业要求、任职时间及经历要求、学历及专业技术职务要求等方面严格掌握。二是严格职数，即严格按照上级下达的干部总职数和学校确定的各部门干部职数安排。三是严格结构，即注意系部干部专业结构以及校区间干部、男女性干部、党员干部与民主党派干部和无党派人士的比例结构上的掌握。四是严格程序。即严格经过了动员布置、个人述职和自荐、民主测评和推荐、酝酿确定考察对象、组织考察、研究任命等合法程序。在酝酿确定考察对象过程中，党政"一把手"之间、党政"一把手"与党政各位副职之间、党委书记之间、党委常委之间进行了充分的协商，达成共识之后确定考察对象。考察结束后，党委在听取汇报中，党政"一把手"之间、党政"一把手"与党政各位副职之间、党委常委之间又进一步交换了意见，同时组织部门再次复核拟任人选的任职资格、条件和民意情况，最后党委集体讨论决定。校党委在充分把握民意的基础上，严格条件，严格程序，避免了随意性，保证了我校干部任用工作稳中求快。

其五，相信群众，依靠群众，注重民意，加大透明度，加强民主监督，校党委敢于在干部教师大会上郑重承诺是我校顺利完成干部任用工作的重要保障。

校党委在干部测评、推荐、酝酿讨论、组织考察、研究任命等各个环节上，充分发扬民主，广泛征求意见。对正处级岗位和原任处级干部进行了两次民主测评和推荐：一次是全校副处级和副高级以上专业技术职务的干部教师大会上进行测评和推荐；一次是分校区（原两院）分系统进行民主测评和推荐。而考察谈话面均达到了1/3以上，其中党政部门的干部达到了90%以上。校党委书记孔祥毅代表党委在干部大会上郑重承诺："校党委一定按照制定的方案、原则、办法和程序操作，高标准、高质量完成干部任用工作。但由于这次干部调整、选拔、任用的范围大，人数多，加上两院刚合并，情况比较复杂。如果出现把握不准、用人不当的情况，欢迎大家监督、举报，一经查实，坚决纠正。"校党委是这样承诺的，也是这样做的，保证了这次干部任用准确、合理。

其六，把岗前培训作为干部任用的必要环节与整体干部任用工作融为一体，着重提高干部的思想政治素质和业务水平，要尽快完善干部任用工作的有效措施。

校党委把任命干部宣布大会和干部岗前培训有机地结合起来，从宣布大会的当天下午开始，举办了为期三天的"中共山西财大党校首期干部培训班"，校、处级干部一起参加了培训。总社人教陈文宝副部长、省委组织部张凯副部长、校党委书民孔祥毅教授、校长冯子标教授分别作了题为"世界合作教育发展趋势和我国合作教育的形势和要求"、"加强干部教育，努力建设高素质的干部队伍"、"改进领导方法和提高领导艺术需要处理好的几个关系"和"山西财大的创业者们，联合起来，行动起来，为创造我校辉煌的明天而奋斗"四个内容丰富、精彩动人的报告，参加培训的校、处级干部还结合本岗位职责，进行了认真、热烈的讨论。通过培训、讨论，提高了广大干部的思想认识、理论素养，认清了形势，明确了职责，振奋了精神，增强了事业心、责任感、使命感，以及做好本职工作的信心和决心。

我校本次干部调整、选拔、任用工作是成功的，打破了"两校"束缚，牢固树立一校意识，不拘一格，公道正派，一视同仁，选贤任能，特别是起用了一大批富有朝气的、热心教育事业的、具有创新精神和实践能力的中青年干部，为财大改革的顺利进行和未来的发展奠定了良好的基础。培训班之后，广大干部以饱满的热情，愉快地走上了新的工作岗位，积极进行了工作移交、资产清查、教学安排、学科建设、制度建设和搬迁准备等各项工作。

8月29日，校党委研究通过了我校《基层党组织机构设置》和《关于建立健全基层党组织的实施意见》。9月10日，讨论通过了《科级干部选拔、任用工作实施方案》、《科级机构、科级干部职数及职务名称》和《各部门教职工编制》。目前，我校正在进行科级干部的调整、选拔、任用工作和基层组织的组建工作。

三、科学定位，统一发展规划，确立改革与发展的战略选择

从筹备领导班子到财大党政领导班子，一直在反反复复研究讨论财大的定位、发展规划和战略选择问题。在财大成立时，上级主管部门在合并办学协议中对财大已有基本的定位。财大成立后，校党委多次讨论了我校《"九五"计划和2010年长远规划》，并且取得了共识。在1998年初的工作会议上，校党委书记再次强调了学校的定位问题，并明确地提出了比较科学的符合我校实际的改革与发展的战略选择。这方面，我们的认识是：

第一，山西财经大学如何适应社会主义市场经济和社会发展的需要，如何面对高等财经教育激烈竞争和挑战，把一个什么样的财大带入21世纪，首先要科学地把握学校的定位。

校党政班子全体成员在1997年12月26日财大成立大会后的第二天，就集中了3天时间，在学习的基础上，围绕财大任务和发展目标等问题，分析了我国乃至世界高等教育面向21世纪的改革与发展大趋势以及学校的现状，研究了学校的定位问题。党政领导成员一致认为：即将到来的21世纪是一个充满挑战与竞争的时代。世界各国之间的竞争是综合国力的竞争，归根到底是科技和人才的竞争。而这一切又都取决于教育发展的速度和水平，取决于人才培养的数量和质量。因而，科教兴国战略是关系

未来我国发展前景和国际地位的百年大计，教育战线对于实施科教兴国战略担负着十分重要的责任，财大也必须担负起自己应负的历史责任。财大要面向 21 世纪，必须顺应 21 世纪大学更加国际化、综合化、社会化的发展趋势，坚决遵照江泽民同志"教育应与经济社会发展紧密结合，为现代化建设提供各类人才支持和知识贡献"的重要指示，把财大建设好。而我校是全国建校较早的财经类院校之一，有 40 年的办学历史，积累了较为丰富的办学经验；有一批学术造诣较深、在国内外有一定影响的专家和教授，有一大批奋发向上、有发展前途的中青年骨干教师；有一支政治素质较高、管理能力较强的干部队伍；两校合并后，办学条件的改善，师资队伍的壮大，科研力量的加强和学科结构的优化，已经初步显示也必将发挥出"1＋1＞2"的效应；管理体制上的省、部共建共管，使我们拥有山西区域经济和全国供销合作系统两个主战场，为我校提供了丰富的人才需求市场和广阔的研究领域。因此校党委把我校的发展目标和任务定位为：要立足山西区域经济和全国供销合作经济发展对人才的培养需求，面向全国，走向世界，把学校办成高级经济管理人才的培养基地、各级经济管理干部的培训基地、山西区域经济和全国供销合作经济的研究基地。力争到 2001 年把我校建成一所学科门类比较齐全，层次较高，规模适当，效益较好，竞争力强，能主动适应现代经济以及 21 世纪人才培养需要，具有山西区域经济和供销合作经济特色的国内外有影响的财经大学。

第二，实质性合并不是简单的合并同类项，而是要优势互补，产生"1＋1＞2"的"放大"效应，使学校加速发展。而学校未来的发展必须有一个统一的、科学的、合理的、超前的蓝图——发展规划。

在财大筹备时，就成立了规划组，负责《山西财经大学"九五"计划和 2010 年长远规划》（以下简称《规划》）的起草工作。财大成立后，校党政班子又进行了多次讨论、修改，进一步完善了《规划》。我校的发展规划是实事求是的，较好地把握住了学校发展的立足点，同时也是鼓舞人心的。其特点主要体现在两个方面：

一是科学性：《规划》依据财大的总的发展目标和任务，科学地将 2010 年前的十几年分为 2000 年前、2001 年至 2005 年、2006 年至 2010 年三个发展阶段，确定了各个阶段的主要任务依次是稳定、发展、提高。而且又将规划分为多个单项规划，即学科建设规划、科研发展规划、队伍建设规划、基本建设规划等。

二是合理性：《规划》充分考虑到了财大的特殊性，力求体现财大的办学特色，既考虑主动适应现代经济和社会发展及 21 世纪人才培养的需要，又考虑如何服务于山西区域经济和全国供销合作经济；既借鉴国内外同类大学的先进经验，又吸取了原两院的办学经验；既振奋人心、催人奋进，又切实可行，具有可操作性。

第三，统一的发展规划明确了学校的建设蓝图。而实现这一宏伟蓝图，必须有可行的措施和办法，特别是要有正确的发展战略和办学思路。

校党委通过极其慎重的研究，集中集体的智慧，在财大首次工作会议上提出了实现宏伟蓝图的"三年强基础，五年上台阶，十年大发展"的"3510 发展战略"，明确了今后办学的总体思路：高举"一面旗帜"，即高举邓小平理论伟大旗帜；坚持"一个方向"，即坚持社会主义办学方向；贯彻"一个方针"，即全面贯彻党的教育方针；围绕"两个中心"，即学校的各项工作以教学、科研为中心；建设"两支队伍"，即建设高素质的干部队伍和高水平的师资队伍；抓好"三个模块"，即普通本专科教育、研究生教育、成人教育并重；办成"三个基地"，即把我校办成高级经济管理人才的培养基地，各级各类经济管理干部的培训基地，山西区域经济和供销合作经济的研究基地；注重"四个结合"，即教育与经济、社会发展紧密结合，理论与实际紧密结合，专业教育与思想政治教育相结合，专业教育与经济理论、经济教学、计算机应用和外语教学相结合；实现"五个目标"，即最终实现教学上质量、科研上水平、办学上效益、管理上规范、服务上档次；面向新世纪，培养具有创新精神和实践能力的高级经济管理专门人才，为我国现代化建设服务。

四、深化改革，统一管理制度，建立科学的管理和运行机制

新体制和新的运行机制只有同科学管理相结合，才能产生预期的结果。而科学的管理，既需要静态的规章制度，又需要动态的协调过程。筹建工作开始，到财大成立运行，校党委始终把制度建设工作作为一项重点工作来抓。通过紧张而认真的工作，合并后运转急需的规章制度陆续出台，8 月初完成了资产清查、交接工作，8 月 10 日统一了财务，8 月 30 日完成了搬迁工作。我校在干部、人事、财力、招生、教学、科研、产业、基建、后勤服务等方面实行了统一管理，校内管理的运行机制从此得以确立，并将在今后的实践中不断完善，学校的各项工作正在逐步走上统

一规范的轨道。在这项工作中我们的基本做法与体会是：

第一，学校合并办学必须有统一的规章制度，这是学校各项工作运行的基本保障。如果不建立统一的规章制度，就算不上是实质性合并，也必然会造成无法管理运行混乱的局面。

早在山西财经大学筹建过程中，就成立了制度组，考察学习国内有关院校的制度建设情况，在对两院原有制度进行全面收集整理的基础上，吸收兄弟院校的成功经验，草拟了54项按新机制运行的制度模型。这项工作的开展，为我校成立后的制度建设提供了基本素材。

校党委根据原两院制度、标准、办法及管理方法、程序等方面存在一定差异的情况，在年初研究1998年工作任务时，把"从合并工作实际需要出发，制定好运转急需的各项管理制度"作为上半年实质性合并的重点工作之一。并提出了制度的起草工作不能简单地把两院的制度加以合并，必须贯彻改革精神。既要继承原两院的好的办法，又要吸收兄弟院校好的管理经验；既要考虑稳定教职工的情绪，又要利于调动各方面的积极性。为积极推进这项工作，校党委于2月19日，成立了制度建设领导组，冯子标校长亲任组长。2月21日，召开了制度建设领导组成员会议，对制度建设的重要性、工作思路、工作程序和有关事项进行了认真的研究、部署，确定了制度建设工作要以国家有关教育法规和主管部门的有关政策、规定为依据，以改革为先导，以财大的实际为基础，以轻重缓急为顺序，逐步出台我校统一的规章制度。

在制度建设领导组的统一领导下，我校制度建设工作有计划、有步骤地在积极进行之中。第一步，是将原筹备领导组起草的规章制度模型，分发给分管校领导，组织有关部门的人员进行讨论修改，起草财大的规章制度初稿；第二步，是制度建设领导组，组织分管校领导和有关部门的同志们进行讨论，形成讨论稿下发给各部门征求意见；第三步，是制度建设领导组在广泛征求意见的基础上，进一步讨论修改，形成草稿；第四步，是校党委会议和校长办公会议分别对基本制度和具体制度进行审定。截至目前，我校已起草的规章制度80余项，其中《校党委会议制度》、《处级干部管理办法》、《学生学籍管理实施细则》、《学生日常行为管理实施细则》、《招生工作暂行办法》、《考试管理暂行规定》、《教材管理暂行规定》、《班主任工作暂行规定》、《学生贷学金管理与偿还办法》、《对特困学生资助的实施细则》、《专业技术职务聘任实施办法》、《接待使用管理办法》等 20 余项运转急需的规章制度已出台,财大正在按照新的制度健康地运行。

第二,不同隶属关系的学校合并办学,做好资产的清查、登记、移交和财务并账工作,统一财产和财务管理,既是实施实质性合并的一项难度较大的工作,又是确保实质性合并工作顺利实施的一项重要工作。

原山西财经学院隶属于中华全国供销合作总社,原山西经济管理学院隶属于山西省政府,两校隶属关系不同,且两校主管部门的所有制性质也不同。在隶属关系和所有制性质不同的两所院校合并中,统一财产和财务管理是个难点。为此,校党委 2 月 19 日决定成立了资产清查和财务并账工作领导组,由冯子标校长任组长,并把资产清查和财务并账工作列为上半年实质性合并的三项重点工作之一,要求要认真组织,抓紧抓好。

资产清查和财务并账工作领导组根据党委的决定,于 2 月 23 日及时召开了该组全体人员会议,就如何开展这项工作进行了认真的研究,并在领导组下又成立了资产清查和财务并账两个工作小组。资产清查和财务并账工作,是一项较为复杂的工作,为了保证该项工作的顺利进行,学校依据总社和省政府关于两院合并办学协议书,以及对财务并账和资产融合的要求,研究制定了《资产清查实施方案》和《财务并账工作方案》。

在资产清查和财务并账工作领导组的统一领导下,财务处根据《财务并账工作方案》,经过紧张的工作,于 8 月 10 日,完成了财务并账的工作,出台了《山西财经大学财务运行暂行办法》,统一了财务制度,统一了开户银行和银行账号,结束了原两院两套财务管理运行机制。资产清查工作在原部门和新机构的领导、工作人员的共同努力下,经过三四个月的艰苦工作,圆满完成了财产的自查、验收、交接等任务,为 8 月的搬迁做了充分准备。目前,正在进行资产的建账和核对工作。

为了确保学校国有资产安全、完整,在搬迁过程中不流失、不损坏,校纪委制定了《清产、并账、搬迁期间全体党委和教职工必须遵守的若干党纪、政纪规定》,并由校纪委书记亲自挂帅,组织监督实施。同时,对学校全部办公用房、教学用房和学生公寓进行了统一规划,组建了搬迁指挥部,负责对全校办公、教学和学生公寓的搬迁进行总协调、总指挥。全校师生员工暑假苦战 20 天,在三校区之间共搬运 300 余车,顺利完成了搬迁任务,保证了 9 月 1 日正常开学。

第三,制度建设要贯彻改革精神,加大改革的力度,保证我们出台的制度、办法，真正成为改革的产物，而不是改革的对象。

冯子标校长在党校首期干部培训班所做的报告中明确提出，学校今后要抓好教育教学、人事、分配、医疗、产业、后勤服务六方面的改革，特别是加大人事、分配制度和后勤服务方面改革的力度。由于这些方面的改革难度较大，学校派了五位同志专程到全国重点大学、国家教委和机械工业部高校管理体制改革试点单位——湖南大学等院校进行了考察、学习，目的就是要学习它们的先进办法。我们已出台的规章制度，只是我校运转急需的管理制度。在这些制度中改革的因素少一些，主要是考虑到学校处于合并之初，应以稳定为主。但党委已决定，在学校各项工作正常运转后，要集中力量抓好人事、分配制度和后勤管理方面的改革，力争有一个大的突破。目前，我校已着手研究这些方面的问题。

五、深度融合，统一学科建设，优化资源配置，提高办学效益

合并办学的根本目的在于合理配置和充分利用教育资源，提高教学质量和科研水平，提高整体办学效益。党政机构的调整与统一，仅仅是合并初期的一个重点和难点，而合并办学的深度融合是统一的学科建设。学科建设是高校的命脉，是高校最基本的建设。学科建设的质量和水平是衡量一所学校办学实力、竞争能力以及学术地位和社会地位的重要标志。我校无论是在筹建期间，还是挂牌运行后进行实质性合并过程中，始终没有放松学科建设。财大筹建期间，就成立了学位申报专门工作小组，负责以财大的名义进行 1997 年学位点的申报工作。财大成立后，学校把学科建设放在"优先发展"的位置，有计划、有步骤地统一进行学科建设。我校在成立之后短短的半年中，采取了如下措施：

第一，紧紧抓住学科建设的龙头——重点学科建设，加大投入。我校党政班子十分重视学科建设，特别是重点学科建设。叠加原两院优势，集中力量，报批 1997 年的学位点。经过多方努力，今年共批了政治经济学、财政学、经济法学、企业管理、管理科学与工程 5 个硕士点，加上原来的统计学、产业经济学、货币银行学、会计学 4 个硕士点，我校已达到了 9 个硕士点，实现了预定的目标。一次批 5 个硕士点是我校历史上第一次，可以说是合并办学优势叠加效应的初显。校党委在抓管理体制改革的同时，提出了学科建设的"99411"工程，第一个"9"是巩固和发展已有的 9 个硕士点；第二个"9"是准备 1999 年拟申报的马克思主义理论与

思想政治教育、经济思想史、人口资源与环境经济学、国民经济学、国际贸易学、民商法、概率论与数理统计、技术经济与管理、社会保障9个硕士点；"4"是指2000年拟申报的政治经济学、统计学、产业经济学、金融学4个博士点；两个"1"是一个同等学历申请硕士授权点，一个MBA培养基地。为实现这一工程，学校在科研经费、师资梯队组建方面已向这个工程倾斜和让路，并将逐步加大力度。

第二，打好学科建设的基础，科学合理地进行院、系组建和专业调整。校党委在进行党政机构设置的同时，十分注重学科建设的基础性工作。6月12日，校党委召开扩大会议，研究确定了院、系组建和专业设置、教师归口原则。即：按照学科门类组建学院，按照相近的专业群组建系，按照教育部即将颁布的本科专业目录在各个系设置专业（7月6日教育部正式颁布）；按照"课程跟着专业走，教师跟着课程走"的原则对教师进行归口。6月13日，冯子标校长在党委召开的全校教师大会上，分别就"高等教育面向21世纪改革和发展的大趋势"、"我校教育教学与发展的基本构想"、"走知识经济道路，发展智力产业，服务经济建设"及"专业设置和教师归口的原则"四个方面作了动员。7月1日至10日，利用学生放假的机会，集中了10天时间，在全校教职工中开展了一场教育思想和教育观念大讨论。在此基础上，新组建的6个学院，除成人教育学院外，其余5个学院，即工商管理学院、经贸学院、财政金融学院、信息科学学院和法学院的17个系，均按照教育部新颁布的本科专业目录进行了调整与归并。同时，按照"课程跟着专业走，教师跟着课程走"的原则，对全校专任教师进行了归口调整。8月22日，校党委讨论通过了我校《组建教研室的原则意见》，在校行政领导的统一指挥，教务处和各教学单位的共同努力下，已完成了教研室的组建工作。学校根据新本科专业的目录进行院系组建、专业调整和教研组建等一系列工作，为今后实施统一的学科建设打下了坚实的基础，在全国高校专业调整归并工作中先走了一步。

第三，抓住学科建设的关键——师资队伍建设，倾斜政策。学校的中心工作是教学和科研，也就是要造就名师和培养高徒。培养高徒，其基本的要求是宽口径、厚基础、高素质，措施就是加强学科建设。而高徒的培养需要名师，因此学科建设是要造就名师。为了把师资队伍建设好，特别是使造就名师的计划落到实处，最近，学校做出了一项决定：对在职专家、教学骨干和愿意加盟山西财大建设的校外专家和博士研究生，实行下列优惠政策。一是享受100平方米以上的住房一套；二是配备与互联网联网的电脑一台，每月学校补助100元的联网合作费和50元的耗材补贴；三是免费安装住宅直拨电话一部；四是根据学科建设发展需要，拨给2万元的科研启动费；五是给来校工作的博士研究生3万元安家费。

学科建设是学校的一项长期的、艰巨的任务。我校将坚持不懈地加强学科建设，对学科建设中的师资队伍、教学大纲、教材、课程、教学设施、科研基地的图书资料等各项具体建设工作将有计划地分步进行建设。本学期将对新调整后的专业修订教学计划，制定适应新形势的各专业培养蓝图。

实现了"五统一"的山西财经大学是我国高教管理体制改革的产物。它改变了单一的隶属关系，由山西省和总社共建共管，既是总社的直属高校，又属山西省的地方院校。我校挂牌成立后，双方主管部门都把财大作为自己的一员来看待，都把财大的发展列入自身经济和社会发展的规划，都把建设好财大作为自己义不容辞的责任。一是资金投入上予以支持。山西省教委为我校成立运行拨付开办费200万元，基建投资190万元，办公楼维修费70万元，省计委和省教委已同意今年动工修建11000平方米的文体活动中心；总社在其资金极度困难的情况下拨给我校补充经费50万元，并积极帮助学校解决筒子楼改造，已列投资计划512万元。目前已到位的筒子楼改造资金130万元。二是学科建设上给予扶持。山西省教委拨给我校产业经济省重点建设学科建设费50万元。总社积极为我校科学研究努力创造条件，批准研究课题十余项；扶持我校成人教育，组织编写部颁成人教材13部，从我校确定了15人担任主编、副主编。三是招生指标上予以支持。根据合并后优势叠加、办学实力增强的情况，总社把1998年本专科在全国的招生指标从原800人调整增加到1100人，省教委扩大我校成人招生120人。四是干部队伍建设方面予以支持。从学校"三定"方案的审批、机构的设置、基层组织建设和干部调整、选拔、任用等方面，双方主管部门特别是省委组织部、人事厅、省教委和高校工委都给予了大力支持与指导。在我校实质性合并的半年中，两个主管部门能够按照合并办学协议操作，遇事不推诿，不扯皮，互相协商，保证了学校各项工作特别是实质性合并工作顺利进行，较好地解决了不同隶属关系的院校合并办学、共建共管的难题，为我国高教管理体制改革提供了一种新模式。

正如原国家教委副主任周远清在全国高教管理体制改革经验交流会上讲到的，山西财经学院和山西经济管理学院合并组建山西财经大学，是集中共建和合并于一身，使中央部委所属院校与地方院校有机结合起来进行管理体制改革和布局调整，为高教管理体制改革提供了一种新的模式。

为了更好地把山西财大建设好，学校当前急需解决的问题有：一是希望尽快按办学协议规定，组建由总社和省政府有关部门负责人参加的办学领导组，以更好地协调学校合并后由省、社共同管理的有关工作。二是希望进一步加大教育投入，如学校南围墙外原有 300 亩空地计划征用，但目前已有不少单位在联系购买，我们如不及早动手就会坐失良机，对学校以后的发展造成新的困难。还有图书资料和设备投入，新建文体活动中心等。三是学校虽然从 9 月开始以新机制运行，而且运行正常，但是内部管理体制改革还有待进一步深化。四是两校合并后教职工的思想工作和一校意识教育还有待进一步加强，以便尽快消除两校痕迹，实现思想上的深度融合。

总之，校党委有信心、有决心，在省政府、总社的大力支持和办学领导组、省教委、总社人教部的共同领导下，带领全校师生员工，把一个全新的山西财经大学带入 21 世纪，在振兴山西区域经济、供销合作经济和实施科教兴国的伟大实践中做出应有的贡献。

在合并中实现跨越发展

——访山西财经大学党委书记孔祥毅教授

《光明日报》记者　汪大勇

背景说明

　　1998 年，中华全国供销合作总社所属的山西财经学院与山西省所属的山西经济管理学院合并为山西财经大学，实行共建共管。1999 年 6 月国家教委在太原召开全国高校合并工作会议。山西财经大学合并的经验受到教育界的关注。《光明日报》记者汪大勇专程来山西对此进行了专访，刊载于该报 1999 年 7 月 28 日"大学书记访谈"专栏。

　　由原山西财经学院与原山西经济管理学院合并组建的山西财经大学，采取"揉面方式"，进行实质性合并，较好地解决了不同隶属关系院系合并办学、中央与地方共建共管的难题。这一经验最近在太原市召开的全国高等学校合并工作座谈会上受到教育部领导和与会者的一致好评。日前，记者就此采访了山西财经大学党委书记孔祥毅教授。

　　1997 年底正式组建的山西财经大学用不到一年的时间，实现了"五统一"，即统一的学校主体，统一的机构和领导，统一的管理制度，统一的发展规划，统一的学科建设。通过合并，学校形成了新的优势，出现了前所未有的发展势头。

　　孔祥毅说，面对 21 世纪的挑战，学校制定了跨世纪的发展战略，要立足山西区域经济和全国供销合作经济发展对人才的需求，把学校办成经济管理人才的培养基地、各级经济管理干部的培训基地、山西区域经济和全国供销合作经济的研究基地。在学科建设方面，实施"99411"工程，即巩固和发展已有的9个硕士点，抓好拟申报的9个学校重点建设学科，从中遴选4个重点学科申报博士点，申报审批一个同等学力硕士学位授予点，一个工商管理硕士（MBA）培养基地。

为了实现上述发展战略，学校将广泛吸引高素质人才。孔祥毅说，大学应该成为高素质人才的集合，拥有众多大师的大学才是真正高质量的大学，才能培养出高质量的学生。学校要留住人才、吸引人才靠什么呢？要靠事业、靠待遇。去年底，学校对国家有特殊贡献的专家、博士生导师和学术骨干实行特殊岗位津贴制度。同时对在职专家、教学骨干和愿意加盟山西财大建设的校外专家、博士研究生，实行优惠政策：一是享受100平方米以上的住房一套；二是配备与互联网联网的电脑一台，每月学校补助100元的联网使用费和50元的材料补贴；三是免费安装直拨电话一部；四是根据学科建设需要，拨给2万元科研启动费；五是给来校工作的博士研究生3万元安家费。这些政策出台后，产生了很好的效果。

教学改革方面，山西财经大学抓住专业调整的有利时机，进一步规范学科设置，加大对重点学科的培育和人、财、物的投入。创建有竞争力、有影响的学科及学科群。按照国务院学位委员会和原国家教委1997年颁布的《授予博士、硕士学位和培养研究生的学科、专业目录》，学校确定了一批校级重点建设学科，其中马克思主义理论与思想政治教育、经济思想史、人口资源与环境经济学、国民经济学、国际贸易学、民商法学、概率论与数理统计、技术经济与管理、社会保障9个学科要努力申报硕士学位授予权。继续加强原有的9个硕士点建设，努力将其中的政治经济学、统计学、产业经济学、金融学4个学科在2000年申报博士学位授予权。学校还将多渠道筹措资金，准备分阶段投入250万元资金，建成与Cernet、Intrnet连通的教学、科研、管理校园网络平台。

孔祥毅最后说，高校不仅是教育学生学习知识、学习技能的园地，更应该是训练能够在市场经济大潮中搏风击浪的弄潮儿的基地，还应该是为社会培养开拓者和推动者的基地。不能随社会发展而更新教育观念、教学内容、教学手段的高校迟早是要被时代的潮流淘汰的。一个新型和充满生机的财经大学，应该朝着培养更多高素质创业者的目标而努力奋斗。

财经大学

在山西财经大学纪念"五四"运动80周年暨争先创优表彰大会上的讲话

背景说明

　　本文是"山西财经大学纪念'五四'运动80周年暨争先创优表彰大会"上的讲话，原载《山西财经大学学报》1999年5月11日。科技与综合国力的较量，最终是人的较量，希望更深刻地认识爱国主义的内涵，将满腔的爱国热情化作成才的动力，树立理想，肩负起振兴中华的伟大历史使命。

　　我校纪念"五四"运动80周年暨争先创优表彰大会原计划在"五四"青年节之前召开，由于今年"五四"前省里安排的活动较多，我们这个会推至5月11日举行。但是，就在5月7日午夜，以美国为首的北约悍然对我国驻南联盟使馆进行了野蛮的导弹袭击，造成我使馆人员伤亡，馆舍严重毁坏。消息传来，我校广大师生义愤填膺，按捺不住心头怒火，立即举行了声讨以美国为首的北约袭击我驻南使馆罪行的抗议大会。全校万名师生发表了"致美利坚合众国政府的抗议书"。抗议大会之后，又经政府批准，在"五一广场"进行了游行示威，强烈抗议霸权主义的暴行。连日来广大师生以班级为单位又进行了各种不同形式的集会，继续揭露美国高呼"人权"、实为"霸权"的殖民主义本质。这几天，全国上下反美的爱国斗争达到了高潮。与80年前北京爱国青年在天安门广场的示威斗争相比，当代青年的爱国热情和斗争精神无愧于我们的老一辈，当代中国青年是大有希望的。

北约的暴行，侵犯了中国的主权，侮辱了中国人民的尊严。江泽民主席明确表示："以美国为首的北约，必须对这个事件承担全部责任，否则中国人民不会答应。"

中国政府严正要求：以美国为首的北约必须做出公开正式的道歉，进行全面彻底调查，迅速公布调查的详细结果，严惩肇事者。同时中国政府决定：推迟中美两军高层交往；推迟中美防扩散、军控和国际安全问题磋商；中止中美在人权领域的对话。

江泽民的讲话和中国政府采取的措施反映了 12 亿中国人民的共同心声，得到举国上下的一致拥护。美国用"误击"、"意外事件"进行搪塞是办不到的。面对北约对我国主权的公然侵犯，面对世界霸权主义的嚣张气焰，我们仅有义愤是不够的，爱国热情应该贯穿到尽快提高我们的国民素质和综合国力上。只有这样，我们才能以绝对的实力打击一切敢于侵犯我国领土主权的行为。

富国在人，强国在人。国家把"科教兴国"作为我国的战略方针，是非常正确的。人的现代化是国家现代化的基础。科技与综合国力的较量，最终是人的较量。强国之路，强国之本，在于提高国民素质。

邓小平说，要造就有理想、有道德、有文化、有纪律的新人。这项"造就"工程就是要造就优秀的中国人，也就是造就强大的中国。

我希望同学们更清醒地认识西方霸权主义的实质，更深刻地认识爱国主义的内涵，将满腔的爱国热情化作成才的动力，树立理想，坚定信念，勤奋学习，团结创新，深入实际，深入群众，艰苦奋斗，建功立业，肩负起振兴中华的伟大历史使命。

今天，受到表彰的"三好学生"、"三好学生标兵"、"优秀共青团员"、"优秀学生干部"，可以说是我校继承和发扬"五四"精神的模范，同学们要向他们学习，让"五四"精神在我校发扬光大；同学们要向他们学习，用正确的人生观、世界观、价值观指导自己的行动，使自己成为有社会责任感和事业心的人，有科学文化知识和创新能力的人，有所作为、德才兼备的人，用自己的聪明才智报效祖国，振兴中华。

在山西财经大学 1999 届毕业典礼大会上的讲话

背景说明

　　本文是 1999 年 7 月 2 日在山西财经大学 1999 届毕业典礼大会上的讲话，对即将走出校园、步入社会的同学们提出几点殷切希望，祝贺同学们为美好未来拼搏奋斗。

　　今天，在这里举行 1999 届学生毕业典礼，我感到十分高兴。这标志着你们结束了大学生活，即将走出校园，步入社会。借此机会，我代表校党委对同学们在大学期间认真刻苦学习，圆满完成学业表示热烈的祝贺。

　　同学们，当今世界，科学技术迅猛发展，知识经济大潮汹涌，国力竞争日趋激烈。全国各族人民正在党的领导下，坚定不移地高举邓小平理论的伟大旗帜，全面推进有中国特色的社会主义建设事业。改革开放和现代化建设的伟大成就，已经向世界展示出中华民族全面复兴的辉煌成绩。现在，全党全社会都在重视知识创新和人才培养。相信你们能够把握改革提供的大好机遇，担负起历史赋予当代大学生的崇高使命，创造出无愧于时代和人民的业绩。

　　在这里，我向同学们提出几点希望：

　　第一，希望同学们把实现自身价值与报效祖国统一起来。大学毕业走上工作岗位，是人生道路上的一个重要转折，也是你们发挥自己的聪明才智，为祖国、为人民、为社会主义建设事业做贡献的开始。作为你们的老师，我们深知你们都有强烈的爱国之心、报国之志，怀着满腔的热忱，都想在改革的实践中干一番事业，青年人富有理想和抱负，憧憬着美好的未来，这是青年的特点，也是青年的优点。但同学们要懂得，个人的抱负和时代要求紧密结合起来，用自己的知识和本领为祖国为人民服务，才能使自身的价值得到充分实现。如果脱离时代、脱离人民，必将一事无成。波澜壮阔的改革开放和现代化建设，为青年人施展才华、实现理想，提供了广阔的舞台。我们相信你们通过自己的努力，一定能成为我国现代化建设中的优秀人才。

第二，希望同学们能够持之以恒地保持旺盛的学习劲头，并把学习知识和技能同加强思想修养统一起来。"知识就是力量"，同学们要投身改革，为社会做出更大的贡献，只有良好的愿望，只凭在大学所学的知识，是远远不够的。学习的终身化已经成为时代的潮流。今天，科学技术发展日新月异，知识经济时代已经到来，只有坚持不懈地学习，不断更新自己的知识储备，强化自己的创新意识和创新能力，才能紧跟时代步伐，推动时代进步。然而，仅有知识和能力还是不够的，还要有高尚的道德情操。两者的统一是每一个人都应该努力追求的境界，也是每一个人实现自己人生价值的必要条件。求知与修养相结合，是中华民族的一个优秀传统。没有好的思想品德，就不可能把学到的知识真正奉献给祖国和人民，也难以大有作为。青年时期注重思想修养，陶冶情操，对自己一生的奋斗和成就都会产生长远而巨大的影响。

第三，希望同学们能够尽快适应社会，学会生存，进而改造社会。首先，要面对现实，无论将走上何种工作岗位，都要勤勤恳恳、尽心尽力、尽职尽责地去工作，这是你从事社会工作的开端，是你将来发展的基础。其次，要建立良好的人际关系。社会是一张由各种各样利益关系和感情纽带结成的大网，任何人都不能超脱它的约束。同学们无论在哪个单位工作，都要在做好工作的同时处理好上下级之间、同事之间的人际关系。良好的人际关系是你工作顺利、生活顺利的重要条件。再次，同学们要勇敢面对各种困难和挫折。古人说，人生不如意事十之八九。在社会生活中，谁也不可能一帆风顺，不遇到艰难和失败。大家刚刚步入社会，还缺乏社会经验，不如意事会很多。同学们要坚强，要有韧劲，要坚信踏平坎坷就是坦途。最后，同学们的眼界要宽，志向要远大。不要囿于眼前的蝇头小利和安逸的小圈子。1998 年 10 月，联合国教科文组织召开的首次世界高等教育大会提出，高校毕业生不仅应该越来越少地被称为求职者，相反他们将成为创业者。我希望同学们在认识社会、了解社会、适应社会的基础上，敢于创新、善于创新，敢于创业、善于创业，为国家富强、为民族振兴、为社会进步，做出一个大学毕业生应有的贡献。

同学们，山西财大成立一年多来，各项工作蓬勃开展，一派欣欣向荣的景象。三五年后，十年二十年后，母校一定会更加繁荣。大家来自五湖四海，现在又要回归五湖四海，为实现自己的理想，建设祖国的美好未来去拼搏、去奋斗，母校深深地祝福大家。母校会为同学们的进步和成绩感到欣慰；会为同学们成为各个领域的佼佼者感到自豪；会为同学们拥有幸福充实的人生感到高兴。希望同学们不要忘记母校，不要忘记为你们的成长付出辛勤劳动的老师们。母校欢迎大家常回来看看。

在庆祝 1999 年教师节暨
表彰大会上的讲话

背景说明

本文是在山西财经大学组建成立后的第一次庆祝教师节及表彰大会上的讲话。原载《山西财经大学学报》1999 年 9 月 15 日。

今天我们在这里召开大会，庆祝我国第 15 个教师节，同时表彰我校的优秀教师和先进教育工作者。我代表校党委和校行政向全体教师表示节日的祝贺和亲切的慰问！向辛勤工作在教学管理和后勤服务岗位上的同志们表示衷心的感谢！向退休的老教师、老同志们表示崇高的敬意！

一年多来，我校师生员工在校党委的领导下，高举邓小平理论的伟大旗帜，坚定不移地贯彻党的教育方针，乘教育改革的强劲东风，在合并办学的坚实基础上，团结拼搏，奋发向上，在教学改革、科研工作、后勤服务和行政管理等方面都取得了长足的进步和较大的发展，涌现出了一批优秀教师和先进教育工作者。让我们以热烈的掌声向他们表示祝贺！希望受到表彰的同志们再接再厉，再立新功。希望大家向他们学习，学先进、赶先进，共同开创我校各项工作的新局面。

"国将兴，必贵师而重傅。"国家要兴旺发达，要繁荣富强，教育是基础、是根本。党和政府是非常重视教育事业的。随着我国经济实力的增强和法律制度的完善，对教育的投入在逐步提高，教育改革的步伐也在进一步加大，教师的社会地位和经济收入都在逐渐提高。确实，当前国际高等教育发展的趋势和我国高校改革的形势，都向我们提出了严峻的挑战。特别是教育产业化的开展，素质教育从理论到政策的创新，更是要求我们迅速行动起来，迎头赶上教育改革的步伐。目前，我校很多方面还不能适应改革和发展的需要。

一是管理机构的不适应。管理机构和人员都过多。我们已经拟定了机构精简方案，将机构压缩至19个，人员减少50%，待上级批准后就可以实施了。

二是干部素质的不适应。一些干部业务素质和思想水平都亟待提高；办事拖拉、效率低下的状况必须改进。

三是教师队伍的不适应。与兄弟院校相比，我校教师队伍学历结构偏低，知识更新速度慢，站在学科前沿的名师、大师太少。

四是管理水平的不适应。管理人员不少，管理水平不高。我们的后勤工作，难以适应教师和学生的要求。

希望老师们，关注高等教育改革的发展形势，尽快适应激烈的竞争环境，抓住机遇，提高自己的教学和科研水平，追赶和占领学科前沿。希望我们的行政干部和行政管理人员，正确对待机构改革和人员精减，适应市场经济发展的需要，勇敢面对变革大潮的冲击，为高校内部管理体制改革做出自己的贡献，也为自身的生存和发展开辟新天地。希望我们的后勤服务部门，紧跟高等教育改革的步伐，积极探索后勤社会化的路子，努力做好新形势下的后勤服务工作。

《教师法》的颁布、第三次全国教育工作会议的召开、《中共中央国务院关于深化教育改革全面推进素质教育的决定》的发布，为我国教育事业的繁荣和发展指明了方向，是我国教育事业走向辉煌的法律保障和思想纲领。同志们要认真学习，坚决贯彻执行。在这里，校党委还要求同志们，进一步增强教育工作者的责任感和使命感，热爱教育事业，恪守职业道德，崇尚科学，传播科学，坚决反对封建迷信和伪科学。以自己的实际行动为科学精神的发扬光大，为社会整体思想意识的健康向上，做出知识分子应有的贡献。

当前，我校已经绘制出了管理机构改革和院系调整设置的初步蓝图，这是继合并办学之后我校采取的又一大改革举措。我相信，有全体教职员工的共同努力，我们必将把一个生机勃勃、前景灿烂的山西财经大学带入充满希望和挑战的21世纪。

　　人逢喜事精神爽，我们的国家很快就要迎来国庆50周年和澳门回归这两件大事、喜事。这是12亿中国人的大事、喜事。喜庆的气氛已经扑面而来，华夏大地很快就会成为欢乐的海洋。衷心祝愿同志们以愉快的心情、幸福的生活、优异的成绩迎接新中国成立50周年这个大喜日子的到来，迎接澳门回归祖国，迎接新世纪无限美好的第一缕曙光。

提高认识　总结经验　努力开创我校思想政治教育工作的新局面

——在山西财经大学首届思想政治教育研究会年会上的讲话

背景说明

本文是 1999 年 12 月 2 日两校合并为山西财经大学后的首届思想政治教育研究会年会上的讲话。在阐明思想政治工作在高校的地位、作用、任务与方法后，特别对今后学校的思想政治工作重点提出了明确要求。

在我们认真学习邓小平理论，全面贯彻落实中共中央《关于加强和改进思想政治工作的若干意见》的时候，我校召开首届思想政治教育研究年会，对于进一步总结经验，充分发挥党的这一政治优势，提高我校的思想政治教育工作水平，促进学校各项工作迈上新台阶，具有十分重要的现实意义。

一年多来，为使全校思想政治教育工作有所突破，理论教育工作有新提高，舆论宣传工作有新举措，精神文明建设有新面貌，思想政治工作有新方法，我校全体思想政治教育工作者高举邓小平理论伟大旗帜，尽职尽责，着力把学习邓小平理论与高校实际相结合，坚持正确的舆论导向同全面提高职工思想政治水平相结合，深入开展群众性精神文明建设活动同全面加强思想道德建设相结合，取得了较好的成绩，收到了一定的实效，推动了学校工作的全面开展。但是，思想政治工作是门科学，不能停留在朴素的感性认识上，应该从理论上加以研究和探讨，才能获得一个科学的认识，才能认识做好思想政治工作的重要性，提高做好思想政治工作的自觉性。为此，我们要把思想政治理论工作研究，同其他科学研究一样看待，需要创造一个良好的环境，需要发扬民主，也需要贯彻"双百"方针，也需要深入调查研究，在积累大量感性材料的基础上，进行科学研究。因而，经党委成立山西财经大学思想政治工作教育研究会，组织我校各方面的力量，进行思想政治工作的研究，包括基础性研究、超前性研究、应用性研究和对策性研究等，提出有实际指导意义和参考价值的研究成果，以适应我校改革、发展的需要。今天举行了财大挂牌后的首届年会，今后我们每年要举行一次年会，以不断提高我们的研究水平。

一、思想政治工作的地位和作用

思想政治工作的地位和作用，我认为，主要体现在以下几个方面：

第一，思想政治工作是坚持唯物史观的基本要求。历史是人民创造的，人民群众在创造历史的过程中，表现出了强烈的历史主动性和主观能动性。思想政治工作就是用人类历史上最先进、最科学的世界观、方法论去教育人、启发人，解决人的思想和能力问题，提高人的认识和改造世界的能力。挖掘人的潜能，提高人的素质，改造人的认识能力和创造性。思想政治工作就是调动人的主观能动性，发挥人在发展生产力中的决定作用。

第二，思想政治工作是实现远大理想的需要。刘少奇同志说，"在共产主义社会里，人类都成为有高尚文化和技术水平的、大公无私的、聪明的共产主义劳动者，人类中彼此充满了互相帮助，互敬互爱，没有尔虞我诈、互相损害、互相残杀和战争等不合理的事情。"可以说，高度的思想觉悟和道德修养是共产主义社会的一个重要特征。现在我们处在社会主义初级阶段，就要创造物质文明和精神文明，培养一代又一代有理想、有道德、有文化、有纪律的社会主义新人。离开思想政治工作，精神文明没有保证，物质文明也上不去。思想政治工作贯穿于整个共产主义理想的奋斗的全过程。

第三，思想政治工作是贯彻党的路线的保证。党的四项基本原则是我们的立国之本，改革开放是我们的强国之路，党的基本路线一百年不动摇。若要正确坚持党的基本路线，把党的基本路线贯彻到各项具体的工作中去，不能没有强有力的思想政治工作。

第四，思想政治工作是协调人际关系的基本方法。由于人们生活在不同的社会群体之中，人的社会地位、实践经验、文化水平、认识能力等的差异，以及兴趣、性格习惯等的不同，还有人们对整体的了解、认识的局限性，所以在群体与群体之间、个人与群体之间、个人与个人之间经常地存在着大量的矛盾，需要有组织地经常地进行协调，这种协调只能是说服、沟通，从团结的愿望出发，通过必要的批评与自我批评来解决，以解开人们之间的疙疙瘩瘩，这就需要思想政治工作。

第五，思想政治工作是提高团体凝聚力的途径。一个民族没有凝聚力会四分五裂，一个国家没有凝聚力会是一盘散沙，一个学校没有凝聚力就很难发展，一个班子没有凝聚力就没有战斗力。为了国家的富强，为了民族的兴旺，为了学校的发展，我们要培育人们的爱国主义情感，提高民族自尊心和自信心，必须对人们进行马列主义教育、爱国主义教育、理想和信念教育，所以必然要进行思想政治工作。

二、思想政治工作的任务和方法

在学校里，思想政治工作的任务是什么？一是调动职工的积极性，二是确保青年学生的健康成长。只有调动职工的积极性，才能完成教学科研管理各方面的正常高效的运行，才能充分发挥学校的办学潜力，提高办学效益。这里讲的提高职工的积极性，是指职工的理想、道德、纪律、文化等方面的素质的综合的现实的表现，是指职工的劳动积极性和创造精神，爱党、爱国、爱校的政治热情，也就是提高培养"四有"新人的积极性。

引导青年学生健康成长，是学校的基本任务。学生的思想状况，包括理想信念、学习态度、人生观、世界观、价值观、奋斗精神、为人处世、道德修养等的表现如何，是考核一个学生健康成长的重要内容。我们思想政治工作就是通过思想政治教学、日常的管理、文体活动等进行培养和训练，培养他们成为"四有"新人。教师在课堂教育中要进行这一工作，思想政治工作者更要在课后的各个方面进行这一工作，而且是重要的方面。

思想政治工作的方法，在座的各位都是专家，我说不好但我体会得到。一是要使思想政治工作密切地结合业务进行。在学校里就是与教学科研管理相结合，不能做空头政治家。二是要重视和开发群众在教育过程中的主动精神和进行自我教育，即进行启发式的教育，挖掘受教育者的内在积极性。如总结经验、推广经验等。要让内因充分发挥作用，当然也不排除正面"灌输"。三是要坚持正确教育为主，用积极因素克服消极因素。如树先进、学先进、典型开路。正面教育并不排斥积极的思想斗争，必须肯定积极的、说理的、讲分寸的批评也是必要的。四是要把思想政治教育与为群众办实事、热心服务结合起来。五是坚持寓教于文娱活动之中，使群众在丰富多彩的精神文化生活中受到感染和教育。六是坚持尊重人、理解人、关心人的原则，使群众感到亲切，易于接受。七是坚持言教与身教相结合，身先士卒，以身作则，教育者先受教育，才能收到良好的效果。

三、今后我校思想政治工作的重点

根据中央和省委有关精神，结合我校的实际，今后一个时期，我校思想政治教育工作的重点是：

第一，坚持不懈地用邓小平理论武装广大师生员工的思想头脑。邓小平理论是当代中国的马克思主义，它科学地总结了我国社会主义事业的历史经验，特别是改革开放以来的实践经验，是从我国社会主义初级阶段的基本国情出发，具有中国特色和时代特征的当代中国马克思主义理论。实践证明，没有邓小平理论的指导，就不会有改革和发展的辉煌成就。我们要采取切实措施，继续抓好邓小平理论，特别是邓小平教育理论的学习，进一步兴起学习邓小平理论的新高潮，把广大师生员工的思想和行动统一、凝聚到实现中共十五大确定的各项任务上来。我们要有高度的使命感、责任感和紧迫感，切实加强对这一工作的领导。

"邓小平理论概论"课的教学是搞好邓小平理论"三进"的关键环节。要着重抓好课程体系的研究、教学方法的改进、教学质量的提高，重点在"进学生头脑"上下功夫。

要重视发挥"第二课堂"在大学生学习邓小平理论中的重要作用，通过学生的自我教育，加深对邓小平理论的理解和把握。通过学生业余党校、党章学习小组和业余团校，对学生骨干进行培训，发挥他们在学习邓小平理论中的骨干作用。积极支持和指导大学生的各种邓小平理论学习小组、研究会的活动，及时总结和宣传学习邓小平理论的先进经验和典型。

第二，以思想政治建设为重点，进一步加强党的建设。改革开放 20 年的经验证明，做好思想政治工作，维护高校稳定，必须坚持不懈地抓党的建设。加强党建工作，要充分发挥党的思想政治优势、组织优势和密切联系群众的优势，让广大师生员工同心同德干事业的巨大热情进一步振奋起来，让广大师生员工关心支持社会主义现代化建设和教育改革发展的积极性和创造性更好地发挥出来，对于完成我校的各项任务，具有至关重要的意义。

要按照中共十五大精神和中央的有关部署，密切联系深化改革、促进发展、保持稳定的实践，紧紧抓住建设团结坚强的领导班子和高素质干部队伍这个关键，加强思想政治工作，进一步增强党的凝聚力和战斗力。尤其要按照中央和省委的工作部署，开展以"讲学习、讲政治、讲正气"为主要内容的党性、党风教育，提高政治素质，加强党性修养，端正思想作风，增强在改造客观世界的同时改造主观世界的自觉性。

第三，进一步加强形势与政策教育，将广大师生的思想统一到中共十五大精神和中央的方针路线上来。加强形势与政策教育，教育引导广大师生员工正确认识当前的形势和任务，对统一师生思想、维护高校稳定，具有非常重要的意义。

今后，要重点进行以下几方面的教育：一是继续深入学习江泽民在纪念十一届三中全会 20 周年大会上的讲话，深刻认识改革开放以来我国在经济建设、民主法制和政治体制改革方面取得的巨大成就；二是认真学习江泽民在新中国成立 50 周年大会上的讲话，深刻认识祖国 50 年来特别是改革开放 20 年所取得的伟大成就，坚定高举邓小平理论伟大旗帜，坚持党的基本路线，走有中国特色的社会主义道路的信心；三是进行国内形势的教育，学习中共十五届四中全会精神，引导和帮助师生了解党和政府卓有成效的工作，正确认识和分析当前经济社会发展中存在的矛盾和困难，了解中央采取的对策，进一步增强信心；四是开展爱国主义教育，激励大学生的爱国热情，明确肩负的历史责任，以奋发有为的精神迈向新世纪；五是针对国际形势及由此引发的热点问题，进行国际形势与我国对外政策的教育，引导师生全面、辩证地认识国际社会纷繁复杂的现象，使广大师生员工认识大局，坚定信心，与党中央保持一致，成为维护稳定的积极力量。

第四，大力加强正面教育，正面引导，积极主动、生动活泼地开展思想政治教育工作。今年的一系列大事、喜事，为我们做好思想政治教育工作提供了丰富的教育资源和良好的机遇。我们要抓住这些有利时机，充分利用好这些资源，唱响主旋律，打好主动仗，加强正面宣传教育，进行正面引导，营造积极、健康、文明的校园氛围。

要重点围绕澳门回归这件大事，组织开展各种纪念和庆祝活动，唱响祖国颂、社会主义颂、改革开放颂。要充分利用世纪之交给我们的独特教育资源，开展 20 世纪中国历史巨变的教育宣传活动，从百年屈辱历史，到今天社会主义中国大步迈向富强、民主、文明，发生的翻天覆地变化的历史回顾，引导广大青年学生回顾百年，展望未来，立志成才，振兴中华。

第五，努力研究新情况和新问题，不断加强和改进高校思想政治教育工作。要及时了解师生的思想实际，围绕师生普遍关心的问题，有针对性地开展思想政治教育工作。要把思想政治教育工作和为师生做实事结合起来，增强工作的实效。要关心师生的学习、工作、生活，倾听他们的意见和建议，解决他们存在的实际困难。要继续关心和扶助贫困学生，做好毕业生就业指导工作。要正确认识和把握改革、发展和稳定的辩证关系，在做好学校各项工作的同时，始终把维护稳定放在工作的首位。

新的世纪正在向我们走来，让我们更加紧密地团结在以江泽民为核心的党中央周围，高举邓小平理论伟大旗帜，统一思想，坚定信心，抓住机遇，知难而进，振奋精神，抓好思想政治工作，迎接新世纪的到来。

财经教育研究

全力支持"上山"的　无须歧视"下海"的　积极劝阻"两栖"的

背景说明

改革开放后，高校校园里震动很大，一些教师选择了"下海"经商，还有不少教师思前想后，举棋不定，长期影响教师队伍的稳定。本文是 1993 年 11 月 29 日写的一段日记，记录对此的态度。

现在，在高校校园中，人们正在热议"上山"、"下海"，还是"两栖"？"上山"——专心研究教学，攀登科学高峰；"下海"——离校经商，发财。对此，多数教师白天坚守讲台，为学生"传道、授业、解惑"，晚上伏案笔耕，"爬格子"，虽爬得洋洋万言，亦不过"一条香烟"，但他们安守清贫，始终勤奋地耕耘于校园，培育社会主义市场经济所需要的合格人才。但是有极少数教师则请长假或者病假，外出经商；或者干脆不辞而别，不知去向。他们之中不乏"先富起来"者，甚至十万元、百万元、千万元大户也大有人在。还有少数教师既不安清贫，又怕溺水，一手抓着"上山"的教鞭，一脚伸在商海，既要铁饭碗，又做黄金梦。

建设社会主义市场经济，既需要人才，又需要人才的流动。没有"上山"的就没有现代化；没有"下海"的就没有新一代企业家。"下海"者几年之后成为大亨，返回高校讲课，理论联系实践，肯定会有声有色，深得学生欢迎。下海不成呛了水，重返讲台，会更加珍重自己的职业，知道自己天生不是企业家，真正认识自己的价值所在。

　　我佩服"上山"的，我支持"下海"的，但是对那些又"上山"又"下海"的两栖类，我是反对的。他们站在讲台上挂着 BP 机，既影响教学，又害了学生；既难以成才，又发不了财。一不小心，也许一失足成"千古恨"，沦为"卖大饼的教授"。要"上山"，就安心走"黑道"（做"黑五类"的臭老九）；要"下海"，就一心走"黄道"（发黄金财）。同样，我也不赞成让教师和教学单位去搞非专业性的创收活动。最好是通过人才分流，把教学队伍与创收队伍分开来。

　　总之，学校和社会要全力支持"上山"的，同样也无须歧视"下海"的，但是必须积极劝阻"两栖"的。

中西高等商科教育比较研究

背景说明

本文是 1993 年中国商业高等教育学会承担的国内贸易部国际高等商科教育比较研究课题"国际高等商科教育比较研究"的分课题，中国财政经济出版社 1998 年 9 月出版。总课题由学会会长纪宝成主持，山西财经学院金融学硕士研究生侯广庆参与了这部分研究。

新加坡是一个城市岛国，全国只有 600 万人，总面积 618 平方公里。居民以华人居多，占 76%，马来人占 15%，印度人占 6.5%，其他种族占 2.5%。新加坡 1959 年摆脱英国殖民统治，1965 年退出马来西亚联邦，成立新加坡共和国。近 30 年来，经济飞速发展，由一个殖民地迅速成长为经济强国，其高速发展的重要原因之一，是教育与经济的相辅相成，尤其是高等教育配合国家建设，为经济发展做出了巨大贡献。在以转口贸易为主的经济单一的一个岛国上造成经济的高速成长，高等商科教育起了重要的作用。

一、新加坡高等教育概况

新加坡高等教育产生于 20 世纪 20 年代，以在 1923 年建立的莱佛士学院（文科为主的文理学院）与由海峡殖民地医科学校更名升格的爱德华七世医科学院为标志。1949 年，这两个学院合并扩充为马来亚大学（英文大学，英国大学制），1962 年马来亚大学分成两所，马来亚大学新加坡本部改为新加坡大学，马来亚大学吉隆坡分部改为马大本部，1969年政府提出"向科技教育进军"的口号，新加坡大学建立了工程系、建筑测绘系和会计与商业行政系。另外，早在1956年时，新加坡和马来亚的华人集资创办了南洋大学（华文大学），采用旧中国大学制度，设立文学院、理学院、商学院。1980年新加坡大学与南洋大学合并成新加坡国立大学。

现在新加坡国立大学拥有世界一流的设备和现代化教学手段，通过校内3000多台计算机与世界各国的科学院、研究中心和高等学府建立联系，其国际间资讯服务终端接通了海外400多座现代化资料库，分享共用资料。该校藏书已超过149万册，与美国、澳大利亚、英国、法国、德国、日本的高校合作进行科学研究。它的各系可以为学生提供艺术和社会学、建筑学、房地产经营、商业经营、法律、科学、工程、临床医学和口腔医学学位。各系都招收研究生。同时还设有四个研究生院：医学院、口腔医学院、管理学院和工程学院。从事研究和高级训练的还有系统科学学院（与美国的商业机器公司合作）、分子与细胞生物学院、微电子学院。

1982年，新加坡在原南洋大学校址上由政府投资创立南洋理工学院。1991年升格为一所偏重于理工科、商科的综合性大学。它提供的学位有会计、商业、计算机技术、工程、材料工程、旅馆管理和传播学等。其目标是沿着美国常春藤联合会大学的道路发展，为本国工业和商业的发展服务。

上述两所正规大学，都包括了商科教育，是包括理、工、文、商在内的综合性大学。此外还有一所国立教育学院。这几所大学以学术教育为重点，培养学士、硕士，是培养新加坡商科人才的摇篮。这类学生的来源是初级学院或大学预科中心；这些学生按要求经过了两年大学预科教育，并通过GCE"A"级考试后被录取。凡在中学毕业时通过GCE"O"级水平考试，并且其学术倾向强的学生，方可以进入中学后教育的初级学院或大学预科中心学习。在这里除了共同课外，学生可根据爱好和特长，选择艺术科、科学科和商科的课程。

新加坡的大专级教育是在理工或技术学院进行。部分学校的生源是中学毕业生中通过了GCE"O"级水平考试，并对技术和商业感兴趣的学生，这里的学制是三年。新加坡理工学院有：义安理工学院、新加坡理工学院、淡马锡理工学院、南洋理工学院，这些学院提供偏重于大学应用专业的基础训练，只发毕业文凭，没有学位。在义安理工学院就设有商业系。理工学院之外，还有新加坡经济发展局下设的技术学院，如法国新加坡技术学院、德国新加坡技术学院、日本新加坡技术学院。在理工学院和技术学院之外，新加坡政府的职业和工业训练局（简称工职局）下属设有中级水平的国家技术和商业学院，它们与正规的理工学院和大学相互联结，比如两所商业学院的 10% 的高材生可以升到义安理工学院的商业研究系，培养其成为中高级经理人才；理工学院 10% 的高材生也可以升入有学位的正式大学深造，形成了新加坡的高等教育体系。

二、新加坡高等商科教育的情况

新加坡高等商科教育的专业、课程与学生选拔以及学位授予，可以以新加坡国立大学为例作具体介绍。

国立大学的商科，集中在企业管理学院和管理研究生院。企业管理学院开设的学位教育课程有：①企业管理学士学位课程；②企业管理荣誉学位课程；③科学硕士（管理科学）学位课程（只作研究）；④博士学位课程（只作研究）。管理研究生院的教学人员主要来自企业管理学院，开设的课程有：①企业管理硕士学位课程（英语教学）；②华语企业管理硕士学位课程；③自然科学硕士（技术管理）学位课程；④企业管理文凭课程。

（一）学生入学要求

进入国立大学接受学位教育的学生，大多数都是在四年中学教育之后，又在初级学院（独立设置）学习两年，或在大学预科中心（附设在某些中学）学习三年，接受过大学预科教育。预科教育的目的，是使学生在普通教育证书高级水平的考试 GCE "A"级中获得成绩，然后方可进入国立大学、南洋理工大学及技术学院学习深造，或到国外求学，成绩平平者去各职业训练部门接受职业教育。在大学预科阶段，这些学生除了第二语言学习之外，还从文科、理科、商科、计算机科等选择几门课程，如商科有会计原理、商业管理、经济学、数学等。

进入国立大学商科攻读学位的学生，基本入学要求有：

（1）必须经过 GCE 高级水平或同等考试。要求学生：①提供新加坡—剑桥 GCE 高级水平考试试卷（用英语应试）或同等考试的试卷，并在这些考试中有两门通过高级水平，同时考试科目必须包括公共科目。若其他科目较好地通过，由入学考评委员会同意，单门考试可以延期进行。学生同时还必须获得第一语言（英语）GCE"O"级水平考试通过，成绩在 C6 以上，而且在第二语言 GCE"A"级水平考试中获得 D7 的成绩。②学生应在新加坡—剑桥 GCE"A"级考试（非英语应试）或同等水平考试中通过英语口语和至少两科的高水平，并且要求同时具备下列两条之一：在 GCE"O"级考试中作为第二语言的英语应至少获得 B4 成绩；在 GCE"O"级考试中作为第一语言的英语应高于 D7 成绩。③学生应提供商业课程的成绩，即新加坡—剑桥 GCE 高级水平考试或同等水平考试亦要求达到前述要求的 C6 和 D7 以上。

（2）学生必须进行 GCE"A"级水平的第二语言考试并获得通过。

（3）参加过教育部组织的其他课程的两次分离考试，成绩可以合并计算，但必须有教育部发给的资格证书。

（4）学生还要通过数学考试：①在 GCE"O"级水平考试中附加数学；②在数学或纯数学高级水平考试中通过中等水平。

（二）专业与课程设置原则

国立大学企业管理学院下设 5 个系：企业政策系、决策科学系、财务与银行系、行销系、组织行为系。还有 1 个人力资源管理教学单位和 3 个研究中心，3 个研究中心是：企业研究与发展中心、技术管理中心和生产力与品质研究中心，人力资源管理教学单位负责为大学的其他学院开设人力资源管理课程。

企业管理学士教学计划为三年（2＋1）和四年（2＋2）两种，前者为普通学士学位教育，后者为荣誉学士学位教育。这两种学位教育的前提是一致的，只是在两年之后进行分流。学习三年的是普通学士学位，成绩突出的是四年制荣誉学士学位，荣誉学士学位获得者，经过调查后，可以直接注册进入管理硕士学位的学习。

学士学位教育的目的，意在为学生将来在公共部门、私人部门从事管理工作打下基础，所以课程设计的原则有 5 条：①科学原则，要从科学发展着眼，逐渐舍弃旧学科的内容，增加先进的内容和学科；②未来原则，即有发展前途的科学；③实用原则，根据市场需要，市场价值大的科学；④谋生原则，对学生将来谋生有用处的科学；⑤全局原则，指那些虽在市场上无多大用处但对国家社会有用的科学，如某些文科的课程。课程设置十分注重培养学生的决策能力和分析问题、解决问题的能力。

（三）教学管理

新加坡国立大学管理学院于 1993 年 7 月实行学分制。学分制也给学生提供了多种多样的学习机会，使学生可以充分地发掘他们的学习潜力。

教学管理方面，采用英国系统（讲师、助教的合作和美国系统（小班教学）于一体）的教学方式。如几乎所有一二年级的课程都采取大课讲授，助教做小班辅导的办法，而三四年级的课程都采用讲师既负责讲课又负责辅导的办法。

一个学年，分两个长学期和一个 8 周的短学期。新生自第一个 8 周的短学期开课，在这一阶段，让学生能灵活地调整完成学位课程要求的学习年限，同时也让学生做好准备，经院长批准后则到国外去学习一二个学期，以丰富他们的学习经验，在国外所学学分计入应完成学位学分之内。

教学方式因课程内容而有所不同，如应用案例分析、小组讨论、写短文、课堂发言、举办专题演讲等，使学生能在生动有趣的教学气氛中学到理论和技能。学生平时的成绩占总分的 40%。

（四）课程设置

第一年：管理学社会精神分析基础、计量分析、会计学、统计学、商业与社会、工商法学、计算机、商业经济学、商业公共关系学、英语 I（入学时分数低的学生学）。

第二年：管理会计、管理与组织、市场学原理、工商财务、应用统计学、运算与信息系统。

另外，在下列五组中挑选 3 门，其中必须在第一组中选 1 门，其余 2门在其他组选，每组只能选一门。

第一组：中级经济学、国际经济学、经济学专题。

第二组：应用心理学、哲学专题。

第三组：职业社会学、社会学专题。

第四组：国际关系学、政治科学专题。

第五组：文化社会专题、历史讨论、数量分析专题、公共关系专题、创造思维和解决问题。

第三年（普通学士教育的最后一年）：被选择进入普通学士学位教育的学生，最后一年是 10 门课，分作两学期，每学期 5 门课。

第一学期：在下列课程中挑选与自己专业有关的 5 门：资金管理、市场管理、人力资源管理、国际商务、计划管理、信息管理系统。

第二学期：学习商业策略，并在下列课程中挑选4门课，共5门。金融：投资分析、金融市场、银行管理、风险管理与保险、企业财务状况与分析、国际金融市场、金融与银行专题。市场营销：消费行为、市场调查、营销管理、零售管理、劳务市场、国际市场、市场学专题。管理与组织：管理技巧、理论与实践、人事管理、系统与实践、产业关系、职业培训计划、交易过程管理、小企业管理、企业学、跨国管理、管理学与组织专题。国际商务：金融与银行专题、国际管理学、国际市场学、国际贸易与外汇交易、亚太商务、交叉文化管理、跨国企业与政府、国际商务专题。数据管理与信息系统：输送数据管理、数据管理与控制（计划）、管理科学、数据管理专题（计划）、系统分析与设计、信息系统管理与计划、数据资料管理、信息系统专题。

第三四学年（荣誉学士学位计划）：工商管理荣誉学士教育，要求学生在完成工商管理专业中前两年的课程，或其他专业两年课程后，继续进行两年学习，前者称为继续学生，后者称为转换学生。这两类学生都必须在前两年的学习过程中取得较好成绩，并满足学院规定的有关标准后，方可进入荣誉学士学位教学计划。这两年，要求学生每学期学5门课，共完成20门课的学习任务。供选修的课程如下：

第一组：只对转换学生开设，以弥补其商业原理知识的缺乏，下列课程只选5门，但由学生评选委员会根据学生情况，指定选修，在第三学年第一学期完成：会计学、商业财务学、工商法律、商业计算机、商业经济学、市场原理、管理学与组织学、统计学。

第二组：课堂教学与职业教育结合课，要求在下列课程中选修4门，必须有1门为自己的研究领域：财务管理、市场管理、人力资源管理、国际商务、计划管理、信息系统管理。

第三组：专业课，学生可根据自己的兴趣选择相关课程4门。金融：投资分析、金融市场学、银行管理、保险与风险管理、企业财务状况分析、国际金融市场、金融银行专题、财务管理计划及控制系统、金融理论、金融银行研讨。市场营销：消费者行为、市场调查、推销管理、零售管理、服务市场、国际市场学、市场学专题、市场策略、生产管理、市场研讨。管理与组织：管理技巧、理论与实务、人事管理、系统与实务、产业关系、职业计划与发展、管理变革过程、小型商业企业、企业素质、国际管理、管理组织专题、国际人力资源管理、管理组织学研讨。国际商务：国际金融管理、国际市场学、国际管理学、国际贸易与外汇、亚太商业、交叉文化管理、跨国公司与政府、国际商业专题、技术变革管理、国际人力资源管理、国际商业研讨。计划管理与信息系统：服务计划管理、计划编制与控制、管理科学、计划管理专题、统计系统与设计、信息系统编制与管理、数据管理、信息系统专题、计划规划与设计、计划管理研讨、信息系统策略、信息系统专题。

第四组：策略课程，要求学生选修企业计划与策略课，并在下列课中选 2 门，共 3 门：工业竞争分析、对策与策略分析、技术变革管理、策略管理专题、市场策略、当代人力资源问题、计划策略与设计、信息系统管理。

第五组：调查研究组。下列 2 门是所有荣誉学士都必须学习的必修课：研究经验、商业调查研究。

第六组：商业一般教育选修课。继续学生在完成前两年的商业管理教学计划中必须至少选修下列课程中的 3 门，对不同学生提出的上述第二、第三、第四组中至少选修下列课程中的 4 门：经济学研讨、哲学研讨、社会学研讨、政治科学研讨、文化与社会研讨、数量分析研讨、公共关系研讨。

在执行上述课程中，继续学生在完成了商业基础课程（最多 5 门）外，可以选修 2 门以上的其他商业选修课（可见第二、第三、第四组）。转换学生在进入荣誉学士学位教学计划之时，已完成了商业基础课的，可以视同继续学生，他们的商业教育选修课由学院评选委员会指定选修。对于学位申请人的学习期限，规定工商管理学士学位最长 5 年，工商管理荣誉学士学位最长 6 年。

（五）成人培训

国立大学管理学院对成人培训十分重视，主要是 1980 年开始的经理人员进修。学院每年成功地举办 25 个一般的和特殊设计的管理课程班，包括英语班和华语班。培训时间长短不一，一般为 1～3 周。其中有 3 个班是与世界声誉卓著的伙伴共同举办的，这 3 个伙伴是世界名大学的商学院。3 个班为：斯坦福—国大高级经理人员管理课程班、康奈尔—国大服务业管理课程班、宾大沃顿—国大银行管理课程班。另外还有自己独立办的联邦高级管理课程班。这 4 个班的影响是很大的。

特殊设计的经理人员训练班，是根据某种特殊需要而设计，比如到新加坡以外和本区域的一些机构为他们举办培训班。还有专门为中国和本区域其他国家的大型公共服务机构和私人公司专门设计的华语课程班。到1994年末大约有56个国家的4000多人参加了特殊培训，每年大约800人。

三、新加坡高等商科教育的特点

（一）重视通才培养

高等商科教育培养的是专才还是通才？20世纪80年代以来，新加坡明显地向通才培养转变。所谓通才培养，首先是强化基础教育，扩大学生知识面，为提高学生解决问题的能力提供必要的多方面的基础知识，为此，开设了很多选修课，具体科目如前所述；其次是强调知识的系统性，给学生必要的历史知识和程序性学问，为他们全面地观察问题和认识问题、处理问题进行必要的思维训练；最后是给学生以较多横向知识开设一定数量的非本专业课程，以提高他们的社交能力和对未来工作变动的适应性。在现代社会和市场经济中，各种经济和社会现象常常发生变化，就业、谋生以及组织管理策略的变更与调整，都可能给个人带来新的问题，所以商科学生要适当学习一些工科、理科、文科的知识。同样工科、理科、文科学生也学习一些商科方面的知识。如管理学和生产力是新加坡所有荣誉学士都必须选修的课程。这种通才培养，不仅有利于市场经济下学生的就业和工作，而且也是国家公务员必须都选修的课程。

（二）重视教育与国家经济社会发展相结合

新加坡坚持"教育的发展必须与国家经济社会发展相结合"的方针，高等教育则强调两点：一是为经济发展对人力的需求服务；二是强调高校发展规模和水平要与经济发展的需求和能力一致。新加坡人自豪地承认，20多年来新加坡经济和社会发展的惊人成就，依赖两大杠杆，这就是教育与引进外资。他们强调新加坡高等教育必须摆脱殖民地时代的"清高地位"而回到社会，同生产实际相结合，与国民经济社会发展的脉搏相一致。从前述课程设计与培养的要求看，不仅课程很实在，与经济发展相协调，而且是现代化的知识和技术，如所有学士学位的学生都必须掌握电脑，掌握英语。在"教育配合经济"的要求下，商科教育很重视走出课堂，与社会业务部门相结合，比如为业务部门提供咨询服务；到工厂商店去实习；开设小型企业研究课，即学生在教师指导下到小企业实习3个月

（每周去 2 次），在那里学习做生意，研究小企业所面临的问题，同时也让学生把管理知识带给小企业，这可以说是培养未来企业家的一种实践。

为了满足工业界对人才的需求，国立大学管理学院计划从 1995 年开始增加偏重于工业后勤管理课程，其他正在考虑中的是全面质量管理、服务业管理和服务的作业管理的课程，以支持新加坡经济的发展。

（三）重视师资队伍的培养

新加坡高校认为，高水平的学生是由高水平的教师带出来的，不仅要求国立大学（如南洋理工大学师生比保持 1:10，大专类的学校保持 1:15）有一支数量充实的教师队伍，更重要的是重视师资质量。国立大学管理学院 1994 年有 198 名教学人员，其中 142 人有博士学位，大部分毕业于世界知名大学。他们千方百计网罗国内外高才名士，国立大学分别在纽约、伦敦设有教师招聘办事处，派人到欧美和澳大利亚的名牌大学去物色对象。他们重点招聘的对象是三种人：一是有名学者；二是年轻的博士、硕士；三是有经验有才干的骨干教师（高级讲师以上）。前者是用其名，后者是用其才。为了争取名人，他们让国外名人保留其国内原有的职位，聘以客座教授和访问学者，甚至利用假期到新加坡作短期演讲。同时，新加坡高校大幅度提高教师薪酬和福利，让教师安心工作。新加坡高校为教师提供进修提高的机会，设立教师进修奖学金，鼓励教师攻读高级学位。在国内国外进修都可以。还鼓励教师从事科研活动，认为科研可以提高教师的水准，获得最新的学术信息，各校都大幅度增加科研经费，1985 年以来国立大学科研经费占到学校总预算的 5% 以上。鼓励教师同社会结合，到社会去调查，与工商企业部门合作搞科研或提供咨询服务。南洋理工大学要求无实践经验的教师必须到业务部门实习 6~9 个月。对教学中成绩突出的教师给予奖励，教学不力者停止正常的年加薪。另外还经常请国外著名专家来校讲学，以便提高师生对本学科前沿的了解，拓宽视野、提高水平。

（四）重视科学研究

国立大学管理学院的教师在科研方面很活跃，每年都有新课题设立，有越来越多的教师在国际学术刊物上发表文章。这个学院出版和合作出版五种学术刊物，发行于亚太地区和世界各地：①亚太管理期刊（国际期刊）；②亚太运筹学期刊；③证券市场评论（本地/区域）；④亚洲行销期刊（本地/区域）；⑤人力资源管理与实践（本地/区域）。现在他们选择的研究重点是：①亚太区域金融市场的调整（财务与银行系）；②比较管理学与实践（企业政策系）；③服务作业管理和后勤管理（决策科学系）；④服务行销（行销系）；⑤人力资源管理和工业管理（技术管理中心）；⑥有关新加坡和亚太区域生产力与质量问题的研究（企业研究与发展中心）。

四、启示与借鉴

（一）中期分流与选拔

新加坡大学本科（学士学位）教育分三年普通学士学位教育和四年荣誉学士学位教育两部分，前两年的专业基础课及专业理论课是一致的。两年结束时，根据其学习的情况，一部分优秀学生进入四年制的荣誉学士学位教育，另一部分则进入三年制的普通学士学位教育。这种制度，至少有两个好处：一是中期选拔分流，这与我们现在改革中试行的中期淘汰制比较，形式上似有某些相似之处，其实不同，我们的中期淘汰制是淘汰那些成绩太低，跟不上正常学习的极个别学生，高才生、优秀生并没有选拔出来。那些被淘汰的个别学生多数是按大专对待，而我们大专生的课程设置与本科不同，留到专科以后，部分课程还要重复学习或从头学习，对于因材施教、快出人才是不利的。而新加坡的普通学士学位并不增加学习时间而继续完成毕业就业所需的专业业务课对社会、对本人都更适宜。二是中期选拔分流，优秀学生进入四年制荣誉学士学位学习，有利于学术训练，使这些人有更好的知识基础与理论功底，以便深造提高，日后从事教学和理论研究。所以新加坡的办法在于选拔和分流而不是解决少数学习差的人的淘汰问题，既有利于实用人才的培养，又有利于高层人才的提高。这种大学二年以后分流制，比我们的高中毕业后按高考成绩一次决定本科、大专两个层次好一些，给了学生又一次的成才机会。

（二）宽专业、多选修

新加坡高等商科专业口径比我们的专业口径要宽，而且灵活。我们的高等商科各专业设置过细，如工商管理下设 11 个专业，还不算货币银行、国际贸易，贸易类就有市场营销、贸易经济、涉外企业管理、企业管理、物资经济等。计划经济时代的按行业条条管理各类专业的倾向还没有完全取消。由于专业设置过细，为了体现专业的需要和不同，对各专业课程规定得很死，选修的机会很少。而且学生高考报志愿时就定了未来 4 年后的就业去向，然而市场经济的发展已使四年之后市场对人才需求的变化无法知道，造成专业选择盲目，这样就使社会对人才需求与专业结构、招生比例很难一致。为了适应市场需要，我们可以考虑入学宽口径，扩大选修课，把选修课大部分设在三四年级来学，有利于学生根据自己的爱好和社会需求选择专业，既可以提高学生学习的积极性，又可以满足社会需要，适应市场经济的发展。

（三）与国际商科教育接轨，培养外向型人才

新加坡国立大学的口号是"向世界一流大学看齐"。这也体现了它们与国际教育接轨的基本思想。它们为了使高校带出有世界水平的学生来，在世界上与人竞争，20 世纪 80 年代以来进行了一场高校改革。改革前，不仅作了大量调查研究工作，考察欧美日的教育，而且教育部长亲自到工业发达国家取经，了解各国新型大学的办学经验，并请外国专家到新加坡研究和论证方案办法，后根据本国国情和美日等工业发达国家的经验进行改革。当时国家元首李光耀亲自建议大学要采用美国哈佛大学校长提出的"核心课程"来培养"有教养的新加坡人"。为改革课程设置的内容，在大学设置了课程改革委员会，邀请或聘请国内外学者与教育专家提建议，使课程能适应生产第一线需要，并具有国际先进水平。为了引进国外技术教育，培养新加坡的国际通用人才，新加坡分别与德国、日本、法国合作建立了三个专科级的技术学院，培养工商业所需要的中高层技术骨干和教师。高薪聘请外国专家到新加坡任教，或送教师到国外进修，他们还将欧、美、日、澳大利亚的知名学者教授的休假日造册列表，千方百计聘来讲学，或作访问教授，增加新加坡教师与世界知名学者的接触与联系，还以李光耀的名字命名设立"卓越客座教授讲学基金会"，广揽外国英贤，与外国知名大学建立联系，进行教师交流、引进教材等，十分重视研究和了解国内外高等商科教育的动态，引以为用。为了拓宽学生视野，国立大学企业管理学院和管理研究生院设立国际学术交流计划，使管理学士学位和荣誉学士学位课程的学生有机会到其他国家学习 1~2 个学期，获取国外经验。他们与加拿大英属哥伦比亚大学、美国康奈尔大学、美国加州大学洛杉矶分校、瑞典兰德大学等 10 所知名大学有学生交流计划。这一切，正是新加坡高等商科教育迅速追赶世界先进水平的基本办法。从而使自己的课程保持先进，使自己的学生可以适应经济社会发展对人才的需求，逐步走上国际化的道路。我国高等商科教育一部分为部门所有，一部分为地

方所办，条条块块分割，各部各地都有自己的要求，对于专业名称虽然国家教委做了统一规定，但具体培养方案却是在条条块块指导下各校自己确定，都不同程度渗透了部门需要，与学生毕业后自由择业的现实很不协调。国家对各校教学又没有统一要求，致使不少新上学校按自己的师资力量，自由开课，根本谈不上向国外高等商科教育的先进水平靠拢。这种管理办法对于培养外向型、现代型人才是不利的。消除条块分割，尽快建立国家统一的评估标准已成为当务之急。必须在吸收国外先进经验的基础上，尽快引进国外先进管理技术、专业、课程、教材，为培养既能满足国内市场需要，又能满足国际企业需要的人才，提高我国高等商科教育的地位和发挥在国民经济中的作用，为社会主义市场经济的发展和社会进步源源不断注入新的活力。

面向 21 世纪金融学专业人才培养的研究

背景说明

本文是中国商业高等教育学会承担的全国教育科学"九五"规划国家教委重点课题"国际高等商科人才培养的研究"的子课题，中国财政经济出版社 2002 年 7 月出版。参与子课题研究的还有山西财经学院金融系教师王艳平、金融学研究生侯广庆、茹霞、孙妍玲。本文原载《山西财经大学学报》（高等教育版）1999 年第 2 期。

21 世纪，金融再一次成为人们关注的焦点，特别是在东亚奇迹受到挑战以后，又相继发生俄罗斯、巴西的金融危机，这对传统的金融体系、定式思维的金融理论是沉重的一击。人们在反思、在质疑：现代金融怎么了？金融自由化可行吗？金融究竟如何用于经济？我们对现代金融究竟知道多少？如何实现金融安全和金融可持续发展？诸多疑问，使金融学成为社会科学的热门，也使 21 世纪的金融教育面临更大的压力和挑战。

而且，从经济发展的趋势来看，21 世纪将是"以知识为基础的经济"。1996 年经济合作与发展组织在"以知识为基础的经济"的报告中首次正式使用了知识经济这个概念，并且对知识经济作了明确的定义，即"知识经济是建立在知识和信息的生产、分配和消费之上的新兴经济"。金融具有典型的知识经济的特征。金融业是知识密集型的行业，同时，其迅猛发展是建立在信息技术革命基础之上的，随着知识经济的发展，金融领域甚至出现了所谓"华尔街的火箭专家"所设计的日新月异的各种金融工程。这些金融工程师成为熟悉现代金融领域的各种高科技工具、各种对冲策略、各种交易品种模型等金融知识的高级人才，他们能够通过利用与研究火箭相似的工作方法和程式，利用电子信息挪动巨额资金，达到最小风险和最大的利润的组合结果，他们的活动对全球金融，甚至全球经济产生了巨大的影响。

我国金融业的发展相对比较滞后，既面临发展与开放的挑战，更面临知识经济的挑战。在金融改革、开放和发展过程中，开拓业务领域、实行风险管理、参与国际竞争，需要有相当数量通晓前沿金融理论、精通金融业务、具有良好职业道德素养的高素质人才，以适应我国金融业发展和开放的需要。但是与华尔街的金融"工程师"相比，我们不仅缺乏高级金融人才，同时还存在金融业的整体从业人员专业水平偏低、金融机构缺乏专门人才、金融教育不适应金融发展等问题。这种状况不仅不利于我国金融的改革与发展，而且难以从加强内部管理方面抵御金融风险，不利于金融的稳定。因此说，金融教育对金融发展具有至关重要的作用，面对 21世纪的经济波动、金融风潮、经济一体化及知识经济的冲击，我们必须研究我国金融专业人才培养的战略，从根本上解决金融发展与稳定的问题。

一、我国金融人才与金融教育的现状

（一）金融业从业人员状况

1978 年改革开放以来，我国金融业得到了极大的发展，金融机构数量有较大增长，金融业务不断扩展，金融业从业人员数量也有很大增长。据 2001 年《中国统计年鉴》的数据（见表 1），2000 年我国金融保险业从业人员总数已达 327 万，占全国就业总人数的 0.46%，是 1978 年改革开放之初的 4 倍多。从统计数字来看，我国金融保险不动产及产业服务就业人员占全国就业人数百分比为 0.56%，还远远低于世界发达国家的平均水平（大约在 10% 以上），甚至低于大多数发展中国家，如印度的这一比率为 5.2%，巴西为 1.92%（见表 2）。但考虑到我国巨大的人口基数和巨大的农业就业人数，考虑到经济结构的关系，从人均效益角度来看，人力资源浪费比较严重，特别是就我国金融的自身发展来看，其人员扩充是比较快的。2000 年与 1978 年相比，就业总人数增长了 1.7 倍，而金融保险业从业人数增长了 4 倍多。金融业务发展规模、速度与从业人员扩充的规模、速度相比，后者大于前者，突出地表现为金融机构人员普遍过剩、机构臃肿、效率低、效益差，说明金融业发展的粗放型特征。

金融从业者的整体素质事关我国金融产业健康发展的大局，不能不予以关注，但目前金融从业人员的素质结构存在很多问题。从金融业从业人员的结构层次来看，各个金融机构中，博士、硕士以上学历的高层次人才所占比重偏低，一般在10%以下。而同时国有金融机构中有相当大的比重是高中以下学历的人员，达30%左右，新兴金融机构的这一比重相对低一些（见表3）。金融就业人员较多，但通晓经济、金融理论与业务的专门人才却为数不多，过剩与短缺同时并存，远不能满足和适应相关工作的需要，而且，受岗位和业务特点所限，金融从业者的知识与技能结构较为单一，缺乏复合型的人才。这种情况无疑是制约我国金融业改革和发展的一个重要因素。

表1　金融保险业从业人数情况

年份	就业总人数（万人）	金融保险从业人数（万人）	金融保险业从业人员占比（%）
1978	40152	76	0.19
1980	42361	99	0.23
1985	49873	138	0.28
1986	51282	152	0.30
1987	52783	170	0.32
1988	54334	194	0.36
1989	55329	205	0.37
1990	63909	218	0.34
1991	64799	234	0.36
1992	65554	248	0.38
1993	66373	270	0.41
1994	67199	264	0.39
1995	67947	276	0.41
1996	68850	292	0.42
1997	69600	308	0.44
2000	71150	327	0.46

资料来源：《中国统计年鉴》（2001）。

表2　我国金融保险业就业统计指标与世界主要国家比较

国家	年份	就业人数（万人）	金融保险不动产及产业服务就业人数（万人）	金融保险不动产及产业服务就业人数占比（%）
中国	1996	66850.0	376.0	0.56
美国	1996	12670.8	1418.0	11.19
日本	1996	6486.0	561.0	8.67
德国	1996	3589.2	356.0	9.92
英国	1996	2621.9	359.2	13.70
法国	1994	2111.0	234.0	11.08
意大利	1995	1994.2	159.8	8.01
加拿大	1996	1367.6	171.9	12.57
澳大利亚	1994	792.1	102.6	12.95
俄罗斯	1995	6644.1	82.0	1.23
捷克	1996	497.5	35.1	7.06
波兰	1996	1496.9	69.8	4.66
匈牙利	1996	203.6	9.2	4.52
罗马尼亚	1996	1093.6	25.2	2.30
印度	1989	2596.2	135.0	5.20
印度尼西亚	1996	8570.2	69.0	0.81
菲律宾	1996	2544.2	68.1	2.68
泰国	1991	3113.8	347.7	11.17
新加坡	1996	174.8	24.6	14.72
韩国	1996	2076.4	177.2	8.53
巴西	1995	6962.9	133.4	1.92

表3　金融机构人才结构情况

	人民银行		国家开发银行		中国进出口银行		中国银行		交通银行		光大银行		华夏银行		招商银行		人保公司	
	人数（人）	比重（%）	人数（人）	比重（%）	人数（人）	比重（%）	人数（人）	比重（%）	人数（人）	比重（%）	人数（人）	比重（%）	人数（人）	比重（%）	人数（人）	比重（%）	人数（人）	比重（%）
博士	78	0.04	10	1.0	38	18.8	620	0.03			2	0.1	29	3.3	120	3.2		
硕士	1384	0.73	72	7.2					21785	48.2	81	5.1					42395	34.5
本专业	61235	32.5	775	77.6	113	55.9	72313	35.7			1107	69.4	547	63.1	2942	77.7		

	人民银行		国家开发银行		中国进出口银行		中国银行		交通银行		光大银行		华夏银行		招商银行		人保公司	
	人数（人）	比重（%）	人数（人）	比重（%）	人数（人）	比重（%）	人数（人）	比重（%）	人数（人）	比重（%）	人数（人）	比重（%）	人数（人）	比重（%）	人数（人）	比重（%）	人数（人）	比重（%）
中专	48474	25.7	40	4.0			47290	24.6	11733	26.0	210	13.2	74	8.5	505	13.3	31735	25.8
高中	50916	27.0	66	6.6	51	25.3	62621	32.6	9337	20.7			196	22.6	197	5.2	38528	31.3
初中以下	26217	14.0	36	3.6			9113	4.8	2356	5.1	194	12.2	21	2.5	24	0.6	10262	8.4
合计人数	188304		999		202		191957		45211		1594		867		3788		122920	

（二）金融教育的现状

金融教育既包含高校金融专业教育，也包含各种形式的金融从业者的继续教育。金融教育是提高我国金融事业水平的根本所在，是实现我国金融可持续发展的保证，因此，21 世纪金融的发展必须从金融教育入手。

1. 我国金融教育取得的成绩

（1）教学规模有较大发展。1978 年改革开放以来，特别是近 10 年来，我国经济管理类高等教育迅速发展，到 2000 年普通高等学校经济学类（含工商管理类）本专科毕业生达到 159299 人，招生数 363379 人，在校生 876452 人，占各类本专科在校生总数的 15.76%；研究生在校生达到 35342 人，占各类研究生在校生总数的 11.73%；同时还有成人高校及普通高校函授、夜大、成人脱产班的经济管理类在校生达 100 万人左右。此外，中等财经专业学校到 1997 年毕业生数达到 32 万多，在校生 67 万多。应该说，各类高等院校和中等财经专业学校已为社会输送了大批有一定金融知识的人才，在数量上基本满足了社会的需求。但是，近十几年来，不但各类财经院校金融专业的规模急剧扩大，甚至一些不具备条件的其他门类的专业院校也争相开设了金融专业，使金融专业整体数量出现了供过于求的现象，而高层次、懂得国际通行规则与惯例的金融人才却又极为紧缺。

（2）教学内容逐步向市场经济靠拢。改革开放20多年来，我国金融教材和教学内容都发生了较大的变化。为了适应市场经济的要求和对外开放的扩大，我国社会主义金融理论有了很大发展，特别是引进了属于市场经济共性的一些西方金融理论，逐步取代了原有的计划经济时期的金融理论而成为教学的主要内容。从教材体系来看，由原来的主要集中于《货币流通与信用》逐步发展为以《货币银行学》、《中央银行学》、《商业银行经营管理》、《金融市场学》等课程为基础的涉及金融领域各个方面的教材体系，甚至市场经济发展过程中出现的问题也有相应的教材，如《金融风险管理》、《金融工程学》、《金融数学》等。在完善教材体系的同时，教学内容得到较大的更新和补充。在坚持马克思主义基本原理，继承原有教材优点的同时，利用市场经济条件下规范的术语、范畴和理论，对教材内容进行了彻底的改造。注意吸收西方金融理论精华，加大介绍新的金融理论、金融知识的力度，并结合金融体制改革的实践，完善教学内容。通过这些活动，使得我们可以开展金融教学理论研究的国际交流，也为下一步真正弄懂、学懂现代市场经济条件下金融的运行机制打下了基础。

（3）建立了比较完善的多层次的金融人才培养体制，市场经济机制改革的深入，使得对金融人才的需求迅速扩大，为了适应这一要求，金融教育规模随之扩大，层次也逐步完善，从金融职中、中专、高等金融专科、本科到硕士研究生、博士生的教育都得到完善，开始输送大批不同层次的金融人才。主要表现在：中学教育中引入了金融课程，并出现了金融职业中学；银行中专得到加强；逐步建立了金融高等专科学校；金融本科教育迅速增加，出现了金融学院、证券期货学院；硕士研究生教育、博士研究生教育促进了金融理论研究的发展。在正规院校教育之外，成人教育、自学考试、干部学院等也得到加强，以至于能够组织省部级领导干部金融研讨会。金融教育的普及，增强了人们的金融意识。

2. 我国金融教育存在的问题

近年来，我国金融教育出现了矛盾的局面：一方面，金融专业学生就业困难，而另一方面，金融机构人才短缺。这一矛盾已经影响到金融学科建设和金融教育的稳定发展。究其原因，主要在以下几个方面：其一，金融机构业务量有限，人员相对过剩，难以再吸收更多的人员，使金融教育出现相对过剩的现象；其二，由于金融行业具有比较高的平均工资，在此因素的诱导下，人员流动和教育重心都同时偏向了金融，而在旧的用人体制下，金融机构相对封闭，导致金融行业人员拥挤，但整体素质不高，金融专业中缺乏高级人才；其三，金融教育存在许多影响和制约金融人才质量的问题，使金融教育与金融发展产生了很大的距离，因而不能满足金融发展的需要。

应该说，前两个问题涉及金融体系市场化改革问题，由于大的误导作用，成为目前金融教育诸多问题的根本原因。当然，随着金融体制改革的深化，将为金融教育的完善提供更大的发展空间。但同时我们也应该看到，金融教育本身也存在许多不适应经济发展的问题。这些问题成为我们进一步完善金融教育的出发点。

（1）高等金融教育中存在的问题。第一，课程设置难以与国际接轨。从课程设置上看，金融学专业的课程设置及教学内容跟不上金融形势的变化，部分课程内容陈旧，与国内外金融发展的状况有很大距离，缺少与国际接轨的前沿性课程，对国外金融企业的先进管理方法和金融创新工具的教授不够。由于我们的教育不注重内容的更新，不注重学习规范的国际金融管理方法和内容，造成金融专门人才的缺乏，如由于缺乏专门人才而不能广泛开展风险管理业务，因而在与外资银行的竞争中处于劣势。

第二，滞后的教学内容与市场经济接轨的能力差，解决实际问题能力低。脱离实际使金融教学相对滞后于国内金融业的发展。金融专业学生对金融业中的许多金融现象了解不够。从商业银行的角度看，我们教学重点放在对商业银行运行的理论性考察，金融专业经营技巧的阐述不够充分，这使得学生的企业经营管理和有关市场营销的知识不足。从证券业的角度看，证券行业需要大批懂得证券经营管理的金融人才，而此类操作性比较强的课程却是教学中的薄弱环节，金融学专业学生的普遍弱点是实际操作能力差，与市场经济接轨的能力不强。

第三，金融教育受到过渡时期金融体制改革不彻底的影响，存在重数量轻质量、重文凭轻能力、重规模轻优化结构的弊端。由于金融行业特性在现代过渡时期出现的高工资、高福利和金融机构迅速扩张的诱惑，金融专业成为财经院校中的热门专业，致使许多没有教学质量保证的高等院校纷纷增设金融专业，一哄而上，没有宏观调控的规模扩张在教学质量上、人才培养结构等方面埋下隐患，妨碍了金融教育的健康发展。

第四，教师流失严重，教师水平亟待提高。由于金融保险业职工的收入高于高校教师的收入，致使大批教师流失。由于国家对教育的投入不足，造成教育经费紧张，大部分教师很少有深造和出外交流的机会，学校对教师水平的继续提高没有制度性安排，同时，学校对教师的考核和要求又缺乏合理的指标体系，造成教师知识结构老化，跟不上市场的发展和变化。

师资问题也是制约我国金融教育发展的一个重要因素，不能不引起重视。

（2）我国金融从业人员继续教育中存在的问题。金融、产业人员接受继续教育的途径主要是通过函授、夜大学及成人教育等方式，另外，各系统内的短期培训也是一种补充。在从业人员的继续教育过程中，最突出的问题是教和学流于形式，这与金融机构的经营管理方式有很大关系。相信在市场竞争的压力下，会自然带动金融从业人员主动学习、掌握专业技能。

二、国内外金融教育的比较研究

我国目前金融教育同国外相比较，剔除制度不同所带来的差别，突出的区别表现在金融课程设置和金融教育同实际相结合的方面。比较中外金融教育在这些方面的特点，将有助于我国金融教育适应市场经济的要求。

（一）国外金融专业设置和课程结构

1. 日本的金融学教育

日本的名古屋商科大学，本科设商学部（相当于我国大学的系），有4个学科，下设8个专业，其中商学科下设商业专业和金融证券专业。这两个专业有共同的基础课和核心课，即必修课（见表4）。

表4　商学科必修课

基础课	国家组织与法、市民生活与法、计算机基础程序设计入门、情报处理实践、计算机与情报化社会、基础数学与解析、线性代数与概率统计、英语会话技能、交流技能、地理环境与产业、自然环境与生物
核心课	宏观经济学、微观经济学、簿记学Ⅰ（初级）、簿记学Ⅱ（中级）、经营学总论、国际关系概论

续表

金融证券专业必修课	商业史、流通论、商务贸易论、金融论、商法 I、会计学总论、商学概论
金融证券专业选修课	市场经济概论、国际金融论、国际证券市场、金融贸易论、国际财务论、财务模型论、情报通信网络、证券投资理论、服务产业论、社会体系论、日本经济、保险、财政学、民法 I、民法 II、商法 II、国际交易法、票据法、国际企业法、社会法、经济法、国际政治学、经济政策、国际经济学、电算会计、产业技术论、专业特殊研究

本科在校四年间，除选修 1 个专业外，还要在其他专业中选择 1 个专业作为副修专业，要修满规定的学分方能毕业（见表 5）。

表 5　商学共同选修课

综合科目（23 门）	外语系列（14 门）
古代西方哲学、近代哲学思想、文化与精神发展、社会生活与心理、西亚思想的源流与展现、东亚思想的系谱与交流、东南亚文化、世界民族文化、世界历史、日本历史、资料与组织法、情报与检索、现代社会与政治、日本政治与世界、个人与社会、社会生活规范、地理科学、日本地理、资料分析、标本分布与检测、生物工艺学与社会、现代工学的发展与课题、世界史上的文明与技术	计算机英语、阅读理解、英语基础、听力与口语、公关英语、横向文化交流、商贸英语、现代课题读物、德语（基础）、德语（中级）、法语（基础）、法语（中级）、汉语（基础）、汉语（中级）

2. 美国的金融学科

在美国，金融专业包括在商科专业之中，其课程结构分为三类：基础课、专业基础课和专业课。基础课覆盖面很广，其课程分为 5 个部分：①作文、口语表现课程；②历史、文化课程，有历史、哲学、西方文明、艺术、音乐欣赏、世界文学、戏剧、世界宗教、电影概论等；③数学与定量分析课程，包括大学代数、有限数学、计算机导论等；④政治、社会课程，包括政治学、美国政府、社会学、人类学等；⑤自然科学课程，包括生物学、地质学、物理学、天文学、海洋学等。

专业基础课的特点是对几乎所有商科专业是统一的，而且专业基础课的总学分占全部学分的 1/3 强。专业基础课主要有：会计学、经济学、经济法、经济报告写作、定量方法与决策分析、管理会计、市场营销学、价格理论、金融学、管理学原理、经济统计、企业财务、管理科学、信息技术基础等。专业基础课对各专业的整齐划一，目的是为了便于学生在关键时刻转换专业。由于人才需求变化快，专业基础课的统一能够使学生在学完基础课和专业基础课后，在最后一年根据人才市场的需要最终选定专业，以适应社会的需求。

其专业课的特点，一是必修课门数少，一般为 3 ~ 5 门；二是专业课总学分少，如美国南佛罗里达大学的金融专业，其专业课总共才 15 个学分，俄克拉荷马州立大学的金融专业课学分数较多，也只有 24 个学分。

3. 德国的金融学课程

在德国，商科的概念是企业经济类，指以盈利为目标的经营管理。其教学特征是突出通才教育，专业设置的一大特点是知识面宽，注重让学生了解企业管理的全貌。在专业方向设计上纵横结合。纵是指产业方向，如银行企业管理商业企业管理等；横是指职能管理，如市场营销、财务、投资、人事、信息等。在基础教学阶段，不分专业方向，侧重于使学生掌握经济基本知识，对经济问题有全面了解。如在企业的管理课程中，就涉及了企业建立、企业法律体制、企业组织结构、人事、财务、营销等一系列问题，使学生了解企业管理的一般问题。在确定专业方向时，专业方向定位和学生选择相结合，学生在就读时间和课程选择上有自主权，不过，这种自主权受专业方向选择和课程要求的制约。

从上述专业课程的结构来看，西方发达国家的金融教育普遍实行学分制，课程有基础课、核心课、专业基础课等必修课，还有相当多的选修课，课程设置的基本原则是使学生有扎实的基础。在专业方向的定位方面，学生有比较宽的选择余地，比如在专业选修课方面，一个学科下的两个不同专业也有相当多的课程是相同的。这样，学生所学专业的口径就相当宽，专业界限有趋于模糊的势头。这种"模糊"趋势由商务活动的广泛性所决定。同时，专业课程的设置侧重传授金融企业活动操作和管理的知识和技能，面向实际，具有较强的应用性。从整个课程的门类看，以经济学、法学和管理科学作为专业学科的基础。

（二）教学手段与方法

在许多国家，包括金融专业在内的高等商科教育很重视实际环节，例如，位于东京的早稻田大学，与银行、旅馆业合作，兴建了早稻田会馆，作为集会、对外的窗口，同时，不断面向社会开放办学。日本的商科大学强调理论与国内和国际的社会、经济、文化等方面的联系，一方面，聘请外国教师来校任教，接受外国留学生，扩展国际交流；另一方面，根据企业变革的实际来引导学生学习，学校以企业的现实问题作为研究的课题，在名古屋商科大学的教学计划中，没有专门的"教学实习"或"毕业实习"，其原因是整个教学过程已尽力贯彻了理论联系实际的原则，同时，学生们利用假期自行到企业去"打工实习"，学校无须做统一的安排，另外，毕业生是在每年的 3 月毕业。而到 7 月用人单位才能决定是否录用，在此期间学生在企业进行"就职见习"。

德国的金融专业及其他专业的商科教育也十分重视结合环境条件的实践教学。其实践教育主要通过以下途径：①在教学中充实实际材料，开展模拟教学，邀请企业界人士讲学。②规定学生的实践时间，一般要求为 7 个月，学生可在假期或者停止一段时间的学习来完成实习要求，大学不承担义务。③上岗后培训。德国企业界知识层相对较高，能理解大学教学中实践环节方面的问题，因而，可配合大学教育而采用岗前再培训的办法，以弥补实践方面的缺陷。

在美国，有的大学没有安排专门的实习。有的大学虽然没有实践教育环节，但允许学生用选修课程的办法来取代实践。这其中的原因是：其一，美国的许多大学生在每年长达 3 个月的暑期中已经以各种方式参加了社会实践；其二，美国教育界认为，大学教育以理论学习为主，故在其教学过程中重视基础理论，注重学生实践能力的培养，但在校内只有作业、训练、初步操作，实践能力的熟练和提高则借助企业部门，学生的实习同勤工俭学相结合。

在教学办法上，高层次的专业教学较多采用案例教学法。这种方法是根据教学目标的需要，围绕几个问题，对企业或有关部门进行实际调查后，做出客观而具体的描述，而后引导学生用学过的各种知识对其进行综合性的分析，找出问题的症结，提出解决问题的方案。这种方法有利于加深学生对理论的认识，提高他们思考问题、发现问题、分析问题和解决问题的能力。哈佛大学商学院为了使教学更加贴近现实，就采用案例教学法。哈佛商学院 MBA 的学员在其在校的两年学习当中，各门课程合计要分析几百个案例。目前这种教学方法成为美国商科高等教育中教学方法改革的一种潮流。

英国的商科院校也普遍采用案例教学法。学生通过案例分析与老师相互交流，学习发现问题、提出问题的解决方法。案例分析的精髓在于怎样去识别企业环境中的有关因素，寻找解决问题的方法和答案，目的是教会学生如何思考问题，其分析过程本身比结果更为重要。

此外，还有管理对策演习方法，其做法是将学生划分成不同的小组，每组代表一个假设的公司，这些"公司"是相互竞争的对手，每个小组都要对自己的"公司"进行决策，以求在对策演习中获胜。这种教学方法的主要目的是通过对策演习，提供一种实习机会，提高学生的实战能力。

三、发展我国金融教育的对策及建议

从前面的分析可以看出，我国金融业和金融教育正在经历从"量"的增加向"质"的提高的转变过程，由急剧扩张进入到稳定发展阶段。因此，当前的金融教育应大力调整教育结构，提高金融教育的质量。针对我国目前金融教育存在的问题，应通过比照和借鉴国外金融教育的内容、方式和方法，提出我国金融教育改革发展的方向。

（一）根据21世纪经济发展对人才的要求，确立金融教育和人才培养原则

应当明确，在世界经济一体化和知识经济发展的前提下，我国高校的金融教育应由过去注重培养单一学科人才，转变为培养21世纪的国际型、交叉型、复合型的人才，以满足知识经济的到来和我国金融业新世纪发展及加入WTO的需要。知识经济时代的高级人才，应当具备坚实的经济金融理论基础知识，熟悉现代金融业务，掌握现代电子应用技术，懂法律，有道德，具有风险意识、创新精神和效益观念。适应这种人才培养的要求，金融教育应坚持多元化、多层次，适应市场需求的原则进行。对于本科教育，应按照"厚基础，宽口径，重实践"的原则，要求在掌握金融基础理论知识的基础上，强化操作技能。对于研究生教育，硕士研究生应向主攻应用型、兼顾理论型方向发展，主要强化其金融管理和金融创新能力；博士研究生应向主攻理论型、兼顾应用型方向发展，主要强化其科研、教学能力，强化其理论创新、发展和突破能力。

（二）适应金融学科特征，优化课程设置

现代金融学科的特征有三点：①既是理论经济学，又是应用经济学，既有理论问题、应用技能问题，又有管理问题；②既是宏观经济学，又是微观经济学，既有宏观金融，又有企业金融，金融学与经济学密不可分；③现代金融学应成为多种学科的交叉、渗透与综合，数学、计量、工程、

信息、博弈、伦理学等都与金融学科有交叉。要适应这种学科要求，金融课程设置应按照"厚基础，宽口径，重实践"的原则，调整专业设置，拓宽专业口径，优化课程结构。

1998 年教育部修订了普通高等学校本科专业目录，将原有目录中的货币银行学、保险学、国际金融、投资经济合并为"金融学"，列在经济学门类下。这种调整拓宽了培养口径，有利于根治专业划分过细的弊端。因此，我们应该借教育部进行专业调整的机会，优化课程结构，减少课程之间的相互重复部分，提高教学效果。通过简化、合并，在保证基础知识的前提下，增加市场需要的课程。重点加强宏观金融（包括宏观经济学、金融经济学、货币经济学）、微观金融（包括企业资本结构、企业金融、投资银行）、计量技术、外语等课程，使课程结构趋于合理。

在教材建设上，兼顾统编教材与自编教材的关系。对于基础课程和核心课程，因其理论的相对稳定性，应尽量使用统编教材，以保证质量和节约人、财、物，减少重复出书和相互抄袭。而对于选修课题，应坚持百花齐放的方针，鼓励各院校争创特色，自编教材。利用选修课拓宽学生的知识面，增强学生学习自主性，以利于学校特色和学生个性的充分发展。

（三）适应市场要求，更新教学内容

1. 加强前沿性理论专题研究，对现有教学内容进行更新和补充

如增设现代投资技术、企业金融、金融创新、金融工程学等课程。

2. 增加科技类课程和人文类课程，拓宽知识背景

提高学生在实际中应用现代科技手段的能力和全面把握知识的能力。

3. 设置金融及相关的法律课程，培养学生的法制意识

通晓金融与相关法规并依法行事是金融从业者所应具备的基本素质。因此，金融教育不能忽视这一方面。现实工作中，因不懂法或法律意识淡薄造成的违法行为屡见不鲜，这就要求金融教育必须重视法律课程的设置。

4. 加强学生的道德教育，提高道德水平

金融行业风险较高，即使在相对规范的市场条件下也容易发生问题，更何况在我国目前法制不够健全、监管不力、内部审计制度不够完善的条件下，如不加强道德教育，提高道德水准，就极易构成金融风险的隐患。

（四）改革教学机制，强化实践能力

"学以致用"是教育的根本目的，对金融教学来讲，更需要培养学生

的实践能力、创新能力，这也是国外金融教学中的一大特色。针对我国目前金融教学不适应需求的状况，应从以下几个方面着手改革：①学习和借鉴国外发达国家培养高级金融人才的成功经验，改变教师上课"一支粉笔一本书"的状况。加大实践操作、模拟教学、现场观摩和案例分析的分量，更好地体现金融类专业的实践性和应用性。②适应市场经济的需要，改二级学科招生为一级学科招生。学习期的前两年，进行人文社会科学和经济学基础的教育，后两年，根据社会需要确定二级学科方向，进行金融专业教育。金融专业理论与业务课程的设置要尽量适应市场的需要，从而提高学生就业的适应性。③改学时制为学分制，增加学生就学时间的弹性。现行的学时制是计划经济的产物，与招生计划、毕业分配、人事管理的高度集中体制相对应。在市场经济条件下，人力资源的配置不再由国家直接管理，因此，人才培养的目标、教学管理、毕业和就业等问题都要考虑市场因素。学分制是比较适应市场经济变化的，改学时制为学分制势在必行。

（五）树立品牌意识，强化特色教育

随着市场发育的完善和竞争的加剧，品牌和特色将成为金融教育工作的主要特点。特色教育包括中等、专科、本科和研究生等层次的特色，也包括金融业务领域的特色，如宏观金融特色、企业金融特色、证券投资特色、涉外金融特色等，应以特色教育重新整合现有的金融专业教育，提高整体金融专业教育水平。

（六）深化改革，完善金融教学改革动力机制

深化改革，一是要深化市场取向的金融体制改革，完善金融行业的用人机制，以市场化的金融体制为导向，促进市场化的金融教学体制改革，改变目前金融教学体制存在的重数量轻质量、重文凭轻能力、重规模轻优化结构的弊端，改变金融理论、金融教学同实践脱离的弊端。二是要深化学校内部改革，强化教学质量，引入竞争机制，以保证维持一支稳定的、知识丰富、视野宽阔、充满活力的师资队伍。三是要完善和规范社会办学机制，普及全社会的金融知识和金融意识，以适应 21 世纪对整体国民素质的要求。

晋商精神与山西高等商科教育

背景说明

　　本文原载《晋商研究》第二辑，经济管理出版社 2015 年 1 月出版。论述历代晋商对商科教育的重视，以及不同时期的教育内容与方法。

　　商人和商业，起始于商地。对此，考古学者认为中国的商品交易起源于商地的一个原始部落。但是一说商地在今河南省商丘，一说在今山西省垣曲亳城镇。该部落始祖名契，是黄帝的第四代孙，曾跟随大禹治水，为老百姓做了许多好事，功业昭著，舜帝将其封于亳。契的六世孙王亥（名振），继任商部落首领后，发明了牛车，驯服牛用以挽车，是商王朝开国帝王成汤的七世祖。学者胡厚宣在《殷商史》中说，王亥是中国畜牧业的创始人，"随着农业与畜牧业的发展，随之而来的就是商业的产生。随着商部落经济实力的增强与剩余农产品及畜牧产品数量的增加，王亥便开始了一项前所未有的事业，这就是开始从事商业贸易活动。"[①] 王亥是中国商业史上"肇牵车牛远服贾"最早的商人，他所开创的畜牧业和开始的商业贸易活动给当时的商部落注入了新的活力，使商部落迅速发展壮大起来。公元前 1551 年，王亥的六世孙汤，率商部落灭夏，史称商朝，商多次迁都，最后定都于殷，商又称为殷，而商人又称为殷人。周灭商以后，因殷商之人善于从事商品贸易，周公（姬旦）便要求商之遗民

---

　　① 王瑞平：《王亥与中国商业贸易的肇端》，中国经济史论坛 2004 年 6 月 6 日。

继续做买卖。后来，人们将从事这种商品交易活动的人称为商人，这一行业称为商业。

山西上古称唐，后改称晋。晋商，是山西商人的简称。因为山西地处中国农耕与游牧业的接壤地区，被万里长城隔开，从西汉到清代，长城被称为边墙，边墙两侧的民族贸易称作"边贸"。由于地理的原因，从事边贸是山西人的传统。明清时期，中国出现了资本主义萌芽，也就是商业资本主义的发展，晋商、徽商、潮商、陕商、鲁商、闽商、洞庭商、宁波商、江右商、龙游商等各大商帮竞争激烈，晋商依靠优越的地理条件，抓住历史机遇，很快在财富积累、商路开拓、国际贸易、企业组织、经营管理、金融创新、商业技术、商业伦理、商业文化等方面获得巨大成功，并逐步创造出了自己独特的营业策略、管理思想、理财理念、企业文化、价值观念、商业伦理等，成为中国商界最具活力的一支商帮，晋商之名也因之享誉海内外。

一、晋商精神

晋商精神是晋人从事商业活动的一种相对稳定的思想方法、行为范式和价值观念。表现为重商立业的人生观、诚信义利的价值观、艰苦奋斗的创业精神、同舟共济的协调思想。

重商立业的人生观。中国主流社会长期以"士、农、工、商"排序。但宋元以来，山西人逐渐形成了重商理念。清雍正皇帝在《朱批谕旨》中写道："山右大约商贾居首，其次者犹肯力农，再次者谋入营伍，最下者方令读书。"[1] 明清时期，山西民间的重商观念，主要表现为以商致财、用财守本的立业思想。晋中民间流传这样的顺口溜："生子有才可作商，不羡七品空堂皇，好好写字打算盘，将来住入茶票庄。"

诚信义利的价值观。在义和利的关系上，晋商认为义和利是相通相济的，坚持见利思义，先义后利，以义制利。也就是说，只要讲义，讲信用，朋友就多，生意就容易做，利也就在其中了。卫聚贤在《山西票号史》一书中说："重信义，除虚伪，节情欲，敦品行，贵忠诚，鄙利己，奉博爱，薄嫉恨，喜辛苦，戒奢华，他如恒心、通达、守分、和婉、正直、宽大、刚勇、贤明。皆为一贯之教训。"[2] 他们推崇"仁中取利真君

---

[1] 《雍正朱批谕旨》第四十七册，《刘於义奏疏》，雍正二年五月九日。
[2] 卫聚贤：《山西票号史》，重庆说文社 1944 年版。

子，义中求财大丈夫"。

艰苦奋斗的创业精神。清康基田在其《晋乘蒐略》一书中写道："山西土瘠天寒，生物鲜少……太原迤南，多服贾远方，或数年不归，非自有余，逐十一也。盖其土之所有，不能给半岁之食，不得不贸迁有无，取给他乡。"① 山西商人的勤劳节俭，艰苦创业，积极进取，同时包含着不断地思想创新、业务创新、技术创新、商号组织制度和管理创新，诸如平色折合②、以票代银、票据转让、客钱丁卯③、过标清算等，均在实践中做了大量的探索和创新。

同舟共济的协调思想。晋商认为"和气生财"，重视与社会各方面的和谐相处，认守信用的客户为"相与"，凡"相与"者都要善始善终，同舟共济，世代相传。商号号规对东家和掌柜、掌柜和职工、职工上下级、总号和分号、分号和分号、本号和他号的关系有明确的规范，要求"各处人位，皆取和衷为贵，在上位者宜宽容爱护，慎勿偏袒；在下位者当体谅自重，得不放肆"，恪守中和之道。

晋商精神的渊源，来自千古传承的唐晋遗风，即久远的经商历程、资源的地理禀赋、和谐的中庸哲学和以商致财、以财守业的立业思想。晋商精神及其所体现出来的文化特点，反映出晋商处人适情，处物适则，处事适理，人和、物义、事中的中和哲学。晋商的中和之道：一是不左不右，执两用中，无过不及；二是与人相处，和为贵，诚实守信者可成为"相与"，世代友好；三是权中时变，注意市场与社会信息，预测、识机，随时调整经营策略，守道权变。晋商认为，中为道，和为本，坚持道御经营，和贯始终。诚如晋商谚语："义是生财道，和是化气丹"；"与人到处无非议，生意之间即是春"；"仁义礼智信中取利，温良恭俭让让内求财"。表现出执两用中的中和之道，和气生财的理财理念，人本思想的企业文化和竞争合作的群体精神。

清中期以后，一批研究地理学的学者如祁寯藻（1793～1866年，山西寿阳人，其父祁韵士是研究西北地理的先驱者）、张穆（1808～1849年，山西平定人）、何秋涛（1824～1862年，福建光泽人）、徐继畬

① 康基田：《晋乘蒐略》第一卷，山西古籍出版社2006年版。
② 平，天平砝码；色，银两的成色。因为秤平、银色没有国家统一标准，商品交易均按照各地习惯办理，异地商品交易的平色折算就成为一个非常重要的技术问题。
③ 客钱，清代晋商的转账结算办法；丁卯，清代货币商人之间的清算。

（1795～1873 年，山西五台人）等，不仅研究西北、蒙古地理商路，而且研究世界地理，徐继畲说："欧罗巴诸国，皆善权子母，以商贾为本计，关有税而田无赋。航海贸迁，不辞险远，四海之内，遍设埠头，固由其善于操舟，亦因国计全在于此，不得不尽心而为之也。"[①] 并且提出中国借鉴西方经济社会制度的问题。曾任山西巡抚的洋务派人物张之洞、胡聘之等都是商人精神进入主流社会的推动者。欧洲的文艺复兴运动使欧洲的神权得以清算，人权得以张扬，科学与民主成为时尚，使欧洲的商业精神、重商主义与市民思想成为社会的主流，使欧洲商业革命很快导致工业化的发展。中国的皇权始终没有得到清算，戊戌变法没有能够像明治维新那样获得成功，中国商人精神始终没有登上政治舞台成为社会主流。但是，这些重商思想进入上层社会的要求，自然是晋商精神的重要根源。

晋商与晋商精神，养育了一代又一代的山西人，从中涌现出来了不计其数的大商人，如晋南的亢家、刘家、高家、王家、张家、李家，晋东南的王家、潘家、赵家、陈家，晋中的范家、常家、乔家、渠家、曹家、牛家，晋北的郝家、杨家、秦家等。正因为山西人善于经商理财，明清时期也出现了大批为国家理财的大人物。在明代，为国家管理财政的户部尚书有洪洞人韩文（1441～1526 年）、太原人王琼（1459～1532 年）、沁水人李瀚（1452～1535 年）、阳城人王国光（1512～1594 年）、榆次人褚鈇（1533～1600 年）、泽州人张养蒙（？～1605 年）、蒲州人韩爌（1564～1644 年）等；在清代，有阳城人陈廷敬（1639～1712 年）、阳城人田从典（1651～1728 年）、寿阳人祁寯藻（1793～1866 年）等。民国时期，有财政部长兼中央银行总裁太谷人孔祥熙。新中国成立后，为新中国管理国家财政金融的大理财家有定襄人薄一波、洪洞人南汉宸、文水人胡景沄、霍县人陈希愈、五台人戎子和等。

二、山西早期的商科教育

晋商的核心价值观是儒家的仁义礼智信。他们认为，恪守仁义礼智信是和谐社会做人的道德底线。孟子说"恻隐之心，仁也；羞恶之心，义也；恭敬之心，礼也；是非之心，智也"[②]。晋商对员工的恻隐之心、羞恶之心、恭敬之心、是非之心的训练培育，是通过对员工的推荐制、选拔

---

① 徐继畲：《瀛寰志略》卷四。
② 《孟子·告子上》。

制、学徒制、薪酬激励制、担保和宗法约束制等进行的。晋商发展史说明，商人的社会教育必不可少。明清时代晋商的基础教育主要是家庭教育、私塾、义学与书院。

私塾是晋商基础教育的基地，年至 9 岁入塾，教以《百家姓》、《三字经》、《千字文》三种小书，次第读之。10 岁开始，次第读《论语》、《大学》、《中庸》、《孟子》，谓之四书。13 岁以上讲授《论语》，其书曰《二论典故》或《二论讲义》，均以白话解释书义，谓之开讲。13 岁以后向专业教育分化：有意于举业者，则续读《诗》、《书》、《礼》、《易》、《春秋》各经及古文辞，时文试帖，初学时文及试帖之摹制，谓之开笔。而有意经商者，于四书之外兼学珠算、五七言《千家诗》、《幼学》、《尺牍》。

走出私塾、书院，十五六岁进入商号，需要经过学徒选拔，然后是学徒训练。学徒阶段的学习内容，包括商人修养、写字、珠算、记账、秤平银色、经营技术与业务。商人修养是第一位，即诚信义利的商业伦理，中和之道的处世哲学，修身正己的心智素养。要求"学生意，要有耳性，有记才，有血色，有和气，此四件万不可少。有耳性者，则听人吩咐教导；有记才者，学问的事就不能忘却了；有血色者，自己就顾廉耻了；有和颜者，则有活泼之象，又叫着是个生意脸，且而人人见了欢喜你"；还要求"学生意先要立品行，但行有行品，立有立品，坐有坐品，食有食品，睡有睡品。以上五品，务要端正，方成体统。行者，务必平身垂手，望前看，足而行，如遇尊长，必须逊让，你若獐头鼠目，东张西望，摇膊乱跪，卖呆望蜜，如犯此样，急宜改之；立者，必须挺身而立，沉重端严，不可依墙靠壁，托腮咬指，禁之戒之；坐者，务必平平正正，只坐半椅，鼻须对心，切勿仰坐、偏斜、摇腿、跷足，如犯此形，规矩何在？食者，必从容缓食，箸碗无声，菜须省俭，大可厌者，贫吞抢咽，筷不停留，满碗乱叉……扒于桌子，这样丑态，速速屏去；睡者，贵乎曲膝侧卧，闭目吻口，先睡心后睡目，最忌者瞌睡岔脚，露膊弓膝，多言多语，打呼喷气，一有此坏样，起早除之"。[①] 著名书法家徐润弟为乔家书写的一副对联为："读书好经商亦好学好便好，创业难守成亦难知难不难。"体现了商士同性，贾儒相通，行贾习儒，都需要修身正己，提高心智

---

① 山西省晋商文化基金会：《商人要录·贸易须知》，《晋商史料系列丛书：商人读本》卷二，中华书局、三晋出版社 2014 年版。

素养。

榆次常家重商而不轻学，重学而不轻商，学为经商之才培养基础，商为深学之人提供条件，要求子弟，"凡语必忠信"、"凡行必笃敬"、"饮食必慎节"、"字画必楷正"、"容貌必端庄"、"衣冠必肃整"、"步履必安详"、"作事必谋始"、"出言必顾行"。乔家尊师重教，书房中供先师孔子位，并有名家端方书写的"敏德以为行止，本立而可道生"的对联。乔家对教书先生非常挑剔且尊敬，非饱学之士不请，教师回家以轿车接送，主人们一字排开送到大门外，还要目送一程。民国以后，乔家的私塾，不仅读四书五经，还有文史、数理、英语等课程。乔家的子孙中有 12 名大学生，2 位博士，3 位硕士，2 位留学美国。明代著名蒲州商人王文显一生的体会是："夫商与士，异术而同心。故善商者处财货之场而修高明之行，是故虽利而不污；善士者引先王之经，而绝货利之途，是故必名而有成。故利以义制，名以清修，各守其业，天之鉴也。如此则子孙必昌，自安而家肥富。"[1] 晋商的心智素养，注重儒贾相通观、义利相通观、谋略竞争观、修身正己观、科技应用观、经世致用观的学习修养。

明末清初，傅山、戴廷轼、阎尔梅、阎若琚等全国知名的山西学者与顾炎武、王士祯、屈大钧等经常聚会于祁县丹枫阁。丹枫阁为祁县商家戴廷轼所建。他们站在商人立场上，呼吁商人进入主流社会。傅山提出"市井贱夫可以平治天下"的主张，因为商人对商品生产、交换、流通、供求以及财富创造、经营管理最为了解。他说："何以聚人？曰财。白然贫士难乎有群矣，家国亦然。故讳言财者，自是一教化头骨相耳。常贫贱骄语仁义之人，大容易做也。"[2] "生人之有为也，本以富生人。富生人，而治人者乃有为。"[3] 明确提出有为的人关键是创造财富。李贽也说："不言理财者，决不能平治天下。"[4] 清初山西祁县丹枫阁是北方学术交流的中心，与江苏如皋冒襄的水绘园南北呼应。

1500～1750 年欧洲商业革命，经过 250 年导致欧洲工业化；同时发生的中国商业革命，经过了 350 年后，才出现了一线工业化的曙光。原因就在于欧洲的文艺复兴运动，使得欧洲的神权得以清算，人权得以张扬，

---

① 李梦阳：《明故王文显墓志铭》，《空同集》卷四十四。
② 魏宗禹：《晋阳人文精神》，山西古籍出版社 2003 年版。
③ 傅山：《霜红龛集》卷三十五。
④ 李贽：《大学评》。

科学与民主成为时尚，使欧洲的商业精神、重商主义与市民思想成为社会的主流，导致工业化在欧洲崛起。中国的皇权始终没有得到清算，戊戌变法没有能够像明治维新那样获得成功，中国商人精神始终不能进入社会主流。

光绪初年山西一次乡试，试题为西商富华商困的原因。一位举子写道："良由商学无专门，商律无专条，商会无专责，而中西商情悬绝。"这一回答精彩绝妙。应当说中国的商科教育比西方晚了一些，但是也在缓慢发展。1897年（光绪二十三年），南洋高等商业学堂（专科）创立，设银行、保险与关税科。1901年（光绪二十七年），京师大学堂创立，设有商科。1902年（光绪二十八年）清政府颁布《钦定高等学堂章程》和《钦定京师大学堂章程》，都列有商务学科。1903年（光绪二十九年）清政府颁布《钦定大学堂章程》，规定大学八个学科，其中也含农、工、商、法。商科大学分三门：银行与保险学门、贸易与贩运学门、关税学门。1912年，民国政府颁布《专门学校令》，设法、商等十类；颁布《大学令》，设商、法等学科。1913年，教育部规定大学商科设银行学、保险学、外国贸易学、领事学、关税仓库学、交通学六门。到1948年，全国207所高校中设有商科的大学有80所，商科系21所，在校生占11.4%。

山西省的商科教育发展在全国并不落后。1908年（光绪三十四年）山西成立工业专门学堂，两年后改为商业学堂，1912年改为山西公立商业专门学校。1914年金永反对新学，勒令商业学校并入法政专门学校，1916年山西公立商业专门学校恢复。1930年10月山西公立商业专门学校改为山西公立商业专科学校。

新中国成立后，1949年在山西大学设置财经学院。1951年将设在山西太谷的铭贤学院的财税、银行、会计并入山西大学财经学院。1952年将山西大学财经学院并入中国人民大学。1951年成立的山西省商业干部学校、山西省银行干部学校和1952年成立的山西省财政干部学校、山西省粮食干部学校、山西省合作干部学校合并组建山西财经学院。当年分二年制专修科、一年制进修班和短期轮训班三种，学生1087人。第二年招收四年制本科贸易经济、金融两个专业，后来又增加粮食经济、会计、国民经济计划等五个本科专业。20世纪50年代，高等教育在山西有了长足的发展，至1960年，境内高校发展到33所。

山西高等商科教育的发展也确实曲折。1961 年按照"调整、巩固、充实、提高"方针，大幅裁并高校，1962 年山西省仅有山西大学、太原工学院、山西医学院等 6 所高校。山西财经学院于 1962 年下马改为中专，但很快在 1964 年恢复招生。"文化大革命"中的 1971 年初，各大学搬出城市，迁往农村，山西财经学院搬迁到平遥县襄垣镇进行"斗批改"，1971 年 6 月省革命委员会财贸组决定撤销财经学院，遣散教职员，留部分教职工组建山西财贸干部学校。1973 年 8 月国务院批准恢复山西财经学院，1978 年 9 月划归中华全国供销合作总社主管，1982 年 2 月改归商业部领导。1985 年山西省成立经济管理学院，1997 年合并山西财经学院与山西经济管理学院，更名山西财经大学。几经周折，从 20 世纪 80 年代开始，山西高等商科教育才在改革开放中获得了稳定的发展。目前，在山西数十所高等学校中，设有经济学、管理学及其二级学科理论经济学、应用经济学、经济史、统计学、财政学、税务学、金融学、保险学、金融工程、投资学、会计学、财务管理学、审计学、企业管理、国际企业管理、市场营销、电子商务、旅游学、国际贸易、产业经济学、计算机技术、经贸英语、经济法、工商管理等经济管理类数十个专业的本科、专科，在校学生数万人；同时，还有经济学、管理学在读博士、硕士研究生数千人。山西高等商科教育有经济学、管理学学士、硕士、博士授予权，高等商科教育获得了空前繁荣。

三、晋商精神仍然是当代山西高等商科教育思想

19 世纪中期后，科技进步使商路改变，晋商失去地利优势；政局动荡与战乱，晋商资产损失惨重；清末，部分晋商疏于审时度势，没抓住机遇适时改革，使晋商在近代社会巨变中走入低潮，晋商精神不再为外人关注。20 世纪 80 年代以来，经过改革开放 35 年的迅速发展，新晋商正在走遍山西，走向全国、走向世界。35 年来，新晋商从不起眼的个体户、被人褒贬不一的煤老板等不同渠道，经过原始积累，已经或者正在走向现代化的装备制造、清洁能源、化工材料、电子网络、文化旅游、生态农业等新兴产业。民营企业家已经登上政治舞台，山西工商业者正在以新晋商的新形象汇入中国新商人群体。一个诚城不商、无商不富的时代已经形成。

在这样的背景下，中国商人精神、商业伦理正在成为新时代经济社会

发展中的新焦点。历史上的晋商文化、晋商伦理与处世哲学受到人们的普遍关注。其实，形而上学的东西或者竖起来，或者倒下去，都不是一代或者两代人的事情。晋商精神在山西民间仍然微弱地存活着。只要政府确立天地之间人为贵，以民为本，为天地立志，为生民立道，坚持市场调节为主；只要大企业家确立独富贵为君子耻，能够大富大红大德，相济于业，互惠互利，并由此建立起我们共同的基本信念、价值取向、企业精神、行为准则，那么仁爱、正义、礼让、理智、诚信的社会环境与和谐发展，就是看得见的目标。晋商精神仍然是当今建设市场经济与和谐社会的社会资本。理性社会的建设，市场经济的发展，需要思想家和政府的引导，需要公共知识分子和社会媒体的传播，需要高等教育的贡献。高等商科教育担负着培育新一代企业家的重任。晋商精神仍然是当代高等商科教育的思想。

作为培养新一代企业家的山西高等商科教育，需要弘扬和传承晋商精神，在教学中，把重商立业、诚信义利、艰苦奋斗、同舟共济贯穿始终，以尧舜关圣等圣哲先辈的思想教育学生，不愧为尧舜关圣之后；更要在教学中发展和创新晋商精神，赋予晋商精神以新时代的理念与需求，敢于进市场、闯洋场，与省内外、国内外商人交朋友、做生意。让学生明白，在经济转型发展中，从依赖自然资源逐渐转向循环经济业态，延长产业链条，实现资源综合利用，并积极构建和谐劳动关系，关心社会，积极承担社会责任，以周到的服务、合格的产品、合理的价格服务社会，体现出责任晋商的新形象；新晋商要传承老晋商的诚信，把诚信作为资本，作为市场的通行证，作为企业的命根子和自觉行为，体现出诚信晋商的新形象；在当今知识经济时代，还要以科学以知识为基础发展自己的事业，推进工艺创新和产品换代，在现代科技支撑中登高望远、正确决策、占领先机，体现出知识晋商的新形象；还要开放眼界、敞开胸怀，以世界眼光和思维，把对外开放与内部发展相结合，积极使家族企业、合伙企业走向现代企业、走向世界，体现出开放晋商的新形象。

现代高等商科教育的课程设置，培养目标，注意了商学理论、科学技术、管理方法，这是现代商人必备的条件和要求，是非常重要的。但是，相较于老晋商当年称雄天下最重要的软实力——诚信义利的商业伦理、为人处世的中和之道和修身正己的心智素养，我们的现代商科教育还需要大大加强。现代工商业、金融业与服务业的竞争，已经不再是业务规模和资本数量的竞争，而是软实力的竞争、文化的竞争，软实力关系到一个企业、一个行业的生命力、创造力和凝聚力。软实力是现代企业的核心竞争力。当然，现代商科教育还需要注意多学科的交叉，关注当年晋商教育不存在的经济学、管理学和法学、数学、工程系、心理学的融合与交叉等边缘科学问题。

用晋商精神培育新一代企业家，是值得研究的课题。

山西货币商人与金融职业教育

背景说明

本文是 2014 年应山西金融职业学院院长崔满红教授的预约而写。重点谈山西货币商人与山西金融职业教育的关系，从明清到民国及至新中国成立后的山西金融教育。

一、山西货币商人

马克思说过，商人资本有两种形式或者说两个亚种，即商品经营资本与货币经营资本。晋商，不仅经营山西特产、京广杂货、南北药材、塞北皮货，还经营蒙古、俄罗斯、日本等国外商品，参与国际贸易，可谓货通天下；晋商还经营多种货币经营业，诸如当铺、钱庄、印局、账局、票号、银号，以票代银，汇通天下。商品经营资本与货币经营资本混合生长，相互支持，造就了山西经济辉煌历史。山西货币商人的经营活动最耀眼的，一是先秦的货币铸造；二是明清的金融创新；三是民国的金融先导；四是解放战争中在山西大山里孕育了国家中央银行。

（一）先秦货币与宋金钱庄

公元前 3000～前 1122 年，海贝成为中国的支付手段和流通手段，服务商品交易。公元前 1600～前 1300 年，因海贝不足，开始铸造铜贝。20 世纪 70 年代初，山西保德县商代墓葬出土了 109 枚青铜贝，这是迄今发现的世界最早的金属货币。同期，山西侯马出土了古晋国空首布铸币厂遗址，在一个 4 米见方遗址上挖掘出布币成品、模具等 10 万多件，比古罗马造币厂早了四个多世纪。关于唐代中国的铜钱铸造，《旧唐书·食货表》上说："天下铸炉九十九，绛州三十"，绛州即今山西运城地区。2008 年，山西汾阳市东龙观出土宋金墓葬壁画，有货币兑换店场景，墓志铭显示，为金承安元年（1196 年）建造。过去一般认为从事货币兑换业务的钱庄是在明代才出现，山西汾阳的宋金墓葬考古发现将钱庄提前了500 余年，山西货币商人经营纸币也是最早的。

（二）明清的金融创新

晋商的货币经营资本，在明清时期，特别是清康雍乾时代货币经营资本发展很快，有多种金融创新，引领了中国金融革命。外国人统称晋商的金融机构为"山西银行"。1909 年日本出版的《天津志》记载："汇票庄俗称票庄，总称是山西银行。据说在 100 多年以前业已成立。主要从事中国国内的汇兑交易，执行地方银行的事务。"德国学者李希霍芬（1833～1905 年），多次到山西考察，著《中国》三卷，说"山西人具有卓越的商才和大企业精神，当时居于领导地位的金融机关——山西票号，掌握着全中国，支配着金融市场，可以说计算的智能劳动是该省的唯一输出的商品，这也是财富不断流入该省的原因"。这些金融创新，主要有：第一，金融机构创新，一是当铺，晋商经营的当铺，1753 年占全国的 28.6%，19 世纪中期在北京城占 68.55%；二是钱庄，晋商的钱庄遍布全国以至国外，1765 年在苏州有山西钱庄 81 家，1853 年在北京有 40 余家，内外蒙古基本为晋商独占；三是印局，晋商的印局在京城中最为活跃，"买卖可以流通，军民偶有匮乏日用以资接济，是全赖印局的周转"①；四是账局，1853 年晋商的账局在北京有 210 家，占北京城内账局的 78.4%；五是票号，晋商的票号，总号设在晋中平遥、祁县、太谷三县，分支机构遍布全国 500 多个城市和国外的莫斯科、恰克图、神户、东京、新义州、仁川等地，号称汇通天下。第二，金融工具创新，如凭帖、兑帖、上帖、上票、壶瓶帖、期帖、会券、兑条等，相当于现代的本票、支票、商业汇票、银行承兑汇票、融通票据、期票、汇票，其中汇票中还有一类近似现在的旅行支票。第三，金融制度创新，主要有投资股份制度、所有权与经营权两权分离制度、人力资本制度、信约公履制度、企业集团制度等。第四，金

---

① 祁寯藻：《祁寯藻奏稿》。

融业务创新，如客钱①、谱银②、丁卯③、本平④、顺汇、逆汇、贴现、代办等。第五，风险控制机制创新，如正本副本资本金管理、薪酬社保激励、宗法约束、商铺担保、银行密押、金融稽核等。第六，经营战略创新，如分支机构随盈利风险而伸缩，资金随经济社会需要而松紧，资金调度"酌盈剂虚，抽疲转快"、重人信用大于重物信用等。第七，对外金融活动，如向国外采购货币金属，为俄罗斯商人提供贸易融资，在俄罗斯、朝鲜、日本设立金融机构，合盛元票号在日本、朝鲜挂牌为合盛元银行。到晚清，山西票号大量从事政府金融业务，汇兑清中央及地方政府款项、提供借款、代办证券业务、代理地方金库等，充当了清政府的财政支柱。可以说山西人创造了中国土生土长的银行网络体系。

（三）民国金融先导

北洋政府时期，阎锡山之所以成为模范省省长，是因为20世纪20年代的中国工业化起步时，山西工农业发展走在最前列，村镇建设发展迅速，其背后原因，在于山西省政府划一币制、创办银行，以金融业先导农工商产业的发展。从大汉银行到官钱局、晋胜银行、铜元兑换所；从官钱局到改组省银行、发展股份制的农工商业；从商业专门学校、三余簿记学校到银行学校培训银行人员等，有着大量的金融措施在支撑。在国民政府时期，阎锡山二次上台以后，整顿改组省银行，成立晋绥地方铁路银号、绥西垦业银号、晋北盐业银号，合称"省铁垦盐四银行号"，推行"物产证券与按劳分配"，废除"金代值"（废止黄金白银为货币），以商品为保证发行纸币，成立"山西省省铁垦盐四银行号实物十足准备库"，大力发展"山西省人民公营事业"所属企业；省政府还向全省富户无息借款，举办营业公社等大批企业；同时发展资本市场，以股票债券筹集资金，同时利用外资，请进专家，派出工程技术人员，发展各类工业。在20世纪30年代前后的中国第三次工业化浪潮中，又获得了全国领先的荣誉。在农村倡导"省钞发酵"，即以山西省银行兑换券为"总酵面"，息借县银号、县银号再息借村信用合作社，作为资本，建立省、县、村三级金融机构，层层"发酵"，活跃农村金融。各村信用社、农户以自己的土地为担

---

① 客钱，晋商创造的中国最早的铜钱货币转账结算方法。

② 谱银，晋商创造的，与客兑钱一样，是中国最早的银两货币转账结算方法。

③ 丁卯，晋商创造的中国最早的金融机构之间的银行清算制度。

④ 本平，票号为了办理异地款项汇兑，鉴于称量货币银两在各地平码不统一而创造的自己的平码，也是记账货币。

保，领用信用社的合作券，解决了农民缺少货币、不能发展经济的问题。1932 年开始，以 110 万银元作资本，到 1937 年日本侵略军进入山西被迫中断为止，5 年经营中，建成铁路 960 公里，创建了采煤、冶金、电力、化工、机械制造、纺织、造纸等轻重工业，总资产达 2 亿银元。

（四）从山西走出去了国家中央银行

抗日战争爆发后，共产党领导的军队开赴敌后，开展游击战争，建立抗日根据地。为保证根据地人民生活和军队供给，发展根据地经济，急需金融支持。1938 年开始，按照中共中央"统一政策，多元发行"的原则，先后有上党银号、兴县农民银行、晋察冀边区银行等成立。后来发展为以太行山为中心的冀南银行，以五台山为中心的晋察冀边区银行，以吕梁山为中心的西北农民银行。随着抗战胜利和解放战争的迅速发展，华北解放区连成一片，1948 年 10 月 1 日合并晋察冀边区银行和冀南银行为华北人民银行，两个月后又将西北农民银行与华北银行、山东北海银行合并成立中国人民银行，在山西榆次进行人民银行新干部的招聘培训，接着随解放军进入北京接管官僚资本银行，成为占领全国金融阵地的中坚力量。很多票号、钱庄、银行的山西青年成为新中国的金融业骨干。

历史上，山西是中国金融业的发祥地，是金融大省，金融强省。金融强省是明清晋商称雄商界的重要秘密，也是民国山西成为模范省的重要秘密。

二、山西金融职业教育历史悠久

山西的职业技术教育，可以追溯到元成宗大德三年（1299 年），有盐运使奥屯茂在河东（运城）创办的盐运司书院。即河东陕西都转运盐使司学，是一所盐商子弟学校，简称"河东运学"，从元代延续至明清的河东运学，据雍正年间《河东盐法备览》卷八记载，"盖以郇瑕（山西猗氏县西南，泛指河东）为财赋之薮，沃土之民逸则忘善，建有义学，则师道立而教化行，礼仪明而风俗美。是河东设有专学者，所以厚商也，志运学。"至清光绪时，河东运学成为河东商学。[①]

（一）晋商的职业教育

明清到民国，晋商重视家庭教育以及私塾义学和书院。大商业家族定

---

① 石凌虚：《中国历史上第一所盐商子弟学校》。

有家训和家规。榆次常家家训要求"凡语必忠信","凡行必笃敬","饮食必慎节","字画必楷正","容貌必端庄","衣冠必肃整","步履必安详","作事必谋始","出言必顾行"。书院、义学多为公办或民办公助，也有公办民助，由政府管理，为科举制度服务。有大量史料记载山西商人为书院、义学慷慨捐款助学。如临猗县孙家庄荆百达，"幼好读书，以家贫贸易河南。因始不染市井气习，年迈归里，修理祠堂，教训子弟。"①翼城县"绅商酌劝捐获银八千两，发当生息，以为聘（书院）山长之资，生童膏火之费，至今约三十余年矣"。②永济县"秦魁炎，上阳村人，少壮业商，而苦读于小学。尝于村东购麻谷，废寺创立书院名曰'归儒'"。③新绛县"韩杰，字汉卿，例贡，鸿胪寺序班，业贾游吴越，胸次洒落，绰有风致……捐舍修学为诸生昌。平生所积，以仗义散尽"。④高平县大商业家族赵家在侯庄修建书房学馆七所，其中在清乾隆末年"三和堂"分居鼎立，各修学馆一所，其院落至今还在。到清咸丰同治时，赵家第七代传如又捐资建立义学一所，不仅供自己家子弟读书使用，同时供全村孩子学习使用。在内蒙古包头，清道光年间有山西商人所办义学四所，私塾更多。⑤

私塾也称散书房，由村或街举办，请当地生员或失业之旧商作坐塾师。书院、义学、私塾不仅为科举制度服务，也为经商服务。私塾是山西商人基础教育的主要基地。"年至九岁入塾，教以《百家姓》、《三字经》、《千字文》三种小书，次第读之。十岁以上，次第读《论语》、《大学》、《中庸》、《孟子》，谓之四书。十三岁以上讲授《论语》，其书曰《二论典故》或《二论讲义》，均以白话解释书义，谓之开讲"。按山西私塾习惯，私塾读到此时，基础教育开始向专业教育分化，"有意于举业者，则续读《诗》、《书》、《礼》、《易》、《礼记》、《春秋》各经及古文辞，时文试帖。初学时文及试帖之摹制，谓之开笔。"而"有意经商者，于四书之外兼学珠算、五七言《千家诗》、《幼学》、《尺牍》"。⑥读书至十五岁，即算基本完成了基础教育。准备经商者，即要寻找"上工"的地方。一

① 《续猗氏县志》卷上，光绪版。
② 《翼城县志》卷十二，光绪版。
③ 《永济县志》卷十三，光绪版。
④ 《新绛县志》卷五，民国版。
⑤ 秦邦桢：《旧包头教育亲历记》，《包头史料荟要》。
⑥ 刘文炳：《徐沟县志》，《教育志》，1942年。

般"书生至十五岁后，其父兄即请戚友于太谷、祁等县商家说荐，先以所写之'仿'送商家阅。其'仿'有书'遇贵人提携吉地……'字样，然后引趋相见。看中，择日到铺，谓之上工"。①

晋商的职业教育形式是学徒制。新学徒的来源，原则上只在商号财东或经理的所在地选拔，对其家庭出身、上辈人的为人处事、德行信誉等都很了解，知根知底，并经有社会信誉的人推荐。比如大盛魁商号招收学徒，只在太谷、祁县挑选十五六岁的优秀青少年，笔试（写字）、面试合格后，先徒步行至内蒙古归化城分号，然后骑骆驼至外蒙古科布多大盛魁总号所在地集中进行语言培训。授以蒙古语、维吾尔语、俄罗斯语，用汉语注音，强记硬背外语商业用语，以能够用相应语言在蒙古、新疆和俄罗斯地区谈生意、做买卖为目标。然后将其分配到各地商号柜上，跟着老员工学习业务，先当学徒，老员工就是师傅。②

学徒训练一般为三年，第一年是日常杂务训练，白天"即司洒水、敬茶、奉侍掌柜一切等项"，俗说"提三壶"，即水壶、茶壶、夜壶（尿壶）；"晚则写字，习记账，演珠算，详记货品及价格、银之品色与钱之易价，练习对于掌柜顾客之仪容言语"。③ 同时，在道德和商人修养方面进行训练，要求学徒重信用、除虚伪、节情欲、敦品行、贵忠诚、鄙利己、奉博爱、薄嫉恨、喜辛苦、戒奢华。第二年，是老职工或掌柜口传训练，教念《平码银色折》和其他商人读本，也可以做一些抄信、帮账等事务。第三年，选拔掌柜认为有出息者授以经商之道。在山西，民间流传很多商人读本或者教材。如《四言杂志》、《贸易须知》、《断银歌》以及蒙古语、俄罗斯语对照读本等。如讲资本和借贷："生意买卖，没本不行"，"当卖揭借，兑下窟窿。""打下粮食，把债还清，粜成银钱，出放与人。立下借约，要凭保人。每月行利，定要三分。口省肚俭，熬成高翁"。如讲开办商号："安设生意，写立合同。俸股谢仪，伙计财东。当家掌柜，站柜相公。局子当铺，估衣客人，盐店银号，珠宝人参，银剪戥秤，砝码天平，图章笔砚，货架账本。浮存暂记，月总日清。"如讲外出经商："拣个日子，搭伴起身，辞别亲友，叩别双亲，抛妻撇子，难舍难分……走过直隶，又上天津，湖北湖南，广东广西，苏杭扬州，南北两

① 刘文炳：《徐沟县志》，《教育志》，1942 年。
② 许轼如：《旧管见闻》。
③ 刘文炳：《徐沟县志》。

京，山陕二西，河南山东，云贵四川，福建绍兴，北口西藏，宣化大同，登山涉水，万苦千辛。"如讲商业经营："起标发货，各省驰名。趸装零卖，主顾客人，收买出换，贩卖交银。童叟无欺，价实货真。本多利厚，贸易兴隆。每年开俸，足有千金。旧管新收，开除实存。镜面元宝，冰光纹银，耗羡羊肚，元系中锭。积蓄殷实，百万有零。"致富后还要捐官，以体面经商："没有顶戴，体面不成，花上几两，捐个前程。一百八两，出结加平；捐个国学，监生出身；心想荣耀，再加州同；六品职衔，也道威风。"学徒阶段，一是商人修养；二是写字；三是珠算；四是记账；五是秤平银色；六是经营技术与业务。如记账：流水账、万金账、钱往来账、银往来账、各铺往来账、外该该外借贷账、薪金衣资账、现金账、浮记账，必须日结、月清、年总结。秤平银色，编成歌诀，熟背如流。如"天津化宝松江平，纹银出在广朝城，上洋豆规诚别致，公估纹银西安行……二五估宝属武汉，桂梧化银记分明"。① 经营技术、交易言谈，都有具体的行止规范。晋商都经过了学徒阶段的训练，既读过传统典籍，又有长期的实践经验。

（二）近代山西金融职业教育

晚清山西有多所实业学堂。"山西的高等教育是在清末的教育改革中创立的。清末已设立了山西大学堂即山西高等农林、山西医学、山西警察、山西商业等高等专门学堂。"② 20 世纪 30 年代初，山西商业学堂改称山西公立商业专门学校，积极服务于工商业的发展。所以陶行知先生说："山西是中国义务教育的策源地。"③ 民国时期，山西成人教育事业一度居于全国领先地位。各县成立各种实业学校，也有商业传习所、女子蚕桑传习所等。如阎锡山委任留学日本专攻牲畜的李秉权先生，在山阴岱岳镇创办山西省立岱岳镇牲畜初级职业学校和山西省办山阴县牲畜场。学校办学成功，教育部曾通令全国各职业学校，仿照山西省立山阴岱岳镇牲畜初级职业学校之办法办理。在职业教育上，阎锡山要求各种实业学校、职业补习学校，筹划改良办法的同时，还准备送若干学生或赴日本各工艺厂实习，或留法勤工，并且要在省城及各县均设立商业传习所。根据这一规划，他依各地的经济优势、资源状况和原有文化教育基础，将运城、长

---

① 《山西票号史料》，山西人民出版社 1990 年版。
② 李东福等：《山西教育史》，山西人民出版社 2010 年版。
③ 陶行知：《孟禄博士与各省代表讨论教育三大要素》，《陶行知全集》第一卷。

治、朔县的三个职业学校与临汾六师、代县女师改组，要运城着重纺织技术的改进；临汾则"因乡间织土布者甚多，技术应加改进，漂染尤应传习"；代县不少人在口外经商，"应授以商业知识与蒙文"等，同时，"电令各县县长，召集绅商各界征询前项职业是否相宜，此外有无更适宜的职业应当提倡"；等等。在商科方面包括金融职业教育，列举几例如下：

1. 省立商业专科学校

山西商业专门学校于清光绪三十四年（1908 年）由崔廷献开办，原名中等实业学堂。民国元年（1912 年），山西省教育厅任命归国留日学生王国祐为校长，后山西商业专门学校更名为山西公立商业专门学校。先与工业学校同占一校园，后在太原新成街另筑校舍，与工业学校分离。1913年夏附设甲种商业，这一年秋王校长被选为众议员，由留日归国的程存惠继任校长。后来校长为严慎修，严慎修于民国四年（1915 年）初被山西大学聘为民法债权科教授，研究资本主义的《政治经济学》，创办了《新社会报》，擢升为山西商业专门学校校长兼省议会副议长及山西省教育检察官。严慎修还借助华洋义赈会的财力，举办农村信用合作社、医疗所、乡村自治会，资助当地群众发展工业生产。商校的校训为"勤信"。学校规定，商业管理科的必修课为水陆运输总论、科学管理、工厂管理、材料管理、物价问题、商工业机械使用法、商事行政、广告学、外国贸易、金融原理及恐慌、公司会计、中国实业概况、社会问题及政策、商工特征法规等。选修课有工业簿记、土地法、公司理财、商工心理学、市场学、会计及审计、投资学、破产学、中国近代政治史、劳工政策、商业经济、公利事业、心理学、论理学等。曾在法国勤工俭学，就读于巴黎大学经济学的五台人田象棋（1896～1968 年），曾任省立商专教授和太谷铭贤学校教授工商管理系主任，山西大学财经学院教授、企业管理系主任等，著有《西北古物商业之研究》、《统计学之概况与预测商情应注意之指数》、《宋代货币与物价》等，是古钱币专家。[①] 山西省商业专门学校后来并入山西大学法学院。

2. 三余簿记学校和山西银行学校

1930 年"阎冯倒蒋"前，山西省银行总经理徐一清，曾在太原举办三余会计学校，培养会计财务人才。为了提高银行职员的现代金融技术，

---

① 侯殿龙、孔繁珠：《山西百年留学史》，山西人民出版社 2005 年版。

发展金融事业，阎锡山在太原龙王庙街成立山西银行学校。1975 年夏笔者曾专程到陕西咸阳访问了当年银行学校学生、中国人民银行咸阳市支行副行长李一平（又名李秉泉，原山西省银行职员，新中国成立后在人民银行咸阳市支行工作）。李一平回忆说："阎锡山在筹建中华国家银行的过程中，为了给该行培养骨干力量，在太原成立了银行学校。第一批招收学员 100 名。""民国十九年（1930 年）夏，成立银行学校时……每县选送五人，由店员子弟中选送。当时一百零五县来了五百多人，录取了一百零九人，银行学校民国二十年（1931 年）七月结束，校长徐一清，校址在太原龙王庙街。我被录取上了银行学校。毕业后分配到山西省银行。""阎冯倒蒋失败后，阎的中华国家银行由北京撤回太原，有些人到了银校，当了我们的老师。"① 中国人民银行 1948 年成立时的第一副行长胡景澐，就是山西银行学校的毕业生，山西文水人。

3. 私立铭贤学院

1907 年，孔祥熙在太谷创办铭贤学校，自任校长，校训是"学以事人"，坚持中西贯通的理念，培养博爱济众，服务社会的人。1916 年增设大学预科，设有法制、经济、会计、商业管理等课程。抗战时期的 1943 年，铭贤学校在四川金堂县改建为私立铭贤学院。1950 年 11 月由四川迁回原址山西太谷办学，1951 年改名山西农学院，原商科类专业并入山西大学财经学院。

三、当代山西金融职业教育

新中国成立后，山西省金融职业教育的旧有基础，发生了较大变化。首先是从商专到山西大学财经学院，民国末年，山西省商业专门学校并入了山西大学法学院，中华人民共和国成立初期，山西大学设有文、理、医、工、法五个学院。1950 年冬，山西私立铭贤学院由四川金堂迁回山西太谷原址办学后，1951 年政府决定将其更名为山西农学院，所属原商科类专业并入山西大学财经学院。1952 年全国高校院系调整中，取消了山西大学建制，文、理两院合并改称山西师范学院，医学、工学两院相继独立建院，即山西医学院、太原工学院，法学院改称财经学院，划归中国人民大学。新中国成立前含在商专等学校的金融职业教育，几经变迁，离

---

① 孔祥毅：《民国山西金融史料》，中国金融出版社 2013 年版。

开山西。

山西金融业不仅在明清到民国时期就很发达，特别是在抗日战争时期又有了根据地银行，随着抗日战争的胜利，解放战争的发展，解放区连成一片，解放区银行合并组建中国人民银行，正紧张地向全国推进，急需增加发展金融事业的人才，金融职业教育迫在眉睫。

（一）中国人民银行最早的干部培训班

1948 年冬，山西全省除太原城以外已经全部解放。12 月，中国人民银行已经在山西省各解放区建立若干个区行、支行，就在太原城内外仍然处于两军对垒之时，中国人民银行总行就在刚刚解放的山西榆次，开始向社会招收青年，进行银行业务与政治培训，为解放北京和太原等城市准备金融人才。中国人民银行总行副行长胡景澐为在榆次举办的银行干部培训班教材的序言中写道："形势急剧的发展，全国中大城市不断的解放，如何完整地接收这些城市……我们即是以整个经济部门中金融工作之岗位，负担着完整的接收一切过去官僚资本的金融企业任务的……如何保证完整的接收呢？那就必须从政策原则到具体做法以至态度言语行动，都能准确的掌握，充分的准备。为了达到这个目的，我们这次在接受太原的准备工作中，利用二十余天的时间以高度的紧张进行了准备工作，重点即是在接受人员中进行政策与具体工作的深入教育，因为我们的人员，无论从掌握政策原则上，与具体的经验技术上，都还不能适应今天的新局面，这样学习就成了头等重要的任务。根据这样的要求，我们从将接管工作的各方面，从政策原则到具体做法，编成工作手册，内容按接管业务、政治及秘书工作分为三个手册，一方面作为接收太原的准备，另一方面也希望着能创造出一些比较完整的经验来，以供继续接收其他城市的参考……但这本手册的编写，是以如此短促的时间，而且是在边写边学仓促中草成的，同时没有经过实践的证明，不完善之处当会更多，我们希望在实践中加以充实修正，并望在实践前得到有关方面的研究，并能将意见迅速告诉我们，俾能求得更加完善，使手册真正成为接收工作的依据，以保证城市完整地为我们接收……实现接收城市的这一光荣任务……重要的问题在善于学习。"[①]

1949 年 4 月 24 日，太原解放的当日，中国人民解放军太原军管会金

---

① 《金融接管手册》蜡版刻字油印本，1948 年。

融接管组接管人员进入太原，开始接管工作，打击金银黑市，建立人民币市场，接收官僚资本金融机构。为尽快稳定市场，支持恢复生产，安定人民生活，4月28日，太原金融接管组就在太原开办留用人员训练班，地址在太原市鼓楼街3号（今人民银行太原市中心支行鼓楼街大院）楼上，参加训练的有200余人，训练时间10天，主要学习党的方针政策，提高旧银行号人员的政治思想觉悟，为成立人民银行山西省分行选拔人员。[①]

（二）山西公学

1948年经华北局批准，以原晋中行政干校为基础组建"山西公学"，校址在今榆次市，校长先后为薄一波、赖若愚，是太原市委为适应新民主主义各项建设工作需要特设的干部学校。学校分三个部和六个训练班，六个训练班分别为农林、卫生、财税、金融、贸易、政治。1950年2月结束，改为山西省行政干部学校。公学先后向社会输送6000余名干部[②]。20世纪50年代初期山西省很多银行干部是从这里走出来的。

（三）人民银行山西省分行干部学校

1950年山西公学结束其历史使命改为山西省行政干部学校后，金融系统业务干部的培训任务不仅没有减少而是不断扩大。1951年7月人民银行山西省分行成立山西省银行干部学校，校址在太原市通顺巷，不久迁往平遥县城内西街，人民银行选拔理论水平高、业务能力强的银行干部，包括不少有大学学历的金融理论与业务技术强的青年充任教师。一批批对全省银行干部、保险业干部进行轮训，直到1958年。

（四）山西财经学院金融职业教育

经过第一个五年计划，经济金融发展很快，经济管理干部和业务工作人员的业务水平亟待进一步提高。1958年山西省委决定，将山西省银行干部学校、山西商业干部学校、山西省供销合作干部学校、山西省粮食干部学校和山西省财政干部学校5个干校合并，组建山西财经学院。派忻州专区行署专员郭高岚任院长，副省长武光汤兼党委书记，设立财政金融系、贸易经济系、计划统计系等。财政金融系内设有金融本科、专科和金融干部培训班几个层次，以适应经济社会发展的需要。1962年困难时期全国高校调整，山西省新建的多所大学下马，山西财经学院更名为山西省财经学校。1964年初恢复，同年恢复招收本科学生，仍然是向社会招收

---

① 中国人民银行山西省分行山西金融大事记编纂组：《山西金融大事记》，山西人民出版社1993年版。

② 李东福等：《山西教育史》，山西人民出版社2010年版。

本科生，为银行系统输送新鲜血液，同时开设银行干部专科班和短期银行干部培训班，提高山西金融队伍的理论与业务水平。

"文化大革命"中的 1970 年 1 月，山西财经学院与全国高校一样，全部搬离大城市，财院搬到了平遥县襄垣乡继续进行"文化大革命"的"斗批改"，至 1971 年 7 月山西省革命委员会决定财经学院下马，在太原市杏花岭和帽儿巷组建成立山西省财贸干部学校，按照军事建制，内设财政金融大队、贸易经济大队、会计大队等，进行财贸干部培训。1973 年春，山西省委决定撤销山西省财贸干部学校，恢复山西财经学院，开始招收大学生，同时承担财经干部职业培训。改革开放后，山西财经学院下设成人教育部，先后举办几十期金融业务干部培训班，为金融改革发展教育培训服务。1997 年 12 月，山西财经学院合并 1985 年新成立的山西经济管理学院，更名为山西财经大学，今天金融学方向已经是金融学士、硕士、博士多层次的人才培养基地。

（五）人民银行山西省分行干部培训部

人民银行山西省分行干部学校合并入山西财经学院以后，虽然承担了金融理论教育，是山西银行系统干部队伍补充的重要来源，但是银行干部的在职业务培训和理论教育的短期培训还是不好解决，于是人民银行山西省分行又成立了干部培训部，负责短期性临时性的培训任务，地址在太原五一广场人民银行大院内，一直延续到"文化大革命"后的改革开放前。

（六）山西省银行学校到山西省银行职业学院

1978 年中共十一届三中全会以后，实行改革开放，确立了以经济建设为中心，结束了阶级斗争为纲。经济金融的改革发展，需要大批不同层次的金融人才，山西省委决定成立山西省银行学校，负责培养金融系统业务操作的高素质人才。选定太原迎新街为校址，为山西省金融系统特别是银行系统的专业人才补充服务。银行学校向社会招收高中毕业生，培养山西金融业发展需要的银行会计、银行信贷、银行计算机应用、投资、保险等不同类型人才，先后向社会招生 33 届，向社会输送金融专业人才，满足了山西省金融系统业务人才的需要。

2003 年，随着改革开放的深入发展，金融系统的业务人员的专业水平需要进一步提高，山西省政府决定将山西省银行学校升格为山西金融职业技术学院，2007 年更名为山西金融职业学院。其专业设置、教学计划、教材内容、教学方法、教学设施，都进行了相应的调整改革，已经成为山西省金融系统业务第一线骨干的补充源。山西省金融职业学院以"晋商魂，金融道"为校训，用晋商精神培养新一代的金融家、金融骨干和金融专门人才，已经受到了省内外同行的高度重视。

当今，山西省金融教育不仅有了规范的金融职业学院的长于金融业务操作的金融业务人才培养基地，而且有山西财经大学金融学专业的金融学本科生、金融学硕士、金融博士学位研究生，还有了金融学专业硕士研究生等不同需求的人才层次。除了山西财经大学、山西金融职业学院之外，山西大学、太原理工大学、山西财税专科学校等也设有金融人才培养的相应专业与方向。近现代山西金融职业教育，经历了100年探索，特别是新中国成立后65年的探索发展，已经找到了金融业发展所需人才培养供给的途径。当代晋商的金融业大军，正在以其先辈没有经历的规模、技术、业务、环境，为晋商的产业发展提供着强大和持续的推动力。

研究方法论

喜看晋商及其票号研究的后来者

——评王书华等《山西政协报》晋商票号专栏文章

背景说明

本文原载《山西政协报》2002年4月10日。硕士研究生王书华等已同《山西政协报》编辑部商定，撰写晋商票号的系列通俗论文，本短文为开篇之作。

《山西政协报》作为山西各界参政议政的喉舌，多年来为山西经济社会发展做出了重要贡献，这里又独具匠心，组织一批年轻的金融学研究生，用全新的视角和理念，评述晋商及其票号的成败得失与经验教训，并且引入西方经济学和管理学的现代思想，来讨论当代山西经济社会发展的问题。这种将晋商文化、西方经济理念与山西经济社会现实结合起来寻找山西发展路径的研究方法，不能不说是一个新的创新。

晋商在海内外的名声由来已久，战国时期在河东成名的大商人猗顿曾得到太史公司马迁的褒扬；北齐时山西有专门管理西域商人的官吏，并且是由在当地长期生活的西域人充任；唐宋时期城市商业发达，唐诗人韩愈赋诗道"朗朗闻街鼓，晨起似朝时"；明清时期，农业经济的商品化、货币化、市场化以至国际化趋势迅速发展，山西商人不仅垄断了中国北方贸易和资金调度，而且插足整个亚洲地区，甚至把触角伸向欧洲市场，南自香港、加尔各答，北到伊尔库茨克、西伯利亚、莫斯科、彼得堡，东起大阪、神户、长崎、仁川，西到塔尔巴哈台、伊犁、喀什噶尔，都留下了山西商人的足迹。有些商人甚至能用蒙古语、哈萨克语、维吾尔语、俄语同北方少数民族和俄国人交流。在东北、蒙古、青海、新疆、西藏、云南、贵州及东南沿海到处都留下了山西商人的遗迹。北京至今留有著名老字号"都一处"、"六必居"、"乐仁堂"等都是山西商人首创和经营的。在莫斯科、彼得堡等十多个俄国城市，朝鲜的仁川和日本的东京、横滨、大阪、神户、长崎都活跃着山西商人。

现在，在省内晋中市已经涌现出乔家、渠家、王家、曹家、常家等一大批晋商文化旅游点，临汾的亢家、运城的张家、高平的赵家、阳城的潘家，还有蒲津渡、砥洎城、碛口、胡贾堡、杀虎口都是相当壮观的省内晋商遗址，不仅有很多值得今人凭吊考察的遗存，可以让当代晋人获取可观的门票收入。不过，在这些遗址之外，真正值得研究挖掘和学习的是晋商留给我们的商业经营管理的思想理念和经验教训。

首先，晋商在长期经营活动中创造的所有权与经营权两权分离的企业治理制度、货币资本与人力资本结合的股份制度、大号小号相互参股的母子公司制度、总分支机构管理的营销网络制度、"顶生意"的员工激励制度、协调商务及自我约束的商业行会制度、"慎于择人"及"用人不疑，疑人不用"和"受人之托，忠人之事"的经理选拔任用制度、"酌盈剂虚，抽疲转快"的资金营运制度，还有包括业务管理、财务核算、信函往来与报告在内的严格的内部控制制度等都有非常重要的价值，他们的很多经营管理制度与技术现在看来仍然是很科学的。比如晋商普遍运用的人力资本制度已经存在500多年，而美国人在10多年前才发现人力资本激励的管理意义，使人力资本核算成为当前会计学的学科前沿，而晋商的人力股核算当年并没有遇到什么麻烦。

其次，晋商在长期的经营活动中，摸索总结出了一套行之有效的经营思想和营销理念，诸如"以商致财，以财守本"的重商思想；"先义后利"、"以义制利"的诚信义利观念；审时度势、人弃我取的经营战略；抓住机遇向外发展的外向型展业取向；薄利多销、周到服务的营销策略；以销联产，产、运、销结合的经营艺术；商品经营与货币资金经营相互配合混合生长的战略安排；取信政府、得官所助的经营环境的理念；善待"相与"、同舟共济的竞合思想等，都值得我们研究。

最后，晋商留给我们最宝贵的遗产是晋商精神，也是晋商文化内涵的核心，这就是重商立业的人生观、诚信义利的价值观、艰苦奋斗的创业精神和同舟共济的协调思想。

另外，我们还必须看到晋商成功的经验是当代人需要借鉴的，而晋商失败的教训更是需要当代人记取的。当然除了那些客观原因，比如科技进步，商路转移，失却地理优势；外商入侵，洋货泛滥，失却旧有市场；清廷退位，官府贷款荒废，存款逼提；政治变革，资产丧失等之外，晋商衰落的教训在主观方面，如制度的内在缺陷——股东无限责任制，企业破产后累及老家财产；时代变迁，拒绝改革，固守旧制，失却发展机会；晚期财东上层腐败、管理失察等，尤需引起我们重视。

晋商的辉煌已是过去，留给今人的思索实在是太多了。

今天，我们研究晋商不能醉心于颂扬当年的辉煌业绩，也不要沉溺于繁琐的历史细节，而是要实事求是地总结前人的得失成败，和现实相结合，借以指导今天的现实。《山西政协报》的这个专栏，不仅用新的思维把历史研究、现实研究与西方先进思想统一起来，开拓晋商研究的新思路，更值得称道的是大胆地推荐经济学功力较好、朝气蓬勃、思想活跃的年轻学者集中专题，古今结合、中西联璧，一定会推出一批对山西经济社会发展有益的成果来。

后生可畏。我们欣喜地看到晋商及其票号研究后继有人。

《像经济学家那样思考》序

背景说明

　　本文是应山西日报社新闻工作者韩建平同志要求，为其《像经济学家那样思考》一书所写的序言，山西人民出版社 2006 年 1 月出版。

　　《像经济学家那样思考》这部书是韩建平于 2003 年冬到 2004 年春，在一年半的时间里写的经济随笔。

　　年轻人，敏于事物，关心社会，有感、有愤，便随笔写来，抒发情怀，"指点江山，激扬文字"，是有智且有志的表现。但是，随笔这种文体，说起来容易做起来难，而经济随笔就更难。随笔要求作者首先具有超前的思想感悟，通过鲜活的事例、浅显的表达给人以某种提高；其次要求作者具有深厚的文字修养，能够用清新犀利的笔锋、生动有趣的语言给人以享受。而经济随笔同时更要求作者能够在人们熟知的大量经济现象中看到其背后所隐含的深刻的经济学道理，给人以经济学以至于管理学哲理的启迪。思想性、文学性、理论性的统一是经济随笔作者必备的基本素质。本书作者在一年半的时间里每周两三篇，从不间断，这又要有坚韧的毅力和恒心，实在是难能可贵。这里我们也看到了作为一位年轻学者的韩建平同志的治学精神。所以，我很高兴为其书题序，并能先睹为快，感到十分高兴。

　　其实，热血青年无不关心国家大事，以国家利益为重，视个人利益为轻，总会激扬文字，发表议论，指点社会，提出看法，期望国家长盛久昌。

韩建平的这本书，所涉内容广泛。大则投资融资、金融创新、"外资蚕食"、重复建设、"公共地悲剧"、市场规律、"融合世界"等，能够适时指点社会大事要事，让人了解国内外经济走势，把握宏观经济运行情况，明确经济社会发展的背景；小则"天价月饼"、"难禁的黑车"、公厕收费、有偿献血、菜农困难、养老院、防护栏、漪汾街"变迁"等，能够切中时弊，大胆评论，由事及理，入木三分，为百姓拍手，为百姓张目，想百姓之所想，书百姓之难言，令人点头。可以说这本书是百姓的书，也是政府官员想知道而不容易知道的书。

韩建平的这本书，所涉事理深邃。于事，如造假售假、社会诚信、制度工资、"铁本"事件、"白色污染"、体育市场、大学生传销等经济见闻，紧扣社会热点，发表见解，引导舆论，有颂扬、有支持、有批评、有建议，开启读者心扉，令人痛快；于理，则如委托代理、成本风险、设租寻租、市场缺位、竞合"双赢"、"囚徒困境"、市场博弈、贸易战争、"路径依赖"等，融经济学、管理学、金融学、市场学以至博弈论、公共管理理论于一体，让人通过大量的具体事例，明确那些一般人平时不太注意的或者忽略了的理论问题，给人以鲜活的经济学知识，令人茅塞顿开，它比学院里的艰涩的教科书易学易懂。可以说这本书是工农大众的经济学教科书，是经济学大学生的经济学补充教材。

年轻学者，特别是身处社会第一线的年轻学者，如果都能够这样对日常生活中的事物留心观察，然后提升到理论高度去分析，并提出符合实际的切实可行的政策性建议和改进意见，这是一个学者应尽的责任，也是政府部门管理社会的需要，这样，他也必然会得到人民群众的爱戴。把自己融入社会，这就是年轻学者的学术之路和人生之路。

长江后浪推前浪，愿所有年轻学者快速成长。

谈谈研究生培养的体会

——在山西财经大学"研究生教育座谈会"上的发言

背景说明

本文是 2006 年 12 月 9 日在山西财经大学研究生教育座谈会上的发言，由研究生导师参加的教学方法交流与管理意见征询。

山西财经大学研究生教育始于 20 世纪 80 年代中期，1987 年的统计学，1990 年的产业经济，1995 年的金融学，1997 年的会计学、企业管理。现在已经有 34 个硕士学位专业点，3 个博士学位专业点。

当前我国研究生教育形势喜忧参半。这几年不仅专业增加快，而且招生规模发展也很快。2005 年全国在校大学生总数比 1998 年增长了 368%，其中本专科生增长了 458%，硕士研究生增长率为 503%。导师的压力比较大。过去本科生主要是课堂学习，参与研究；研究生一半学习，一半研究；博士生少量上课，主要研究。研究生通过研究来学习提高。现在研究生大部分时间上大课，上课以讲授为主。研究生一入学，想到事事找关系，找工作，混学位的现象比较突出。

但是，研究生自己也有自己的说法，甚至于埋怨导师，说什么"有水平的没时间，有时间的没水平"。

面对此情况，作为研究生的导师如何指导研究生？《礼记·学记》讲道："凡学之道，严师为难。师严然后道尊；道尊，然后民知敬学。"尊师重道还是需要的。周敦颐在《通书·师第七》中说："先觉觉后觉，暗者求于明，而师道立矣。师道立则善人多，善人多则朝廷正而天下治矣。"导师既要负责提高研究生培养质量，又要承担赞助研究生的相应责任，参与培养基金的申请与管理过程，形成道德约束和声誉利益约束机制，当今高校，需要弘扬师道尊严。

这里谈谈研究生培养的几点想法。

一、目标在于交给学生如何做人做学问

研究生培养，思想与能力是两大重点。做学问首先需要学会做人。教学生做人，一要说教，二要教学生阅读经典。孔子教学生，总的要求是"志于道，据于德，依于仁，游于艺"。即第一是立志，立志于道之后，据守以德，再是倚依于仁。我们的研究生，我认为五经读不读，四书一定要读，即《大学》、《中庸》、《论语》、《孟子》。《陈立夫访谈录》是一本好书。我给研究生的阅读书目 100 种，每年修改一次。大体分文化修养励志、经济金融经典、经济金融前沿等几类。与研究生谈心、交流，帮助他们发现自我，超越自我。有人自幼就有志向；有人是在工作中才发现自己；有人是在受到挫折以后才发现自己。发现自己的志趣、能力，在此基础上超越自己。一个人的兴趣、恒心、勤奋，都是从发现自己来的。本人爱好，名师指导，博观约取，恒心毅力。无论红道（从政）、黑道（搞学问）、黄道（经商）都是正道，那一道都需要这样。1952 年胡适在台湾大学作报告讲治学方法，说宋人笔记中记一个少年的进士问同乡老前辈："做官有什么秘诀?"那位老前辈相当于副宰相，回答说："做官要勤、谨、和、缓。"这是后来的"做官四字诀"，也是治学方法。勤，不偷懒，如傅斯年所说"上穷碧落下黄泉，动手动脚找东西"；谨，也通敬，谨慎而不敷衍潦草，孔子说"执事敬"，也就是胡适的"小心求证"；和，和平虚心，不武断，不动火气；缓，不着急，初稿出来反复修改，或者放一放，搁一搁，成熟之后再发表。

二、应用性人才培养也需要突出理论

我们这类教学与研究型学校的研究生培养，虽然也承担研究型人才的培养任务，但主要还是应用型人才的培养。两类人才的培养目标有所不同，培养的内容与方法也应当有所差异。但是两类人才都必须重视学生的理论修养。理论可以举一反三，可能终身受用。孔子当时教学生是"五

经"和"六艺"，他偏重"五经"。所以后来他的学生分成了许多学派，思想很活跃。学术自由，思想才能发展。可见孔子教学生，"传道"和"授业"都很重视，但更重视传道，因为孔子的学生都是成人，不是幼儿。我们的硕士研究生教育也需要重视传道，重视理论分析，技术型操作是第二位的。当然我不是说经济学、管理学的技术操作是雕虫小技，而是说必须把方法与技术建立在理论分析基础上，没有必要死背具体条文。

三、实践性、超前性和适当的地方性

研究生教育的教学内容，理论性是基础，实践性是生命，超前性是活力，地方性是特色。作为大学教授，我们不能将自己封闭在象牙塔内，要以一个专家、学者所特有的敏锐性，时刻关注世界经济社会的新动向，时刻关注我国经济社会的改革与发展，随时注意从发展着的实践中汲取营养，同时又时刻倾听着实践的呼唤，将自己的所学、理论与智慧，奉献给国家与人民，努力争取走在实践的前面，给飞速发展的改革实践以正确的、先进的理论启示。我们的研究生就业，越来越多地留在了山西，需要关注地方性特点，诸如历史、地理、地方经济特色及经济运行的规律性。

四、通过研究提高研究生水平

本科、硕士、博士教学有什么不同？我理解，本科生教学，以听为主，老师讲学生听，然后学生回答；硕士研究生教学，以读为主，导师出题目，学生找答案，专家作评价；博士研究生教学，自己出题目，自己找答案，专家来评价。硕士研究生必须参与课题研究，通过参与一个或者两个课题研究的全过程，锻炼他们的科研能力。其间，一定要告诉学生文献检索技术、读书与笔记方法、资料收集整理技术，如笔记、卡片、图片、札记以至完成文献综述，列出写作提纲，完成课题报告，甚至包括文章电子排版技术和行文规范等。另外，还要尽可能地带学生参与各级专业性学术会议，鼓励他们提交论文，在会上发言，介绍学生认识学界的老前辈，向社会推荐自己的学生，给他们提供各种发展自己的机会。

五、教学方法多样化

研究生课程教学，方法需要灵活一些。我在《宏观金融调控》中，就曾运用讨论、评论、有奖辩论等形式。具体说：①教材发给学生，不系

统讲授，但要讨论。②事前出讨论题，学生读教材、查找参考资料，做出课堂发言的 PPT。③组织课堂讨论或者辩论。④教师评论，兼及重点讲解。讨论课有几点说明：讨论题要针对本章理论及密切相关的现实问题；学生分成若干小组；课堂讨论，小组代表发言；发言人讲毕，同学提问，回答问题；讨论会开始由教师主持，之后由学生自己主持；辩论会设正方、反方，设"评委"、"主席"，计时员、计分员；对获胜者赠送教师的著作作为奖品。这种形式可以充分锻炼学生的搜集资料的能力、现实分析研究问题的能力、集体合作的能力、书面与口头表达能力，他们的 PPT 做得很好，课堂气氛活跃，每个同学都积极参与、认真准备，不仅当时有很大的收获，而且为毕业时的答辩和毕业后找工作时的面试打下了良好的基础。

六、寻找建立研究生教学研究基地，课堂内外结合

2002 年 5 月我们与太谷孔祥熙宅园金融货币博物馆合作，建立了山西财经大学金融学研究生教学与科研基地，利用该博物馆丰富的金融史资料和独具明清金融中心的地域性特色，给硕士生提供学术考察与研究的机会。与学校图书馆合作建设的票号与晋商网站，提供了已收集的国内外晋商研究的所有成果及动态资料数据库。国家教育部的同志来考察后，称赞这种模式是一种创新，使各种资源实现了最佳配置，值得大力推广。

七、身教言教，重视情商的培育

2001 年我参加 1977 级本科生一个班毕业 20 年聚会，这个班的学生，现在职务最高是副省长，最低的是下岗职员。24 年前同时考入学校，20 年前同时离校，20 年后为什么相差如此大？很长时间我想不通。后来我感到这可能是情商的差异。我认为情商比智商更重要。人格的力量是第一的。有人研究证明，成功的人，80% ~ 90% 靠情商，10% ~ 20% 靠智商。可亲可敬的人——见到你就喜欢你，离开你就怀念你。现代教育从小学到研究生教育，基本没有情商的课程。这是不是现代教育的误区？

传统教育有情商教育。子曰："弟子入则孝，出则悌，谨而言，泛爱众，而亲仁，行有余力，则以学文。"子贡问曰："有一言而可以终身行之者乎？"子曰："其恕乎！己所不欲，勿施于人。"

我经常和研究生讲的一句话是："读万卷书，行万里路，交万名友。"

广采博蓄，打好基础，努力成为知识型、实践型和开拓型的人才。

言教同时，更需要身教。经常关心学生的生活、思想，包括读书、交友、择偶、就业等。过去一般是每一周会面一次，现在是每二周会面一次，或集体讨论，或个别交谈。同时要把学术规范与为人师表结合起来。"传道、授业、解惑"是为人师表者义不容辞的责任和义务，三者之中"传道"放在第一位。"道"包括为学之道，也包括为人之道。无论是为学还是为人，导师的一言一行都在潜移默化地影响学生。

教师的任务，就是薪火传承；教师的师德，就是奉献；教师的为人师表，首先是表率。只要我们真正付出了，我们的回报是"师恩难忘"、学生永远的记忆。

晋商研究与史料

——在山西省政协文史资料委员会《晋商史料全览》座谈会上的发言

背景说明

本文是 2007 年 7 月 10 日山西省政协文史资料编委会的《晋商史料全览》地方卷专家座谈会上的发言，部分内容刊载于《山西日报》2007 年 7 月 24 日。本文是当时发言的全部内容，目的是向研究历史、收集整理史料的朋友们说明：史料出处的真实性、完整性是史料价值的灵魂和生命，史料没有来源出处是无法使用的。

山西省政协文史资料编委会编辑出版的《晋商史料全览》，工程浩瀚，涉面宽阔，图文并茂，叙述客观，是中国地方商业史史料整理中最为浩大的工程之一，而且丛书设计先进，印刷精良，具有重要的保存价值与使用价值，是晋商研究历史上一件具有划时代意义的工作。我作为一位晋商研究工作者感到无比的高兴，感谢这套丛书的组织者、编者和作者，你们的工作将被永远载入山西学术史和山西经济史之中。

之所以说具有划时代的意义，是基于个人的亲身感受。晋商研究已经有近百年的历史，两起两落。第一次晋商研究高潮，是 20 世纪初到 30 年代，有一批先觉先知的学者、官员和晋商老经理等人，写了一大批总结回忆性的文章。第二次高潮是 1960 年在山西省副省长兼山西财经学院党委书记武光汤同志的倡导支持下进行的山西票号研究，由于"文化大革命"，中间被迫停顿，1977 年，在中国人民银行总行金融研究所倡导支持下继续前进，历时 30 年，到 1990 年山西人民出版社出版了由山西财经学院与人民银行编写组编辑的《山西票号史料》。第三次高潮是 1991 年到 1994 年，1991 年夏，山西省委书记王茂林为笔者和张正明合作的一篇文章《山西商人及其历史启示》亲自写了 1000 多字的批示，作为内部参考在省委《工作与研究》刊载，发至县团级干部学习，由此晋商问题大大方方地走出了学院，在全省干部与知识界广为传播，3 个月后《山西日报》用两天两版发表了这篇 18000 字的文章，引起社会关注。第四次高潮是 1995 年晋中地委、行署邀请中国商业史学会专家在晋中开会，研究讨论开发晋中晋商大院旅游走廊，推动晋中经济发展，把晋商研究与地方经济发展战略结合起来，并且很快收到了效益。晋商的故里在山西，不仅仅是在晋中。这一次《晋商史料全览》的编辑出版，我认为是一个重要事件，必将掀起晋商研究与文化开发的新高潮。

这套书的特点是突出的：一是空间跨度大，全览全省地域，内容全览全国；二是时间跨度长，上溯古代，突出明清，兼及近代，有晋商通史的参考价值；三是集录了一批史料的原始件，如碑刻档案，具有抢救性、珍藏性价值；四是速度快，火候正好，早了可能没有人看，迟了不仅史料丢失难找，而且赶不上全国晋商热的需求。山西省政协为山西经济建设和经济社会发展史研究又做出了一项重大贡献。这项贡献的社会效应是长效的，是永久的。

但是，《晋商史料全览》也有遗憾之处，一是对资料来源，没有注明出处，严重地影响了它的科学性、学术性和可用性；二是对所辑文章的作者未作介绍，影响了它的真实性和利用率。确实史料书可读性差，一般人不喜欢读。不过，虽然史料是为少数人服务的，为少数人服务正是为社会更大多数人服务。史料是严肃的、"万岁的"，需要科学地整理编印。

学术研究回顾

背景说明

本文是 2008 年 9 月在金融学博士、硕士研究生的研究方向课上的讲课提纲，收录于此略有改动。目的是试图通过介绍个人从事金融理论与金融史研究的亲身体会，告诉研究生一些经验与教训，让学生少走弯路。

一、金融科学研究的基础

（一）梦想、理想

青年时代理想——"饿饭吃买书读"。讲一个人买《资本论》的故事。

关注名师名士——读学者传记。与全国的同行交朋友。讲一个人拜师（总行研究所、人大、上海、中财、陕西、四川）的历程。

（二）打基础

1. 读书、听报告、读书笔记

读书选择：修养、文学、经济、哲学。

笔记种类：一是日记；二是工作笔记；三是随身手记；四是活页笔记；五是专题笔记：文学类、经济类、修养类、作读书笔记，如资本论笔记、帝国主义论笔记、逻辑性笔记；六是自制工具书。

2. 卡片、卡片柜、卡片分类

一是大小不一；二是类别多；三是常变动；四是自制卡片柜；五是订

卡片；六是剪报。

3. 短文、论文、出版专著

豆腐干阶段——《山西日报》。

短文连载——《山西日报》、《山西物资报》、《山西发展导报》、《中国金融》。

学术论文——学术刊物《学报》、《中国经济问题》、《金融研究》。

学术专著——内部教材起步《金融基础知识》、《金融学概论》；继而《中央银行概论》、《新开银行业务问答》、《商业票据问题解答》、《金融市场学概论》。

专题讲座。

学术报告。

二、金融理论与金融史研究的体会

（一）中央银行理论与宏观调控

中央银行理论新学科。20 世纪 80 年代初金融改革刚起步，1984 年前国家没有专职中央银行，人民银行是一身二任。本人认为需要建立中央银行制度，就开始研究中央银行历史、理论、制度等问题，构思中央银行专著。1984 年完成《中央银行概论》，内容包括建立中央银行制度的必要性、央行性质、央行职能作用、央行与财政的关系、央行发行与清算、央行对宏观经济的调节、央行对内金融管理、央行分支机构、央行金融法制、央行信息系统等。1986 年 6 月中国金融出版社出版了《中央银行概论》。著名金融学专家盛慕杰评价说"现在，孔祥毅、慕福明同志写成了我国第一本系统地专门论述社会主义中央银行的著作，为社会主义金融事业的发展而从事金融科学研究的同志奉献了有价值的精神食粮，令我十分欣悦和钦佩"。1988 年中国金融出版社证明："该书自出版发行以来反映很好，据不完全统计，已被南开大学、上海财经大学、西南财经大学、辽宁大学、中央财政金融学院、中国金融学院、山西财经学院、湖南财经学院、陕西财经学院、云南财贸学院、安徽财贸学院、北京财贸学院、中国人民银行总行管理干部学院等二十余所高等院校选作教材或指定教学参考书。该书印行 2 万册，已销售一空，这在金融专业的理论专著中是不多见的，作为理论书，其畅销程度可从一个侧面反映该书的受欢迎程度和价值。"这本书后来成为《中央银行学》的基本框架。1990 年获山西省首届社科优秀成果一等奖。

1985 年 11 月在人民银行总行教育司召开的金融专业教学计划会议上，力主增设中央银行概论为主干课，受到与会专家一致赞成，会议委托本人起草教学大纲，于 1986 年 5 月在太原召开研讨会，同年山西财经学院承办了全国中央银行与商业银行两本教材的研讨会。中央银行教材大纲起草人，并为会议召集人盛慕杰为顾问。后来正式出书改为《中央银行学》。

宏观金融调控是中央银行的重要职能之一，在 1981 年召开的全国货币流通理论研讨会（广州）上，对当时正在试行的"存贷挂钩"政策提出质疑，这一观点已在有关制度中给予肯定并成功地付诸实践。为充分阐述其对中央银行理论的见解，他还撰写了《中央银行的演变及其在我国独立设行的必要性》、《论人民银行通过货币政策对宏观经济的调节》、《略论货币流通的正常标志》、《控制货币，搞活资金》、《区域经济调控与资金流量信息系统》等论文，从不同角度进一步阐释了自己的见解。

但是不能满足于已取得的成绩，面对中央银行发展的新情况、新问题，结合 10 多年来中央银行的改革和发展实践，于 2000 年 1 月又推出了新的《中央银行通论》一书，系统地介绍了中央银行的理论与实践，丰富了有中国特色的中央银行理论体系。2002 年出版第二版，2009 年出版第三版。同时配套了《中央银行通论学习指导书》第一版与第二版。

经济金融化、金融全球化、金融自由化对中央银行的宏观调控提出了新的挑战，对新形势下中央银行的宏观金融调控问题又进行了深入的研究，对宏观调控的发展趋势、金融对经济作用的历史论证、宏观金融调控的理论基础、金融全球化下的宏观调控、货币政策目标、工具及其传导与效应、货币政策与其他宏观政策的配合、新形势下的金融监管、金融创新与稳健金融体系及其风险控制等都提出了新的见解，这集中地体现在《宏观金融调控理论》（中国金融出版社）一书中。

（二）探索社会主义金融理论体系建设

在长期的金融教学过程中，对社会主义金融理论体系有很多体会与想法，教学中也进行了大胆的探索。1988 年，受中国人民银行总行的委托，与中国人民大学周升业教授、南开大学龙玮娟教授、吉林财贸学院郑道平教授等十几位教师合作构思《货币银行学原理》与《中国社会主义金融理论》配套教材，20 多年来，参编、修订货币银行学教材七版次；与中国人民大学周升业教授合作主编《中国社会主义金融理论》，在体系上突破传统框架，坚持科学性、实用性与时代性基础上，创立了社会主义金融理论体系，修订再版，并荣获全国高校金融类优秀教材二等奖。1990年受中国农业银行总行教育部委托主编《金融市场学概论》（中国金融出版社），1991年与辽宁大学白钦先合作主编《金融通论》（中国金融出版社）等。1996年主编内贸部统编教材《财政金融教程》（中国商业出版社）和内贸部教材《金融与投资》（中国商业出版社）等。

（三）提出金融协调理论

1997年的亚洲金融危机，不仅对亚洲国家，而且对包括美国在内的世界各国的经济金融发展都带来了严重的负面影响，意识到要准确理解金融及其在当代经济、社会中的作用和影响，就不能仅靠一时一事的静态分析，而要从金融制度的变迁过程中研究金融及其与经济社会等环境下的协调发展问题，开始着手经济金融协调发展理论的研究，申请并主持了国家社科基金项目"百年金融制度变迁与金融协调研究"。认为在市场经济中，金融企业由于利益的驱动，金融创新是不可避免的。金融创新带来了金融和经济的发展，也带来了一定金融风险。要防范金融风险就必须加强金融监管，而金融监管要依据金融制度。金融制度的正确性、合理性又决定于金融理论的科学性。那么，防范金融风险从根本上说是金融理论创新问题。1998年春在中国金融学会组织的北京金融论坛上发表了"也谈金融可持续发展"演讲，1999年7月又在亚洲太平洋金融协会墨尔本会议上作了"经济泡沫的金融根源"的发言，继而应香港大学邀请写了《1883年的金融危机》。2001年2月10日《金融时报》发表了长篇论文"金融协调：一个新的理论视角"，进一步对金融协调理论作了全面阐述，主张把金融市场资产价格与商品市场价格一起作为货币政策监控的目标等一系列观点。通过对百年金融制度变迁轨迹的考察和对现有金融理论缺陷的审视，提出了"金融协调理论"。认为金融的安全与效率、金融业对经济作用的大小，最终取决于金融是否协调。并对金融协调的概念、内容、层次、涵盖的理论问题、金融协调研究的根本原则、研究的基本方法等作了系统的阐述，并提出了政府金融行为边界等概念和金融协调的整体性原则、综合性原则、结构性原则、动态性原则、协同—竞争原则等观点。这一理论的提出，受到了社会各界的广泛重视。2001年2月后，国内多家网站跟踪报道金融协调理论研究动态；2002年7月中旬的中国金融学会

"金融理论前沿讨论"会上,提交了"金融制度变迁与金融协调"一文,并作大会主题发言,会上反应热烈。2002 年 12 月人民银行山西省分行领导提出用金融协调理论加快金融改革和调整信贷结构,促进山西经济发展的意见。2002 年中国社会科学出版社出版了其主持的课题 76 万多字的《百年金融制度变迁与金融协调》专著,厦门大学张亦春教授在《金融时报》理论版发表书评,给予了高度的评价。2003 年 10 月,中国社科院《经济学动态》发表了"金融协调理论的若干问题"一文。

《百年金融制度变迁与金融协调》在 2000 年 12 月 21 日通过鉴定。鉴定书说道:"《百年金融制度变迁与金融协调》,以百年国际、国内金融变迁史为线索,对金融创新与金融动荡及金融协调的基本关系进行了多视角、全方位、系统的科学研究。课题鉴定组认为,该课题成果具有以下几个基本特点:第一,选题视角的特殊性与现实性。本课题以金融系统为核心,以百年金融发展史为主线全方位分析金融协调在整个金融发展中的特殊重要性。选题切中 1997 年亚洲金融危机以来金融理论界特别关注的金融理论的核心问题——金融制度变迁在社会经济发展中的特殊作用和意义。所取得的成果,对金融体制改革具有现实的指导意义。第二,理论研究的超前性和先进性。该课题运用历史唯物主义的观点对传统金融理论进行了总体反思,在此基础上提出的金融协调理论,为面向 21 世纪的金融理论研究和金融理论创新,提出了一个可资借鉴的理论分析框架。第三,研究领域的宽泛性和深入性。本课题确立的金融—经济—社会系统研究的总体框架,使金融理论的研究和人类的生存和发展紧密结合起来拓展研究领域,丰富了金融理论研究的对象和内容,具有重要的理论创新意义。第四,研究方法的科学性和综合性。综合运用了历史分析、统计分析、混沌分析、巨系统分析等科学分析研究方法,对研究解决复杂的金融、经济、社会问题,提供了一个全新的方法论思路。"获得 2004 年山西省社科成果奖。

(四)金融先导理论

通过案例和 16 世纪以来世界金融中心转移的历史分析和金融对经济作用的理论分析,论证了一个经济上后进国家或地区,为了追赶发达国家或地区,能够通过政府主导下的金融先导战略,实现经济快速发展。后进国家为了实现经济快速发展,追赶经济发达国家,或者在经济变革时期,都不能任凭市场经济与金融自然演进,常常需要政府主动地采取超常的手段，即政府主导下的金融先导政策。认识的起点，是在 1975～1977 年对阎锡山与山西省银行的史料进行整理的时候，发现山西省的工业化建设是从 20 世纪二三十年代整理货币、兴办银行起步的。20 世纪 30 年代的中国工业化建设也是通过金融先行形成的。后来发现，这样的案例中外皆有，似乎是一种规律。1998 年开始正式使用了金融先导的概念，并且作为一种观点多次为地方经济发展提供报告。

2005 年主持了山西省政府高级专家课题"山西金融机制创新研究"，完成后出版了《中部崛起下的山西金融机制创新研究》。本书内容包括山西金融机制创新背景分析、理论分析、现状分析、对策研究。通过研究历史上山西金融业在整个经济社会发展中金融创新的历史经验与教训，在理论分析的基础上，把金融、经济、社会作为一个整体，围绕区域金融与经济社会协调发展这一主线，研究中部崛起下的山西金融机制创新问题，提出了山西经济社会发展战略，需要"政府驱动—金融先导"，通过政府创新制度，营造山西金融洼地，吸引流出去的资金回流，外地资金流入，本地资金留在本地，解决山西经济发展中的金融干旱问题，建设山西"金融洼地"。2007 年 9 月获山西省第五届社科优秀成果一等奖。

（五）为合作经济呐喊

在系统地研究欧文、列宁的合作思想及世界合作流派的基础上，结合对中外合作经济发展的历史考察，认为合作经济不同于集体经济和经济合作，它在形成基础、生产要素结合方式、经营与分配方式等方面具有质的差异。并对我国合作经济异化为集体经济提出质疑，对合作社的所有制基础、多样化组织形式进行了探讨，发出了为合作社正本清源、实现合作经济制度创新的呐喊。随着农村经济改革和金融改革的深化，先后写了"试论信用合作社改革的理论基础"、"信用社管理体制改革的理论反思"、"关于信用合作社管理体制改革的探讨"等论文，提出了信用合作不是舶来品，合作制与市场经济密不可分；农村信用社不是农业银行的"后院"或下属，应自成系统，参与国际合作联盟的活动。之后又参与了《信用合作大辞典》的编写。在其论文中提出合作社双轨发展和混合生长的建议，因为见解独到被多家刊物转载。集中体现在"中国合作经济理论创新研究"等课题研究报告中。

（六）关注山西区域经济的研究

1990 年根据太原市的需求，与杨崇春市长合作主编了以城市金融为研究对象的著作《城市金融》，由中国城市经济社会出版社出版。1993
年，在经济研究所与胡积善教授等推出了区域经济专著《三晋经济论
衡》。著名经济学家、中国人民大学卫兴华教授读后，以"省情研究的佳
作，干部学习的精本"为题，发表了书评，他说："全书理论联系实际，
纵向与横向分析结合，论述了山西省级区域经济的发展及其战略"，"该
书最显著的特点是打破了一般经济理论的常规定式，创造性地写入了许多
以往经济著作中没有大篇章专论过的问题，如对历史上的山西商人、晋商
精神、山西票号的研究，对民国时期山西独裁统治者阎锡山的经济思想和
实践所作的较为实事求是的评价，对制约山西经济发展因素的分析，对山
西省内经济区域和中心的划分，对省内历次制订的重大经济发展战略的分
析比较""提出了流通兴晋、市场突破"的"全新战略构想，以期寻求发
展山西的新道路。""是山西第一部富有理论性的综合性的区域经济专著，
像这样全面系统的综合性区域经济著作，目前在国内尚为数不多，其为山
西广大干部、经济工作者和青年学生了解省情，认识省情提供了学习的精
本，同时也为山西各级领导指导经济建设提供了科学依据。它标志着山西
的区域经济研究已达到了一个新的水平。"

1999 年 7 月接受《山西经济日报》记者采访，记者以"山西不能再
等待"为题，评介了对山西省经济发展的历史反思、发展弱势及战略的
重新定位，进一步阐述了"流通立省、科教兴省"的基本观点，建议重
视从流通领域寻找调整经济结构的突破口，依靠教育和科技进步提高生产
力、调整生产关系、规范经济秩序，加快山西区域经济的发展。

为配合国家的"中部崛起"战略和山西"十一五"规划的实施，指
出山西经济社会发展需要"营造山西金融洼地"，提出市场引导—政府驱
动—金融先导—区域倾斜，即以政府的强势弥补市场弱势，以政府驱动营
造有利金融环境，吸引资金内流；再通过金融先导，引导资金流向新兴产
业部门，实现金融转换促进产业结构转换的目的；在此基础上又具体提出
了包括"打造地方商业银行航母"、"建设太原煤炭期货交易市场"等 12
项政策建议。这份报告受到了地方政府的高度重视，被评价为最高级 A
级研究成果，成为省"十一五"规划的重要参考文献。

山西省被国家列为煤炭工业可持续发展试点后，货通天下的设想需要
强大金融后盾汇通天下。为此省政府成立课题组，本人被聘为总顾问，研
究借助一家地方商业银行的平台来打造新型地方商业银行航母。认为借助

这个平台，可以挽救一个将可能退市的银行，避免山西经济社会的巨大震荡。主张新银行借助政府信用，保证银行信用。新银行可以运用票号的成功经验，如人身股、正本副本制等资本控制机制等建立治理结构；实行分步发展战略，从以支援煤炭能源为主的商业银行向综合性银行发展。这些建议得到了有关部门的高度重视，很快付诸实施，成立了晋商银行。

之后，又有《中部崛起下的山西金融机制创新研究》、《综改区金融创新研究》等服务山西经济社会发展课题的研究，为山西经济发展出谋献策。这些研究，均需要区域金融的视角，需要深度和适应性。

（七）拓宽金融史学的研究领域

撰写金融史论文，从《金融贸易史论》中能感受到个人的研究视角。特别注重对史料的理性分析，把史料的分析提升到理性思考的层次，大处着墨，由此形成的史学见解既深刻又精到。同时，还能够以恢宏的视野从全世界的经济金融史角度进行研究，这一点我们从其 20 世纪 80 年代的研究成果中可窥见一斑。"山西票号与清政府的勾结"一文长达 1.8 万字，1984 年第 3 期《中国社会经济史研究》以首篇的显要位置全文刊载，文章认为山西票号与清政府的勾结是其利益的一致性推动的。山西票号由服务于商品流通而异化为政府金融是其随着清政府的灭亡而早夭的重要原因之一。山西票号与中世纪欧洲银行业具有同样的历程和属性。该文在学术界引起强烈反响，著名金融史专家洪葭管老先生评价说："这篇力作写透了一个重大理论问题，得出的结论是很有见解的。"社会给予了极高的褒誉和评价。

1998 年 7 月，本人应香港大学之邀在香港参加商业史国际研讨会，作了"明清山西货币商人的金融创新"的演讲，提出明清时期票号钱庄的 12 项金融创新与意大利金钱商的创新是基本相同的，引起了很大的社会反响，《金融时报》全文发表后，新华社《每日电讯》、《光明日报》等予以报道。

先后参与研究出版了人民银行总行组织的《中国近代金融史》、《中国金融史》两部金融史教材，填补了我国金融史学研究的空白。不仅在史料上使用了大量一般经济史论著中未曾使用过的档案资料，而且在票号钱庄、外国在华银行几次在中国设行高潮及其对中国金融经济影响等重大金融历史问题上的研究上，具有一定的开拓性。本人认为中国自铸银元起于清康熙年间，改变了过去流传的始于光绪十三年的看法。中国的转账结算制度起于清乾隆年间，不是起于 1890 年上海钱庄，山西钱庄拨兑、客钱、丁卯等制度是转账结算的雏形，中国的中央银行制度可以上溯到清乾隆年间的宝丰社、裕丰社等。主编和参编出版的金融史料书及重要论文，被日本、美国及中国台湾地区、香港地区学者广泛收藏，也因此交了不少海内外朋友。1981 年将自己的《阎锡山与山西省银行》一书与日本学者寺田隆信交换了《山西商人研究》（日文版），本人的研究成果特别是山西货币商人的研究成果，为中国近代金融史填补了若干空白，并积极倡导建立的山西商人博物馆和山西票号博物馆，发展山西人文旅游的构想，已经变成了现实，并正在成为山西的支柱产业之一。

从事金融史研究 52 年，近年来在金融史研究领域有一些拓宽，一方面是宏观层次，把晋商放在中国的大舞台上，与苏商、浙商等比较，把晋商放在世界的大舞台上与意大利商人比较，把晋商放在历史的长河中，研究晋商对推动中国商业革命、金融革命的贡献，如《金融研究》2002 年第 8 期上发表了"山西票号与中国商业革命"、"山西票号的风险控制及其现实意义"；另一方面是微观上的研究更为具体和深入，更切合当今企业发展的紧迫需求，如山西票号执行力的研究、内控机制的研究、人力资本的研究、企业制度研究、诚信的研究等，都可以直接作为企业改善经营的良方，具有很强的实践指导意义，也受到了许多企业界的欢迎。

"山西票号与中国商业革命"、"山西商人与中国金融革命"两文，对以票号为主的山西货币商人及包括当铺、钱庄、印局、账局、乡账商号在内的各种金融企业，放在世界经济社会发展中去认识，因为它活跃于全国以至世界经济舞台上，介入了世界经济活动，是 16 ~ 19 世纪商业革命和金融革命的产物和推动者。商业革命和金融革命是农业社会向工业社会过渡的推进器，是农业经济时代向工业经济时代转变的过渡阶段。中国明清资本主义萌芽与欧洲商业革命和金融革命是平行发展的。在这个过渡期最突出的经济现象是中国商品净输出，白银货币净流入。山西票号等金融企业为商业革命和金融革命做出了重大的历史贡献。但是中国却没有很快进入工业社会而且连山西票号自己也垮台了，根本原因在于近代国内外政治经济外交形势的巨大改变，加上票号本身在经济转型过渡中一些失误，业务重心由商业金融转向政府金融，因为清政府没有与时俱进的社会经济制度创新，不可避免地随着清政府的垮台而接二连三地倒闭。其中中国人民银行总行第七届优秀论文二等奖。

（八）倡导晋商学研究

票号研究不可避免地进入晋商研究。晋商研究的贡献在于从历史分析中深刻揭示了晋商发展的根本动因及其环境，再现了晋商雄姿，展示了晋商风采，科学地总结了晋商精神与经营韬略，提出了晋商开辟万里茶路，介入国际贸易和国际金融市场，同时提出了"晋商学"研究新课题。

两次承担了全国高校古籍整理委员会的课题"晋商研究"，搜集了数十万字的史料，发表了数十篇论文，大多收集在本人的《金融贸易史论》（中国金融出版社1998年版）和《晋商与金融史论》（经济科学出版社）中。1986年6万字的长文《近代史上的山西商人》发表，多角度地论述了晋商的产生、发展、舞台、商路、经营、管理、行会、精神、文化、衰落、教训及对当代山西人的启示。特别重视观察晋商精神的内涵及其现代价值。1988年参加省委关于《1988～2000年山西省经济社会发展规划》起草小组时，对有些人把山西经济落后的原因归于山西人一向闭关保守，为此曾发生过一次大的争论。1991年和张正明研究员合作撰写的"山西商人及其历史启示"1.8万字，被当时的省委书记王茂林看到，亲自写了1000多字的批示，发在省委《工作与研究》（内部资料）第一期，发至县团级以上干部学习，推荐全省干部学习。由此引起各级政府、知识界对晋商研究问题高度关注。之后，《山西日报》全文刊发，全国很多报刊转载，《经济日报》发表专门评论，引起社会轰动。本文第一次概括晋商精神为四句话：重商立业的人生观、诚信义利的价值观、艰苦奋斗的创业精神、同舟共济的协调思想。1992年获全国报刊理论文章一等奖。1993年获山西省社科成果应用一等奖。

本人曾多次在课堂上对学生们说："山西商人在山西，山西商人研究的专家在日本，这是山西人的羞愧，更是山西财经学院的耻辱，我们是商业部属商科大学，对晋商的研究不能落在外国人后面。"后来又倡导建立山西商人博物馆和山西票号博物馆，发展山西人文旅游，受到了政府的重视。如今"晋商"这朵曾在黄土地上盛开过而后又凋谢的奇葩正在重新绽开生命的花蕾，这和晋商理论研究与宣传是分不开的。

2001年9月由中央编译局和河北大学等单位召开的全国多元制股份理论研讨会上，论文"中国早期人力股的实践对当代企业改革的理论与现实意义"得到了与会专家的高度评价。文章提出，人力资本股在中国已有400年的历史了，这不是美国舶来品，人力资本股和实物资本股并重的理论在不否定货币资本和实物资本理论的前提下，比较好地解决了社会主义本质特征，即"解放生产力、发展生产力；消灭剥削、消灭两极分化；共同富裕"的问题，对企业产权制度改革具有重要的理论与现实意义。

1997年主持中国商业史学会明清史专业委员会成立及学术讨论会在山西财院召开。提出晋商问题不仅仅是山西商业史，它涵盖经济学、管理学、营销学、历史学、社会学、哲学、金融学、会计学、经济地理学、建筑学、艺术、民俗学、族谱、戏剧、武术等很多方面，应当是一门综合性的学科，这就是"晋商学"。得到了参加会议的原商业部部长、中国商业史学会会长胡平和著名经济史专家吴承明、方行老前辈的肯定和支持。2005年起集中精力于晋商学研究。《晋商学》贡献在于：第一，第一次为"晋商学"做出了界定。认为其是一门探讨中国商业文明与金融贸易活动规律性的多学科交叉的综合性的科学。第二，构建了晋商学的科学体系。第三，对中国商业革命做出了概括与描述。第四，概括了晋商的企业制度与经营理念。第五，概括了晋商的伦理哲学与核心价值观。第六，提出了市场经济需要重商思想。第七，提出了晋商精神是建设和谐社会的社会资本。2004年《晋商学》专著与本人主持的《晋商案例精选》列入"21世纪高等学校经济管理类创新教材"，成为山西财大在全校所有专业普遍开设的公共选修课，向学生灌输晋商精神，在2008年4月全国高校本科教学评估中，获得很高评价。经济科学出版社将《晋商案例精选》一书推向市场以后，社会反响强烈，本人曾应邀在清华大学、北京大学、西安交通大学、太原理工大学、国家外汇管理局、国家保协会等演讲晋商。2009年1月该书获山西省2008年度"五个一"工程一等奖。

（九）金融史料书的整理编撰

金融史和晋商的研究，需要大量的历史档案资料，这是一项一般人不愿意干的"坐冷板凳"的工作。但是站在历史的角度，史论也许是短命的，而史料却是长存的。史料整理是永久为社会为他人服务的工作。

"坐冷板凳"开始于1963年秋，参与山西票号的研究和1975年对阎锡山时期山西省银行的研究。1980年中国社会科学出版社出版了本人与人民银行山西省分行郝建贵、张涤非编的《阎锡山和山西省银行》（中国社会科学出版社）；1990年山西人民出版社出版了本人参与编写的120万字的大型史料书《山西票号史料》；2013年中国金融出版社出版了本人主编的 102 万字的《民国山西金融史料》，2014 年本人主持山西省晋商文化基金会主编了由中华书局和三晋出版社联合出版多卷本的"大型晋商文化系列史料丛书"，2014～2015 年已出版《交易须知》、《渠仁甫备忘录》、《日升昌上海总结账》、《合盛元书信稿（国外）》、《合盛元书信稿（国内）》、《商人要录·贸易须知》、《协和信账本》7 册等，16 开布面精装，彩色影印，保留原始史料特点。另外，本人还收集、整理晋商碑刻 30 多年，已经将自己收集的资料交给年轻人接续收集研究整理近百万字，将列入晋商史料丛书系列。这些史料，为金融史研究和晋商研究提供了原始资料，是历史的见证，是金融史研究的基础。

晋商与票号研究。除了史论、史料之外，还有一个方面是通俗宣传，除帮助各专业博物馆外，积极参与大型文献纪录片制作，在推出 7 集《晋商》纪录片后，又奔走呼号票号纪录片，以至自费到蒙古乌兰巴托、俄罗斯恰克图、乌兰乌德茶叶之路对晋商票号进行考察，终于 2013 年作为总顾问，推出了大型纪录片 5 集（大众版）和 10 集（专业版）两个版本《票号》，在中央台 10 频道、9 频道播出。

（十）传播知识，服务社会

通过讲座、接受电视报刊采访、参加国内国际会议、参与晋商电视片剧本审稿等工作，广泛地宣传了金融协调理论、宏观金融理论、晋商知识，对推动全国的晋商热、山西的旅游热，掀起学习晋商、研究晋商的热潮等，起了重要的推动作用，并取得了明显的社会效益。

自 2001 年以来，作过的讲座、接受的媒体有中央电视台、路透社、山西电视台、浙江电视台、湖南电视台、江苏电视台、太原电视台等电视媒体，以及《企业管理》、《生产力研究》、《金融信息参考》、《东方瞭望》、《新晋商》等杂志，《21 世纪经济导报》、《辽宁日报》、《杭州每日商报》、《山西晚报》、《太原晚报》、《山西工人报》、《山西商报》、《山西发展导报》等报社，受北京大学、清华大学 EMBA、国家外汇管理总局、中国保险协会以及浙江、江苏、上海、深圳、北京、四川等一些大企业邀请讲授有关晋商与票号问题 70 多场。近年本人被聘为中国华融资产管理公司太原办事处专家咨询委员、《当代金融家》杂志编委、山西科技专家服务团专家、山西省文化产业研究中心顾问、山西省教育厅"教学名师奖"等多个评委、中国金融"中植金智杯——21 世纪银行家论坛"评委、山西省重点建设大学"九五"期间建设项目验收组专家、山西省第三届和第四届人文社会科学优秀成果评委会主任委员等。

（十一）根本大事是教书育人

1963～2015 年，在本校执教 52 年，始终服务于本校教学第一线。

第一，教材推陈出新。教材是教学的重要工具，需要跟上时代发展的需要并不断更新。2000 年为中国人民银行总行、中央广播电视大学主编《中央银行通论》（中国金融出版社），录制中央银行音像讲授片（是中国人民银行总行与中央广播电视大学合办的金融学专业学生的主讲教师）。2002 年修订出版《中央银行通论》第二版，补充了大量新的内容。2004 年组织编写了相应的《中央银行通论教学指导书》（中国金融出版社）。2003 年本人又根据金融理论的不断发展，出版了《金融理论教程》、《宏观金融调控理论》两本新教材，不断为金融学研究生提供新的教材与参考书。同时又参编了全国统编教材《中国金融史》第二版（西南财经大学出版社，2001 年），全国统编教材《货币银行学原理》第四版、第五版、第六版（中国金融出版社，2002 年、2005 年）。合作主编研究生教材《中国金融理论》。

第二，多方灵活施教。对学生应当像对待自己的孩子，也像对待最真挚的朋友，与同学们交谈，仔细地了解他们的爱好和兴趣，耐心地引导学生的成长道路，积极地向社会推荐自己的学生，帮助他们找到最适合自己的舞台。这一点，无论是新毕业的学生，还是早就毕业，目前已居于社会重要岗位的学生都深有体会。中国农业银行宁夏回族自治区分行行长李怡农在《学者》杂志 2003 年第 4 期发表的纪念孔祥毅教授从教 40 周年的文章《不圣亦贤、师晖朗耀》，被《中国金融家》杂志在 2004 年第 8、第 9 期全文转载。

在教学工作上，除了严谨、认真外，还根据学生们的需要和特点，采取了多样化的教学方法。如《宏观金融调控》就运用讨论、评论、有奖辩论等形式进行传授。常常给硕士生出一些与金融理论及现实问题密切相关的题目，让同学们分成小组查资料、讨论，然后以小组竞赛的形式在课堂上辩论，还让部分同学充当"评委"、"主席"，对获胜者赠送自己的签名著作作为奖励。这种形式充分锻炼了学生们搜集资料的能力、现实分析研究问题的能力、集体合作的能力、书面与口头表达能力。同学们感到深刻、有趣，收获很大，而且为毕业答辩和毕业后找工作面试打下了基础。

对博士生的教育，除了时常和同学们一起探讨问题并加以及时点拨外，更重要的是让同学们做一些实际的科研，如参与课题、发表文章等，锻炼他们的科研能力；另外还为学生的发展铺路搭桥，如推荐学生参加全国性的学术会议，鼓励他们在会上发言，介绍学生认识学界的老前辈，向社会介绍自己的学生，给学生提供发展的机会。

第三，改进教学模式。在金融史教学与研究上，千方百计创造接触实际的机会。2000 年建议太谷县孔祥熙宅园博物馆改建为孔祥熙宅园金融货币博物馆。之后，积极推动财大金融系于 2002 年 5 月与太谷孔祥熙金融货币博物馆合作，建设了财大金融学研究生教学与科研基地，利用铭贤学校的初址和该博物馆丰富的金融史资料，使这个独具明清金融中心的特色宅园成为硕士生实地研究基地，安排有研究生宿舍床位 15 个。山西财经大学金融史博物馆的建立，积极推动山西财经大学票号与晋商网站的建设，网站收集了国内外晋商研究的所有成果及动态电子资料数据库和国际交流平台，配合博物馆的实物资料，让人有重返历史、触手可及的感觉，使金融学科成为山西省人文社会科学重点研究基地。太谷金融研究基地先后组织并参与了两次国际性的晋商票号会议，建立了一个与国内外学者进行国际交流的平台。国家教育部的同志来考察后，称赞这种模式是一种创新，使各种资源实现了最佳配置，值得大力推广。

第四，服务学校办学特色。山西财经大学票号与晋商研究中心在 2007 年改名山西财经大学晋商研究院，成为独立建制的研究机构，成为山西省人文社科重点研究基地，强化了山西特色和文化的研究。另外，积极参与老教授协会的工作，山西省老教授协会特授予首届"科技兴晋突出贡献专家"称号。2008 年学校开出三门晋商文化特色课：晋商学、晋商案例精选、票号与金融创新。

多年来的代表性论著有《中央银行概论》（中国金融出版社）、《中国社会主义金融理论》（中国金融出版社）、《中部崛起下的山西金融机制创新研究》（山西经济出版社）、《晋商学》（经济科学出版社）、《百年金融制度变迁与金融协调》（中国社会科学出版社）等。论文有"山西票号与清政府的勾结"（《中国经济史研究》1984 年）、"山西商人及其历史启示"（《山西日报》1991 年 11 月 18 日、19 日）、"再论金融协调的若干理论问题"（《经济学动态》2002 年第 11 期）、"论金融先导"（《金融评论》2006 年）。论文集有《金融票号史论》（中国金融出版社 2003 年版）、《晋商与金融史论》（经济管理出版社 2008 年版）、《金融经济纵论》（中国金融出版社1998年版）等。

在本校执教52年，除"文化大革命"停课外，没有离开教学。近几年指导金融学硕士生100多人，博士生20人，全部获得相应学位，步入社会后成为专业部门业务骨干。本人1991年获商业部部级优秀专家奖，同年评为国务院特殊津贴专家。2002年山西省学位委员会、山西省教育厅授予"优秀硕士学位论文指导教师奖"。2007年全国老教授协会授予"科教兴国突出贡献奖"。

（十二）一些遗憾：历史的教训

几十年的金融研究之路，做了一些工作，但是也有不少遗憾。这些遗憾，就是有一些很好的课题、很好的机会，没有抓紧，错过了机会，本来可以完成的项目泡汤了。如"十二五"教育部重点教材《中国金融理论》、中国人民银行总行《世界金融发展史》以及中国金融发展史、阎锡山的金融思想与实践、中国商业革命、中国金融革命、金融先导理论研究、山西票号大掌柜的经营思想、万里茶路与晋商……

该办的事，都需要抓紧，抓而不紧等于不抓。

学生记忆

教师节赠恩师孔祥毅

1986～1996 年

背景说明

本文是 1979 级财政金融班学生王相军于 1986 年、1990 年、1996 年教师节赠予的长联与长诗。王相军现为山西省保监局法制处处长。

1986 年教师节书长联一副

1986 年 9 月 10 日

数年从教苦，传道授业是重任。难得良师勤治学，严教诲，往往晨伴雾，夜伴灯，曾躬行，曾口授，而今美誉相传，莘莘学子，同感恩德。

千古育人难，明志清心为根本。唯存先生言忠信，行高洁，每每明规人，暗规己，如履薄，如临深，于此众望所归，累累桃李，争相呈瑞。

1990 年拙作教师颂

1990 年 10 月 10 日

混元初开世，民智尚未通。仓颉造文字，人类始敏聪。
三皇以治世，逐成千秋功。文武重修文，乃后有国风。
夫子设杏坛，弟子满三千。师名由是贵，教化礼义廉。
庭草交翠绿，风月清无边。从此文明邦，代代教相传。
河汾文中子，门下多俊贤。其荫自成溪，何须桃李言。
守常传马列，民魂一塑鲜。中华风云起，历史换新天。
而今国欲强，科技应占先。人才要培养，教师敢息肩？
清心志益明，不使杂秽生。育人红与专，时时严教评。
欲使人成器，务必己业精。清晨闻鸡唱，深夜伴孤灯。
身教胜言教，行动如履冰。唯恐典型失，口授更躬行。
拼将桃李荣，换取白发生。春蚕已丝尽，两袖仍清风。
九月金秋天，举国美誉传。庭前百花艳，热泪润心田。

教师节赠孔祥毅恩师

1996 年 9 月 10 日

夫子兴师教，人间共仰名。芝兰茁庭户，佳秀独钟灵。
改革洒新雨，杏坛显豪英。春风种桃李，蹊径万千成。
未晤先生面，贤声达玉京。课堂相初见，谈吐令群惊。
造访一席语，俗肠顿涤清。仿佛宣韶乐，三月忘味形。
始知胸中府，宫墙万仞宏。一朝教诲谊，十载师生情。
世路坎坷苦，音问时时萦。每展鱼雁笺，中怀倍涕零。
深愧少奋进，难并雏凤鸣。转喜青草茂，东风遍香馨。
更喜前程广，潇洒万里程。洙泗有灵知，圣庙增辉荣。

在勤奋中攀登高峰

——孔祥毅教授及其学术研究

背景说明

本文是刘永祥教授 1994 年所写，摘要刊于 1995 年的《专家论坛》。刘永祥现任北方工业大学教授、会计学院院长。

孔祥毅，1941 年 8 月生，山西阳城人，中共党员。1963 年毕业于山西财经学院，留校从事教学和研究工作至今。历任财政金融系金融教研室室主任，系副主任，山西财经学院经济研究所所长兼科研处处长等职，现任山西财经学院副院长、学报主编、教授。

30 年来，孔祥毅教授植根于现实生活的沃土，在经济科学园地辛勤耕耘，硕果累累。他先后承担了 10 项国家和省（部）委托课题的研究任务，主编专著、教材 9 种，合编 7 种，发表学术论文和重要研究报告 61 篇。他的这些研究成果在经济学界引起了较大的反响，赢得了多种殊荣：在中国金融出版社评选的 18 种获奖图书中，就有他主编和合著的 4 部著作，他所编著（含主编和合编）的 3 本高等院校统编教材先后获全国高校金融类优秀教材二等奖 2 项、三等奖 1 项，1 部专著获山西省首届社会科学优秀科研成果一等奖，主编的《金融通论》等三部著作分别获山西财经学院优秀科研成果一、二、三等奖，由于在经济科学研究方面的卓著成就，他 1992 年被评为享受政府特殊津贴的专家，同时获"国内贸易部部级优秀专家"荣誉称号。

目前，孔祥毅教授还兼任中国人民银行总行教材审定组成员，中国商业史学会、晋商文化研究会、山西孔子学术研究会、山西省农金学会副会长，山西省经济学会副秘书长兼学术委员会副主任，山西省生产力经济学研究会、山西省金融学会、山西钱币学会常务理事，山西省第一、第二届社会科学优秀科研成果评审委员会委员，山西省社科系列高级职务评审委员会委员等众多社会职务。

一、关于金融史学的研究成果及其贡献

作为一名以金融理论和金融史学为主要研究方向的金融经济学家，孔祥毅教授 30 年如一日地潜心研究，取得了丰硕的成果，为金融史学研究的发展做出了较大的贡献。

（一）《中国近代金融史》的问世，填补了我国金融史学研究的空白

1983 年，他受中国人民银行总行的委托，参加了中国近代金融史教科书的设计研究工作。经过近三年的研究和多次讨论，《中国近代金融史》（中国金融出版社 1985 年版）出版问世，这是我国第一部高等财经院校金融史教科书。在这部历史著作中，孔祥毅教授承担了 1865 ~ 1894 年这段重要历史的编著任务。他从当时社会的民族矛盾、阶级矛盾、经济发展、货币流通与金融的相互影响分析中，科学地总结了中国近代金融活动的规律性理论，不仅在史料上使用了大量一般经济史论著中未曾用过的档案资料，而且在票号、钱庄的研究，外国帝国主义银行入侵中国及其对中国金融活动的影响等重大金融历史问题的研究方面具有开拓性。此后，他还发表了"关于银行发展阶段的历史考察"（《金融研究参考资料》1986 年）等论文，更为系统地阐述了他的学术观点。这些成果对深化金融史学的研究具有重要的启蒙、指导意义。

（二）在票号研究方面的重大突破

票号研究一直是金融史学的重要课题之一。对此孔祥毅教授认为，山西票号首创民间专业汇兑组织，为异地银钱调拨服务；山西票号的创设，使款项"汇通天下"；但由于山西票号逐渐异化为政府金融，使之随清政府灭亡而垮台，这是它与上海"钱庄"在辛亥革命后一个灭亡、一个发展的根本原因。在此方面，他先后写出了"山西票号史话"（《山西日报》1980 年 1 ~ 2 月连载）、"山西票号轶事"（《金融与经济》1987 年第 2 ~ 第 6 期连载）、"清代北方最大的通事行——大盛魁"（中国文史出版社论文集 1986 年版）、"山西票号与清政府的勾结"（《中国社会经济史研究》

1984年第3期）等一组论文，与此同时，他还与同事们一起将近30年的研究成果整理成了长达120万字的大型资料书《山西票号史料》（山西人民出版社1990年版），为金融史研究工作者提供了大量珍贵的史料，具有较高的学术价值。"山西票号与清政府的勾结"是他系统研究山西票号的代表论文之一，全文长达1.8万字，由《中国社会经济史研究》杂志1984年第3期以首篇位置刊出。该文系统阐述了他对山西票号兴衰史研究的独到见解，提出了以下开创性观点：①山西票号与清政府的勾结是其阶级利益一致性推动的；②山西票号随清政府的灭亡而早夭，这是由它服务于商品流通异化为政府财政支柱的必然结局；③山西票号与中世纪欧洲银行具有同样的历程和属性；④票号资本的非生产性运用，使之具有高利贷性质。该文发表后，在史学界引起强烈反响。上海市金融研究所洪葭管研究员评价说："这篇力作写透了一个重大理论问题，得出的结论是很有见解的。登载此文的《中国社会经济史研究》杂志中外驰名，它对每期文章的排列次序是先古代后近代，而这一期（1984年第3期）近代文章较突出，故一反常例，将孔君文字列为首篇决不是偶然的。"此后不少经济史学家与期刊连续发表评论与介绍，都给予了极高的褒誉和评价。

（三）为我国自铸银元和转账制度的历史正本清源

孔祥毅教授通过对大量史料和文物的研究考证，在全国率先提出中国自铸银元始于清代康熙、乾隆年间的西藏地区这一重要学术论断。他的这一学术论点几经论证，已被经济史学界所公认，从而改变了中国自铸银元始于光绪十三年的看法。

转账结算是现代金融业务的一项重要内容。中国的转账结算究竟源于何时何地，史学界一直存有异议。当时国内不少学者认为起源于19世纪80年代末和90年代初期上海的钱庄。孔祥毅教授在对出土石刻进行系统钻研的基础上提出了山西金融行会首创我国转账和清算中心，按山西内地钱行习惯办起来的归化城宝丰社及其同业清算，形成于清乾隆、嘉庆年间，因而山西金融业的拨兑、谱银、客钱、丁卯等制度实质上就是现代的转账清算制度，在时间上这些制度至少要比上海钱庄早一个世纪。同时，他还提出，山西金融业在乾嘉时代首创类似于中央银行的同业公会操纵着金融市场；山西金融机构最先打入国际金融市场，独领清代中国金融业之风骚。他的这些重要研究成果，闯出了金融史学研究的诸多误区，大大推进了我国金融史学研究的进程。

二、关于金融理论创新的研究成果及其贡献

孔祥毅教授 30 年来一直处在教学第一线，对经济学科的课程设置及其体系的弊端感受极深，特别是随着经济体制的改革，金融理论与实践都面临着全面创新的艰巨任务，他又以满腔的热情为此而奋力拼搏。其研究成果填补了我国金融理论研究的四项空白，为我国金融理论，特别是中央银行理论的发展做出了较大的贡献。

（一）首创中央银行理论研究新学科

孔祥毅教授是我国中央银行理论的创始人之一，早在 20 世纪 80 年代初他就开始构思中央银行学科建设问题，1984 年春完成了《中央银行概论》的编著。1986 年 11 月在中国人民银行总行教育司召开的金融专业教学计划会（长沙会议）上，他力主增设《中央银行概论》为主干课程，受到与会代表的一致赞成。会议委托他起草教学大纲，并于 1986 年 6 月在太原召开讨论会，从此奠定了他在我国中央银行理论领域的地位。

孔祥毅教授对我国中央银行理论的研究成果，集中体现在他的学术专著《中央银行概论》和高校文科统编教材《中央银行学》两部力著中。在《中央银行概论》（中国金融出版社 1988 年版）一书中，他提出中央银行的产生是银行券流通、银行清算、最后贷款人和金融管理发展的产物，对稳定和健全金融市场有积极的推动作用；同时，他否定了中央银行的企业性质之观点，较早提出中央银行是国家金融管理机关，处于超然地位；要按国家宏观经济目标确定货币目标，并按经济区域设置中央银行地方分支机构等观点。这部著作的出版，受到社会各界的充分肯定和高度评价。全国著名金融学家盛慕杰先生评价说："这是我国第一部系统地专门论述社会主义中央银行的著作，为金融事业的发展奉献了有价值的精神食粮。"全国 30 多家大专院校金融专业采用该著作为教材。此后，根据孔祥毅教授起草的教学大纲，中国人民银行总行又组织编写了高等学校文科统编教材《中央银行学》（中国金融出版社 1989 年版），进一步完善了中央银行理论体系。这两部力著分别于 1990 年和 1991 年获得山西省首届社会科学优秀科研成果一等奖和全国高校金融类优秀教材三等奖。

为充分阐述他对中央银行理论的见解，他还撰写了"中央银行的演变及其在我国独立设行的必要性"（中央广播电视大学外国银行制度与业务参考资料 1986 年）、"论人民银行通过货币政策对宏观经济的调节"

（《经济问题》1984 年第 4 期）、"略论货币流通的正常标志"（《经济问题》1981 年第 11 期）、"控制货币，搞活资金"（《技术经济与管理研究》1988 年第 6 期）等论文，从不同角度进一步阐释了他在中央银行理论研究方面的独到见解。

（二）首创社会主义金融理论新体系

在长期的金融教学过程中，孔祥毅教授对社会主义金融理论的体系进行了大胆的创新探索。1988 年，他受中国人民银行总行的委托，与中国人民大学周升业教授一起主编《中国社会主义金融理论》（中国金融出版社 1988 年版）一书。该书在体系上，第一次突破了货币银行学的传统框架，系统地论述了经济体制与金融，社会主义经济中的货币流通，信用与资金，专业银行企业化，社会主义金融市场，国际收支与外汇，国际储备与利用外汇，以及中央银行对宏观经济的调控等一系列重大的金融理论与实践问题。该书的出版，创立了全新的社会主义金融理论体系，荣获了全国高校金融类优秀教材二等奖。

（三）首创城市金融理论与业务研究新领域

新中国成立 40 多年来，城市金融理论与业务一直是金融学研究的空白，孔祥毅教授以一个经济学家独有的胆识与气魄，又勇敢地担负起了这一克难攻坚的研究任务，于 1990 年主编了我国第一部以城市金融为研究对象的学术论著《城市金融》（中国城市经济社会出版社），从而填补了这一理论空缺。在这部论著中，提出城市金融是国民经济各部门的联结器，是城市经济态势的显示器和监测器，是城市经济发展的启动器和调节器；城市金融可以有效地改变城市社会的空间分布结构，改变城市经济和人民生活的社会环境，进而影响城市居民的消费行为。同时他还提出，我国城市金融组织的多元化，管理结构的多层次化以及融资结构的多形式化决定了城市金融业务的多样化，如抵押贷款、票据流通转让、金融租赁、房地产金融及信托等。最后，他提出城市经济的调控，应主要通过中央银行运用货币政策实行间接调控来实现，因而中央银行各城市分行是城市当局的得力助手，经济决策的重要参谋和城市经济的管理者。这就在理论上阐明了城市金融的性质及其地位作用，为城市金融干部提供了理论与业务指导，具有较大的学术价值与社会意义。

（四）存款准备金制度

在 1981 年召开的全国货币流通理论讨论会上，孔祥毅教授最先提出在多家金融机构产生之后，不能再搞无约束的"多存多贷"，力主建立存款准备金制度，以此限制信用扩张的规模，他的这一观点已在有关制度中被给予肯定并在实践中付诸实施。

三、关于晋商研究成果及其贡献

经济史学上简称为晋商的山西商人，历史悠久，称雄于明清时代，曾主中国商业之沉浮。世界经济史学者曾把山西商人与意大利商人相提并论，给予很高的评价。为追溯晋商历史，改变"山西商人出在山西，而山西商人研究权威却在国外"的状况，孔祥毅教授以赤诚的民族紧迫感又投入了晋商史的研究。积十几年辛勤耕耘，出版有《近代的山西——近代史上的山西商人与商业》（山西人民出版社 1988 年版）等专论，并承担全国高校古籍整理委员会委托课题"山西商人研究"的任务，已搜集整理了 800 万字的史料并先后问世。

特别值得一提的是孔祥毅教授与张正明研究员合写的"山西商人及其历史启示"一文在《山西日报》（1991 年 11 月 18 日、19 日）发表后，不仅在社会上引起强烈反响，也引起了山西省委领导的极大关注和重视。当时的山西省委书记王茂林同志专为此文写了 1000 多字的批示，推荐给全省地市领导学习参考。《山西日报》（1991 年 11 月 18 日）特发了"以古为鉴，学以致用"的人物专访，《经济日报》（1991 年 3 月 4 日）也以"一篇在山西引起反响的好文章"为题做了专门报道，《中国经营报》（1992 年 6 月 10 日）及全国多家报刊也都进行了转载或介绍，该文荣获了全国报刊优秀论文奖。

孔祥毅教授对晋商的研究成果及其贡献主要表现在以下四个方面：

（一）从历史分析中深刻揭示了晋商发展的根本动因及其环境

他认为，货币经营资本是随着商品经营资本的发展而发展起来的。随着山西商业资本的发展，晋商逐渐办起了不同业务形式的商号，如钱庄、账庄、票号、印局、当铺等，这些商号被西方学者称为"山西银行"，因此晋商的商业与金融业相互渗透，混合生长。同时，他还认为，对晋商有利的经商环境又在于政府及其官员对商号的态度及管理。山西商人善结政府和官吏，颇得清廷赏识，这是封建社会的晋商能在竞争中取胜并不断开拓业务的重要原因；这就从理论上揭示了商业与金融业及其环境因素的血缘关系，澄清了山西人善于理财的社会背景，在一定意义上讲，这也是对现代商业理论的一个突破。

（二）再现了晋商雄姿，展示了晋商风采

孔祥毅教授通过对大量史料的考究，在"山西商人及其历史启示"一文中提出，山西商人不仅上通清廷，下结官绅，而且商路达数万里之遥，款项可汇通天下；从蒙古草原的骆驼商队到长江起锚出海的商船，从呼伦贝尔草原的醋坊到贵州的茅台酒厂，都有山西人在经营；再现了晋商远涉南起加尔各答，北到彼得堡，东至横滨，西达欧洲国家，并垄断对蒙俄贸易的盛况，进而说明山西人曾以其特有的开拓进取和敢于冒险的精神，"在明清时代演出了一场长达数百年的大型商业话剧，其舞台之广大，演员之众多，是历史上罕见的。"向海内外生动地再现了晋商的雄姿与风采。

孔祥毅教授这一研究成果的社会贡献在于彻底转变了流行的"山西一向闭关自守，传统观念根深蒂固"等观念，用雄辩的史实说明"历史上的山西人极具商品经济观念和开放意识"。他的研究成果也极大地影响了各级领导的决策行为，省委王茂林书记在推荐此文的批示中写道："看一看这个材料，我们就会发现，抱怨山西人无能的观点是站不住脚的，把问题的根本原因归结于历史传统的观点至少是一种无知和误会，问题的关键在于我们各级领导干部的思想观念和行为方式还不能适应要求，思想还不够解放，改革开放的意识还不够强，因而不能卓有成效地带领广大人民群众进行社会主义现代化经济建设。"省委书记的推荐，在全省引起了极大反响，也引起人们对如何深化改革，扩大开放的进一步思考……这就是一个经济学家对社会的巨大贡献。

（三）科学地总结了晋商精神与经营韬略

经过十几年的潜心研究，孔祥毅教授撰写出"晋商今鉴"（《经济研究所资料》1991年第6期）一文，对晋商的经营韬略和独树一帜的"晋商精神"进行了系统论述。他将晋商精神概括为重商立业的人生观、诚信义利的价值观、艰苦奋斗的创业观和同舟共济的协调观四个方面。将晋商经营韬略概括为三方面：①经营方针上：维护信誉、信用第一，审时度势、人弃我取，周到服务、薄利多销；②业务管理上：以销联产、运销结合，组织行会、保护商利，任人唯贤、量才录用，人身顶股、协调劳资，严格号规、节欲杜弊，重视教育、提高素质；③资本运营上：预提护本、严防空底，倍股厚成、充实流资，酌盈剂虚、抽疲转快。此外，他还对晋商成熟的管理体制——联号制、分号制进行了研究。这些研究成果，不仅具有重要的历史价值，而且备受企业界人士青睐，《中国经营报》（1992年6月19日）以"晋商经营术"为题予以转载，给予极高的评价。

（四）提出"茶马之路"研究新课题

孔祥毅教授认为，晋商在远距离长途贩运贸易中，逐渐开拓和形成了六条商路，其中主干线南起广州，中经山西晋中地区，北达蒙古新疆及俄国进入欧洲市场，南来"烟酒糖布茶"，北往"牛羊骆驼马"，这条商路被孔祥毅教授称为"茶马之路"或称"茶叶之路"，他的这一重要学术观点，已引起中外商业史、经济史学界的高度重视。现在，他正积极筹备茶叶之路的国际学术讨论会，并为之进行着不懈的努力。

值得欣慰的是，经过孔祥毅及一批学者的努力，目前山西的晋商史研究已走在全国及世界前列，研究也日益深化。

四、关于现代经济理论的研究成果及其贡献

孔祥毅教授认为，研究历史旨在"以古为鉴"，为现实经济发展服务。于是他在主攻金融理论与金融史学的同时，广泛涉足于当代经济学的诸多领域，撰写出一批有分量的论文，在现代经济理论研究方面也有一定的建树和成效。

开拓和建立社会主义金融市场是中国经济体制改革的主旋律之一，在没有任何模式和框架的情况下，理论研究与方案设计的任务十分艰巨。孔祥毅教授知难而进，先后撰写了"简议社会主义金融审场"（《内蒙古金融》1985年第4期）、"我国社会主义金融市场展望"（《城市改革理论研究》1987年第9期）、"太原能有一架大型'造钱机'吗？"（《城市研究》1991年第1期）等一系列论文，从理论与实践的结合上对此做了有益的探讨。经济改革的成功需要金融改革的先导和配合；市场经济的发展，必然带来信用制度的完善，产生多种融资形式与工具，多种融资形式与工具的运用和流通，必然导致金融市场的形成，因此，金融市场的存在是市场经济存在和发展的重要支柱。他的这些成果，最终结晶为他主编的《金融市场概论》（中国金融出版社1991年版）一书，该书出版后被中国农业银行总行指定为全国本行系统干部学习教材。

合作经济，特别是信用合作经济是孔祥毅教授研究的另一重要领域。他在系统钻研欧文、列宁的合作思想及世界合作流派的基础上，结合对

中外合作经济发展的历史考察，认为合作经济不同于集体经济和经济合作，它们在形成基础、生产要素结合方式、经营与分配方式等方面具有质的差别，提出了"合作经济以自由平等、互助互利为宗旨，而不以盈利为主要目标"的学术观点，并对我国合作经济异化为集体经济提出质疑，对合作经济的所有制基础，多样化的组织形式进行了研究探讨，并在此基础上，发出了为合作经济正本清源、实现合作经济制度创新的呐喊。

随着农村经济改革和金融改革的不断深化，作为合作经济重要组成部分的信用合作理论研究已迫在眉睫。从当时情况看，经济理论界对此研究甚少。孔祥毅教授深感重任在肩，先后写出了"试论信用合作社改革的理论基础"（《信用合作》1986 年第 6 期）、"关于民间借贷的几个问题"（《信用合作》1990 年第 9 期）、"信用社管理体制改革的理论反思"（《信用合作》1990 年第 9 期）、"关于农村信用社管理体制改革的探讨"（《财金贸易》1991 年第 4 期）等论文，提出了如下学术观点：①信用合作并非舶来品，中国的"合会"就是最早的信用合作；②信用合作制的完善与市场经济发展密不可分，信用社不是农业银行的"后院"或国家银行的下属，应自成系统，参与世界合作联盟的活动；③对农民自发组织起来的农村合作基金会予以承认其合法地位；④建立独立的合作金融体系，其信贷、转账清算业务应打破地区、城乡分割的界限，拓展服务领域与业务范围。在发展趋势上，孔祥毅教授认为，信用合作形式与业务的发展，必将导致合作金融成为农村信贷的主体，在农村经济中占绝对优势。他的这些研究成果及其论文，有的被收入《中国农村金融史学论文集》，有的被国家有关部门所采纳。

进入 20 世纪 80 年代，我国在经济增长中遇到了严重的通货膨胀问题。孔祥毅教授的理论思维又紧跟追踪，在 1981 年就发表了"试论信用与通货膨胀的几个问题"（《经济问题》1981 年第 3 期）一文。此后，又发表了"稳定通货战略措施管见"（《新时期货币流通论文集》，中国金融出版社 1984 年版）等一系列论文，在通货机理分析、稳定通货措施等方面发表了他的见解。

孔祥毅教授具有坚实深厚的理论功底，在现代经济理论研究中也大胆地提出一些颇具价值的观点：①发表"把资金与资本统一起来"（《经济问题》1987 年第 9 期）一文，冲破了在我国残存 30 多年的理论误区；

②早在 1982 年就发表"山西应县广济水利股份有限公司述略"（《中国水利》1982 年史志专刊）一文，较早地对我国股份有限公司进行研究探讨；③发表"建立我国开放型利率体系的设想"（《中国金融学会利率改革新论论文集》1986 年）、"金融经济的难点和出路"（《山西金融》1988 年第 2 期）等论文，为我国金融改革献计献策。

孔祥毅教授专博相兼，对其他部门经济理论也有一定研究。先后发表了"论全面放开价格"（《山西财经学院学报》1988 年第 4 期）、"投资体制及财政银行体制配套改革"（《山西财专学报》创刊号 1988 年）、"改革的根本出路在于权力结构的重新配置"（《改革先声》1980 年第 3 期）、"论市场疲软的负效应及其对策选择"（《经济问题》1989 年第 12 期）、《论消费品市场发展规律》（《经济研究所资料》1992 年 5 月）等一系列论文和重要研究报告，对经济改革中的许多重大问题做了深层次、全方位的探讨。特别是他与人合作撰写的长达 18 万字的研究报告《东欧国家学者关于计划与市场的论争》（连载于《经济研究所资料》1989 年）发表后，对开阔我国学者视野，冲出理论藩篱提供了许多有益的启示，引起了许多学者的思考。

五、关于区域经济理论研究及其贡献

孔祥毅教授从事经济科学研究的指导思想是：奉献于祖国、奉献于教学、奉献于地方经济决策。正是在这一思想支配下，他用了大量的时间与精力进行区域经济的研究。近 10 年来，他参与了省委、省政府许多重大经济决策的论证，也不断出现在许多部门，甚至企事业单位的各种论证会上，以其特有的才智为山西经济的发展做出了贡献。

在区域经济理论研究方面，他先后撰写了"区域经济调控与资金流量信息系统"（《经济问题》1990 年第 12 期）、"略析山西经济结构的现实态势及优化选择"（《学术论丛》1991 年第 9 期）、"关于我省现金管理的研究"（《经济研究所资料》1989 年第 12 期）、"重振山西商业的雄风"（《文史研究》创刊号 1993 年）、"建设山西能源重化工基地，建立太原金融中心"（《财金贸易》1985 年第 2 期）、"合理利用自然资源与山西经济发展"（《学术论丛》1992 年第 3 期）等一系列论文。特别是在"重振山西金融业雄风"（《经济问题》1987 年第 2 期）一文中，系统地提出了他对开拓和完善山西金融市场的构想。认为"扩大金融业投资是当务之急"，为此要"扩大票据交换所的功能，完善同业拆借市场"，要实现"商业信用票据化，开拓贴现市场"；要"利用买方信贷将山西商品推向全国市场；建立退休待业基金会，开拓保险市场；开办房地产金融业务，试办不动产债券市场"。同时要"开办金融租赁，增加金融经营项目，改革金融体系，保护金融业竞争"。他的这些观点被太原市工商银行所采纳，并受聘担任该行高级经济顾问。经过短短四年的尝试，就使该行一跃成为全国金融创新的典范，被确定为全国金融改革的目标模式。

孔祥毅教授在研究山西经济问题的同时，也为山西迈步全国、走向世界做出了不懈的努力。1988 年，在苏州召开的近代中国外向型经济与金融业关系研讨会上，他以"山西货币商人与外向型经济活动"为题做了中心发言，向海内外学者介绍了山西历史及当代外向型经济的发展情况，与会者对此评价为"构成了旧中国外向型经济活动状况的一个轮廓"（《研讨会纪要》）。1992 年，孔祥毅教授在赴新加坡参加国际金融业务研修与考察期间又在新加坡、中国香港等地从较高层次上广为宣传山西，从而使海外学术界和企业界大大加深了对山西的认识。

六、科学研究方法的典范和风格

孔祥毅教授治学严谨，博览古今，在 30 年的教学研究生涯中，以其善比较、讲贯通、求致用、敢求实的特点形成了独特的研究风格。

"善比较"是他科学研究的重要风格。他认为运用比较研究的方法，可以拓宽视野，使思维更活跃，有助于解决某些长期争论不休的问题。孔祥毅教授的成功已经充分证实了他的这一观点。综览他的研究成果，无一不体现了比较方法的价值。

"讲贯通"是他刻意追求的目标之一。他认为，经济科学研究不能"铁路警察各管一段"，要力求以系统的理论奉献于社会。他身先士卒地为此进行了积极的尝试，近年来，他先后主编了《金融通论》（中国金融出版社 1991 年版），同时还参加了《中国金融百科全书》（经济管理出版社 1990 年版）、《金融知识百科全书》（中国发展出版社 1990 年）等大型工具书的编撰，发表了"把钱币研究与社会经济史研究结合起来"（《山西金融》1988 年增刊）等论文，这些成果都体现了他的这一思想。

紧紧追赶时代的潮汐是孔祥毅教授学术研究的又一重要特点。早在 1978 年，他就撰写了"经济技术落后是要挨打的"系列论文，在《山西日报》（1978年7～8月）连载后，对理论界的拨乱反正产生了一定影响。1984年，随着经济改革，金融工作也面临着一个新的突破，为了尽快提高银行干部的素质，孔祥毅教授编写了《银行新开业务问答》（合编）一书，较早地具体讲解了扩大融资工具、增加融资形式的理论与实践问题。该书于1984年先印2.3万册作为内部学习，当时中国农业银行总行行长韩雷同志读后，在全国分行行长会议的报告中，"感谢山西做了有益的贡献"，并要求人手一册，发文通知全国订阅学习。该书于1985年7月由中国金融出版社正式出版，累计发行了10万余册。此后，他还受中国农业银行总行委托，承担了"新开业务知识电视讲座"的教学任务，在更广泛的范围内宣传普及银行新开业务。1989年，在我国银行结算制度改革的新形势下，他又主编了《银行结算问答》（山西人民出版社1989年版），及时地满足了广大企事业单位和教学科研工作者的需要。

"敢求实"是他学术研究的重要风格。他一直认为，史学研究具有恢复历史本来面目、总结历史经验、探求发展规律三大任务，并以勇于冒险的胆识为恢复历史本来面目做了极大的努力。这方面的研究集中体现在对近代经济，特别是国民党时期金融经济的评价方面。他先后发表了"阎锡山早期的银行——山西官钱局和晋胜银行"（《山西财经学院学报》1980年第1期）、"蒋阎冯中原混战与晋省金融"（《山西财经学院学报》1980年第2期）、"抗战以前阎锡山的农村金融政策"（《山西地方志通讯》1985年第4期）等一组文章，并总纂了《阎锡山和山西省银行》（中国社会科学出版社1980年版）一书。在这些研究成果中，他对阎锡山的经济思想及其历史借鉴作了实事求是的分析评价。此外，对经济史学界较为敏感的若干争议问题，如国民党发行法币的历史作用及其目的等，也从当时社会的政治、经济环境出发，发表了一些独到的见解，表现出一个经济学家崇高的政治品格。

孔祥毅教授更是一位不断进取的经济学家。自担任山西财经学院副院长后，繁忙的行政、教学工作和社会活动，占用、耗费了他大部分的时间和精力，许多著述都是伴随着星月完成的。不久前，他刚刚完成全国合作的项目《中国社会主义金融理论》和《货币银行学原理》两部书稿的修订以及《信用合作大辞典》和《中国金融史》的撰著任务，又投入了"票据学"（中国人民银行总行课题）、"山西商人研究"（全国高校古籍整理委员会课题）、"商业与经济增长理论研究"（国内贸易部课题）、"中国金融通史"等课题的研究，同时他还将继续完成大型资料书《山西商人史料》的收集整理工作，真可谓在勤奋中奋进不止。在经济科学研究事业上，孔祥毅教授好像永远有走不完的路……

高屋建瓴　矢志不渝

——记著名金融经济学家、部级优秀专家、副院长孔祥毅教授

背景说明

　　本文是《山西财经学院学报》记者薛贤安的专访，刊于该报 1995 年 3 月 25 日。

　　"一个人要想做成点事，不奋斗不行"，"事业相对于生命来说是永恒的，一个人不可能永生，但他所完成的事业却可以长留于世、造福后人"，这是我访问孔祥毅教授后仍在脑海中久久回荡的两句话，也许一切辉煌的建树，都可以从这里找到原始意义的注脚。

　　谈笑风云，如话家常，采访过程很轻松，但当面对孔祥毅教授学术成就的那厚厚的一沓沓卷宗时，我却有举笔沉重之感，唯恐拙劣之笔难尽一位在国内金融学界享有盛名的著名专家 30 多年来的卓著与辉煌。

　　翻开孔教授的学术成就档案，一行行醒目的记录便赫然映入眼帘：他先后承担了 10 多项国家和省（部）级委托的科研课题，主编专著、教材 10 种，参编 10 种，发表的学术论文和重要研究报告 60 多篇。在中国金融出版社评选的 1992 年以前的 18 种获奖图书中，就有他主编和合著的 4 部著作。他所编著的教材先后获全国高校金融类优秀教材二等奖、三等奖，他的一部专著获山西省首届社科优秀成果一等奖、一篇论文获山西省社科成果应用一等奖，他的著作多次获我院优秀科研成果一、二、三等奖。1992 年他被评为享受国务院特殊津贴专家和国家内贸部部级优秀专家。

孔教授是我院副院长，还兼任许多社会职务：中国人民银行总行教材审定组成员、国内贸易部学科建设指导委员会委员、中国商业史学会副会长、中国金融学会理事、晋商文化研究会副会长、山西国际金融学会副会长、山西经济学会副秘书长、山西钱币学会常务理事等。同时是我院货币银行硕士研究生导师。

然而，成功的背后从来都包含着奋斗的艰辛。孔教授1941年出生于晋东南阳城县一个偏僻闭塞的山村，幼时的他不折不扣是一个地道的没见过"世面"的"山里娃"，贫寒的家庭又使他过早地体会了生存的艰难，但这一切非但未湮没他的才华和抱负，相反却激发了他奋斗向上"与环境作抵抗"的斗志。从小学到初中，他的学习成绩一直保持优秀，高中阶段多次捧走了优秀生奖状。中学时他不止一次阅读过奥斯特洛夫斯基的名著《钢铁是怎样炼成的》，主人公保尔·柯察金的言行对他影响很大，使他在中学阶段就把奋斗嵌入了生命的轨迹，决心成就一番对社会有益的事业。1961年他以优异的成绩考取了山西财经学院，1963年在全国高校大调整的形势下，他匆匆结束了金融专业的学习，提前毕业，开始留校任教。1963年冬他应形势之需下乡到实践中接受锻炼，先后在闻喜、临汾、五台县农村工作与农民"同吃、同住、同劳动"，在劳动中度过了3年。回忆这段时光，孔教授很动情地叙述当时农民生活之艰苦，常常吃杏树叶和豆皮做的面团团，而把待客用的玉茭面窝窝留给工作队员们吃，可他们怎么也咽不下，最终还是偷偷地掰成一瓣瓣分给了周围的小孩们。1966年秋天他又重新回到了学校。20世纪70年代初他开始从当时流行的政治狂热中觉醒过来，开始反思自己并继而把精力投入到充实自己的进一步学习中去了，他泡图书馆、向名师虚心求教，决心把失去的弥补回来。1972年我院金融专业恢复干部培训工作后，他开始在金融专业这块园地上崭露头角，从教研组长到教研主任、殚精竭虑、不倦耕耘，并最终奠定了我院金融专业在全国的地位。1975年参加了人民银行总行金融课题研究，1978年他开始参与"文革"以后第一本《货币信用学》的编写与组织工作，从此他在金融学领域的科学研究工作便一发不可收拾。

孔教授的主要学术研究方向是金融理论和金融史学。在金融理论的研究方面，他的研究成果填补了我国金融理论研究领域的4项空白，为我国金融理论特别是中央银行理论做出了自己独特的理论贡献。他首创了中央银行理论研究的新学科和社会主义金融理论的新体系，开拓了城市金融理论与业务研究的新领域，倡导建立存款准备金制度。孔祥毅教授是我国中央银行理论创始人之一，他对于中央银行理论的研究成果，集中体现在其学术专著《中央银行概论》和高校文科统编教材《中央银行学》之中。我国著名金融学家盛慕杰教授在评价他的专著《中央银行概论》时说："这是我国第一部系统地专门论述社会主义中央银行的著作，为金融事业的发展奉献了有价值的精神食粮。"他的另两部专著《中国社会主义金融理论》（与中国人民大学周升业教授合作主编）、《城市金融》都体现了孔教授在金融理论上的首创性，在学术界和理论界都引起了强烈的反响。此外，孔教授还应农业银行总行邀请主编了干部培训教材《金融市场概论》，为开拓社会主义金融市场进行理论的探讨，指出金融市场的存在是市场经济存在和发展的重要支柱。他还在合作金融和通货膨胀机理分析等领域进行了一系列深入研究，提出了许多独到的见解。

在金融史学研究方面，孔教授亦是成果丰硕。1983年，他受中国人民银行总行的委托，参加了《中国近代金融史》教科书的设计研究工作，经过近三年的研究和多次讨论，诞生了我国第一部高等财经院校金融史教科书。孔教授在这部历史著作中，承担了1865～1894年这段重要历史的编著任务。1993年他又和同行一道，出版了统编教材《中国金融史》，从而填补了我国金融史教材的空白。对于票号、钱社方面的研究，孔教授也取得了重大突破。他和同事们一道整理出版的长达120万字的大型资料书《山西票号史料》，为金融史研究工作者提供了大量珍贵的史料，具有很高的学术价值。日本学者松蒲章教授在《东洋文化》杂志上给予了极高的评价。他发表的一系列对于山西票号兴衰史研究的独到见解，受到学术界的极高评价。孔教授还通过自己对大量史料和文物的考证，在全国率先提出了"中国自铸银元始于清代康熙、乾隆年间的西藏地区"，这一重要学术论点后几经论证，已被经济史学界所公认，从而改变了"中国自铸银元始于光绪十三年"的传统看法。他又提出了"山西金融行会首创我国转账和清算中心，他们的转账清算制度在时间上至少要比上海'钱庄'早一个世纪"的论点。

他的这些重要研究成果，闯出了金融史学研究的诸多误区，大大推进了我国金融史学研究的进程。作为一个山西经济学者，孔教授始终没有忘记为山西做贡献。他用了大量的时间和精力进行晋商研究和山西省情及区域经济理论的研究。出版有《近代史上的山西商人与商业资本》、《晋商今鉴》等专论，还提出著名的晋商"茶叶之路"的论点，引起了山西省有关领导及中外商业史、经济史学界的高度重视。近10年来，他多次参与了省委、省政府许多重大经济决策的论证，也不断出现在许多部门甚至企业单位的各种论证会上，以其特有的才智为山西经济作贡献。1993年他在纪馨芳副省长支持下，组织力量，推出了大型区域经济专著《三晋论衡》，中国人民大学博士生导师卫兴华教授在以"省情研究的佳作，干部学习的精本"为题发表书评时说："全书理论联系实际，纵向和横向分析结合论述了山西省级区域经济的发展及其战略"，"是山西第一部具有理论性的综合性区域经济专著，像这样全面、系统的综合性区域经济专著，目前在全国尚为数不多"，"标志着山西的区域经济研究已达到了一个新的水平。"孔教授一生治学严谨，他的治学风格大体可概括为"善积累、重比较、学致用、敢求实"。自20世纪70年代后期以来他积累了大量藏书，至于笔记、心得、抄本、资料以及学术札记，连他自己也说不清作了多少。他丰富的积累使得他的论文写起来左右逢源、游刃有余。在谈到重比较对做学问的意义时，他说，社会资料的研究不可能从实验室中产生，需要从历史的长河中去寻找规律，古今比较、中外比较，在比较中才能拓宽视野、活跃思维。"敢求实"是孔教授学术研究的重要风格。他曾一度致力于对阎锡山金融思想与实践的研究，撰有"阎锡山的金融思想与实践"等多篇学术论文，对阎锡山的经济思想及其历史借鉴作了实事求是的分析评价。

长路漫漫，唯上下求索。让我们祝福孔祥毅教授在经济学园地里收获更丰硕的成果，再创辉煌的业绩。

华章编就答恩师

秦援晋

背景说明

本文是秦援晋编辑作者的《金融贸易史论》一书的后记，中国金融出版社 1998 年出版。

孔祥毅教授是我的恩师。

30 多年来，孔祥毅教授致力于金融贸易史和现代金融经济理论的教学和研究工作，他所培养的学生分布于全国各地，他的一系列学术成果和思想在相识者和不相识者间流传，无远弗届。几年前，就有许多同学和校友倡导将老师的成果分类汇编成集，以飨读者，这也是我的夙愿。在中国金融出版社的大力支持和指导下，此项工作才得以顺利开展。其中《金融贸易史论》卷的编选校订工作由我负责。经过断断续续一年多的时间，这卷文集始告编成。

面对案头即将付梓的书稿，心中很不平静。作为学生，我十分感佩老师数十年的辛勤劳动；今天能够把他的学术成果汇为一编，嘉惠更多的后学，深感欣慰和激动。这篇编后记，原本是想写成对本卷文集的阅读指导之类的东西，几经尝试，深感力不从心，不能胜任，只好写成读后或编后感，算是给老师的一份答卷，不妥之处，还望恩师与诸位学友匡正。

通读本卷文集，孔老师在金融贸易史的研究上，有三个显著特点。

第一，注重对历史的理性分析。历史的研究必须从掌握史料入手，这是无可回避的一件繁难工作，但在学术界，有两个并不鲜见的倾向妨碍着

226

历史研究的深度。一是对史料入不能出，最终只能成为史料收集家；更有甚者，黏滞于具体的某些无关宏旨的史料，只见树木，不见森林，以至于明之细节，丢弃大旨。二是对史料浅尝辄止，依据所见片羽，而大发滔滔宏论，终致谬之千里。孔老师从20世纪60年代初接触金融贸易史始，就对史料下着硬功夫，至今未尝懈怠。他一直认为中国金融贸易史，特别是晋商之研究，其史料积累远未完备，在相当长时期内仍是本学科的重要任务。但孔老师对历史研究的可贵之处主要还不在于此，而是在于能把史料分析提升到理性思考的层次，大处落墨，细处留意，不黏滞于细处，由此形成的史学见解便能既深刻又精到。当然他对历史的理性分析，也有个发展过程，最初纯乎用的是马克思《资本论》的"家法"；20世纪80年代中期以后，我们从他的学术成果中可以看出，汤普逊、皮朗的影响已明显存在。例如，关于号规与会馆的研究方法，摄取了中世纪史美国研究家汤普逊的成果；关于晋商活动与近代商业城市的兴起，明显受中世纪史瑞士研究家皮朗的影响。史学视界的拓宽与视角的多维化，使他对历史的理性分析更加深入，而且开拓了若干边缘领域。把这些主体的与边缘的理论按照其内在联系结合起来，孔老师在学术界首次提出了晋商学的概念，描述了这个学科的研究对象、目的与涉及的领域。这门学科的建立，必将把晋商研究提升到更高的理性层次。

第二，注重历史的比较分析。这个特点主要见于他对晋商研究的成果中。初看起来，晋商现象似乎是一个突兀的孤例，是黄土地上曾经开放过而永远衰谢了的奇葩。孔老师的论著中有不少篇什致力于打破这种成见。他用的"武器"是比较方法：一是中外类同现象的比较，这是横向；二是把晋商与它之前的商人和它之后的商人的比较，这是纵向。在横向比较上，主要是分析晋商与欧洲商人的异同，指出其内部制度、资金营运与历史作用上的共同点以及晋商的特殊性。例如学术界一直流行一种观点，认为晋商从事的是一种原始金融，孔老师通过比较研究，指出晋商的十多项金融创新，以及这些创新对现代金融的前驱意义；这些金融创新对现代金融业的发展，仍然具有一定的启示。在纵向比较上，把晋商前阶段远溯到春秋战国时期活跃于商政界的猗顿，后阶段则近延到现代商界的商人，通过各阶段的比较，指出晋商的存在与兴衰条件以及它的历史地位。这种比较研究的方法，在孔老师诸多论著中都有充分体现，通过相互映照，晋商的特殊性被揭示得更加鲜明。

第三，注重历史的精神价值分析。在许多人看来，晋商是嬗蜕于黄土地上的巨大商业遗迹，似乎只具有"考古"的价值。孔老师最先系统研究了晋商精神的内涵及其现代启示。在晋商研究中他始终坚持"古为今用"的立场，由此推展到对现代商业与商人品格精神的塑造，推展到当代山西金融与商业的发展论题，形成了具有历史深沉感的渊博精深之论。关于山西商人精神价值的研究文章，一见诸报道，就很快受到当时山西省政界与全国经济学界的高度重视；此后学术界探讨晋商精神蔚然成风，成果不断涌现，翻出更多新意；在晋商故里的几个博物馆中无一例外地都新增了展现晋商精神的版面。足见此项研究的影响之大。

我的这篇读后感对孔老师的学术精髓只能浅尝一脔，待我们学力能逮的时候，或许会勉力做一篇关于孔老师金融贸易史观的研究性文章，但目前是无论如何也做不到的。好在有孔老师的学术正义在前，读者不依赖我这篇附骥的读后感。只要认真去研读正文，自会有更深的神会。不过做文章的人都多少有点敝帚自珍的怪习气，我情愿把这篇答卷附于骥尾，不怕贻笑于大方之家，是因为觉得我以上所总结的孔老师金融贸易史研究方面的三个显著特点，还不至于大错，还可以给初读者一个大致清晰的指引。

这次得恩师厚爱，给我一个编文集的机会，使我能够真正走近孔祥毅教授，走进他的学术思想，获益匪浅。钻之弥深，仰之弥高。我们后生学子大都心浮气躁，面对老师的成果，只能空发几句感慨和议论，这是十分惭愧的。不过我们这后学者中或许有一二人能够耐得住寂寞，与孔老师一起，把这个领域的学术研究推到更高的境界。我们这样期望着。

孔祥毅教授目前担任着山西财经大学党委书记之职，公务繁忙，但仍然拨冗致力于学术耕耘。记得周作人在评价王阳明时说过："道谊兼事功，百世有几人"，孔老师在学术上已成绩斐然，在事功上也取得了相当成绩。能够像他这样兼顾道义与事功的，古今学界为数不多。学术永久，道谊永久，我们衷心祝愿孔老师能有更多更好的学术成果问世。

高韵声声谱新曲

金融学专家孔祥毅教授及其学术研究

背景说明

本文原载《生产力研究》2001 年第 5 期，记者晋宇即我的
学生祁敬宇。

学海泛舟，有幸在经济学的殿堂中相识孔祥毅教授，先生那高尚的人
品、精湛的学问留给我至深的影响，作为我国著名的金融学专家，他的一
系列学术成果和思想观点在相识者和不相识者间流传，无远弗届，深令学
人钦敬。

孔祥毅教授长期从事金融理论和金融史的教学与研究工作，在经济科
学的园地中辛勤耕耘。先生博览群书，他宽广的视野，多维化的研究视
角，加之金融经济理论的深厚造诣使其对历史、现实的经济问题具有更深
刻的洞察力，在中央银行学、金融协调发展理论、晋商学、金融发展史等
方面进行了一系列具有开创性、前沿性、边缘性的研究。

一、奠基中央银行理论及宏观金融调控研究

孔祥毅教授在金融理论研究与创新方面的建树之一是首倡中央银行理
论研究新学科。早在 20 世纪 80 年代初我国的金融改革刚起步时，他就提
出中国应该建立独立的中央银行制度，并开始构思中央银行学的学科建设
问题。1985 年 11 月，在中国人民银行总行教育司召开的金融专业教学计
划会议上，他力主将《中央银行概论》设为主干课，受到与会专家一致

赞成，总行委托他起草教学大纲。1986 年 5 月全国中央银行学科建设研讨会在太原召开，他在这一领域的先锋作用奠定了他在我国中央银行理论研究领域的学术地位。1986 年 6 月，他的专著《中央银行概论》一书由中国金融出版社出版，著名金融学前辈盛慕杰老先生高度评价这本书说："这是我国第一部系统地专门论述社会主义中央银行的著作，为金融事业的发展贡献了有价值的精神食粮。"全国十几所大学采用这本书作教材，有的高校还派人来进修此课。

宏观金融调控是中央银行的重要职能之一，早在 1981 年召开的全国货币流通理论研讨会上，孔祥毅先生对当时正在试行的"存贷挂钩"政策提出质疑，这一观点已在有关制度中给予肯定并成功地付诸实践。为充分阐述他对中央银行理论的见解，他还撰写了"中央银行的演变及其在我国独立设行的必要性"、"论人民银行通过货币政策对宏观经济的调节"、"略论货币流通的正常标志"、"控制货币，搞活资金"、"区域经济调控与资金流量信息系统"等论文，从不同角度进一步阐释了他的独到见解。

孔祥毅教授并不满足于已取得的成绩，面对中央银行发展的新情况、新问题，结合 10 多年来中央银行的改革和发展实践，于 2000 年 1 月又推出了新的《中央银行通论》一书，系统地介绍了中央银行的理论与实践，丰富了有中国特色的中央银行理论体系。

经济金融化、金融全球化、金融自由化给中央银行的宏观金融调控提出了新的挑战，孔祥毅教授对新形势下中央银行的宏观金融调控问题又进行了深入的研究，对宏观调控的发展趋势、金融对经济作用的历史论证、宏观金融调控的理论基础、金融全球化下的宏观调控、货币政策目标、工具及其传导与效应、货币政策与其他宏观政策的配合、新形势下的金融监管、金融创新与稳健金融体系及其风险控制等都提出了新的观点，这集中地体现在他将要出版的新书《宏观金融调控研究》中。

二、提出金融协调发展理论

1997 年的亚洲金融危机，不仅对亚洲国家，而且对包括美国在内的世界各国的经济金融发展都带来了严重的负面影响，孔祥毅教授以其敏锐的目光和深邃的思想，意识到要准确理解金融及其在当代经济、社会中的作用和影响，就不能仅靠一时一事的、静态的分析，而要从金融制度的变迁过程中研究金融及其与经济社会等环境因素的协调发展问题。在这一思想的指引下，先生开始着手经济金融协调发展理论的研究，申请并主持了国家社科基金项目"百年金融制度变迁与金融协调研究"。他认为，市场经济中由于利益的驱动，金融创新是不可避免的。金融创新带来了金融和经济的发展，也带来了一定金融风险。要防范金融风险就必须加强金融监管，而金融监管要依据金融制度。金融制度的正确性、合理性又取决于金融理论的科学性。那么，防范金融风险从根本上说是金融理论创新问题。当前的重要问题是金融理论的创新。1998年春在中国金融学会组织的北京金融论坛上他发表了"也谈金融可持续发展"演讲，1999年7月又在亚洲太平洋金融协会墨尔本会议上作了"经济泡沫的金融根源"发言，继而应香港大学邀请写了《1883年的金融危机》。2001年2月10日《金融时报》发表了先生的长篇论文"金融协调：一个新的理论视角"，进一步对金融协调理论作了全面阐述，并提出了应该把金融市场资产价格与商品市场价格一起作为货币政策监控的目标等一系列新观点。

三、探索社会主义金融理论体系建设

在长期的金融教学过程中，孔祥毅教授对社会主义金融理论体系进行了大胆的创新探索。20多年来，孔祥毅先生主编、参编、修订货币银行学教材7本次之多，1988年，他受中国人民银行总行的委托，与中国人民大学周升业教授一起主编了《中国社会主义金融理论》，在体系上突破了传统框架，在坚持科学性、实用性与时代性的基础上，创立了社会主义金融理论体系，几次修订再版，并荣获全国高校金融类优秀教材二等奖。同时，孔祥毅教授在城市金融理论与业务研究方面也颇有成就。他在1990年主编了以城市金融为研究对象的著作《城市金融》，由中国城市经济社会出版社出版，提出城市金融是国民经济各部门的联结器，是城市经济态势的显示器和监测器，是城市经济发展的启动器和调节器；城市金融可以有效地改变城市社会的空间分布结构，向周围辐射和渗透，改变周围城乡经济结构和人民生活的社会环境，进而影响城乡居民的消费行为，并且提出城市金融组织的多元化及融资结构的多样化决定了城市金融业务的多样化等问题。具有较大的理论价值与现实意义。

四、拓宽金融史学的研究领域

孔祥毅教授对金融史学的研究开始于1963年初参与山西票号的研究

和 1975 年对阎锡山时期山西省银行的研究，1980 年中国社会科学出版社出版了他主编的《阎锡山和山西省银行》，1990 年山西人民出版社出版了他参与编写的大型资料书《山西票号史料》，40 年如一日，潜心攀登金融史研究的高峰，为金融史的研究和发展做出了重要贡献。

孔教授撰写的金融史论文近 40 篇，从先生的《金融贸易史论》一书中能鲜明地感受到先生治学的严谨和博闻强记及独特的研究视角。他特别注重对史料的理性分析，把史料的分析提升到理性思考的层次，大处着墨，由此形成的史学见解既深刻又精到。同时，还能够以恢宏的视野从全世界的经济金融史角度进行研究，这一点我们从其 20 世纪 80 年代的研究成果中可窥见一斑。孔祥毅教授的"山西票号与清政府的勾结"一文长达 1.8 万字，1984 年第 3 期《中国社会经济史研究》以首篇的显要位置全文刊载，文章认为山西票号与清政府的勾结是其利益的一致性推动的。山西票号由服务于商品流通而异化为政府金融是其随着清政府的灭亡而早夭的重要原因之一。山西票号与中世纪欧洲银行业具有同样的历程和属性。该文在学术界引起强烈反响，著名金融史专家洪葭管老先生评价说："这篇力作写透了一个重大理论问题，得出的结论是很有见解的。"社会给予了极高的褒誉和评价。1998 年 7 月他应香港大学之邀在香港参加商业史国际研讨会，作了"明清山西货币商人的金融创新"的演讲，提出明清时期票号钱庄的 12 项金融创新与意大利金钱商的创新是基本相同的，引起了很大的社会反响，《金融时报》全文发表后，新华社《每日电讯》、《光明日报》等予以报道。

孔祥毅教授先后参与研究出版了人民银行总行组织的《中国近代金融史》、《中国金融史》，填补了我国金融史学研究的空白。他承担的部分不仅在史料上使用了大量一般经济史论著中未曾使用过的档案资料，而且在票号钱庄、外国在华银行几次在中国设行高潮及其对中国金融经济影响等重大金融历史问题上的研究具有很大的开拓性。他认为中国自铸银元起于清康熙年间，改变了过去流传的始于光绪十三年的看法。中国的转账结算制度起于清乾隆年间，不是起于 1890 年上海钱庄，山西钱庄拨兑、客钱、丁卯等制度是转账结算的雏形，中国的中央银行制度可以上溯到清乾隆年间的宝丰社、裕丰社等。他主编和参编出版的金融史料书及重要论文，凝结着他多年的心血，被日本、美国及中国台湾地区、香港地区学者广泛收藏，他也因此交了不少海内外朋友。

五、倡导晋商学研究

孔祥毅教授对晋商研究倾注了大量的心血。他注重对历史的精神价值分析并系统地研究晋商精神的内涵及其现代启示。20世纪80年代不少人把山西经济落后的原因归于山西人一向保守，他始终不同意这个看法。90年代初，他和张正明研究员共同撰写的"山西商人及其历史启示"1.8万字的长文见诸报端后，立即引起省内政界及全国经济学界的极大关注。当时的省委书记王茂林同志为此文写了1000多字的批示，推荐给全省处级以上干部学习。他曾多次在课堂上对他的学生说："山西商人在山西，山西商人研究的专家在日本，这是山西人的羞愧，更是山西财经学院的耻辱。"他以赤诚的民族紧迫感投入晋商研究，承担了全国高校古籍整理委员会的课题"山西商人研究"，他的6万多字的论文"近代史上的山西商人"多角度地论述了晋商的产生、发展、舞台、商路、经营、管理、行会、精神、文化、衰落、教训及对当代山西人的启示。他积极倡导建立山西商人博物馆和山西票号博物馆，发展山西人文旅游，受到了政府的重视。如今"晋商"这朵曾在黄土地上盛开过而后又凋谢的奇葩正在重新绽开生命的花蕾，这不能不说是得益于晋商理论研究的成果。

2001年9月由中央编译局和河北大学等单位召开的全国多元制股份理论研讨会上，孔祥毅教授的论文"中国早期人力股的实践对当代企业改革的理论与现实意义"得到了与会专家的高度评价。他提出人力资本股在中国已有400年的历史了，不是美国舶来品，人力资本股和实物资本股并重的理论在不否定货币资本和实物资本理论的前提下，比较好地解决了贯彻落实社会主义本质特征，即"解放生产力、发展生产力；消灭剥削、消灭两极分化；共同富裕"的问题，对企业产权制度改革具有重要的理论与现实意义。

孔教授最先倡导晋商学研究。他认为晋商问题不仅仅是山西商业历史，它涵盖经济学、管理学、营销学、历史学、社会学、哲学、历史经济地理学、建筑学、艺术、民俗学、族谱等很多方面，认为这应当成为一门综合性的学科。任何新领域的开辟和新学科的形成都需要极高的学术勇气和艰苦的劳动，在孔先生的带动下，晋商研究必将对三晋社会文化的传承和经济社会的发展产生重要影响。

六、正本清源合作经济

孔祥毅教授在系统地钻研欧文、列宁的合作思想及世界合作流派的基础上，结合对中外合作经济发展的历史考察，认为合作经济不同于国有经济、集体经济和经济合作，它在形成基础、生产要素、结合方式、经营与分配方式等方面具有质的差别，并对我国合作经济异化为集体经济和恢复"三性"提出质疑，他对合作社的所有制基础、多样化组织形式进行了探讨，发出了为合作社正本清源、实现合作经济制度创新的呐喊。他多次承担全国供销合作总社和农业银行总行的研究课题，先后撰写了"试论信用合作社改革的理论基础"、"信用社管理体制改革的理论反思"、"关于信用合作社管理体制改革的探讨"、"中国合作经济理论与组织体系研究"等论文，参与了《信用合作大辞典》的编写。他在《合作社改革和发展的几个问题》中提出合作社双轨发展和混合生长的建议，因为见解独到被多家刊物转载。现在正进行着"中国合作经济理论创新研究"科研项目。

七、关注山西区域经济的研究

1993 年，孔先生在当时分管宏观经济工作的省领导的支持下，组织力量，推出了区域经济专著《三晋经济论衡》，著名经济学家、中国人民大学博士生导师卫兴华教授读后，以"省情研究的佳作，干部学习的精本"为题，发表了书评。他说："全书理论联系实际，纵向与横向分析结合，论述了山西省级区域经济的发展及其战略"，"该书最显著的特点是打破了一般经济理论的常规定式，创造性地写入了许多以往经济著作中没有大篇章专论过的问题，如对历史上的山西商人、晋商精神、山西票号的研究，对民国时期山西独裁统治者阎锡山的经济思想和实践所作的较为实事求是的评价，对制约山西经济发展因素的分析，对山西省内经济区域和中心的划分，对省内历次制订的重大经济发展战略的分析比较""提出了流通兴晋、市场突破"的"全新战略构想，以期寻求发展山西的新道路。""是山西第一部富有理论性的综合性的区域经济专著，像这样全面系统的综合性区域经济著作，目前在国内尚为数不多，其为山西广大干部、经济工作者和青年学生了解省情、认识省情提供了学习的精本，同时也为山西各级领导指导经济建设提供了科学依据。它标志着山西的区域经济研究已达到了一个新的水平。"

1999 年 7 月《山西经济日报》记者采访了孔祥毅教授，先生以"山西不能再等待"为题对山西省经济发展的历史反思，发展弱势及战略重新定位，进一步阐述了"流通立省、科教进行兴省"的基本观点，建议重视从流通领域寻找调整经济结构的突破口，依靠教育和科技进步提高生产力、调整生产关系、规范经济秩序，加快山西区域经济的发展。

孔祥毅教授在其近 40 年的教学、行政工作中，学术斐然，事功亦堪嘉。衷心地祝愿孔教授有更多更好的学术成果问世，高韵声声谱新曲，与后者共同前行。

案前笔落思文魂

背景说明

本文是博士生祁敬宇在 2002 年整理《金融票号史论》文稿后写的一篇文章。

这本文集是孔老师近期（1999 年至 2002 年夏）有关金融史和经济的金融论文新集，是《金融经济综论》和《金融贸易史论》的续编。作为前述二书的姊妹篇，它主要收集了 1999 年后的有关文集。编辑完毕，感慨万千，总感觉到有什么东西值得我去思索、去表达。我试图要把这种感受用文字描述和总结出来。何从谈起？

掩卷静思良久，仍未思明。起身沏茶（先生嗜茶，在先生的影响下，我也渐而喜之），茶香淡淡扑鼻而来，闻而思之，何以如此清香？又何以令人心旷神怡？茶香让我灵感忽现，顿觉文如其人，"功夫在诗外"。这些文章的背后，有一种文魂存在，有一种精神荡漾。那久久回荡的茶香不正如同那萦绕全书通篇的文魂、精神吗？品文如品茶，品文似品人，好茶、好文、好人都令我们久久回味、终生铭记。

学海泛舟，同孔老师相识已近十年，尤其是拜师于先生门下后，我更有幸目睹了先生的为学、为师、为人、为事和为业，也得到了先生在这些方面的谆谆教诲，受益匪浅。先生做事认真，这是我所感受到的最烈之处。遗憾的是，对于今人，现实生活中认真做事、认真做人的，实在是不多了。大家似乎认为，在今天"认真"是一件吃亏、不讨好的事情。然而这正是文魂之所在、人品之体现、生命之真谛。我想，先生之所以在

40 多年的学术、从教生涯中岁月不居，学术斐然，事功堪嘉而无远弗届，当首推"认真"二字。"认真、执着"成为先生性格的主要特点，也是其成功的不竭源泉和动力所在。先生认真，乃因其正是先生事业的真谛，生命的愉悦！从先生身上我感悟到了生命的真谛、人生的追求。

品茗使我联想到了沉香，据说沉香能使人静心定心，其最可贵处是它"沉"，有沉静内敛的品质；也还在于其香，一旦成就，无论煎熬、侵蚀、粉碎、研磨，永不消散。我们每个人生活在世上，在名与利之间，在理想与现实之间，在物质与精神之间，我们常常充满着矛盾和彷徨，如熊掰玉米般顾此失彼地难以找到一条连接彼岸、通向目的地的捷径。吾辈为此困惑和苦恼，碌碌然，惶惶然而难以潜心治学，痛感"逝者如斯"。我想那种心无旁骛、执着追求、潜心学问甚至甘心贫困的精神品质，恰恰是一个学人所应具备的难能可贵的精神境界。孔老师是一名"本色"学者，从孔老师身上，从孔老师的文章中我找到了这种令吾辈仰羡的品质和意境，深深令我自叹弗如，又久久让我心仪不已。因为有着这种执着事业的品质，使先生数十年如一日，废寝忘食，钻研于经济金融的研究，激情依旧，笔耕不辍，也才能有更多更好的学术成果不断问世，高韵声声谱新曲。

理论联系实际、关注现实、学以致用的入世学风是我从先生文中和身上体会到的又一感受。古风悠悠，先生擅长经济金融史的研究，并秉承古为今用的治学风格，他研究商史，但又不是就史而研究史。他能够以敏锐的目光和深邃的思想，意识到经济金融史研究的精髓——要准确理解金融及其在当代经济、社会等诸多领域的作用和影响，就不能仅靠一时一事的、短视的、静态的分析，而要在历史的长河中，从金融制度的变迁过程中进行研究，它结晶在先生的金融及其与经济、社会等环境因素的协调发展理论中。我们看到的先生的文章"金融协调：一个新的理论视角"（《金融时报》2001 年 2 月 10 日），正是金融可持续发展、防范金融危机的核心问题。经济金融协调发展的理论不单单是一个途径和政策手段问题，或者是一个认识金融本质，把握金融发展的理论视角，而是更深刻地体现着一个学者对经济金融发展的关注和研究，是学以致用学风的体现。从其他诸如国家社科基金项目"百年金融制度变迁与金融协调研究"的课题、"经济泡沫的金融根源"（《金融时报》1999 年 9 月 11 日）等文章中也可以体会到这一点。1999 年 7 月 7 日"山西经济日报"记者采访了先生，先生以"山西不能再等待"为题对山西省经济发展的历史反思、发展弱势及战略的重新定位等方面提出了新的观点，这些观点都是先生对理论与实际问题进行的深思熟虑，有力地指导了实践。又如先生对于晋商的早期人力资本股颇有研究，他指出晋商的人力股制度是一种深深植根于中国、符合中国国情的制度，它是一个富有生命力的真正有价值的实践，解决了使无产者变成有产者、共同富裕等重大的理论问题。以人力资本股和实物资本股并重的理论指导企业产权制度改革是具有革命性的，它将为企业的经营管理指明正确的方向，企业的经营管理也将由此而进入革命的新时代。先生对晋商研究倾注的大量心血，使得"晋商"这朵曾在黄土地上盛开过而后又凋谢的奇葩正在重新绽开生命的蓓蕾，并激励着三晋儿女前进。

从先生身上我还能够感受到一种朝气蓬勃、创新进取的品质。孔老师在其研究领域中积极进取，勇于创新，如他在中央银行理论、创建金融协调发展理论、首倡晋商学研究、合作经济研究等领域都有创造性的研究。任何新的研究领域的开辟和新学科的创建，都意味着一种新的理论框架的确立，这是科学研究理论思维的必然过程，也是一位学者在其研究领域所应具备的品质。随着这些学科的建立、发展和深化，先生的这种创新精神及其对当前经济金融建设的理论和实践意义将更加鲜明起来。

管中窥豹。顺便提及一事，也令吾辈很受教益。孔老师在其60岁才学电脑，但是老骥伏枥、锐气不减，仅用几个月的时间就搏击于e时代的潮流中了。先生如今已经能够熟练地操作电脑，写文章、发电子邮件、做幻灯片、上网、扫描图文等，在该文集中我们已经能够看到这样的杰作了。这常让我迎风怀想，令我唏嘘不已。先学尚如此，吾辈当志强。我想这一小事可以看作是孔老师最富有性格、最能体现其进取创新、与时俱进精神的闪亮之处。

创新是同先生博学谦虚的治学精神密不可分的。在经济金融史方面先生40年如一日潜心攀登金融史研究的高峰，为金融史的研究和发展做出了不朽的贡献。这些从先生近期有关论述中，能鲜明地感受到其治学之严谨及独特的研究视角。先生特别注重对史料的理性分析，他把史料的分析提升到理性思考的层次，大处着墨，由此形成的史学见解既深刻又精到。并且以恢宏的视野从全世界的经济金融史角度进行研究，这些都与先生博学谦虚的治学品质密不可分。

此外，甘为人梯的奉献精神亦当提及。孔老师在许多研究领域是先锋，是奠基者；但也是人梯，也是红烛。而今，在中央银行理论、晋商学、协调理论等领域许多后学踏着孔老师最早迈出的一个个脚印而向前，在这些脚印中诞生了许多优秀的后学和成果。在上述研究领域，寻觅这些似乎被湮没的痕迹，我们仍然能够想见先生为治学所付出的辛劳。在先生的培育下，今天的学坛一代新人苗壮成长，后学成果不断涌现并翻出更多的新意。但是，我们不能忘记那"化作春泥更护花"的人梯和红烛。"今我来兮，杨柳依依"，当看到山花烂漫的春色美景时，想必先生一定会笑在丛中。我想，这正是先生高尚的人格之所在。

佛教讲，人心内有佛性。作为深受儒家思想影响的孔裔，先生内心深处有着真正的佛心。佛禅之心是希望众生能得到福慧，慈祥的润泽。这些馨香般的品质，不仅能福泽他人亦可让自己在浮世时时处处保有赤子之心。认真、入世、奉献、创新和博学，这几点成为先生重要的品格，是其文魂所系，生命之托。这一切都深深地印在我的脑海之中，铭记在我的心中。在当今的社会中，我想这种人品会日久弥香，日显珍贵。

我在想，如果你亲身实践体悟和感受了先生的文魂、精神后，你就会陶醉心念于飘扬的馨馥，如果我们能够由此而凝就一柱内心沉静不变、认真执着于自己钟爱之人、之学、之业的心香，那该是一种多么美好的感觉和意境啊！似兰斯馨。这不也正是吾辈追求人生之价值，为学、为人、为事、为业上所希冀、所渴望的吗？这种文魂、这种精神将裨益当今，教益后学，成为我们人生强大的支柱而激励着吾辈前行。有此文魂和精神常伴今生，我想我们会有"会当凌绝顶，一览众山小"的豪情去克服人世间一切的艰难险阻。

先生数十年之学术令吾辈颇有弥深、弥高之感。今天，在先生茂密的学术花丛中，我只能采撷几朵最艳、最鲜的花朵收集于书中，我也如一只小蜜蜂辛勤地在花丛中采集花蜜，在这一过程中欣慰和惶恐之感皆伴随于我。欣慰的是作为孔先生的学生，我能尽学生之力采花酿蜜、紧跟先生的学术步履而乐此不疲；惶恐之感在于自己才疏学浅、力不从心而诚恐难光此彩。因此，只好姑将拙人初酿之蜜捧献诸君，还望诸位学人批评指正并精工细酿，营养众学。

如歌岁月师伴行

——孔祥毅老师从教 40 周年感怀

背景说明

本文是李怡农于 2003 年为老师执教 40 年而作，原载《中国金融史家》2004 年第 8 期。李怡农现任中国农业银行宁夏回族自治区分行行长。

我与孔祥毅老师的相认相识，完全是始于"教"与"学"的过程中。从走进学院大门，到他讲授"货币银行学"之前的一年多的时间里，我们之间几乎没有过什么接触。我只知道系里有一位叫孔祥毅的老师而已。至于他对于我，可能就更加陌生了。

由于"文革"的原因，我们班里相当一部分同学是"被耽误的一代"，因此，对学习自有着一种珍贵、认真和紧迫。用如饥似渴来形容我们当年的学习精神，是一点也不为过的。然而也正因为此，对教师格外挑剔，也成了这个班级的一大特点。曾经不止一位教师，由于全班同学的强烈反对，而中途走下了这个班的讲台。

大学第二学年的下半年，"货币银行学"等一批最重要的专业基础课开讲了。同学们用更大的热情和更挑剔的眼光，对待着每一位新任课的老师。然而很快，同学们就被孔老师那渊博的专业学识，清晰而严谨的思维，充满活力与激情的讲述所吸引与折服。

在孔老师精彩的讲授与诱导下，金融世界在自己的面前呈现出一派瑰丽的色彩。在这里，一切与我们联系得是那样的紧密，紧密到每日的油盐酱醋茶，人人都不可能离开它。在这里，一切又是那样的抽象，抽象到看不见、摸不着，只能用现实的某一种东西去相对地表现它。在这里，块块宝藏闪烁着诱人的光芒，座座大山正等待着新人们去跨越！"货币银行学"以其巨大的魅力紧紧地吸引着自己与同学们的注意力。在这里，学习不再是一种艰苦的劳动，而变成一种令人愉悦的享受。"货币银行学"毕业考试，记得最后一道大题是一个论述题。自己兴之所至，一道题竟洋洋洒洒地答了好几页纸，将近一篇短文了。试卷批下来，没想到自己竟得了个全班最高分——96 分，为此而兴奋了好几天。同时，心里也不由地想，全班 70 位同学，照这样的认真法，每批阅一次试卷，就得耗费去他多少时间和精神力呢？由此，对他心生一种敬意，同时，对金融学的兴趣亦愈加浓烈。至于孔老师是不是通过这次考试，对自己有了一点初步的认识，就不得而知了。

在孔老师的鼓励和亲自指导下，我完成了自己的毕业论文"对纸币的几点认识"，并刊发于创刊不久的《陕西财经学院学报》上。尽管这篇文章无论是当时还是现在来看，都还很不成熟，但他依然给予了充分的肯定，并赞许有加。此后，我又接连完成了"信用的思考"等拙作，从而完成了对金融学科基础理论的学习。为重新走向社会、走进生活，作了比较充分的准备。而对于这几篇文章的写作，大到提纲的确定，架构的安排，小到文字的修改，都是在他的亲自指导与帮助下完成的。实事求是地讲，我是带着一种无知与盲目，跨进山西财经学院大门的，而选择金融，并最终走上金融的不归之路，则是一种热爱和自觉的行为。

除了对试卷批阅得认真之外，在授课方面，孔老师更有着自己的鲜明特点。一是守时。星期几几点钟，是他的课，他会准时推开教室的门走上讲台，风雨无阻。几年的时间里，在我的印象中，他几乎没有过缺课或迟到的时候，足见他的敬业与认真。二是开门见山。他总是往讲台上一站，正戏即开演，绝少寒暄与空话。三是大信息量。每节课，大多数情况下，他都是从第一分钟讲到下课铃响。有时一节课要讲教材上好几节的内容。同学们从他讲的"货币银行学"里，对国际金融知识的了解与掌握，比以后专门开设"国际金融"专业课程时，所学到的东西还要多。四是思维敏捷，进度快。他的声音清晰而略显急促，似乎恨不得要将他肚子里的所有东西，一下子全都传授给同学们，给人以一种紧迫感。为了跟上他活跃的思维，迅速的进度，为此你就必须全神贯注才行。五是不完全脱离开教材，而又不拘泥于教材。当时没有统编教材，他有着自己有别于教材的讲授逻辑，每当课要结束的时候，他会说："今天讲的，大家可以对照教材第×章第×节～第×节进行学习。"六是论证充分。为了讲清一个问题，他会引用许多教材上没有的东西，为此大家就不能不去认真地做笔记。课堂上只听见他抑扬顿挫的讲话声与同学们记笔记所发出的沙沙声。"货币银行学"我记了整整两大本笔记。七是仪表端庄、精神饱满，充满自信、富有激情。课堂外的他，平易随和，课堂内的他，却师态俨然；台下的他，有时也倦态可忧，而一旦站在讲台上，则总是神采奕奕。可能是受他的感染，听他的课同学们也总显得格外的精神和专注。

作为金融学教授、博士生导师、国务院特殊津贴享受者，以及中国金融学会数届的理事、常务理事，靠着自己的学识、勤奋与努力，孔老师在金融科学研究领域取得了骄人的业绩。在货币理论、合作金融、商业银行、金融史、中央银行理论和宏观调控等诸多领域，多有创新和建树。

孔老师的科学研究活动，具有三个鲜明的特点，这就是实践性、超前性和地方性。实践性是生命，超前性是活力，地方性是特色。作为大学教授，他没有将自己封闭在象牙塔内，就一些课题进行经院式的研究，而是以一个专家、学者所特有的锐敏性，时刻关注着我国社会经济的发展，关注着我国经济、金融管理体制的改革。随时注意从发展着的实践中汲取营养，同时又时刻倾听着实践的呼唤，将自己的所学、理论与智慧，奉献给国家与人民，努力争取能走在实践的前面，给飞速发展的改革实践以正确的、先进的理论启示。

1984 年初，即我国经济、金融管理体制改革的大幕刚刚拉开不久，从中国人民银行的母体中刚刚分设出来的中国农业银行，初步确立了商业化改革的目标，提出了要打破几十年一贯制的"存、放、收"单一化的局面，要走金融产品和服务手段多样性、业务经营商业化的道路。应该说这是农业银行在当时审时度势所作出的一项带有战略性的远见之举。但是，如何才能打破"存、放、收"单一化的局面？银行除了"存、放、收"，到底还能干些啥？这些就成了摆在农业银行各级领导者面前的一个最迫切需要解决的问题。

应中国农业银行山西省分行之约，孔老师毫不犹豫地承担下了这一任务。要知道，在当时工商银行尚没有从人民银行中分设出来，中央银行与商业银行的体制尚没有完全建立起来。一方面现实中没有任何现成的东西可资借鉴，另一方面资料又奇缺，要完成这一任务，其难度可想而知。再加之繁重的教学与管理任务（他当时为财政金融系副主任主持工作），更压得他喘不过气来。一方面农行等米下锅，另一方面他又分身乏术。作为农行的工作人员，我只能每天追寻着他的踪迹，不断地用各种方式催促着他。该书的不少章节是我站在他的身后，看着他写的。他每写完一部分，我就立即往印刷厂送排一部分。他就是这样，硬是抠时间、挤时间，一页一页地、一部分又一部分地，为农行专门写出了《银行新开业务问答》一书。

由于本书适应了我国经济、金融体制改革实践的需要，所以一炮打响。首印 5 万册，随即告罄。接着又出了第二版、第三版。中国金融出版社知道后迅速决定正式出版。该书的总印数超过了 10 万册以上。这样的印数，无论在当时，还是在今天，对于专业类图书而言，应该讲都是空前的。各地农行要，人民银行要，随后分立的工商银行也要；一般的工商企业发现了，也来函来电索购。发行范围，遍及全国，影响之大，惠及工商。中国农业银行总行行长、我国老一辈著名金融家、理论家韩雷同志，看到该书后，兴奋难已，当即题词，对该书给予了高度评价。说它为全国农行系统数十万干部职工送来了精神食粮，办了一件大好事，领我国银行业商业化改革一代风气之先。并亲帅总行办公厅同志，向农行山西省分行行长杨联苗同志，宣读了他对该书的赞扬及对山西分行的嘉奖。

今天，在孔老师卷帙众多的著述中，这本书已算不了什么；今天，在许多人的眼里，也会感到它算不了什么，因为它确实太平凡了。但是，它对于中国金融业改革的初始阶段，特别是对于中国农业银行的商业化改革的初始阶段，所起的那种启蒙、指导与推动作用，则是不应为历史所忘记的。

中央银行体制的确立，是我国当代经济、金融发展史上的一件具有里程碑意义的大事。对于这一重大历史事件，孔老师再一次勇立潮头，给予了高度的关注和积极的影响。针对当时理论界和实际工作者中都存在的，在我国到底需不需要设立中央银行的问题，他撰写了"中央银行简论"，并发表了"中央银行的演变及其在我国独立设行的必要性"、"关于发挥中央银行地方分支行作用的问题"等文章。针对当时国人对中央银行知识所知甚少的状况，他率先提出在财经类大学教育中开设中央银行基础理论课程的建议，得到了有关部门的肯定和众多大专院校的热烈响应。1986

年初，他受中国人民银行总行委托，负责并亲自起草了中央银行基础理论教学大纲。同年5月，筹办了全国金融专业中央银行理论与西方商业银行业务和经营教学大纲太原讨论会。同年8月，他与慕福明同志合著的《中央银行概论》一书，由中国金融出版社正式出版发行。该书认真回顾和总结了世界范围内，中央银行产生与发展的历史与现状，全面而系统地介绍了中央银行的基本理论，并结合国情，对中央银行在我国的设置及发展，提出了一系列的、重要的政策性建议。这是我国第一部全面而系统地介绍有关中央银行基本理论的学术专著。它的出版引起了全国理论和实务工作者的广泛关注，并获得了高度的评价。著名金融学家盛慕杰教授认为，这是"我国第一本系统地专门论述社会主义中央银行的著作，为社会主义金融事业的发展而从事金融科学研究的同志奉献了有价值的精神食粮"。到1988年12月，该书印行达2万余册。中国金融出版社认为，作为专业理论专著，销售能达到如此数量，这是不多见的，其受欢迎与畅销程度可见一斑。他对我国中央银行体制的设立，以及对中央银行理论的建设与发展，作出了开创性的贡献。

作为山西的学者，孔老师热爱着这块土地。长期以来，他把大量的时间和精力，投入到对山西经济历史与当代社会经济发展的研究中去，并取得了丰硕的成果。

1980年2月，他的"阎锡山早期的银行——山西官钱局与晋胜银行"一文，作为《山西财经学院学报》创刊号的压卷之作，重点予以刊发。其独特的视角，丰富而翔实的史料，引起了全院广大师生的高度关注和热烈议论，着实让我们这些饱受"文革"十年"营养不良"之苦的莘莘学子，吃惊了好一阵子。而在此之前，他所著的《阎锡山和山西省银行》一书，即已由中国社会科学出版社出版发行。这些以及他随后所撰写的《阎冯中原混战与晋省金融》等一批著述，吹响了新时代山西金融史研究的第一声号角，是山西金融史研究进入一个新的历史阶段的重要标志，是"文革"后全省乃至全国所产生的第一批具有重要影响的学术研究成果。他殷切希望可贵的历史财富，能给今天的现代化建设以有益的借鉴与启示，为此，他又先后发表了"山西票号产生的背景和高利贷性质"、"山西票号与清政府的勾结"、"山西钱庄在中国金融史上的地位不可忽视"、"阎锡山的金融货币思想与实践"、"晋商今鉴"、"晋商兴衰与市场"等一大批文章。从而奠定了他在当代晋商及阎锡山经济思想研究中的权威地位。其中，1991 年所撰写的并荣获山西省社会科学研究成果应用一等奖的"山西商人及其历史启示"一文，引起了时任省委书记王茂林同志的重视，亲自作出重要批示。省委办公厅主办的《工作研究与交流》全文刊发，并加编者按语，希望山西的同志都能认真读读此文。同年 11 月 18 日，《山西日报》发表"以古鉴今，学以致用——访〈山西商人及其历史启示〉作者孔祥毅、张正明"的长篇报道，12 月 24 日，《经济日报》以"一篇在山西引起反响的好文章"为题，对该文又一次予以重点报道和宣传。该文对山西及全国当时的改革与发展，发挥了积极的影响和推动作用。

为了真正搞清楚山西经济发展滞后的症结之所在，搞清楚山西经济产业结构，为省委、省政府加快山西经济发展，提出战略性措施与意见，他亲自承担、主持和完成了由省社会科学规划办公室所委托的"山西经济战略"课题的研究任务，受到了有关方面的重视和赞扬。他撰写的"建设山西能源重化工基地需要设立太原金融中心"、"开拓金融市场，建立太原金融中心"，以及"略析山西经济结构的现实态势及其优化选择"等，为决策者提供了现实的选择。而 1993 年由中国商业出版社出版的、荣获省高校人文社会科学研究优秀成果一等奖的《三晋经济论衡》一书，则对山西经济结构的分析以及如何进一步加快山西经济的发展，提出了独到的、更加深刻的见解。1994 年 9 月 12 日，《山西发展导报》以"省情研究的佳作，干部学习的精本"为题，刊发了著名经济学家卫兴华的评论，认为该书标志着山西的区域经济研究，已经达到了一个新的水平。

为了改变由于对历史缺乏了解，而在相当一部分同志头脑中所存在的，山西的落后主要是由于历史上山西人思想保守、缺乏开拓精神等错误的认识和观念，他又先后撰写了"明清时期山西有多项金融创新"、"历史上山西并不保守"、"山西票号史话"（1～6）、"山西票号轶事"（1～4）、"晋商史话"（1～18）、"疏通中俄茶叶贸易的程化鹏"、"徐沟巨商张联辉"等文章，向社会和人们，大力介绍和积极宣传独树一帜、思想解放、勇于开拓与进取的晋商精神和晋商文化。为了尽快改变山西的落后状态，他又通过省城社会科学工作者"月中漫谈会"、答记者问等多种形式和途径，发出了"弘扬晋商精神，重振晋商雄风"、"我们别无选择"、"山西不能再等待"的急切呼唤。透过这声声呼唤，我们真切地感受到一颗热爱故乡的、急切跳动的赤子之心。他的这些著述与活动，对于我们正确地认识山西的历史与现状，发挥了积极的导向性的作用。增强了全省人民克服困难、迎头赶上的决心和信心。

他是"文革"后复校的财政金融系金融教研室第一任主任。此后，他又先后担任过财金系副主任、院经济研究所所长兼科研处处长、学报主编，校教材编审委员会、学术委员会、学位委员会主任，副院长，院长，中共山西财经大学党委书记等职。他是从讲台上一步步地走上学校最高行政管理岗位的。他忠于党的教育事业，有着自己鲜明的教育思想和办学理念。一是面向市场、面向现代化，注重专业与院系设置，注重学科建设。他认为，能否适应社会经济飞速发展的需要，是衡量一个学校教育成功与否的最终标准。为此，学校必须适时地、不断地调整和增设一些为市场和社会所急需的专业、培养方向与课程。他亲自主持确定了校重点建设学科、省部重点建设学科。在他主持工作的几年时间里，是学院历史上专业与院系设置、学科建设发展最快的时期。先后增设了经贸外语、理财学、合作经济、计算机科学、广告学等专业和培养方向，先后开设了中央银行概论、商业银行经营与管理等数十门新课程。二是立足学科前沿，注重教材建设。他认为，好的教材是教学活动的基础，是教学成功的重要保证。对于没有国家统编教材的课程，他不但积极组织、采取各种措施鼓励教师们编写，而且身体力行带头进行。据不完全统计，由他组织编写的内部教材三四十种，公开出版的全国统编教材、部统编教材数十种。在教材的编写工作中，他历来十分强调基础性，即要把某一专业的最基本的知识传授给学生。而在基础性方面，他又十分重视基础的先进性，即要把在这一方面的最新成果，及时地吸纳到教材中来。他主编的《中央银行通论》，仅经过两年多的时间就出了修订本。《货币银行学原理》也已重新修订了四次。三是以教学为基础，以科研为先导，教学与科研并重。他认为高等院校的教师，不参与科学研究是无法提高教学水平的，教学工作必须在科学研究的带动下，才能不断地得以发展和提高。在普通高校，教学是主体，科研为两翼，翼奋体趋。在他的亲自参与和推动下，学校建立了一整套激励教师从事科学研究的组织管理制度。学校的各种学术交流活动空前活跃，科研成果成倍增长。全校形成了一个以科研促教学，教学与科研双丰收、齐发展的动人局面。在这方面，他是全校广大师生公认的学科带头人与科研带头人。四是坚持全方位、多层次办学方向，本科、研究生与成人教育并重。面对社会各方面、各层次旺盛的知识渴求与专业急需，他认为学校必须打开校门，走全方位、多层次办学的路子。在努力搞好本科教育的同时，他十分重视硕士学位教学点的发展工作。从上点申报，到制定培养计划、导师遴选、教学管理、论文指导等各项工作，他都亲自参与并紧抓不放，从而使学校的研究生教育从无到有，由小到大，从一个专业点发展到现在的十几个专业点，其中的金融学等4个学位点还成为省级重点建设学科。他十分重视成人教育工作，把成人教育放在与本科、研究生教育同等重要的地位来对待。他直接领导校成人教育六年，倾注了大量心血，使成人教育学院成为全国高校成人教育先进单位。五是努力扩大对外学术交流，让学校走向全国，走向世界。他认为必须随时追踪国内外的高校发展，虚心学习别人的长处，不要关起门来称王称霸。在他的大力倡导、支持和推动下，学校除与国内的众多院校建立了广泛的联系外，还先后与美国、英国、法国等十余个国家与地区的数十所高校及国际组织，建立了联系和学术交流关系，既走出去又请进来。他在香港大学所做的"山西货币商人的金融创新"学术演讲，获得了很大成功。同时，学校也积极举办各种国内外学术交流会议。从而使得学校的知名度不断提高。

作为圣人之后，孔老师有着圣人之德。

时间对于他来说是宝贵的。惜时如金，恨不得把一分钟掰成两半来用，是他的最显著特点。他常常自我加压，在有限的时间里，为自己安排着一件又一件在他人看来根本就不可能完成的工作任务。然而，恰恰是在这一点上，我却浪费了他太多的时间。

大约是从大学三年级开始，我逐渐成了他家的常客。星期天去，不是星期天也去；白天去，晚上也去；一个人去，跟同学们也去。记得有一天下午，看课程表上没有他的课，自认为他一定在家中。没想到家中却连一个人影也没有。我就站在他家的门前一直等。直到6点多，他才急匆匆地跑回来，原来是系里边召开会议。他急忙将我让进屋内，我们一直谈到了晚上8点多。尚未熟悉城市生活的我，没想到他还要接孩子，还要做饭，还要……至于他还应该休息，则更没有想到。

他的家位于省政府东院马路的最北端。站在马路的南端正好可以看到他的书房兼卧室的南窗户。走进省政府东院的大门，我首先看他的窗户亮不亮，以判断他在不在家。长长的东院马路，马路旁那富有传奇性的千年古槐树，低矮、拥挤而略带古香的三进式住房，以及那不堪重负的书柜……对我来说都太熟悉了。以至于他搬了新家之后，有几次我依然信步走进了那深深的大院。而令我至今感动的是，他没有因为我的频频"烦顾"而表现出任何的不耐烦；更没有因为我来自农村，或者是没有什么值得令人敬佩的社会背景，而表现出任何的轻视或疏忽的神情。他总是那样的热情，那样的平易，那样的滔滔不绝……今天，当我已熟悉了城里人的紧张生活，当我对时间比当年有了更深刻理解的时候，当我对同事、对不速之客很不礼貌的时候，我就不由得想起当年在他家做客时的情景。有一个问题让我百思不得其解，这就是他为什么要那样地来对待我，对待一位知识层次与自己完全不对等的、来自于农村的，且前途未卜的一介穷学生？是自己"言甘币重"，向他说过许多奉承话，还是进行过什么贿赂？自己最清楚，这一切都是没有的。想来想去，我只能用这是一种伟大的师德来作解释。

作为圣人之后，孔老师有着圣人之才。

他不仅专业深厚，学识渊博，而且思维敏捷，才气横溢，有倚马可待之才。他的侃侃而谈，他的奋笔疾书，有如智慧的泉流，不时地涌动着智慧的浪花。一些新的思想、新的观点，似乎在不经意间就从他的嘴里、手里流了出来。1991 年初的一天，我到他家里，他说受省政府某领导的委托，要他拿一篇关于全省农村信用社管理体制改革方面的东西，以供省政府在研究这方面问题时参考。他给我谈了谈他的一些观点和想法。第二天有人告诉我，说孔老师叫你到他那里去。我有些奇怪，不知有什么事情。进了办公室，只见他正埋头在一摞八开大的稿纸上，急急地修改着什么。他连头也没抬就说："昨天说的那个问题我写出来了，念给你听听，怎么样？"一篇论点明确、结构严谨、立论有独到之处、语言准确而流畅的万余字的"关于农村信用合作社管理体制改革"的论文，就这样竟然在一夜之间完成了。我当时真是惊呆了，难以相信自己的眼睛和耳朵。这要是我自己，没有个十天半月是绝不会写出来的。我不无吃惊而钦佩地连连说道："跟了老师这么多年，今天算是又一次领略了老师的真功夫，佩服，佩服！""说哪里话！"他用双手拿起稿子，在桌子上用力一蹾，同时抬起头来，脸上又露出了那熟悉的、略带"调侃"的微笑。

作为圣人之后，孔老师有着圣人之风。

他不讲师道尊严，完全与学生平等相处。据我观察，他不仅仅与我自己，他与全班同学、他所教过的各届学生，均保持着良好的关系。他拨冗参加学生组织的各种活动，寓教于乐，寓教于各种生动活泼的具体形式之中。1996年4月25日，他借祝贺校学生会《成才之路》试刊成功的机会，希望大家读万卷书、行万里路，广采博蓄，打好基础，努力作知识型、实践型和开拓型的新一代人才，使得同学们深受鼓舞。1997年5月，他欣然应邀出席我们班毕业十五周年纪念活动。晚会上，他以笨拙的舞步获得同学们的阵阵掌声，体现了一位人民教师的不逝青春。他与同学们手拉手、一齐高歌的《难忘今宵》，将全体与会者带进了一个思绪纷飞的不眠之夜。2000年的一次聚会中，有同学专为了难为他，餐桌上非要他唱一支歌、卡拉OK一下不可。我在旁边为他打着圆场，"算了，算了，大家什么时间看见孔老师唱过歌？""不行，不行。今天非唱一个不可！"这时，只见他慢慢地拿过话筒，大家也都静了下来，个个瞪圆了双眼，就看他如何渡过这一关。没想到，他竟点了一曲大多数人都熟悉，但大多都不会唱的、难度很高的岳飞的《满江红》，虽不十分熟练，但却很是认真地唱了起来。昂扬的旋律抒发着他内心的激烈情怀，也感染和激动着在座的每一位同学。

他热心为同学们办事情，帮助同学们解决各种困难和问题。小至吃喝拉撒，大到毕业分配。只要同学找上门来，他都来者不拒。每年毕业时期，他都要为一些同学的毕业问题，打电话、写信，尽力推荐与联系。一开始，我还以为那些同学是他的什么亲戚、朋友的孩子，时间长了，才知道啥亲戚也不是，就是师生关系而已。正像他帮自己一样。

他坦然面对升迁去留，表现了一位共产党人和高级知识分子的浩然之气与坦荡胸心。他从领导岗位上退下来之后，除了继续上课、带研究生、写作之外，他又以极大的热情学起了电脑等新科技与新知识，并且多次督促我也要学起来。目前他已不再"爬格子"，而是完全用电脑进行写作，自制幻灯片，并且通过电子邮件，批改论文，使得教学完全实现了现代化……孔子是50而学《易》，他是60而学电脑，不是比孔老夫子有过之而无不及吗？

作为圣人之后，孔老师有着圣人之功业。

在面向市场、面向社会，全方位、多层次办学思想的指引下，山西财经学院得到了迅速的发展。到1998年，即他担任院长之后的第四年，全院各类学生的在册总人数达到了近万人，是我们当年上学时的七八倍。这是我们当年连想都不敢想的。1999年，他又着眼于未来，从战略的高度上，积极推进山西财经学院与山西经济管理学院的合并工作。他克服了重重困难，排除了种种阻力，仅用了短短的半年时间，就实现了国家教委关于统一机构、统一管理制度、统一财务的"三统一"的要求，表现了高超的组织领导才能与艺术。抓住了历史机遇，整合了办学资源，为学校更大的、更长远的发展创造了广阔的空间。在人员、设施与投入都没有增加的情况下，净增学生 2000 余名，大大地提高了办学效益。他为山西财经大学的诞生与发展，作出了历史性的贡献。他著作等身，硕果累累。他的学生遍布全国各地，各行各业。上至国家诸多部委，下至广大城乡村镇。传说孔老夫子有弟子 3000、贤人 70，而他在这方面的业绩，显然远远地超过了这些数字。

考察历史我们不难发现，在许多情况下，学识与功业并不是统一的。事实上，能够做到两全的，只是很少数的人。正因为其少，所以一位著名学者才称这样的人是不圣亦贤的人。我想孔老师当属此列，则是没有疑问的。

孔老师以其丰硕的教学与科研成果，卓越的学校行政领导与教学管理才能，在我国财经教育界、金融理论界，声名远播，可以说是无人不晓。我为此而感到无上光荣。光荣之余，我忽然想到，我们是不是还应该为他做些什么？

有道是"千里而一士，是比肩而立；百世而一圣，若随踵而至"，足见人才的宝贵。也正因为如此，中共十六大才再次向全党和全社会发出"尊重劳动、尊重知识、尊重人才、尊重创造"的伟大号召，足见我们党对人才的重视。作为我国最早一批国务院特殊津贴享受者，这既是党和国家对他所做出的无私奉献与突出贡献的一种认可与肯定，也是对他的一种爱护与关怀。那么，作为他的学生，我们则应该做些什么呢？也许他什么都不需要，但我想我们更应该倍加珍惜和爱护他。我衷心地祝愿他，祝愿我的财院的老师们，赵万寿老师、李培棠老师、王宗杰老师、于兰香老师、黄鉴晖老师……身体健康，青春常在。

岁月如流。走出大学校门不觉已 20 余年。4 年大学生活的日日夜夜，恍若隔日。但 20 余年来我从未中断与孔老师及其他大多数老师的联系。中央十一届三中全会以来，中国人民的生活中少了许多苦难与艰涩，幸福与希望不断地多起来，生活宛如一支流淌的歌。但是，生活毕竟是生活。20 余年来，我们的生活中有坦途，也有坎坷；有欢笑，也有泪水。但不管何时，特别是在困难的日子，我总感到老师们与自己站在一起。年矢每催，师晖朗耀。因为有了老师，我们的人生苦旅才多了许多光明、智慧、勇气与欢乐。没有那些可亲可敬的老师们，也就没有我们的今天。此时，我忽然感到，从心底、从远方似乎飘起一支歌来，轻轻地、慢慢地，其韵悠长，且渐行渐响：

有一种薪火叫教师，

有一种奉献叫师德，

有一种表率叫师表，

有一种伟大叫师恩，

有一种记忆叫永远……

国学教育

《论语》导读

背景说明

本文应国家大学生文化素质教育基地（山西大学基地）办公室要求，为《书海引航——中文名著导读》一书而写，山西古籍出版社 1999 年 7 月出版。

一、导读内容

《论语》是中华民族一部宝贵的文化遗产。有人称《论语》是中国的《圣经》，还有人盛赞"半部《论语》治天下"。2000 年来，《论语》流传极广，影响至深，许多文句都被文人墨客或贩夫走卒大量引用，而《论语》中所讲的许多道理甚至能够达到放诸四海而皆通的境界，有很大的超时代性。在朝鲜、韩国、日本、越南以及一些欧洲国家，《论语》得到极大的推崇，《论语》对其政治、经济和文化思想产生了极深刻的影响。

我国自近代以来，批孔更胜于尊孔，读《论语》的人相对也少得多了，但《论语》所反映的儒家思想包含着深邃的民族文化和民族精神，仍具有很大的研究价值和实用价值，在"拿来"和创新的同时，民族文化不会也不应丧失，因此，现代青年应该读一读《论语》。

《论语》一书，是孔子及其弟子言论的记载，包括孔子对一些问题的认识，对弟子们，诸侯国君、卿大夫和各方人士问题的回答，也有一部分是孔子的弟子们回答别人问题的记录，总共 20 篇，400 余章，12700 多字。《论语》反映了孔子和儒家的基本思想，既有其政治思想、经济思想，也有其"智、仁、勇、义、孝、信"等以"仁"为主的人生哲学思想和伦理思想，还有孔子的许多教育思想。

孔子，名丘，字仲尼，春秋末年鲁国人，生于公元前551年，卒于公元前479年。孔子是中国古代思想家、教育家，儒家思想的创始人。孔子的远祖孔父嘉是宋国大臣，在贵族内讧中被杀，子孙流亡鲁国。孔子三岁丧父，与母亲颜氏在贫困中度过少年时代，十六七岁其母又病逝。由于孔子自幼受到严格母教，因而"十有五而志于学"，不到20岁就独立谋生，同时仍刻苦自学，至30岁已可"游于六艺"，通晓礼、乐、射、御、书、数，还通晓《诗》、《书》、《易》、《春秋》、《礼》、《乐》六经，博学多才，有了一定影响。孔子曾做过管理仓库和牛羊的小吏，恪尽职守，干得很出色。后来做了鲁国的司寇，又升为鲁相，后因不得志而离鲁，周游列国宣传自己的政治主张，但均未引起各国君主的重视，公元前484年返回鲁国，退而论道，致力于学术和教育，直至病故，享年73岁。

二、精彩语言

《论语》的词句非常优美，脍炙人口，如：

"吾十有五而志于学，三十而立，四十而不惑，五十而知天命，六十而耳顺，七十而从心所欲，不逾矩。"（《论语·为政》）

"吾日三省吾身，为人谋而不忠乎？与朋友交而不信乎？传不习乎？"（《论语·学而》）

"志于道，据于德，依于仁，游于艺。"（《论语·述而》）

"学而不厌，诲人不倦。"（《论语·述而》）

"三人行，必有我师焉。择其善者而从之，其不善者而改之。"（《论语·述而》）

"无欲速，无见小利。欲速则不达，见小利则大事不成。"（《论语·子路》）

"人无远虑，必有近忧。"（《论语·卫灵公》）

"己所不欲，勿施于人。"（《论语·卫灵公》）

"当仁，不让于师。"（《论语·卫灵公》）

祭孔子文

背景说明

　　2004 年 9 月 28 日，山西省孔子文化研究会成立，此后每年会上，都要拜谒孔子像，宣读"圣诞宣言"和祭文。

圣诞宣言

　　孔子，中国传统文化的象征，中华民族精神的代表，炎黄子孙的骄傲。国人尊孔子为"孔圣人"、"万世师表"；外国人把孔子列于世界十大思想家之首；联合国将孔子列为世界十大文化名人之冠。让全世界华人无限自豪。

　　圣人以绝大的勇气首创私学，"有教无类"，"因材施教"，是民众的夫子，是历代帝王的师表，是世界上最伟大的教育家。

　　圣人修《诗》、《书》，著《春秋》，创立了修身治国平天下的儒家理论基础，是中华文化的缔造者，是最伟大的思想家。

　　山西省孔子文化研究会倡议，将每年 9 月 28 日"孔子诞辰日"确立为"东方圣诞节"。

山西省孔子文化研究会全体会员于山西太谷文庙大成殿

东方圣诞节 2004 年 9 月 28 日

山西省城各界纪念孔子诞辰 2557 周年

祭孔子文

　　维公元二〇〇六年九月二十八日，我族至圣先师孔子诞辰两千五百五十七周年，山西省城各界，以鲜花水果之仪，敬献孔子灵前，以表后世子孙追念感恩之情。时正秋光奕奕，民生熙熙，国运荡荡，文脉漾漾，乃三皇五帝、文武周公，中历汉唐，今又一昌平盛世。当此时也，饮水思源，无不感念孔子之大德大恩：为人类开文明、为万世开太平。其德其智，曾惠前人，亦必光裕来者。感从中来，奋而为文。其辞曰：

　　先师孔子生于贫贱，长于动乱，成于忧患。其时周道衰微，礼乐崩坏，先师即是走入民间、开启民蒙之第一人，曾言"君子病没世而名不称焉，吾道不行矣，吾何以自见于后世哉？"[①] 其立志有如此者！而其行志也，弟子三千，贤者七十有二，周游列国，席不暇暖，谆谆以诚信忠恕之道教人。其施教也，仁者爱人，然后各以其天分，因材施教，俾使我族人人品质优良，各有其用，各尽所能。先师施教，如春风化雨，却远非一帆风顺，数受困厄，但仍泰然自若，拳拳以"克己复礼"为天降大任。先师色相庄严而温润，德风巍巍而易易，聪以知远，明以察微，先师遗教，至广至大，历久弥新，流华至今，恩及我辈，举凡人格修养、为政之道、邦国交往之仪，足可启发当今世界六十亿生民。"入则孝，出则悌，泛爱众而亲仁"；"贫而无谄，富而无骄，贫而乐，富而好礼"。其人岂不贤乎？"道千乘之国，节用而爱人，使民以时"；"为政以德，齐之以礼，有耻且格"。其政岂不和乎？"有朋自远方来，不亦乐乎"；"信近于义，言可复也，恭近于礼，远耻辱也"；"己所不欲，勿施于人"。其邦国间之交往岂不睦乎？然而居安当思隐危，先师亦有训焉，我辈如履薄冰，如临深渊。当今世界战火未熄，小小寰球之运命，悬于大国为政者一念之间；

――――――――――――
　　① 《论语·卫灵公·第十五》。

国内之人心、吏治，尚未臻于满意之境，肥私腐败，屡见报端。中外忧患之士，正当复习孔子之言，必可探得救弊良方。我辈矢志播扬孔子思想于人类间！高天浩浩，厚地茫茫，郁郁乎文，恭俭温良。为政以德，和谐万方。四海之内，永锡华邦，继往开来，待我后生！

伏惟尚飨！

七十五代祥毅起草

2006 年 9 月 28 日

山西省城纪念孔子诞辰 2558 年大典

祭孔子文

维公元二〇〇七年九月二十八日，岁次丁亥，至圣孔子，诞辰两千五百五十八周年，山西省城，各界代表，满怀崇敬之情，会聚太原文庙，敬备鲜花雅乐，恭祭我中华先师。其文曰：

大哉夫子，万世师表，德侔天地，道冠古今。

传承千载，流泽无疆，遗训在耳，亘古弘扬。

山右弟子，龙城儿女，圣诞吉日，共缅素王。

志道据德，心正意诚，修齐治平，富省强邦。

励志图强，改革开放，薪火传承，再振晋唐。

儒学教化，章甫经文，忠孝首善，礼法持衡。

幼儿养性，童蒙养正，少年养志，成人养德。

官员廉洁，为政北辰，工商诚信，经济飞腾。

儒者直谏，政通人和，春风化雨，百姓小康。

中道不倚，恕道宽容，以和为贵，中和化生。

宫羽和谐，民主民生，和衷共济，友爱人伦。

家和事兴，国和人安，万邦和谐，世界和平。

太行苍苍，汾水泱泱，圣人恩泽，山高水长。

山右大地，文明永光，敬告先师，伏惟尚飨。

山西省孔子文化研究会会长孔祥毅起草

2007 年 9 月 28 日

山西省城纪念孔子诞辰 **2559** 周年
暨儒学与弘扬传统文化建设中华民族共有精神家园活动

祭孔子文

　　二○○八，岁在戊子，先师孔子诞辰二千五百五十九周年，山西省城各界肃立于大成殿夫子像前，谨以虔诚之姿，奏高雅之乐，奉文以祭：

　　圣诞吉日，鼓乐奏鸣，龙城太原，共缅先圣。

　　幸赖先哲，乱世请命，上下求索，立言垂训。

　　韦编三绝，删述六经，三坟五典，道冠古今。

　　学问如海，仁德齐天，杏坛春晖，弟子三千。

　　儒学圣德，精神家园，治平修齐，任重道远。

　　中和为道，和谐化生，天和雨行，地和物盈。

　　执两用中，无过不及，忠孝首善，礼法持恒。

　　仁为己任，推己及人，己所不欲，勿施人行。

　　仁义宅居，躬身自省，宫羽和谐，摒弃暴戾。

　　道之以德，齐之以政，身正令行，为政北辰。

　　以义制利，诚信轫衡，和衷共济，友爱人伦。

　　礼义智信，博大精深，与时偕进，不断创新。

　　政通人和，德道常青，博文约礼，万代传承。

　　三晋大地，物阜文盛，唐晋遗风，融溶人民。

　　晋商重振，民生殷殷，告慰先圣，华夏太平。

　　千载圣道，万世精神，伏惟尚飨，为祷为祈！

山西省孔子文化研究会会长孔祥毅

2008 年 9 月 28 日

2009 年中国太原文庙祭孔大典

祭文

　　岁在己丑，时逢中华文化先祖孔圣诞辰二千五百六十周年和中华人民共和国成立六十周年双喜嘉庆，省城各界，谨备鲜花雅乐，肃立于太原文庙大成殿前，恭祭先圣诞辰，文曰：

　　己丑嘉年，圣诞吉辰；秋高气爽，霞贯海瀛。
　　太行吕梁，回峰层层；河东朔北，鼓乐声声。
　　六六相逢，风和雨顺；甲子双吉，普天同庆。
　　齐聚圣庙，共缅先圣；素王教诲，代代传承。

　　有教无类，不倦诲人；己所不欲，勿施人行。
　　忠孝首善，修齐治平；仁义宽容，宫羽和声。
　　为政以德，为本以人；中庸至善，恕道永恒。
　　先哲思想，博大精深；德侔天地，道冠古今。

　　星移斗转，时变权中；经济复苏，协调金融。
　　社保养老，城乡统筹；科学发展，和谐治中。
　　国泰民安，盛世融融；四海翘首，睹我雄风。
　　万世师表，儒流汇通；圣道中天，华夏一统。
　　伏惟尚飨，为祷为祈！

山西省孔子文化研究会会长孔祥毅修定
2009 年 9 月 25 日

省城各界纪念孔子诞辰 **2561** 年

祭文

维公元二〇一〇年九月二十八日，岁次庚寅，至圣先师诞辰两千五百六十一周年，山西省城各界代表，肃立于文庙大成殿圣像前，谨以虔诚之姿，奏高雅之乐，奉文以祭：

大哉夫子，立言垂训，韦编三绝，删述六经。

万世师表，道冠古今，千载圣经，万世精神。

志道据德，重振唐晋，官员廉洁，为政北辰。

以义制利，工商诚信，教育为先，承续有人。

幼儿养性，童蒙养正，少年养志，成人德馨。

唐尧文脉，德道常青，宫羽和谐，友爱人伦。

天和雨行，地和物盈，家和事兴，国和安宁。

万邦和谐，世界和平，博文约礼，万事俱兴。

经济转型，跨越前进，三晋大地，物阜文盛。

太行苍苍，汾水泱泱，继往开来，待我后生！

告慰先圣，华夏重振，伏惟尚飨，为祷为祈！

山西省孔子文化研究会会长孔祥毅起草

2010 年 9 月 28 日

在山西省孔子文化研究会
成立大会上的讲话

2004 年 9 月 28 日

背景说明

2004 年 9 月 28 日，山西省孔子文化研究会在太谷县孔祥熙宅园金融货币博物馆成立，并在太谷文庙大成殿发布了"圣诞宣言"。本文是第一届理事会会长孔祥毅在成立大会上的讲话。中国历史和国际社会对孔子尊崇，近年孔学国学复兴。

今天是孔子诞辰 2555 周年纪念日，世界各地都在以不同形式举行纪念活动。山西省孔子文化研究会经过长期酝酿，今天在太谷孔祥熙宅园金融货币博物馆举行成立大会。此刻，在山东曲阜孔庙大成殿前，正在举办"孔子诞辰 2555 周年大型纪念活动"，集宁市政府负责人正在主持新中国成立以来第一次官方组织的祭孔仪式。

一

历史上，传统的祭孔日期定在农历八月二十七日。国民政府曾据此定夏历八月二十七日为教师节，后来又邀请历法及考据专家把孔子诞辰换算为公历 9 月 28 日，并以这天为孔子诞辰纪念日。所以现在中国台湾地区的教师节为 9 月 28 日，美国的教师节也设立在孔子诞辰日，这一天是美国大、中、小学教师的法定节假日。

最近一段时间，世界各地有很多纪念孔子的活动。中国人民大学成立了孔子研究院，从 9 月 15 日到 10 月 15 日为孔子文化节，在校内竖立起一尊高 3.5 米的孔子铜像,并建立了一个百家园,把孔子、老子等 9 位中国传统文化重要奠基者请进了百家园。在美国、日本、韩国、新加坡、越南等国家,尊孔之风很盛。据了解目前全国孔子研究会有二三十家,在日本、美国、韩国、越南、新加坡、法国、马来西亚等国家有孔子研究会将近 20 家。

改革开放以来,山西的孔子研究始于 20 世纪 80 年代,曾经有康明轩老先生发起组织山西孔子学术研究会,并且办了学校,出版了内部交流刊物《传统文化》,为山西的孔学研究做出了贡献。后来,会长康老先生去世,学会活动困难,已经由学会管理部门注销。2000 年,又有热衷孔学研究的孔宪信、孔繁珠、孔繁灼等同志等积极推动,重新组建孔子文化研究会,得到了山西省民政厅、山西省社科联领导的大力支持,才促成了今天的孔子文化研究会的成立大会。

二

山西省孔子文化研究会,旨在联络对孔子文化有研究的学者、对孔子文化的爱好者、有影响的孔氏族人,共同研究孔子文化,为山西社会主义物质文明、精神文明和政治文明建设服务。孔子学说,不是神学,而是人学,是告诉人如何为人处事,不论是领导者、管理者、商人、工人、农民、学者,都能够从其博大精深的思想宝库中得到自己所需要的知识和营养。如领导者可以从孔学中学到初任之道、修养哲学、法制领导和德治领导方式;商人可以从中学到儒学伦理,利民不费,互惠互利,大红大德;管理者可以学到以民为本,情理融合,认识强权管理正在走向崩溃的道理;学者可以从中学到正心、诚意、修身、齐家、治国、平天下之大道所在。社会上各级各类人都能够在孔学中得到彻悟,得到智慧,得到家庭和睦、公司向上、机关仁爱严峻有度,社会安定祥和进步,经济繁荣发展和谐。诚如迈克尔·哈特在其所著《历史上最有影响的 100 人》一书中说:"孔子学说只强调个人的责任而不是个人的权利。根据以这种哲学来保持国内和平繁荣所发挥的作用而论,大体说来,中国是地球上治理得最佳的地区。"

三

孔子文化研究会成立以后,将按照研究会章程开展各项工作。近期内主要做好以下工作：

一是做好研究会的组织建设工作。主要是建立健全组织机构，办妥有关手续，发展会员。

二是做好研究会的筹资工作。制定筹资计划、财务管理制度。

三是组织研究会的学术研究规划、课题与学术活动。制定学术研究规划和学术活动制度，安排好近期的活动。

四是做好外联与信息沟通工作。与中华孔子学会建立联系。成立族谱联络小组，协助孔子世家谱续修工作委员会的工作。

最后，希望全体同仁同心同德，共同为办好研究会出谋献策，为弘扬孔子文化、为国家的繁荣昌盛贡献我们的力量。

传统文化与现代化

背景说明

　　本文是山西省孔子文化研究会、山西省当代儒学研究会和山西中华文化学院合作主办的杂志《孔子儒学与现代社会》（2009年）的代序，作者时任山西省孔子文化研究会会长。

　　当今，13亿中国人正在全力以赴为中国现代化而拼搏奋斗，传统文化对现代化建设有没有意义？

　　2004年，许嘉璐、杨振宁、季羡林、任继愈、王蒙等72位社会各界名流发表《甲申文化宣言》，沉寂多年的传统文化的价值，得到了绝大多数人的认同。当然，也引发了一些不同意见，由此掀起一场关于传统文化与现代化的讨论。有人提出国家现在是需要拯救传统还是完成启蒙？有人提出"吹嘘'东方品格救世'是否合适"？有人说这一宣言与清末张之洞的"中学为体，西学为用"如出一辙。有的则认为宣言是以最时髦的西方理论来捍卫最保守的传统事物。

　　那么，什么是现代化？什么是传统文化？弘扬传统文化会不会影响现代化？由山西省孔子文化研究会、山西省当代儒学会、山西省中华文化学院合办的《孔子儒学与现代社会》对此很重视，本辑的中心，拟对此进行讨论。

　　什么是现代化？一般认为，现代化是发展中国家为了达到发达工业社会所具有的经济水平而经历的社会变迁，包括货币化、商品化、市场化、工业化、城市化、科技化等一系列变化。现代化作为当前历史进程的目标，是时代的需要。一个国家走向现代化，需要科技的进步，经济的发展，就不得不对影响经济发展的一些上层建筑包括一定的观念、制度、文化进行必要的改革与创新，割除那些影响经济社会进步的因素，才能推动社会的进步。

传统文化是什么？我们所说的传统文化，一般是指数千年以来中华民族的整体生活方式和价值体系，包括精神、物质、制度等多层面的历史文化积淀，物质文化遗产与非物质文化遗产都包括在历史文化遗存之内，它是中华民族在历史上创造积累的文明成果，是在历史进程中流传并变化着的文化延续。优秀的传统文化，是民族的精神，是这个民族绵延不断的根脉。当然，受时代的局限，中华传统文化也有其消极的东西，诸如缺乏民主精神、法制观念、商品意识，从而造成一定的专制主义、个人迷信、闭关锁国、轻视人权等。我们要在肯定和弘扬传统文化精华的同时，正视和摈弃其糟粕，才能不断前进。

因此，我们不能为了实现现代化，而照搬西方的一切。如果"全盘西化"，中华民族的传统文化将不复存在。如果一个民族没有了自己的文化，这个民族也将不复存在。一个民族一味死守传统，拒绝吸收外来文化的优秀成分，必然死水一潭，不能进步；一个民族完全放弃传统，这个民族将彻底消亡。传统文化和现代化的关系是辩证的，我们既要传统文化，又要现代化。优秀传统文化是现代化的必要社会资源，在我们国家实现现代化的进程中，须臾不能离开传统文化，需要我们不断地对它进行新的诠释，使优秀传统文化成为现代人今天生活的一部分，在传承优秀传统文化的同时，实现祖国的现代化建设。

《甲申文化宣言》说："中华文化五千年生生不息、绵延不断的重要原因，在于她是发生于上古时代多个区域、多个民族、多种形态的文化综合体。她不但有自强的力量，而且有兼容的气度、灵变的智慧。当是时也，我们应当与时俱进，反思自己的传统文化，学习和吸收世界各国文化的优长，以发展中国的文化。我们接受自由、民主、公正、人权、法治、种族平等、国家主权等价值观。我们确信，中华文化注重人格、注重伦理、注重利他、注重和谐的东方品格和释放着和平信息的人文精神，对于思考和消解当今世界个人至上、物欲至上、恶性竞争、掠夺性开发以及种种令人忧虑的现象，对于追求人类的安宁与幸福，必将提供重要的思想启示。"中国传统文化的精髓，在于正确处理人与人、人与社会、人与自然的关系，强调人与人、人与社会、人与自然的和谐相处，仁爱、德政、天人合一，这是现代西方社会潮流想象不到的。现代化只有和中国传统文化理念相结合，才能调理出医治社会暴力、贫富悬殊、金融危机和地球资源环境破坏的妙方。我们相信，人类的"后现代化"一定是中国传统文化唱主角的时代，一定是"天下为公"、"讲信修睦"的大同世界。

一个民族最可怕的是失去民族精神支柱，精神上无所依托，一旦传统毁灭了，文明也随之消失。如何对待传统文化问题，是一个关系民族命运的问题。许多历史事实证明，一个国家走上民族振兴和现代化，无不是从弘扬民族精神做起的。日本、新加坡、韩国的现代化，就是尊重传统文化的成果，他们把儒家思想化为群体意识，同时学习西方先进的科技与理念，取得了惊人的进步。民族精神是民族之魂，否定传统，必然抹煞民族精神。

胡锦涛在中共十七大报告中强调，要弘扬传统文化，建设中华民族共有的精神家园，必须加强对中华优秀传统文化的教育。在理想迷失、伦理道德失落以及精神家园崩溃的时候，必须学习传统文化，规范人我关系，严于律己，宽以待人。只要政府能够确立天地之间人为贵，以民为本，实惠于民，"利民而不费"，为天地立志，为生民立道；只要企业家能够确立独富贵君子为耻，互惠互利，共同发展，大富大红大德，相济于业，就能够建立起我们共同的基本信念、价值取向、企业精神、思维方式、行为准则。那么，仁爱、正义、礼让、理智、诚信的氛围，和谐发展的新局面就是可以看得见的目标。所以，立身处世的标准应当是忠义、诚信、礼节、德政，以此建立一种稳固、和谐的人伦关系，人相爱，爱人利物，公正合理，讲究恩谊，社会有序，道德规范，聪明智慧，诚实不欺，言而有信。

古人讲得好："古之欲明明德于天下者，先治其国；欲治其国者，先齐其家；欲齐其家者，先修其身；欲修其身者，先正其心；欲正其心者，先诚其意；欲诚其意者，先致其知；致知在格物。物格而后知致，知致而后意诚，意诚而后心正，心正而后身修，身修而后家齐，家齐而后国治，国治而后天下平。自天子以至于庶人，壹是皆以修身为本。"

修身、正己、齐家、治国、平天下，这就是我们处理传统文化与现代化关系的思维逻辑。

讲习经典是建设和谐社会的必修课

背景说明

本文原载《孔子儒学与现代社会》第一辑，2006 年版。孔学是人类生命存在、生存价值和群体关怀的人文学说，其精髓在于为人提供关于人与自然、人与社会、人与人关系的基本原则。所以，讲习孔学经典，是建设和谐社会的需要。

和谐社会，需要社会的绝大部分人共同认可一种价值观和理念，这是建立理性社会的基础。因为理性社会要求人们在思考问题时，有是非观念，不把个人好恶放在第一位。

"人能弘道，非道弘人。"一个理性社会的形成，要靠一些思想家引导，传递给公共知识分子，再通过媒体走向大众。孔子德侔天地，道冠古今，删述六经，垂宪万世，他的思想影响了中国 2500 年，其核心是仁爱和中庸。他认为人类应有的一种人伦关系，立身处世的标准应当是忠义、诚信、礼节、德政，以此建立一种稳固、和谐的人伦关系，实现"天下为公"、"讲信修睦"的大同世界，也可以理解为仁、义、礼、智、信。仁，人相爱，爱人利物；义，公正合理，讲究恩谊；礼，社会有序，道德规范；智，聪明、智慧；信，诚实不欺，言而有信。晋商常家家训要求"凡语必忠信"，"凡行必笃敬"。这些都是和谐社会做人的基本要求、道德底线。孟子认为，"恻隐之心，仁也；羞恶之心，义也；恭敬之心，礼也；是非之心，智也"，"求则得之，舍则失之"，这是实现和谐社会的最基本的条件。如何确立这恻隐之心、羞恶之心、恭敬之心、是非之心？讲习孔孟经典是其必修课。

但是，19世纪末清王朝的腐朽统治，造成了国弱民困的社会现象，受此影响，孔子文化被认为束缚了中国人思想，又经过连年的战乱、动乱，传统的孔子文化被人们抛弃，甚至其精华也被人们遗忘。然而历经数千年而不灭的孔子思想倒成了韩国、新加坡、日本以及东南亚国家与地区人们发展经济、建设国家的指导思想。1999年世界诺贝尔奖获得者在巴黎集会发表的《巴黎宣言》中称，21世纪人类需要从孔子那里寻找智慧。孔子作"删述六经"，思想博大精深，是中国的"圣人"，联合国认定的世界第一位思想家。2004年9月28日山西省孔子文化研究会曾发表"圣诞宣言"，呼吁每年9月28日先圣诞辰为中国圣诞节。孔学经典《大学》说："古之欲明明德于天下者，先治其国；欲治其国者，先齐其家；欲齐其家者，先修其身；欲修其身者，先正其心；欲正其心者，先诚其意；欲诚其意者，先致其知；致知在格物。物格而后知致，知致而后意诚，意诚而后心正，心正而后身修，身修而后家齐，家齐而后国治，国治而后天下平。自天子以至于庶人，壹是皆以修身为本。"所以，建设和谐社会必须学习孔学、研究孔学。

孔学是人类生命存在、生存价值和群体关怀的人文学说，其精髓在于为人提供一种关于人与自然、人与社会、人与人关系的基本原则。在当前不少人理想迷失、伦理道德失落的时候，必须学习孔学经典，以孔学规范人我关系，严于律己，宽以待人；修身为本、先人后己；平等待人，推己及人。由此才能建设和谐社会。

孔学、儒学、国学与教育

——在孔子文化研究会国学教育专业委员会成立暨实验基地揭牌仪式会上的讲话

背景说明

本文是 2009 年 12 月 6 日山西省孔子文化研究会国学教育专业委员会成立暨实验基地揭牌仪式上的讲话。涉及孔学、儒学、国学与国学教育、职业教育、国民教育关系等问题。

山西省孔子文化研究会国学教育专业委员会，经过半年多的努力，今天正式成立了，同时国学教育实验基地在北辰学堂正式揭牌，从此山西省国学教育领域又有了一个新的研究与实验平台，这是孔子文化研究会的一件大喜事，也是山西学术界、教育界的一件大喜事。在这里，我代表孔子文化研究会的同志们，对省委宣传部、省政府民政厅、山西省社会科学界联合会表示衷心的感谢，对支持帮助我们的所有朋友们表示感谢。

孔子文化研究会，本是研究孔子文化、研究孔学的学术团体，为什么要搞国学教育研究与实验？

我们认为，孔学、儒学、国学，孔子文化、传统文化、中华文化的关系是十分密切的，同根同源。

一、孔学、儒学、国学

我们认为，国学是中国传统文化的一部分，国学之精粹在于儒学，儒学之源头在于孔学。

孔学，即孔子之学，是孔子关于人类生命存在、生存价值和群体关怀的人文学说。孔学的精髓，在于为人们提供一种关于人与自然、人与社会、人与人的关系应当怎样处理的规范性基本原理，孔子提出了两个解决时代矛盾冲突的理论原则：一是"仁"；二是"和"。"仁"的功能和价值，是调整生产方式、社会制度、思想观念的钥匙，是建立和谐社会的规范和原则。"和"是具体解决社会冲突的方法，是促使人类社会发展进步的动力。孔学之所以具有永久的生命力，不仅是因为它"祖述尧舜、宪章文武"，是传统文化的根脉。而且因为它仍然是现代社会寻求安身立命的精神力量和道德支撑，具有真理性和相对的永恒价值。

国学，顾名思义是中国固有的学术，它是中国传统文化的一部分，即学术部分。国学兴起于20世纪初，鼎盛于20年代，一度停滞，80年代又出现国学"寻根"，90年代以来出现"国学"热直至今天。1906年国粹派邓实对"什么是国学"曾经解释道："国学者何？一国所有之学也。有地而人生其上，因以成国焉，有其国者有其学。学也者，学其一国之学以为国用，而自治其一国也。"他强调了国学的经世致用性。一般认为，国学就是以儒学为主体的中华传统文化与学术，其外延包括医学、戏剧、书画、星相、数术等。

儒学，"儒"字本写作"需"，古时民众祈雨的巫师，是从事社会实务，具有较为出众的知识和思想的社会精英，由此也决定了后代学者们继承孔学后的自觉走向。儒学在春秋战国时期为诸子百家学说之一，从汉朝汉武帝时起，成为中国的正统思想。儒学历经两千五百年，随着社会发展，它在内容、形式和社会功能上也在不断地变化，总体上儒学主张内仁外礼、伦理中心、天人合一、中庸之道以及践行和教化。

中国传统文化，也就是中华文化。文化的本质，是一个民族整体生活方式及其价值体系，中国传统文化就是中华民族的整体生活方式和价值体系，其精神层面包括知识、信仰、艺术、宗教、哲学、法律、道德等。中国传统文化是中国古圣先贤几千年经验、智慧的结晶，其核心就是道德教育，因此传统文化能够带来人际关系和谐、社会长治久安和可持续发展。著名学者北京大学汤一介教授说，中国传统文化即"国学"，曾是中华民族发育、成长之根，具有民族的特殊价值，又具有全球的普世价值。

正因为这样，孔子文化研究会研究孔学，并积极推动国学教育，特别是国学教育进课堂的实践。

二、国学教育、职业教育、国民教育

既然孔学是儒学的源头，儒学是国学的精粹，是传统文化的一部分，而且至圣先师孔子本身就是一位伟大的教育家，主张"志于道，据于德，依于仁，游于艺"并且反对空谈，主张践行。那么，如何使孔学研究为现代社会发展服务？

近百年来，社会公德、社会良知和社会伦理被毁弃，而且当代世界性的精神危机，急需重觅心灵安顿之道。改革开放后，知识界、领导者、社会民众一致希望进入传统的重建过程，对传统"恢复记忆"的最好的办法，就是从传统的文本经典的诵读中，改变人们的气质，逐渐转变社会风气，弘扬中华的传统美德。香港汤恩佳先生说："孔子儒家思想有六大功能：一、能促进世界和平；二、能提升全人类道德素质；三、能与世界多元文化共存共荣；四、是中国 56 个民族、13 亿人民的精神轴心；五、能促进中国统一；六、能促进世界各宗教文化平起平坐。"又因为"建国君民，教育为先"，这样，国学宣传的重点，自然而然地转向了中小学生群体，通过经典诵读，不仅进行知识教育，更要进行人格、心志、仁爱的教育，让国学和现有的国民教育结合起来，相互补充，达到《易经》里所说的"观乎人文，以化成天下"的目的。在中国自古就有"胎婴养虚、幼儿养性、蒙童养正、青年养志、成人养德、老年养福"的教育理论，因此"国学教育从娃娃抓起"，国学不能低于奥数、英语的地位，已成为多数人的共识。

据 2009 年 11 月 6 日《经济参考报》报道，"目前学国学的人群大体分为两类，一类是社会精英、企业高管……另一类是在校学生"。可以看出，企业家、公务员因为工作需要或是自身的意识，自发性地学习国学；学校或家长接触国学，为塑造新一代人的人格，积极让孩子们参加学习。国学教育不仅是国民教育的需要，也是职业教育的需要，是社会"教化"的需要，更是文化内化，帮助人们提升素质的需要。如果全国都能这样，国学自然就能得以保护和发展。当然，国学是相对于"西学"而言的，中国文化的发展，一是要保护自身文化，维护我们民族文化发展的根基；二是如何有选择地对待和吸收西方文化中先进的成分，为我所用。我们强调学习国学，并不主张复古。

当前，不少省份已经有幼儿园、小学、中学、大学，把国学列入了课堂教学的内容，一些大学建立了国学研究院、研究所甚至开设了国学的本科、硕士学位、博士学位教学点，有些省的教育部门提出了"国学教育普及"和"国学进入课堂"的意见，这些都是需要我们去学习和研究的。如何将国学教育与现有的基础教育、精英教育结合起来，相互补充，这就需要研究、实践和探索。

因此，我希望孔子文化研究会的全体会员，要积极支持国学教育专业委员会和实验基地的工作；希望孔研会承担的"国学教育从青少年抓起实验与研究"课题的同志们，认真通过社会调查、总结国学教育在各个层面的经验教训，为国学教育进课堂提供理论与实践的支持，如国学教育的必要性与基本内容、国学教育进课堂的文本选择、大学生的国学教育、中学生的国学教育、小学生的国学教育、幼儿国学教育、城市社区的国学教育、推进国学教育的综合建议等，为大中小学幼儿园提供经验，为教育领导机关提供教改参考。同时也希望社会各界的朋友们能够大力支持我们的国学教育研究与实验，共同为实现胡锦涛总书记在中共十七大报告中提出的弘扬传统文化，建设中华民族共有的精神家园而努力。

《〈论语〉札记》序

背景说明

　　本文是应贾陆英要求，为其《〈论语〉札记》一书所写的序，山西人民出版社 2010 年 12 月出版。贾陆英现任太原市委党校常务副校长、山西当代儒学研究会常务理事。

　　《论语》是一部千古传诵的经典，是孔子及其弟子言论的记录，包括孔子对一些问题的看法，对弟子们，诸侯国君、卿大夫和各方人士问题的回答，也有一部分是孔子的弟子们回答别人问题的记录，总共 20 篇，400 余章，12700 多字。

　　孔子一生十分强调"礼"，主张"克己复礼"（《颜渊》），《论语》讲到"礼"的地方有 75 处。但是，"礼"并非孔子的核心思想，孔子的核心思想是"仁"。《论语》强调"人而不仁，如礼何？人而不仁，如乐何？"（《八佾》）《论语》讲"仁"的地方多达 109 处。"己欲立而立人，己欲达而达人"（《雍也》），孔子把"仁"作为最高道德准则，《论语》一书处处可以体会到"泛爱众"（《学而》）的思想。《论语》也同时指出了如何才能达到"仁"，那就是通过"博学而笃志，切问而近思"（《子张》），"能近取譬"（《雍也》）来实现。《论语》对"君子"的人格修养，也提出了具体标准，"博学于文，约之以礼。"（《雍也》）"修己以敬"（《问宪》），才能达到"仁"与"智"的统一。"仁者不忧，知（智）者不惑，勇者不惧"（《宪问》），标仁智而统礼乐，是孔子所主张的最理想的人格修养。《论语》所反映的孔子的基本思想，既有其政治思想、经济思想，也有其"智、仁、勇、义、孝、信"等以"仁"为主的人生哲学思想、伦理思想和教育思想。所以，康有为概括说："盖千年来，自学子束发诵读，至于天下推施奉行，皆奉《论语》为孔教大宗正统。"（《论语注》）《论语》的思想内容、思维方法、价值取向，影响了2500多年中华民族的心理素质，其文句词语、写作方法，也影响了2500多年中国语言文学的发展。

《论语》是中华民族一部宝贵的文化遗产。有人称《论语》是中国的《圣经》，还有人盛赞"半部《论语》治天下"。从春秋战国直到如今，《论语》流传极广，影响至深，许多文句都为人们大量引用，而其中的许多道理甚至能够达到放诸四海而皆通的境界，有很大的超时代性。在韩国、日本、越南以及一些欧洲国家，《论语》得到极大的推崇，产生了极为深远的影响。

古往今来，有数不清的学者，对《论语》这部书进行研究，论著、札记、心得体会可谓浩如烟海。不仅版本很多，西汉时就有"鲁人所学，谓之《鲁论》；齐人所学，谓之《齐论》；孔壁所得，谓之《古论》。"（刘向《别录》）而且《论语》的注本，就更多了：《论语注疏》、《论语集解义疏》、《论语解》、《论语集注》、《论语集释》、《论语疏证》、《论语译注》、《论语新解》等。近年对《论语》的学习读本、注释本、讲解本更是五花八门，由此可见《论语》的巨大魅力，诚如本书作者贾陆英同志所说，"2500多年来论语一直活在中国人的心中，闪耀在浩如烟海的各类经典、文学作品乃至启蒙读物中，有着强大的生命力、穿透力和感染力。"

尽管研究《论语》的人多得无以计数，论著亦浩如烟海。但是，贾陆英的这本《〈论语〉札记》却有着与众不同的内力与特点。

作者通过描述《论语》中233个成语典故，切入了《论语》的精华。作者又通过"四论"——人生论、君子论、教化论、治世论，以专题研究的方法，概括了《论语》的基本思想。作者认为，学而不厌是孔子的人生写照；诲人不倦是孔子的人生追求；内省不疚是孔子的人生态度；博施于民是孔子的人生理想。在谈到孔子论君子时，作者认为君子之本在于孝，君子之道在于仁，为仁之方在忠、恕，君子之行在于义，君子之约在于礼，君子之识在于智，立身之基在于信，君子至德在中庸，君子之完美人格在于文质彬彬，君子之独立人格在于和而不同，君子之处世态度在于敬，君子精神追求在于乐，君子之交在于群而不党，等等。在谈到孔子论教化时，作者认为教化之依据在"性近"、"习远"，教化之内涵在成人，教化之目的在弘道，教化之地位在国家基业，教化之内容是六艺、六经，教化之中心思想在于仁、礼、乐，等等。在谈到孔子论治世时，作者认为治世之理想在于和，治世之根本在仁德，治世之基石在民心，治世之纲在礼乐，治世之方在中道，治世之关键在于举荐贤才，等等。

贾陆英同志曾任中共太原市委秘书长兼政策研究室主任，有很扎实的理论功底与娴熟的写作技艺，又任过中共太原市委党校常务副校长、太原行政学院常务副院长，对领导干部学习理论的需求与学习方法甚为熟悉，所以，这本书不仅为领导干部学习传统文化经典提供了示范，而且也是一部很典型的领导干部学习传统文化经典的好教材。

孔子一生"述而不作，信而好古"，表明孔子强调继承为主，而他的继承是有原则的，这就是祖述尧舜，宪章文武，上律天时，下袭水土。贾陆英同志的这本书正为我们学习与弘扬优秀传统文化开辟了一个新的路径。祝愿贾陆英同志有更多的著作问世，弘道弘德。

山西省孔子文化研究会
第一届理事会工作报告

——2011 年 9 月 24 日在换届大会上的讲话

背景说明

本文是 2011 年 9 月 24 日在山西省孔子文化研究会第一届理事会换届大会上的会长工作总结报告。

山西省孔子文化研究会于 2004 年 9 月 28 日成立以来，根据国家社会团体管理的有关规定和本会章程宗旨，积极开展了孔子文化研究活动，现将理事会近年工作报告如下：

一、每年联合省城各界在文庙举办大型祭孔活动

孔子文化研究会成立以来，每年围绕东方圣人孔子诞辰日，举办大型纪念活动和学术研讨会，同时举办弘扬孔子文化的讲座与研究。从 2004 年 9 月 28 日在太谷县文庙孔子塑像前宣读了"圣诞宣言"进行第一次祭孔活动后，2005 年以来，每年都在太原市文庙与兄弟社团山西省当代儒学研究会、山西中华文化学院、山西省文物管理局等单位，联合发起举办纪念孔子诞辰、弘扬传统文化的大型活动。省级领导先后有刘泽民、金银焕、薛荣泽、纪馨芳、李政文等同志参加大会并讲话，每年均由本会负责人恭读祭孔子文，大中小学学生进行读经表演、高雅舞蹈表演等，影响越来越大，参与者越来越多。如 2010 年 9 月 29 日《山西青年报》、《太原晚报》等报刊报道，"现场来宾向孔子圣像鞠躬行礼，并敬献花篮，共同

缅怀了孔子思辨的哲学思想、宏观的政治理念和人文的终极关怀。""400名省城高校大一新生、300多名来自各校的小学生以齐诵《弟子规》、古典舞蹈、古琴曲演奏等方式表达了对先师圣贤的缅怀"。每年纪念会当晚，举办"圣诞之夜"烛光晚会，畅谈传统文化学习感想。

二、每年举行"孔子儒学与现代社会学术讨论会"

每年的纪念孔子学术讨论会，事前组织论文写作，研讨会上印发论文集，发给参会来宾。其中优秀文章推荐给报刊，仅 2007 年孔子文化研究会的研究论文就有 8 篇被《山西日报》刊登。2009 年 10 月 11 日孔子文化研究会与当代儒学会、中华文化学院、山西大学商务学院在山大商务学院举办"纪念孔子诞辰 2560 周年学术讨论会"，省委宣传部副部长杜学文出席会议并讲话。会议由中华文化学院副院长李祥熙主持，儒学会会长相从智作主题发言，孔研会孔祥毅作总结讲话。本会为大会提交论文 20 余篇，郑玉光研究员、秦援晋博士、王君博士等在大会发言，讨论的主要问题：一是关于儒学的基本理论研究；二是儒学的当代价值研究；三是儒学与晋商伦理研究；四是国学教育研究；五是孔子文化与耶稣文化比较研究。发言与论文有较高的学术价值和现实意义。本会副秘书长秦援晋呼吁国民"明觉自己生于天地大家庭中之'民胞物与'之命，通过'为学'，经由大其心，立其志，养其气的路径'变化气质'，使个体生命之意义得以安顿，则天地间万物得以修睦。"文豪博士分析了孔子文化与耶稣文化的不同立场，孟子与保罗对于人生认知的差异，认为上帝是不强迫人去信仰什么，而希冀等待人们去悔改。在主张人心善的中国，因为丧失了儒家教化传统，又缺少对上帝的敬仰之心，导致人心沦落，导致经济社会中缺少道德底线，出了许多混乱与悲剧。而笃信西方的上帝，也因为偏离信仰真谛，鼓吹功利主义的幸福观，导致了金融危机和生态环境的破坏。这次学术讨论会主题明确，重点突出，论证有据，联系实际。2010 年在《学术论丛》刊物发表本会 3 篇论文。

三、长期举办"山西省国学大讲堂"

孔研会与山西省当代儒学研究会、山西省文物管理局等单位合作，2007 年以来，在太原文庙举办"山西省国学大讲堂"，每两周一次儒学讲座，两周一次儒学沙龙，每月两次讲座两次沙龙，本会孔祥毅教授、魏宗禹教授、葛贤慧教授、高专诚研究员、秦援晋博士、王相军处长等先后作专场学术演讲。2010年8月14日本会与当代儒学会共同举办的"弘扬中华文化、传播人文知识、提供心灵关怀、促进社会和谐"国学大讲堂庚寅年公益讲座活动中,本会副秘书长秦援晋主讲的"孟子的存心养气功夫与君子人格",参与人数多,社会反响好,得到了有关部门的充分肯定。

四、创办《孔子儒学与现代社会》辑刊

本会与当代儒学会、中华文化学院合办内刊《孔子儒学与现代社会》(山西省南部图书准印证),自2007年开始,每年出刊1期。2010年本会撰写学术论文19篇,山西省《学术论丛》杂志转发了《孔学、国学、儒学与教育》、《开展当代国学教育的意义》、《孟子的存心养气功夫与君子人格》3篇。

五、参与传统文化研究与宣传活动

2006年春,孔子文化研究会应邀参加山西省博物馆"千古一人——孔子大型展览"设计审稿会。

2006年8月在太原文庙大成殿前,参与"第三届全球中华文化经典诵读大会山西会场"的活动,有电视报道。

2007年支持国际儒学联合会"企业国学讲堂"在太原的讲学活动,本会会长孔祥毅作题为"晋商的商业伦理"与"晋商文化及其企业制度"的讲座。

本会会长孔祥毅与山西中华文化学院副院长李祥熙、台湾幼教专家王财贵等参加本会所属华山书院欢度中秋佳节古典艺术欣赏与揭牌仪式等活动。

2010年11月22日,孔子文化研究会牵头,与山西省文学艺术家联合会、福建山西商会共同主办了"弘扬孔子文化 建设和谐山西"书画展,特邀全国政协委员、国家林业局副局长赵学敏,国家司法部副部长韩亨林,中国书协编委会副主任王荣生,中国社科院文学研究所副所长何西来,中国美协副秘书长张旭光,中组部五局局长胡抗美,财政部局长王家兴书法展出并作书法表演,为筹办孔子文化学院筹措经费。省委宣传部长胡苏平、政协副主席周然参加。书法家们为研究会赠送了部分作品留念。

司法厅厅长王永成、文物局局长高可、军区军史馆李力也出席了书展开幕式。

2010 年汾阳市孔子研究会与老年大学国学研究会成立大会。本会顾问孔宪信与会长孔祥毅参加成立大会与揭牌仪式。研究会向大会赠送了花篮，孔祥毅代表山西省孔子文化研究会讲话祝贺，认为 2400 年以前，孔子的学生卜子夏在此地开坛讲学，传播孔子思想，这里孔子文化根脉很深；汾阳是文化大市，人才辈出；任何时候文化的发展必然依托于经济的发展，汾阳新晋商孔祥生先生个人出资 7000 万元修建汾阳文庙，是山西孔子文化事业的一件大事。

六、承担"国学进课堂"研究课题

经山西省委宣传部批准，本会承担了"国学进课堂"研究课题，主要内容包括国学教育的必要性与基本内容、大学生的国学教育、中学生的国学教育、小学生的国学教育、幼儿国学教育、推进青少年国学教育的综合建议。最终成果为《国学教育进课堂研究》的研究报告并制作国学教育声像光盘一套（典型案例），将于 2011 年 9 月下旬完成初稿，11 月向省委宣传部提交研究报告，为社会提供国学教育宣传资料，为教育领导机关提供教改参考。

七、参与《孔子世家谱》的编修

孔研会宣传、组织、支持山西籍孔子后裔参与由孔德成为名誉主席、孔德墉为主席的"孔子世家谱续修工作协会"的工作，本会会长孔祥毅、副会长孔庆然等为《孔子世家谱》编纂委员会委员。孔子世家谱续修工作协会已经在 2009 年 7 月完成，全书共 80 卷 2000 余万字，《孔子世家谱》是世界最巨型的家谱。2009 年 9 月 24 日会长孔祥毅、副会长孔庆然参加了在曲阜孔庙大成殿举办的家谱续修完成告庙仪式。

八、成立国学教育专业委员会

本会于 2009 年 9 月决定成立国学教育专业委员会，由副会长郑玉光兼任国学教育专业委员会主任，经山西省社科联、民政厅批准，2009 年 12 月 6 日在森林公园举行了本会国学教育专业委员会成立暨实验基地揭牌仪式。第一批实验基地定为太原北辰学堂、太原国学小书院、应县东张寨小学。省委常委、宣传部长胡苏平出席了成立大会，为"基地"揭牌，并做了重要讲话。会议收到了来自世界儒学联合会会长、全国政协原副主席叶选平先生以及北京、香港等国学团体负责人和专家的贺电。出席会议的还有当代儒学会会长相从智、太原市人大原副主任宋先元、省社科联领导王纪山、尖草坪区委书记陈河才、区长白玉明及区组织部长、宣传部长、教育局长、万柏林民政局长、科协主席，太原教育系统部分中小学校长、老师和本会部分会员参加了会议。成立大会前本会副秘书长秦援晋作了学术报告，会上北辰学堂的学童表演了精彩的经典诵读、古诗吟唱和少林长拳，博得了来宾的一致好评，与会者还欣赏了中国传统茶道表演和古琴演奏，参观了北辰学堂。国学专业委员会受到了社会各方面的关注，报纸、电台、电视台作了报道。

"国学教育进课堂"课题全面启动后，确定国学教育专业委员会课题组成员为孔祥毅、郑玉光、张亚兰、方改娥、孙长青、李国鹏、王自超、吴海峰、丁顺庆、邢春涛等，以两个幼儿园、两个小学、一所正规中学、一所职业高中、两所大学为基地，进行研究实验，同时，不定期举办国学教育专题讲座与讨论，交流经验，讨论大家关心的问题，推进国学教育进课堂。同时加大与省外国学教育、研究机构的合作力度。本会国学教育实验基地北辰学堂2011年5月得到国际儒联和广东省吴小兰慈善基金会的关注，基金会多次派人来校考察，确定捐助12万元，截至2011年8月到账8万元。

九、建立国学教育实验基地

国学教育专业委员会成立以来，重视国学教育进课堂实践研究。除重点支持太原北辰学堂基地外，2010年11月，会长孔祥毅和副会长、国学教育专业委员会主任郑玉光、副主任李国鹏等赴应县东张寨小学、繁峙县职业中学实验基地调研。小学基地——山西应县东张寨小学（民办）实验报告认为，国学教育对孩子的良好品德的建立与养成有着显著的效果；并对学生从小奠定正确的人生观与价值观有着积极的引导作用。第一，学生每天在积极的、赋予教育内涵的国学经典诵读学习下，大脑会自然起到一种自我教育的作用，较之常规的思想品德课说教式的方式，更能起到实效教化；第二，学生通过诵读、学习国学经典，会经常很自然地对照国学经典里的语句内容，正确辨别、把握做人做事的方法，并能更加有效地进行生活实践；第三，国学经典教育下的学生，因为没有太重的考试压力，由被动被灌输式的学习，变为主动的学习行为，改变应试教育过程，更能体现其人性化教育；第四，国学经典教育下的学生，不会沦为传统文化缺失的一代；第五，国学经典教育下的学生，因大脑存储的文化概念与文化信息多，在理解力、思辨能力、语言表达能力、写作能力等方面都有明显的提升。中学基地（职高）——山西繁峙县职业中学自编《弟子规》等国学教育教材，提交的实验报告总结国学教育的作用在于：第一，学生的自律和行为规范能力有了较大的变化。第二，学生乐在其中，收获很大。第三，培养优良品行，做到知行合一。正规公办小学太原千峰南路小学、太原师范学院实验中学的实验报告，也总结了非常丰富的经验。两年来国学教育走进小学、中学课堂取得新的体会与收获。多种形式的国学教育活动正在倡导和实施中。

十、筹建成立养生益智专业委员会

《论语》、《中庸》、《大学》中蕴含着丰富的孔子的养生智慧，如饮食方面的"十不食"、睡眠方面的"寝不语"、休闲方面的"居不容"，特别是将养生与道德修养、与健全人格相统一，明确提出"仁者寿"、"仁者不忧，智者不惑，勇者不惧，""三者天下之达德也。"这对于解决温饱之后的每个公民提高生活与生命质量、构建和谐社会具有积极的作用。孔研会为弘扬孔子这些思想，提高大众的养生理念，抵制假冒养生而坑害群众的恶劣行为，净化保健市场，节省医疗费用，申请成立了山西省孔子文化研究会养生益智专业委员会，与山西省医保中心合作，在前"健商实验"研究课题组基础上，经省民政厅民间社团管理局批准，成立了养生益智专业委员会，拟全面展开此项工作。

十一、研究会内部建设

孔研会定期、不定期地召开会长办公会，研究讨论孔研会的工作，如2009年召开会长办公会三次，不仅研究讨论工作安排，而且不断地完善研究会内部制度与管理。如2009年11月14日讨论并通过了《山西省孔子文化研究会会费管理制度》、《山西省孔子文化研究会财务管理制度》、《山西省孔子文化研究会印章管理制度》等。根据情况，讨论发展新会员、国学教育实验基地、增补理事会领导成员等自身建设问题。

十二、几年来接受会员捐赠和申报研究课题保证了孔研会活动经费

几年来，本会副会长贠建英，常务理事王自超、李国鹏等对孔研会活动解囊相助，保证了每年 9 月 28 日纪念孔子诞辰大会、印制每次学术讨论会论文及内刊《孔子儒学与现代社会》的费用。研究会也积极申请研究课题，获得了省委宣传部一定课题费的支持。从两方面保证了孔研会的活动经费。

总之，山西省孔子文化研究会联络对孔子文化有研究的学者、孔子文化爱好者，共同研究孔子文化，为中国社会主义物质文明、精神文明和政治文明建设服务作了一定的工作。通过学习研究孔学，以求彻悟人生，得到智慧，循着正心、诚意、修身、齐家、治国、平天下之大道前进，促进家庭亲情和睦、公司忠义诚信、机关清明廉政、社会安定祥和、经济繁荣进步。得到了社会各界的承认与好评。2010 年的《中国儒学年鉴》，收录并评介了山西省孔子文化研究会及其全面工作。

孔子文化研究会虽然作了大量工作，受到了山西省社会科学联合会和社会各界的好评，但是也存在一些问题，如对国家社团管理年检的规定重视不够，未能经常及时向省社联和省民间社团管理机构汇报工作，未能积极展开创收，未能收取会费，致使研究会因为经费问题不能大胆开展工作，研究会负责人深感内疚，这是新一届理事会领导班子需要重视的问题。只有积极开辟经费来源，才能保证研究会的研究工作和各项活动的正常运行。

晋学之我见

——在"山西省晋学内涵与学科构建研讨会"上的发言

背景说明

本文是 2012 年 11 月 17 日在山西省文化促进会主办的"晋学内涵与学科构建研讨会"上的发言提纲。作者对晋学内涵外延以及晋学史料、晋学与晋商关系等问题，简要谈了自己的看法。

一、晋学的内涵与外延

晋学一词，当是 20 世纪二三十年代蒙文通先生在他的《经学抉原》讲义（商务印书馆 1933 年版）中提出的。以先秦三晋地区的史学、经学以及诸子思想学术为研究内容。

晋学是山西社会文化学说的统称，是对唐晋以来不断传承创新发展至今的山西区域文化的概括，它是以社会、经济、文化、思想、艺术、科技、工艺等为研究对象的、具有山西特色的理念和学说的总和。晋学作为"学"，它是一种能正确地、合理地呈现客观社会历史文化和现实文化的系统知识的学问、学理和学说。不仅仅是山西地方史，它涉及历史学、考古学、哲学、人文地理学、政治学、经济学、民族学、民俗学、社会学、文化学、生态学等多种学科的相关领域。包括：唐晋考古、赵魏法家思想、山西典籍、山西教育、山西科技、山西文学、山西方言、山西民俗、晋商票号、山西戏剧、山西建筑，山西武术、山西面食等。

晋学不是山西地方史，更不是晋国与韩赵魏历史，而是影响山西4000年的人文精神。

考古学已经证明，晋南是中华文明的母地。晋学是中华文明核心成分，晋文化与齐鲁文化、关中文化是中国传统文化的中心。徽学或者说徽州文化是中原文化在皖南山区的保存。

有人将晋学的特征概括为四点：一是丰富的自然资源使之成为中华文明核心地区；二是特殊的地理位置使晋地成为民族大融合的纽带；三是晋学的法治思想；四是商品经济相当活跃。这应当是晋学形成的环境，不是晋学的特征。

二、晋学研究的史料问题

晋学研究，大量涉及历史，史料问题很重要。《山右丛书》为晋学研究提供了大量资料，如温大雅、文彦博、李俊民、吴雯、陈廷敬、张晋、张慎言、乔松年、张穆、祁韵士、徐继畬等的论著，但是荀子、郭璞、裴松之、王勃、王维、柳宗元、司马光、元好问、薛瑄、傅山、阎若璩等人的论著未能收录。晋学研究仍然需要重视史料的挖掘、整理、出版。史料是万岁的，是千秋大业，会惠及子孙。

建议续编《山右丛书》。

《晋商史料》工程，已经由山西省晋商文化基金会于2012年6月15日启动，是晋学研究史料的一角。

三、晋学与晋商

徽州胡氏出了很多大家，大商人胡雪岩，大文人胡适，大政治家胡锦涛等。胡氏本姓李，家训称："义祖大于始祖，儿孙不得复宗改姓李，改胡不改郡……胡氏之家风集贾、儒、仕一族成明经，胡氏之恒业也。"山西永济的张家、王家、马家也是这样，他们亦贾亦儒亦官，是他们成就了"隆庆议和"、汉蒙互市，这才有了山西人走西口。

晋学与晋商的关系。中国商业肇始于晋南，隋唐两宋发展很快，明清晋商是中国最大的商帮，包括商品经营资本与货币经营资本两部分。晋商掣领了中国商业革命和金融革命，形成了许多独特的商业制度与管理办法。民国时期，山西根据地到解放区的金融，奠定了新中国银行的基石。晋商数百年中有一批大商业家族及其读书治学的子弟，对晋学研究贡献很大，特别是明末清初时期的陈廷敬、傅山、戴廷轼、阎若璩等学者，晋商成就了晋学，晋商为晋学的发展提出了巨大的需求也提供了物质基础。晋商的金融创新对中国与世界金融史有突出贡献。

晋商学、票号学也是晋学的重要组成部分。

国学教育进课堂研究

背景说明

　　本文是 2011 年的山西省省委宣传部课题，2012 年 3 月 31 日结题。课题组成员均来自山西省孔子文化研究会，组长孔祥毅（山西省孔子文化研究会会长）、副组长郑玉光（山西省孔子文化研究会副会长，原山西省社科联主任），成员张亚兰（山西省孔子文化研究会副秘书长，山西财大财政金融学院副教授）、方改娥（太原理工大学文法学院副教授、山西一方礼仪文化传播工作室创办人）、邢春涛（太原师院附中教师）、丁庆新（千峰南路小学政教部主任）、王自超（北辰学堂校长）、李国鹏（北辰学堂副校长）、孙长青（山西省孔子文化研究会国学教育进课堂分会秘书长，山西财经大学教师）、杨志勇（山西财经大学教师、金融学博士）、吴海峰（应县东张寨小学校长）。报告涵盖了自幼儿园至大学的国学教育进课堂的实践经验、思考总结。

一、国学教育进课堂的理论分析

（一）当前国学与国学教育升温的缘由

　　国学热与国学教育的升温，不是一时兴起的跟风行为，而是有其深刻而广泛的经济、政治、文化时代背景，并将在一个较长的时间内延续和发展，对重新思考和定位人类发展有着重要的意义。

1. 经济缘由

　　一方面，改革开放后的 30 多年来，我国不断地在摸索中前进，在各个方面都取得了举世瞩目的成就。随着中国经济的发展以及与国际社会交往的日益频繁，中国人越来越迫切需要了解自己民族的历史，越来越需要表明自己民族所具有的有独特价值的东西，这就激发了中国人学习传统文化的强烈愿望。当我们试图从传统中寻找能代表我们民族的精神和文化象征时，挖掘传统文化及儒家思想中有价值、有益的思想资源就成为很自然的事，这也是我们这个民族文化自信和文化自觉的一种表现。

另一方面，在经济全球化和世界经济一体化迅猛发展的今天，我国也正处于百年难得的"和平崛起"时期。但是正如法国学者魏柳南所言："绝大多数西方人不知道中国崛起的模式与其他大国的不同。"他们往往根据当年美国、德国、日本等大国崛起而总是伴随着各种形式的对外扩张与侵略的模式来看待中国崛起。由此在西方媒体就频频出现"中国威胁论"。这当然是无稽之谈，但对西方民众形成恶劣的误导，给我们带来一些干扰，需要我们认真对待和解决。解决的办法就是需要我们摆正事实地去宣传。而国学教育恰好可以让西方民众从我们的文化之根和思维方式上认识与理解我国的"和平崛起"、"构建和谐社会"与"和谐世界"的目标，是真诚的，是由文化精髓和民族思维方式而形成和决定的，是我们发自肺腑的准则，并非欺人之谈。

2. 政治缘由

当今世界，以美国为首的西方国家推行的是霸权主义、强权政治，这在本质上是要把本国的利益凌驾于其他各国家利益之上，凭借其经济军事实力对其他国家进行控制、干涉和侵略，造成世界的动荡不安，成为威胁世界和平稳定的主要根源。其表现主要有：第一，强迫别国接受和照搬自己的社会制度和意识形态；第二，利用"民主"、"人权"甚至"价值观"等问题，任意干涉别国内政；第三，凭借经济实力和军事实力，到处侵略。它们置联合国安理会于不顾，违背国家主权和领土完整不受侵犯的神圣原则，公然践踏国际关系的普遍原则，其目的是要用武力手段建立一个符合它们自己利益的国际新秩序，确立其主宰世界的地位。

我国推行的是独立自主和平的发展方式，同世界各国地位平等，独立自主地发展本国的经济、政治、文化等方面。中国坚决维护国家主权、安全和领土完整，推动实现祖国统一大业；不断推进经济外交、文化外交和公众外交，积极发展与各国经济合作，推动文明对话与交流，增进国际社会对中国的认识和了解；继续坚持"以人为本"、"外交为民"，切实维护我国公民和法人在海外的合法权益。所以通过国学教育可以使我国的发展方式被人们所了解和接受。

3. 文化缘由

东西方价值观和伦理观存在冲突是不用再争论的事实。东西方文化冲突的症结，归纳起来，大致主要有关于人的理解、社会形成根源、政府作用、价值是否可以中立及对家庭的理解等方面。如关于人的理解，总体上说，在西方现代价值观中，是十分强调人的独立性的。而在东方世界，普遍认为人是社群的一部分，是人际关系网络的中心点，人不能独立于社群之外。

亨廷顿说："西方与所有已经存在过的文明显然是不同的，因为它已经对公元 1500 年以来存在着的所有文明都产生了势不可当的影响。它开创了在世界范围内展开的现代化和工业化的进程，其结果是，所有其他文明的社会都一直试图在财富和现代化方面赶上西方。"亨廷顿这段话，深刻地揭示了东西方价值对立的根源。西方的价值观和独特体制，以及由此所生长出的现代性，在全球范围内迅速扩张，并且成为其他社会追寻的目标。如果继续让以西方价值为轴心的全球化发展下去，所隐含的趋同性可能演变成一场吞噬除西方文明以外的一切人类文明的灾难。

由此，当代国学应该以积极的姿态寻求文明对话，促进文明之间的相互理解和宽容。正像杜维明所说的，"我们需要广结善缘，以宽宏大量的心胸，参与全球伦理和世界哲学如何可能的人文事业。"

（二）当前国学教育进课堂的现实意义

1. 什么是国学

国学，顾名思义是中国固有的学术，它是中国传统文化的一部分，即学术部分。国学兴起于 20 世纪初，鼎盛于 20 年代，中间一度停滞，80 年代又出现国学"寻根"，90 年代以来出现"国学"热直至今天。1906 年国粹派邓实对"什么是国学"曾经解释道："国学者何？一国所有之学也。有地而人生其上，因以成国焉，有其国者有其学。学也者，学其一国之学以为国用，而自治其一国也。"他强调了国学的经世致用性。我们认为，国学就是以儒学为主体的中华传统文化与学术，其外延包括医学、戏剧、书画、星相、数术等。

2. 什么是国学教育

近百年来，社会公德、社会良知和社会伦理被毁弃，而且当代世界性的精神危机，急需重觅心灵安顿之道。改革开放后，知识界、领导者、社会民众一致希望进入传统的重建过程，对传统"恢复记忆"的最好的办法，就是从传统的文本经典的诵读中，变化人们的气质，逐渐转变社会风气，弘扬中华的传统美德。在课堂、孔庙等多个地方通过讲授、诵读等多种方式去学习国学，即进行全方位多角度的国学教育。

3. 什么是当代国学教育

当代国学教育不仅仅只是单纯地学习国学知识，教师在讲国学、学生在学国学的时候都要注重与当今的时代特色相结合。把当代人应该有的人生观、价值观、世界观融入到国学教育中去，并让其与实践相结合，做到学以致用。

4. 当前国学教育进课堂的意义

（1）开展当代国学教育，是积极应对全球化浪潮的文化战略举措。随着改革开放和经济社会的快速发展，我们加强同世界各国的文化交流势在必行。由此，各种西方文化思潮迅猛涌入，就成为必然的事实。其中，自然有香花也有毒草。这就出现了严重冲击和侵蚀我们中华民族的精神家园问题。特别是改革开放中成长起来的青年一代，一方面吸纳了不少国外先进的新思想、新知识、新技术；另一方面对于我们优秀的传统文化则重视、学习、继承和发扬不够，甚至出现严重的民族精神缺失。一度时髦的"西方文化移植论"就是证明。必须明确，这是全球化浪潮对我们的一种文化挑战。

许嘉璐先生曾说，"无科技不足以强国，无文化则足以亡种"。面对这种文化挑战，我们不得不高度警觉。有警觉才能有治理。对于如此挑战之治理，当然要综合进行。经济、政治的措施都很重要，但文化措施也必不可少。在文化措施中，开展当代国学教育就属战略性措施之一。因为我们的国家有五千年的悠久历史，华夏文明是世界上唯一生生不息而延绵至今的文明。为什么古代希伯来文明、巴比伦文明都被湮没和消失，而我们华夏文明却至今灿烂辉煌呢？这就是我们的优秀传统文化具有坚贞的品格和巨大的魅力。其具体内容当然是个需要好好研究的课题，但我们认为：其坚贞之根本在于"得道"，其魅力之巨大在于"太和"。《周易·乾卦·象》说："乾道变化，各正性命，保合太和，乃利贞。"说明我们是具有坚贞品格与"太和"的民族，《周易·乾卦·文言》也说："夫'大人'者，与天地合其德，与日月合其明，与四时合其序"，"先天而天弗违，后天而奉天时，天且弗违，而况于人乎？"这"自强不息"、"万国咸宁"，不仅概括了我们优秀传统文化坚贞品格的内涵，而且表现了其巨大魅力的神韵。

今天，我们的国家与民族，虽然发生了翻天覆地的变化，取得了巨大的进步，但优秀传统文化所具有的这种坚贞品格和巨大魅力，仍然需要我们继承和发扬。因为它既是我们民族生存的根脉，又是我们国家发展的一种不竭精神动力，而将二者完整地凝结在一起的就是我们的国学。只要明确这一点，就可以深刻认识，我们今天开展国学教育，并努力从娃娃抓起，不是要固守传统、唯我独尊和闭关自守，也不是"发思古之幽情"，而是积极应对全球化风浪的一种文化战略举措。其中心是保持和发扬我们民族的坚贞品格和巨大魅力，而加快中国特色社会主义现代化建设和民族复兴的步伐，与世界其他民族和一切爱好和平的国家一道，为构建和谐世界和人类美好愿景而做出更大的贡献。

（2）开展当代国学教育，是努力推进马克思主义中国化、时代化和大众化所不可缺少并相得益彰的重要组成部分。中共十七届四中全会，在加强和改进新形势下党的建设中，提出了马克思主义中国化、时代化和大众化的课题。从表面上看，开展当代国学教育与这一课题，似乎没有多少联系，但实际则不然。

大家知道，马克思主义中国化，对于我们中国共产党人来说并不陌生。从1928年井冈山根据地创建时期，我们就走上了马克思主义中国化之路，虽然艰难曲折，付出了极大的代价，但我们成功了。经过82年的探索和奋斗，我们完成了新民主主义革命的伟大任务，取得了社会主义革命和建设的伟大成就，并在时代变迁和极其复杂的国际斗争中开创了改革开放与中国特色社会主义现代化建设的新局面。我们的国家由贫穷落后转变为世界上负责任的大国。这翻天覆地的变化，从革命和建设的理论高度来看，就是马克思主义中国化结出的丰硕成果。

我们现在应当深刻认识的是：为什么党中央在马克思主义中国化的基础上，又提出了马克思主义时代化和大众化呢？这"三化一体"的真谛何在呢？这当然又是值得我们下功夫研究的一个课题。我认为这"三化一体"，就是要我们用发展的眼光、世界的胸怀、时代的尺度，在继承毛泽东思想、邓小平理论和"三个代表"重要思想的基础上，将运用科学发展观的创新实践之理论，及时而准确地变为中国人民大众的主流意识形态。

应当说，这"三化一体"是适应新形势的一项意识形态领域的重大建设工程。

在这项重大建设工程中，怎么样才能将"创新实践之理论，及时而准确地变为中国人民大众的主流意识形态"是一个关键性的问题。解决这一关键性问题，最好的选择就是用中国人民最熟悉的语言、最习惯的思维、最崇尚的精神、最喜欢的风格表达和阐释这一创新实践之理论，才能让人民大众喜闻乐见，入心入脑，成为自觉的思想并转化为巨大的推动中国特色社会主义现代化建设的力量。

这"四最"之表达与阐释，正是当代国学教育的政治文化功能。试想，没有国学、没有民族文化和民族精神，哪里还有马克思主义中国化、时代化、大众化的问题呢？可见，开展当代国学教育是推进马克思主义中国化、时代化与大众化所不可缺少和相得益彰的一个重要组成部分。

（3）开展当代国学教育，是大力提升山西文化产业与促进经济结构调整的一项基础性工程。山西从第一个五年计划开始，在全国经济发展的大局中，就担当起了国家工业化的领头兵。几十年来，我们运出了数以亿吨的"乌金"，源源不断地为全国人民送去了温暖和光明，逐渐形成了山西特有的重型经济结构。

在计划经济时代，从"全国一盘棋"的视角来看，没有山西省的重型经济结构，就没有全国的经济协调发展。其必要性合理性是当然的。但进入社会主义市场经济时代，就不仅要从全国大局需要出发，而且要从山西独具的悠久历史文化特点出发，培育区域新兴产业着手，实现经济发展方式转型的宏伟目标。

经过多年经济社会发展的实践与探索，我省必须大力发展文化产业及节能清洁的新兴产业。因为地下煤炭资源是不可再生的有限资源，而山西文化产业的发展，却有着巨大的潜力和发展空间。

山西是中华文明的重要源头，5000年文明看山西，不是空喊出来的，而是由丰富的地下文物和震惊世界的地上古代建筑以及大量古文字记载所证明了的。农业的始祖神农就活跃在山西；播五谷而开创夏华第一个农业文明时代的后稷在山西；被中国古代史称颂的尧、舜、禹三代圣帝建功立业的地方也在山西。尧为了民族的兴旺与社会的进步，禅让帝位于舜；舜为了战胜自然灾害，造福黎民百姓，又将帝位禅让于禹，形成了千古美誉的禅让经典。禹王治水，三过其门而不入，最后累死于他乡，不仅创造了"疏而不堵"的科学治水方法，而且留下了鞠躬尽瘁的敬业精神。正是这种可贵的精神，哺育出了从夏商周、赵魏韩到元明清，数不清、写不完的三晋英雄谱，形成了光辉灿烂的三晋文化。重耳由一个落难公子，成长为三晋霸主，缘于叩老农、拜黄土、讲信义、"退避三舍"，完全是三晋文化哺育的结果，他"尚贤、尚法、尚功"的思想与文韬武略的功业，形成了独特的三晋政治文化，他的"尚法"思想，不仅催生了中国最早的成文法典，而且造就了战国时期法家成长的摇篮。从三晋走出来的法家吴起、韩非、李悝、申不害、西门豹等，是秦始皇统一中国的思想基础。秦始皇不仅吸纳晋国的政治和法制文化，而且重用了晋国的不少优秀人才，这才完成了统一大业。三晋文化，是华夏文明的重要源头，是建立中央集权和大兴法治的中流砥柱。

更值得我们继承和发扬的是晋商文化。《易·系辞下》说："日中为市，致天下之民，聚天下之货，交易而退，各得其所。"说的是山西也是中国最早的商业活动。《史记》记载，"舜耕历山，渔雷泽，陶河滨，作什器于寿丘，就时于负夏"，可见舜帝做过商贩，是华夏商祖。太原白氏的祖先白圭是战国时期大商人，提出了"人弃我取，人取我予"经营战略。计然"其先晋国亡公子也"，教范蠡贵流通、尚平均、戒滞停等七策，范蠡仅用五策使越国强盛。猗顿在晋南经营牧业和盐业，"十年之间，其息不可计，赀拟王公，驰名天下。"司马迁赞曰："长袖善舞，多才善贾，其猗顿之谓乎！"他们的商业理论，是明清晋商称雄天下以至当今新晋商取之不尽用之不竭的智慧源泉。而唐代太原人白居易，更提出了"谷帛者生于农也，器用者化于工也，财物者通广商也，钱刀者操于君也。君操其一，以节其三，三者和钧，非钱不可"。这是世界上最早的国家通过货币政策调节宏观经济的思想，比西方凯恩斯的国家调控理论早了1000年。

山西的传统文化，丰富厚实，多姿多彩，是山西的文化产业发展坚实基础和独特优势。但是，要将其变为现实的文化生产力和文化产业，没有国学、国文人才和国学教育基础是不行的。只有我们用文化工程的方式，大力开展国学教育，大力培养国学人才，大力组织国学研究项目，才能将丰富的三晋文化瑰宝，从学术内涵、人文情怀和美学欣赏等多角度、全方位地开发出来，才能使我们山西的文化产业更好地发挥优势，展翅高飞，为经济结构调整做出更大的贡献！

总之，当代国学教育是为当代中国经济、政治、文化和社会的和谐发展服务的。当代国学教育能够也一定会在中国特色社会主义现代化建设中发挥出独特的作用，让国人自信自豪，让世人欣赏赞叹！

（三）研究国学教育进课堂应把握的几个问题

1. 国学教育进课堂的目的与宗旨

（1）国学教育进课堂的目的。

1）塑造学生良好品德，奠定学生优雅人格，使学生形成统一的、正确的价值取向。

2）激发学生读书兴趣，培养学生良好的习惯和积极的人生态度。

3）增强学生语文能力，务实学生文化功底。

4）发展学生记忆能力，开发学生智慧潜能。

5）发展学生个性，培育学生良好学风，形成良好校风。

6）了解中华历史知识。

7）培养亲子关系。

8）落实好"国学经典进课堂"实践工作，为山西省内各年龄阶段教育的"国学经典进课堂"活动，率先做好实验，树立样板，提供"国学经典进课堂"理论依据与实效依据，进而为促进教育发展、构建和谐社会而努力奉献。

（2）国学教育进课堂的宗旨。为深入学习和贯彻落实科学发展观，坚持"以人为本"，促进教育公平，保障公民依法享有受教育的权利，继承和发扬中华优秀传统文化，积极建构社会主义和谐社会价值体系，积极组织学校和社会教育资源，科学规划、建设和完善国学教育体系，积极大力培育国学教育工作者，大力开展国学教育试点，正本清源、扬清激浊、革故鼎新，积极探索新形势下国学教育模式，传承中华美德，增强民族文化认同，树立民族文化自信，维护国家文化安全，弘扬民族智慧，打造中华民族精神家园。

2. 国学教育进课堂的内容与层次

学生在完成国家规定教学内容的基础上，分阶段诵读《弟子规》、《三字经》、《大学》、《中庸》、《老子》、《论语》、《庄子》、《唐诗》、《千字文》、《笠翁对韵》、《朱子治家格言》等祖国优秀国学经典。

对于幼儿、小学生来讲，这才是他们刚刚探知自己人生的开始。通过国学教育进课堂，要使他们的德智体全面发展。通过对先贤古文的学习，使他们知礼貌、懂孝道；通过中华武术的学习，使他们强身健体；通过国画、书法等的学习，使他们陶冶情操。

对于中学生、大学生来讲，现在是他们形成自己的人生观、价值观的关键时刻。更主要的是通过学习先贤们的精髓内容，使他们通过学习，可以明确自己所要追求的是什么，人应该怎样活着，怎样去对待这个世界。使他们形成自己正确的人生观、世界观和价值观。

3. 国学教育进课堂需要注意的几个问题

（1）我们在"国学热"中，不搞复古，不出古人洋相。在国学书院背诵一些古典名篇是必要的，但不能停留在背诵水平，更不能仿照古代书院的礼仪程式而搞形式主义。

（2）在熟读和背诵古典名篇的基础上，要深入领会优秀传统文化的实质，增强我们的人文底蕴，进而提高精神境界，丰富精神生活。

（3）要突出"仁"品的陶冶，完善"仁、智、勇"的人格培养。

（四）国学教育进课堂的组织与安排

目前，民众与政府对国学教育的重视已经觉醒，各地都开展了丰富多彩的国学教育，国学教育进课堂也是百花齐放。但是正是这种"百花齐放"，让我们对某些"近乎复古"、"重在标榜"、"断章取义"、"为我是用"的国学教育进课堂模式不敢苟同。那么什么才是国学教育进课堂的科学做法，应该具备什么样的指导思想，采取什么规范的措施，各家众说不一。

基于国学教育进课堂对青少年成长的重要意义，我们认为需要以课题研究的形式对此做深入调查，并得出正确、恰当的结论，以避免国学教育中的弯路和偏颇。

为此，课题组多方征求专家意见，集合各方力量，成立了研究团队。为了观察国学教育进课堂对不同成长阶段、不同地域、不同学制下的学生的影响，我们选择了从幼儿园到大学、从城市到乡村、从正规全日制学校到私立学校的不同样本，作为我们的国学教育进课堂实验基地。具体有北辰学堂、千峰南路小学、应县东张寨小学、太原师范学院附属中学、太原理工大学和山西财经大学等。

通过观察、研究、总结这些不同的教育模式，思考、讨论其中的得失之处，来提出课题组对国学教育进课堂的见解和措施建议。为教育领导机关提供教改参考；为大中小学幼儿园提供经验；为社会提供国学宣传教育参考。希望为当代国学教育、为青年一代的成长贡献一己之力。

二、国学教育进课堂实践

根据国学教育进课堂课题组的"幼儿养性、童蒙养正、少年养志、成年养德"的成长规律，课题组选取了几所不同年龄段的国学教育进课堂的学校，作为实验基地。通过观察、讨论、指导这些实验基地的情况，来探讨国学教育进课堂的切实可行的办法。

（一）国学教育进幼儿园

1. 北辰学堂幼儿园实践案例

（1）国学教育进课堂实验基地——北辰学堂简介。北辰学堂位于山西省太原市滨河东路森林公园辰憬高尔夫俱乐部六号楼，是一所国学幼教专门机构。学堂成立于2009年6月15日，属公益捐赠式投资，不盈利，不回收成本。所收学费，用于教师薪酬、校舍租金和校务日常支出等项目。学堂以"涵养心性，变化气质"为宗旨。以诗书礼乐，生活能力，行为习惯为方式。课程涉及中华经典及英文经典，另贯穿中华礼仪，开设语言文字学、武术、数学等课程，辅以琴棋书画，以期完善人格，开启智慧。现有专职教工17名，兼职7名。北辰学堂招收学生以幼儿为主，也接受1~8年级的学生，并根据学生的学习程度和年龄，开设相应的课程。

因为北辰学堂有着与本课题研究相切合的教学理念，较为完整的教学模式，其教学内容和教学方法受到了学生及家长的欢迎。2009年12月8日，在与北辰学堂王自超校长协商后，课题组决定将北辰学堂设立为国学教育进课堂研究的第一个实验基地。

（2）北辰学堂实施的国学教育。北辰学堂可以称为一所"城市中的经典私塾"。

教学理念上，学堂认为在幼儿教育阶段"文化熏陶、性情教育、人格培养"是第一位的，当人格行为教育到一定程度后，才进行现代教育所重视的知识教育和技能教育。即认为幼儿阶段的教育重点在于中华传统教育观中的"幼儿养性"。因此，这一阶段的所有教育都是以此为核心展开的。

在教材选取上，学堂认为以《论语》为代表的国学经典，及以《弟子规》为代表的传统行为范式是涵养幼儿性情的最佳教材。这些经典教育是中华民族智慧的结晶，经受了时代变迁的考验，具有永恒的价值。同时，经典文化也是中华民族文化传承的纽带和核心，国学教育必须立足于这些经典文化的教育，并随时代发展而在讲解、学习上做到与时俱进。

在教学方法上，学堂力行"诗书礼乐学而知人道，洒扫应对习之成自然"的经典教育模式，并切实体现在点滴教学过程中。

具体而言，北辰学堂的国学幼儿教育模式有以下特点：

1）大师指点，细致规划。北辰学堂根据 3~7 岁幼儿成长的特点，分幼荷班（3~4 岁）、春晓班（4~5 岁）、雏凤班（6~7 岁）三个阶段，采用循序渐进的方式进行国学教育。教育内容包括"行为规范，生活能力"、"学习内容"和"《弟子规》践行条例"三大方面，逐个阶段确定教学内容、所要达到的教学目标和所采用的教学方式等。这些教学规划，经过北辰学堂教师反复讨论，并请清华大学历史系教授、博士生导师、国内著名国学讲解及践行大师——彭林教授首肯制定。彭林大师，同时也是该学堂的名誉校长。学堂也多次征求国内外其他国学大师的指导。陈战国[1]、钟积成[2]、魏宗禹[3]、孔祥毅[4]、郑玉光[5]、李祥熙[6]、高专诚[7]均为该学堂的指导教师。

通过将教学内容与国学大师沟通，并不断征询大师的教学建议，加上北辰学堂教师在教学过程中的实践体验，学堂制定了较为细致，并切合幼儿成长阶段、接受能力的教学规划，再结合学以致用、以人为本的各种朴实教学模式，基本避免了教育营养不足及拔苗助长的两个教育极端。

2）点滴化育，润物无声。北辰学堂以经典教育为主线，辅以多内容、多形式的教学模式，人格培养始终是学堂教育的核心宗旨。在这一思想指导下，北辰学堂不急于在教学内容量德积累上下功夫，而是把重点放在通过各种方式、循序渐进、润物无声地将经典文化点滴渗入学生的

---

[1] 陈战国：北京社科院哲学研究所所长，著名国学大师冯友兰先生嫡传弟子。

[2] 钟积成：马来西亚马六甲文教基金会理事长，全球经典教育基金会马来西亚委员，国际经典情商教育系统课程首席培训师。

[3] 魏宗禹：山西大学哲学系教授，中国哲学史学会、中国实学研究会、山西哲学学会理事。

[4] 孔祥毅：国务院特殊津贴专家，部级优秀专家，山西财经大学原党委书记，教授；山西省孔子文化研究会会长。

[5] 郑玉光：研究员。国务院特殊津贴专家，山西孔子文化研究会副会长。

[6] 李祥熙：中国曲阜孔子书院特聘教授，山西社会主义学院副院长，山西中华文化学院分管院长，山西当代儒学研究会副会长。

[7] 高专诚：山西省社会科学院哲学所所长，研究员，山西孔子文化研究会常务理事。

心田。

北辰学堂认为要给学生好的精神滋养，教师素质必须首先过关。学堂不仅要求任课教师是相关专业毕业，并且要求教师本人就是经典文化的热爱者、经典文化教育的忠实奉献者。他们对教师的要求体现在以下几个方面：①平时注重个人修养。②课前认真备课，自己不熟读、不求义确凿、不理解透彻的经典文章，不能给学生讲解。③课前教师自己要先读一读，听一听自己的朗读效果，读得很熟稔，让经义慢慢契入到心海里，这样教出来时就会觉得特别愉快。④课堂上老师要声音洪亮、抑扬顿挫、语速适当。⑤教学过程中，要能根据同学们的接受能力，穿插历史上的八德故事（孝、悌、忠、信、礼、义、廉、耻），提高教学效果。

在引领学生们读经典的过程中，教师的语速要慢，吐字清晰。通过"慢读"法，让活泼好动的孩子们进入"静心"状态，在"心定"的前提下，再引领懵懂无知的幼儿渐渐"随文入观"，即随着文章文词的意境来了解字义，尤其是3至7岁的小朋友更需要慢读教导，自幼应当教他读得清楚明白，同时也奠定他言语清晰的基础。

为了让学生将所学内容践行在行动上，北辰学堂用心布置了学生的教学、生活环境，并专门做了行为规范生活能力要求和《弟子规》践行要求。比如学生在遇到老师时要主动行礼问好，教室中的书架上贴有"列典籍，有定位，读看毕，还原处"、在楼梯拐角处贴有"宽转弯，勿触棱"、在洗漱间贴有"晨必盥，兼漱口，便溺回，辄净手"等《弟子规》中的语句。既帮助同学们轻松熟记了《弟子规》的内容，又能通过这些无处不在的文字，把《弟子规》落实在同学们的日常生活中，打好他们学圣做人的根基。

另外，北辰学堂在其所开设的音乐、美术、数学、英语、绘画、武术等课程上，也同样贯彻着这样的教学宗旨，这无疑对学生未来的成长起到了很好的"培根"作用。

3）德智体美，全面滋养。北辰学堂在课程的开设上，注意了幼儿德智体美的全面发展。学堂除比一般幼儿园多开设了"行为规范生活能力培养"课和"《弟子规》践行"等实践课外，还有与其他幼儿园一样的音乐、美术、绘画、英语、识字、数学、体育、手工、影视等课程。只不过学习内容和学习方式上有着自己的突出特色。

在学习内容上，各门课教学内容的选择都围绕经典文化这一主线来进行。比如绘画课上，选取的是名画、漫画欣赏；语文课上是经典诗词及经典童话故事的听、看、读；英文课选用的是适合儿童阶段的经典故事和歌曲；数学课上以《九章算术》中的内容来授课；体育课上则教授同学们中国武术基本功。

在教学方法上，注重避开幼儿抽象思维能力不足的弱势，而发挥其形象思维能力较强、对具体实物对象感知能力较强的优势，以"实践学习"、"生活学习"为主要教学方法进行教学。比如，大家都认为比较抽象的数学课，在北辰学堂这里，同学们上得津津有味。之所以如此，就在于教师们引入了"生活数学"教学模式，让同学们通过在老师指导下把玩软尺、台称、时钟、量杯、指南针、温度计、人民币及各形状的物品，逐步了解掌握长度、重量、体积、面积、方位、温度等概念，逐步理解抽象数目及加减运用。抽象的数学因此变得十分"具体"，奠定了孩子们对数学概念的具体、形象、清晰的基础。

4）开放教学，博采众长。北辰学堂虽然以"经典教学"——这一在现代社会上较为"另类"的教学作为自己的特色，但是他们并没有把自己禁锢在"经典"的象牙塔中，也没有使自己成为城市中孤芳自赏的"孤岛"，而是采取了"走出去"、"请进来"的开放教学模式，敞开了"兼收并蓄"、"博采众长"的胸怀，让学生们有机会接触大师、接触社会、接触大自然。

这一特点体现在以下几个方面：

①北辰学堂的教师主动"走出去"，通过与大师、社区的接触、沟通，来不断提高自己的素养，不断把外面世界的新鲜空气带给自己的学生。北辰学堂的王自超校长就曾在清华大学拜国学大师彭国林为师，并虔诚地听了彭教授一个学期的国学讲座，也正因为这个渊源，彭先生才欣然受聘成为北辰学堂的名誉校长。同时，王自超、李国鹏校长在社区、太原理工大学、太原千峰路小学、太原文庙等地做过多场国学讲座，在文庙的讲座更是已经形成每周一讲的系列讲座，吸引了众多市民的听讲。通过这些讲座和交流，北辰学堂的教师们更深刻地感触了社会对中国传统经典文化的渴望和需求，增强了对学生进行国学教育的信心。

②以"游学"、"讲座"的方式"请进来"。北辰学堂与国内外多所国学学校有着友好的往来，它们之间的教师，相互以"游学"的方式到彼此的学校做客座教师，进行交流和学习。同时，北辰学堂也主动聘请国

内、省内知名的国学大师到学堂做讲座。大师们幽默、朴实、浅显易懂的国学讲座，开拓了孩子们的视野和胸襟，激发了他们学习国学的热情。

③把家长纳入国学教育环节。《弟子规》的第一篇就是"孝悌篇"，它是《弟子规》其他行为规范的基础和核心。因此，学校的教育离不开家庭教育，甚至在这个方面家庭教育是首位的。家长的一言一行，不知不觉中影响着孩子的行为。为了让同学们在家庭中也践行《弟子规》的叮嘱，学堂通过与家长沟通教学理念、进行家长参加的"公开教学"、让家长配合孩子在家里践行《弟子规》条例等方式，一方面培实了孩子们的做人之"根"，另一方面也潜移默化地影响了家长的思想和行为。家庭中变得更为和谐礼让，学校的培养也不会因为周末休息而前功尽弃。

④通过每年一度的"国学夏令营"活动，让孩子们在与大自然的接触中，在集体的活动中，领悟国学教育的精髓。学堂每年会安排独具特色的夏令营活动，并吸引非本学堂的学生一同加入，这样以国学为主题的师生互动、营员互动、人与大自然的互动，让同学们切身体会到了"位育"教育的现实版本，加深了对国学与做人关系的理解。

2. 北辰学堂值得推广的经验

（1）注重根据儿童成长不同阶段的教育重点安排教学内容，采取相应的教学方式。

（2）注重经典教学在学生生活习惯、行为方式养成过程中的落实。

（3）注重通过形象教学和生活教学来领悟抽象的知识和道理。

（4）注重开放教学，把人格的培养放在时代发展、社会环境的大背景下进行。

（二）国学教育进小学

在小学阶段，课题组经多方考察，分别在城市和农村选取了两所小学，作为国学教育进课堂的实验基地。城市中选取的是太原市千峰南路小学，农村方面选取的是朔州市应县东张寨小学，以全面观察和研究国学教育进课堂对不同学生的效果。

1. 千峰南路小学实践案例

（1）太原市万柏林区千峰南路小学简介。太原市万柏林区千峰南路小学，坐落在人口比较密集的太原市万柏林中心区域。学校生源与太原市其他小学一样，有两方面的特点：一是独生子女占绝大多数，五六个家长围着一个孩子转，如同众星捧月一般。大多数孩子心中只有自己，没有他人，娇生惯养，适应环境的能力极差。二是一些外来务工人员子女，父母忙于生计，对孩子疏于管教。孩子的学习成绩不理想，更令人担忧的是，没有养成良好的行为习惯。

千峰南路小学校领导、教职工认为，现在的小学生，由于缺乏系统的人格培养方面的教育，致使学生们在思想和行为上出现了以下偏差：基本礼仪不懂、感恩之心缺失、劳动观念差、心理承受能力弱、独立生活能力差、责任感不强、虚荣攀比心日盛等。那么，如何净化学生心灵，培养良好的行为习惯，提升他们的文化素养，塑造健全完美人格呢？学校师生经过认真思考和深入讨论后，一致认为国学经典教育是最佳的切入点，只有从先贤那里汲取中华民族的智慧，用它们来浸润学生的心田，提升孩子们的自我修养、规范他们待人接物的礼仪，才能在小学阶段拓宽孩子们的心胸，让他们志存高远，为他们的未来做好"培根"工作。

（2）太原市万柏林区千峰南路小学实施的国学教育。小学教育以养成教育为基础。以德为本，国学教育是很好的德育教材，它是一种道德的自我约束，使小学生在后天的培养和熏陶下形成健全的人格。《论语》的仁、义、礼、智、信，本来就是德的根本，是人性的呼唤和回归。它对儿童人格的塑造、社会和谐有序的发展起着举足轻重的作用。

千峰南路小学以国学教育为特色，把国学引进课堂，把《论语》引进课堂。在国学教育进课堂方面做了系统细致的安排，并取得了卓有成效的效果。具体表现在以下方面：

1）准备工作细致入微、具体到位。

①得到了行政领导的大力支持。千峰南路小学的丁庆新老师在有了把国学教育引进校园的想法后，在第一时间与王一兵校长和令狐小荣书记严肃认真、谨慎翔实地谈了自己的想法，取得了领导的一致赞同和大力支持。正是两位领导的高瞻远瞩，对国学教育的深刻认识，对教学模式的大胆创新，千峰南路小学的国学教育活动才能够顺利的开展。

②赢得了老师和家长的认可与合作。一方面，丁庆新老师组织全校教职员工观看国学教育方面光碟，邀请有关专家学者给老师们做讲座，然后再与老师交流心得体会；另一方面，学校工作的开展，必须得到家长的理解与支持，否则一定不能顺利的实施。所以，班主任及任课教师，在召开家长会，放学送队或家访的时候，不遗余力地向家长们宣传诵读国学对孩子们的益处。丁庆新老师为了使工作更细致、更有效，还精心设计了问

卷，每一位学生发一张，对所有家长进行问卷调查。得到的结果是：百分之百的家长同意学校开展国学教育活动。

③主讲人国学知识的积累，教学方法的探索。俗语讲：打铁还需自身硬。给学生一碗水，自己只有一桶水远远不够，也许需要一江水甚至更多。得到大家的大力支持后，丁庆新老师自己开始诵读国学。先从《论语》开始，每天早晨6：30准时起床，背诵一小时，雷打不动。然后诵读《大学》、《中庸》、《道德经》等。《弟子规》每天吟诵一遍。国学经典，一边背诵，一边理解，一边还阅读了大量的参考书，尤其是和《论语》相关的参考书。

2011年正月初六至正月十一，丁庆新老师参加了中华吟诵学会组织的第八期培训班。通过聆听专家们的讲座，感觉受益匪浅，对国学教育又有了更深一层的感悟。

2011年8月，北京师范大学育灵童教育学院，组织了第二届全国"小学国学经典课程规划暨教学观摩"培训大会。丁庆新老师有幸参加，聆听了国学专家的讲座及名师讲的国学课，对国学进课堂信心更足了。

④教材的编写。学生没有现成的教材，丁庆新老师自己编。这几年，寒暑假丁老师基本上没有休息过，梅花香自苦寒来，《读〈论语〉，学做人》六本校本教材已经全部编完，得到广大师生和家长的好评。丁庆新老师的讲稿，已由《小学生》杂志社编辑出版，定名为《见贤思齐》。

2）采取各种措施，认真实施计划。再好的想法，也只有实施了才有它的意义。所以必须各方力量积极配合，使整个计划可以很好的落实和实施。具体的实施措施有：

①调整学校作息时间。准备工作做好后，开始考虑在什么时间给学生讲。经过校务会多次研讨，决定调整作息时间表。原来的作息时间是：下午2：30打预备铃，2：40正式上课，现在将作息时间调整为：下午2：30打预备铃，2：50正式上课。那么，2：30～2：50的20分钟就确定为《论语》诵读时间。这样有三个好处：第一，每天下午2：30～2：50，时间统一，可以在校园里营造出共同诵读的良好氛围；第二，内容统一，便于师生间相互交流；第三，一人领读，全体学生诵读，节省教育资源。

②正式实施。每天午后2：30，太原市万柏林区千峰南路小学就会传出清幽淡雅的古琴曲——《高山流水》。乐曲结束，丁老师问学生：我们的口号是？同学们齐声回答：读《论语》，学做人。然后，孩子们静心：

闭上双眼，放松头部，放松面部肌肉，放松肩部，两臂自然下垂，深呼吸三次。之后全体师生开始诵读《论语》。20分钟的琅琅书声和老师的讲读，就像潺潺溪流，浸润着每一位孩子们的心田！与先贤对话，这是千峰南路小学每天的必修课。

诵读活动的主要特点有：讲课的内容固定，基本上每天安排一章的学习内容；开设《论语》课堂，每次有一个班到《论语》课堂上课，其他班级在自己教室由指定老师组织学生一起通过校内广播集中诵读；每天都要根据学习内容安排一定量的复习内容，并且所学内容要求背诵。20分钟的诵读时间远远不够，所以要求学生每天回家给家长背诵所诵读的内容，然后家长签字。双休日，将一周诵读的内容复习一遍，牢牢地记在心里。

此外，2010~2011学年第二学期，《论语》和《弟子规》成为学校的校本课程，一、二年级，每周一节《弟子规》，三年级到六年级每周一节《论语》课。结合各年级、各班的不同特点，进一步深入讲解，复习巩固。要求有教学计划、备课教案、学生作业。

③建立评价体系。一方面，班级整体背诵，每年级评选出两个优秀班集体；另一方面，学生个体背诵落实。全校六个年级分为低、中、高三个年段，每个年段三个档，一共九档。发段位证书，激励了学生的积极性。

3）活动，促落实。学习了、思考了，却缺乏行动，书本还是同我们的生活无关，阅读不能丰富我们的人生，不能改变我们的生活，阅读还是无用。所以行动才是《论语》学习中最困难的事。为此，学校组织了一系列的活动来落实学过的知识。

①诵读国学经典活动周。该校于2010年1月4~9日，举行了《论语》诵读比赛周活动。全校学生，以班级为单位，集体参赛。诵读内容为《论语》《学而》篇第一至《里仁》篇第四。并由大队委投票，票数最多的前两个班获得"诵读经典优秀班集体"光荣称号。

通过本次竞赛，扩大学生知识积累，提高学生诵读兴趣，营造和谐的书香校园，提高师生文化品位；活动要求学生人人参加，个个登台，统一服装，培养学生的参与意识和集体荣誉感；竞赛活动结束后，各科教师要通过课堂教学渗透，语文综合性学习，读书成果展评等形式，将经典诵读活动深入持久地开展下去。

②落实《弟子规》计划与措施。千峰南路小学把《弟子规》的内容

细化，根据每周学习的内容，每周都有具体的活动与措施。如第一、第二周教学内容为"总序、入则孝"，落实的措施为为父母洗一次脚并写出自己的感想；第三、第四周学习内容为"出则悌"，落实措施为在同学们之间、班会课上，讲一讲老师对同学们的教育、关怀等；第五、第六周学习内容为"谨"，落实措施为规范自己的言行，同学互相学习对方的长处，互相找出对方的不足，并且互相监督改正等；第七、第八周学习内容为"信"，落实措施为同学们讲一讲有关诚信的小故事，讨论说谎带来哪些危害，学了《弟子规》之后，今后怎么做等；第九、第十周学习内容为"泛爱众、亲仁"，落实措施为同学之间要友爱，每一位同学为其他同学做一件助人为乐的好事，并描述自己的快乐心情等；第十一、第十二周学习内容为"余力学文"，学习成绩比较突出的同学，在班级介绍自己的学习方法，供同学们参考，并结成互帮互学的对子；第十三至第十六周的学习内容则是温故知新。

③落实行为规范活动月。根据"千峰南路小学校园文明礼仪规范执行标准"，用扣分的方法，对同学上学、课堂、课间、两操、卫生、升旗及放学等方面进行规范，使同学们可以养成良好的习惯，成为一个有道德、懂礼貌的好学生。

④校园文化建设，师生及家长共同谋划。校园文化建设，以国学教育为基调。千峰南路小学分别向家长、学生及教职员工发放问卷，大家群策群力，以主人翁的精神，为校园文化建设出谋划策。楼道、教室、办公室的每一块牌匾，内容均选自四书五经等国学经典，发人深省，催人奋进。画面与语句有机结合，融为一体，彰显了古典美，凸显了我校大力开展国学教育的办学特色。受到广大教职员工、学生家长以及上级领导的一致好评！

⑤其他活动。第一，"轻声慢步靠右行"征集下联活动。通过活动，提高学生的文化素养，同时激发学生对中国传统文化的热爱。第二，组织国学吟唱。2011年6月，为了纪念中国共产党成立九十周年，太原市教育局组织了"唱红歌　歌颂党"学生合唱比赛，该校积极参加，以学生诵读的国学为基础，编排了一组别出心裁的节目：《蒙童吟唱》，并荣获了一等奖。

（3）太原市万柏林区千峰南路小学的经验总结。

1）注重各方的力量对学校国学教育的支持，使国学教育可以更好的开展。

2）注重国学的教育氛围营造，全校师生诵读时间统一、内容统一，形成了良好的诵读氛围。

3）注重学习内容的落实，在学习后开展各种有意义的活动，将学过的道德规范、行为规范落到实处。

（4）太原市万柏林区千峰南路小学校国学的推广建议。

1）小学语文课本选取了一些古代的诗词、散文，令人欣慰。但是，内容偏少，增加一倍比较合理。

2）教育主管部门如果能将国学设置为一门课程，对国学经典的传承会具有深远的意义。

3）每学年期末考试的内容，假如加入10分国学方面的试题，一定会促进教师、学生教学国学的积极性。

4）行政主管部门组织国学文化传承的活动，比如朗诵、吟诵、演唱、知识竞赛等。既丰富了孩子们的课余活动，又增长了知识，陶冶了情操。

5）全面提高家长、老师的国学教育意识，使他们自觉自愿成为国学文化的传承人。

6）学校开展国学教育，没有现成的经验遵循，摸着石头过河，热切需要国学社团、国学专家的进一步引领。

2. 应县东张寨小学实践案例

（1）应县东张寨小学简介。应县位于山西省境北部，朔州市东部，面积1667平方公里，辖3镇9乡，人口30万。地处桑干河中游，大同盆地南端，南部恒山山脉，是桑干河与滹沱河的分水岭。境内气候寒冷，年均气温7℃左右，1月-10℃~-9℃，7月23℃~24℃。应县历史悠久，文物古迹繁多。其中矗立于县城的释迦木塔最为著名。

东张寨小学就是应县镇子梁乡的一所农村小学，地处偏僻，再加上家长盲目追求应试教育下的学习分数，村里学生家长大都将孩子送到县城去读书，仅留下了数名农村家庭经济收入低下、智力低下的学生。吴海峰校长本着一份教育情怀与乡土情怀以及对国学经典教育的热忱，多方奔走、积极努力，将地处偏僻、已经倒闭的应县东张寨小学接了过来，以资金帮扶的形式和资源帮扶的形式对该校展开助学帮扶，借此用于开拓小学国学经典教育实践。

（2）应县东张寨小学实施的国学教育。

1）教学内容主要为经典书籍。在国学教育进课堂的实践中，主要是以经典书籍为主要教学内容，主要有《弟子规》、《孝经》、《论语》、《三字经》、《朱子治家格言》、《千字文》、《大学》、《中庸》及《老子》等的部分篇章。

2）抓住一切时间学国学。在早自习时间，在老师的带领下有组织地学习国学；在课下，学生利用自己零碎的时间去诵读国学；晚上的家庭作业中还有一项是要求学生诵读每天所学的国学经典。

3）教学形式多种多样。农村条件比较艰苦，许多现代化的设施都还没有，但是老师们还是想尽一切办法，使教学形式多种多样，以不断激发学生们学习国学的兴趣。除了传统的读和写以外，还有演经典、引经典、唱经典等多种形式。让同学们在快乐中学习，在学习中进步。

（3）应县东张寨小学实施国学教育的成果。学生们通过诵读和学习国学经典，会经常很自然地对照国学经典里的语句内容，正确辨别与把握做人做事的方法，并能更加有效地进行生活实践，尤其在当今这个网络发达、价值观混乱的时代，学习国学经典的学生，更易建立起自己的"自身免疫系统"，不被大环境所吞噬！更容易学会学习、学会思考、学会感恩、学会关心、学会合作、学会和谐、学会创造，从而有效建立起完善的人格、成长为综合素质很高的人才。

通过国学教育进课堂的实践，学生们主要有以下变化：

1）学生们变得更加文明礼貌，团结同学、孝敬父母、尊重老师、懂得感恩。

2）学生们都养成了勤俭节约的好习惯，懂得了粮食的来之不易。

3）学生们更加开朗活泼，精神面貌有所好转。

4）学生们学习方面有所提高，理解力方面、思辨能力方面、语言表达能力方面、写作能力等方面都会有很明显的提升。

（4）应县东张寨小学实施国学教育的困难。

应县东张寨小学在国学教育进课堂活动的开展中，由于各方面的原因，遇到以下办学瓶颈：

1）教育经费不足。

2）教育硬件及诸多资源缺乏。

3）老教师教育观念落后。

4）新聘教师待遇难以保障等。

（三）国学教育进中学

1. 太原师范学院附属中学实践案例

（1）太原师范学院附属中学简介。太原师范学院附属中学是一所省属公立完全中学。其前身为 1997 年创办的太原师范专科学校附属中学，2000 年太原师范学院成立后，更名为太原师范学院附属中学，2002 年成立高中部。师院附中地处太原市中心，坐落于 1902 年始建的山西大学堂旧址。校园占地面积 53229 平方米，建筑面积 37013 平方米。现学生 2000 余名，教职工共 172 人，其中教师 159 人，教师中硕士 5 人，本科毕业 153 人。

现代社会科技日益发达，却滋生出这样一种人，他们不信道德，没有良知。而他们哪一个不是学校培养出来的，哪个没有读书学习过？反思改革开放 30 年，教育的成果是什么？有人说，学校什么都教，就是不教德，学校的教育是缺德的教育。学校应该先反思，教育部门应该先反省，国家以经济建设为中心，以利为利的时候，教育是不是应该守住以义为利的底线！为此，中宣部发出了"弘扬传统文化，做有道德的人"的号召，以《弟子规》为载体，弘扬中国文化和民族精神。现在举国上下都在学习《弟子规》这本小册子，1080 个字、113 件事的小册子。

山西省委宣传部也发起了国学进课堂的课题，太原师范学院附属中学作为中学部的一个实验基地进行推广和实践。

（2）太原师范学院附属中学实施的国学教育。为下一代补课，补民族文化、民族根本的课，是中学语文老师的责任。在应试教育的洪流中，太原师范学院附属中学在见缝插针地努力着。

1）推广《弟子规》。《弟子规》箴言大多出自《礼记》等中国传统经典，是一本集中了中国传统文化中基础教育的大成之作，是对以儒家文化为主的中华传统文化的自觉继续与总结，是对千秋万代的中国人的叮咛教诲。《弟子规》告诫了成圣贤该做的和不该做的事。《弟子规》所阐明的孝悌仁义，正是我们目前所欠缺的东西。

该校利用文明礼貌月主题班会的契机，在初一初二年级举行"学《弟子规》，做文明人"启动仪式，赠送 1000 多本《弟子规》，并请课题组负责老师在各班做演讲：学《弟子规》，做幸福而有尊严的中国人。

全校学生诵读推广《弟子规》，并作为班规和校本课程，收到了很好的效果。

2）给全校女孩子作报告。家庭教育中女孩教育更重要，女子为国民之母，世界的源头。要想儿女好，家庭好，社会好，国家世界都好，非由女德实行不可。该校就很好地认识到这一点，并为此于 2010 年 5 月请课题组老师两次为全校女生作报告："温润如玉，做美丽智慧的女孩"，得到家长和学生的好评。

报告中讲到：当今社会经济发展太快，文化思想教育方面滞后，于是青春期的孩子，尤其是女孩子出现了很多社会问题：奇装异服、受骗上当、出卖人格、丧失尊严、荒废学业……梁启超《少年中国说》中写道：少年强则国强，少年智则国智。此时此刻，让我们理直气壮地改成"女孩子强则国强，女孩子智则国智"。因为每个女孩子都是未来的母亲，家庭的素质、国家的素质由女孩子的素质决定，我们一起把顾炎武的"国家兴亡，匹夫有责"铿锵有力地读成"国家兴亡，女孩子有责"。

3）利用国旗下演讲宣传国学。每周 1 次的国旗下演讲是宣传国学的好机会。全校师生可以在这一时间对国学有深层的理解与认识，培养他们学习国学的热情。

4）课堂教学中的国学渗透。中学课本中本就已有国学知识，如《孔子语录》、《生于忧患，死于安乐》、《氓》等。所以以课堂，特别是语文课，作为切入点去宣传国学，落实国学教育，将国学教育渗透到课堂中去一定会有更好的效果。

①把书籍作为助力。许多班级把《弟子规》作为班规，《大学》、《中庸》是同学们的必背书目。《大学》是外王，讲诚；《中庸》是内圣，讲敬。《论语》是中国人的圣经，《孟子》是大丈夫王者师，《道德经》不停地道破天机。

②把教室作为助力。小小的教室却是学生们大大的天地。在这里学生们可以利用所有可用资源去学习国学。如在教室里挂孔子像，在墙上贴学生自己的关于国学经典的书法作品，黑板上每天一句的古圣先贤的名言以及出关于国学的黑板报等。

③把课堂作为助力。课堂就是孔子当年的杏坛，在教室里语文老师用自己的人格、学识为学生和自己建一座精神家园，每一节课不仅是讲给学生的，更是讲给自己的，因为从这里讲出的真善美是我们生命的全部。

④感恩。一天最后的一项教学内容是诵读感恩词。感恩国家培养护

佑，感谢父母养育之恩，感谢老师辛勤教导，感谢同学关心帮助，感谢农夫辛勤劳作及所有付出的人。让学生做一个学会感恩的人。

5）语文阅读教学中的国学渗透。

一个人的精神发育史就是他的阅读史。教师们多读一些儒释道三家的经典、多听讲座并参与一些公益活动，再很好地运用到教学中。课上课下让学生们多遍去诵读名家经典，在读书中去体会、去感悟。

6）其他方式的国学教育。

①把汉字作为助力。汉字真的是个好老师，是仓颉用四只眼睛看到的天地人间的奥秘智慧，是祖先留给后代的财宝。通过对汉字的拆分，甚至是对每一笔画的分析，都能显示出我们古人的博大智慧，找到民族的基因。通过对汉字的学习，学生们纷纷对夫子和民族文化产生了敬仰。

②把班会作为助力。例如过端午，通过班会举行诗人节的庆祝，朗诵屈原的诗歌以及余光中的诗文；9 月 28 日孔子诞辰日，参加祭孔和中华圣诞夜庆典经典诵读活动；钱学森去世时，为了表达对这位伟大的爱国科学家的怀念，学习了钱氏家训。

③暑期和周末在文庙公益讲座。该校教师五年来坚持在文庙进行传统文化讲座，邀请家长和学生以及各界同仁听课，积累了大量的素材资料。几年来讲解《弟子规》、《四书》、《说文解字》等。

2. 太原师范学院附属中学的建议

（1）希望教育部门尽快进行语文教材的改革，多加入些传统经典育人的古文。

（2）希望在语文或政治考试中多些实用的有利于提升学生道德修养的试题，而不是一味注重知识的记忆。

（3）全国有很多学校的传统文化教育进行得很好，如松花江中学，希望能请进来，走出去。快速让好的经验传播和运用。

（4）有传播国学能力的老师还是少数，希望各级学校对热心国学推广的老师以精神上的鼓励和支持，让千里马能自由驰骋。

（5）希望媒体加大传统文化的宣传，增加相关频道和节目，控制有害身心健康的节目播出。

（6）请求各级学校带学生到文庙举行入学礼，成人礼，拜师礼。并请学校领导重视每年的 9 月 28 日孔子圣诞日，举行一些庆祝活动。

（7）请学校领导常常举行一些和传统相关的活动，例如清明踏访绵山，过每年四月初二的中华母亲节，端午节到汾河边祭祀屈原，九月九走访敬老院等。

（四）国学教育进大学

1. 太原理工大学实践案例

（1）太原理工大学简介。太原理工大学前身是创立于 1902 年的国立山西大学堂西学专斋，是我国最早成立的三所国立大学之一。经过百余年的传承与发展，学校业已建设成为一所以工为主，理工结合，多学科协调发展的高等学府，是国家"211"工程重点建设大学。

一个多世纪以来，太原理工大学秉承"敢为人先、敢于创新、勇于竞争"的传统精神，努力构建多层次、多规格的复合型人才培养模式，业已为国家和社会培养 18 万余名栋梁之材，先后被评为"普通高等学校本科教学工作优秀单位"、"全国精神文明创建工作先进单位"，荣膺"全国五一劳动奖状"。

在当今中国，大学生是一个文化素质较高且数目愈加庞大的群体，是今后我国社会主义现代化建设的中坚力量。大学国学教育有利于塑造大学生的人格素养，促进大学生心理健康，是社会主义核心价值观教育的重要资源，是传承中国传统文化的需要和培养全面发展人才与专业能力发展的需要，所以国学教育进大学是十分迫切与必要的。

（2）国学教育在太原理工大学的开展。

1）校领导重视国学教育。"国学教育"是全社会的事，更是每一个教育工作者的事。在太原理工大学，国学教育是一项校长工程，学校制定行之有效的政策与执行方案，为大学国学教育的提供了基础和保障。

①领导干部四位一体为大学生倡导国学经典。第一，院领导讲国学经典的思想，培育大学生志高行远的理想信念；第二，系领导讲国学经典的智慧，培养大学生积极健康的人格；第三，科室领导讲国学经典的处事，支撑大学生的和谐发展；第四，骨干教师讲国学经典的治学，指导大学生的学习艺术。

②教职工四位一体为大学生解读国学经典。第一，思想政治教师解读国学经典的政治道德，树立大学生爱党爱国的素养；第二，文科教师讲国学经典的孝悌思想，培养大学生感恩友爱的情操；第三，专业教师讲国学经典的劝学内涵，激发大学生勤奋进取开展国学经典教育，提高大学生人文素质的精神；第四，辅导员讲国学经典的行为规范，指导大学生生活学

习的方法艺术。

③推动学习国学经典的四个一活动积极开展，让大学生感悟国学经典。第一，倡导大学生至少购买一本国学经典书籍，让大学生接触阅读一些优秀传统文化；第二，要求每个大学生至少写一篇国学经典的读后感，让大学生理解消化一些优秀文化篇章；第三，每个班级每学期开展一次关于国学经典的主题班会，每个大学生作3~5分钟发言，让大学生讨论探究一些优秀典籍；第四，每个班级开展一次谈国学经典的体验感想会，让大学生运用实践优秀文化。

2）营造氛围，将国学经典融入校园文化。校园文化是社会主义先进文化的组成部分，加强校园文化建设对于加强和改进大学生思想政治教育，全面提高大学生综合素质具有十分重要的意义。国学作为中国民族传统文化的典型代表对构建大学校园文化有着举足轻重的作用，在大学的校园文化中增添国学色彩，使得大学的校园文化更具有文化底蕴、书香气息。学校利用氛围搭建国学教育平台，加强渗透氛围中的国学隐性教育。建设"国学路"，设置古风情境，身临其境地传道授业，让学生在这样的氛围里耳濡目染，潜移默化；善于抓住有利于弘扬国学知识的节日和事件，以之为契机培养大学生的国学意识。在中国传统的节日中，在校园开展"国学文化节"，将与之相关的国学知识渗透在节日中。以博雅的国学文化来构建大学校园文化，起到了平衡文理特点的作用，使得理工科的大学校园文化更加丰富多彩。

3）重视大学语文教育，开设国学教育课程。国学经典能影响大学生的精神世界和行为方式，有利于塑造符合中国传统美德典范的、适应社会需要的、形象气质俱佳的新时代大学生。理工科大学应该开设一些传统文化的国学课，增加学生的人文素质。"没有科学的人文，是残缺的人文，而没有人文的科学，也是残缺的科学"。

①调整课程计划。将《经典诵读》、《中国文化概论》、《文学欣赏》等作为必修课。将儒家经典、道家经典、法家经典、兵家经典、史书经典、文学作品和科技作品等作为经典诵读的内容。

②合理安排课程。新生入学开设经典导读课。在开设《国学教育》通识课程的同时，开设《国学经典解读》选修课程，在经史子集中选取部分经典，教师有针对性地讲解辅导，使学生在学习的过程中逐渐领悟国学精髓。第二学期开设中国文化概论课，提高学生理解分析国学的能力。

③恰当运用教学策略。国学教育的目的是让传统文化得到传承。因此，在国学教学中应讲读结合、重视诵读，重点内容让大学生烂熟于心。

4）倡导经典诵读活动。当今时代，是一个经济的时代，更是一个知识的时代，而获得知识的最佳途径——读书，就自然而然地成为了整个时代的选择。大学承担着文化知识整合与发展的任务。读经教育是目前国学教育中的主流形式，也是最为有效的方式，它是让国学走上健康发展的道路，积极有效传播国学的最佳途径。经典作品的魅力是无法用语言表达的，学生在诵读过程中往往会得到潜移默化的熏陶。中华几千年的文化积淀，无论谁都不可能一下子就明白了，可能需要一个人用十几年甚至几十年的时间来消化，所以读经，读就好了，坚持去读、读熟、读透。突然有一天明白了、懂了，这就是国学教育的意义。所以理工大学倡导经典诵读活动。

5）开设校园国学讲坛，举办系列国学讲座。借鉴中央电视台的百家讲坛，太原理工大学也在学校开设校园国学讲坛，让老师和学生都能够参与进来，只要是在国学的某个方面有所研究，有所心得，都可以在校园讲坛中来展示，掀起一股百家争鸣的文化氛围，在这个学习和交流的过程中，参与者对国学的认识进一步加强，同时也丰富了师生们的国学知识，增加了校园文化的人文底蕴。

6）开展校内校外学习国学交流会、国学沙龙活动。一方面，举办国学学术交流会，这样传播的途径更为广泛，可以和其他的高校一起就国学的问题展开交流和学习，交换每个学校各自的国学学习心得，推广心得，互动互学，切磋国学，获取更多的国学知识；另一方面，通过举办国学沙龙活动，让大学生自主选择相关书目与授课老师，给学生在课堂上自由讨论的时间，有选择性地分科学习，营造自由讨论的学习国学氛围。

7）开展社团活动，举行校园国学文化艺术节。太原理工大学在课余生活中紧扣中国元素，组建了各种"中国风艺术团"，通过各种社团活动，让学生在参与学习中多方位多形式感受中国文化的魅力，学习并传承国粹精神。举行了校园国学文化艺术节，先制定一个国学的主题，在文化节中开展多种文化活动。还通过古诗文诵读、戏曲欣赏、民歌演唱、演讲比赛、国学辩论等形式，加强中华传统文化的教育和熏陶，提高大学生对优秀传统文化的感性认识和兴趣，这对于大学生国学知识素养和健康人格的形成无疑起到了很好的促进作用。

8）利用大众传播媒介在校园内进行国学推广。现代社会是一个信息高速发达的社会，各种传播的媒介繁多，在学校的国学推广中，借助一些校园现有的传播媒介进行国学的宣传，这些传播的途径更能被广大学生所接受。太原理工大学在校报校刊校网中开设国学专栏，利用校园网传授国学知识，提供国学交流的方便途径，还利用校园广播、校园海报、校园橱窗等传播途径进行国学的推广和宣传。充分利用了各种校园媒体，将国学普及与校园文化建设结合起来。不拘一格的学习方式、开心愉悦的心情，必会使大学生更加亲近国学、走入国学。

9）加强学校图书馆、阅览室的国学部分建设。针对当代大学生对国学经典的了解仅限于教科书上的知识这一现状，作为大学生扩展阅读主要地点的图书馆和阅览室，有意识地增加了国学经典及国学研究相关书籍的比重，给同学们提供更多阅读经典的选择。精选国学优秀典籍设置国学馆，选派高素质的国学导读员，按照四部分类法，把现代学校中分科的知识打成一片；把为学与为人打成一片；把导师与学生打成一片。

精选网络资源，提供国学网络导读。大学图书馆网站主页上设立"国学网络导航"栏目，并特设"国学图书"入口，支持全文搜索，并且检索结果的链接可直接将读者带入原书相关页面，同时显示相关书籍简介、内容目录、出版者信息、引用该书的相关学术论文等资料。

10）把国学教育与思想政治教育课程结合起来。优秀的国学思想浩瀚而深远，是高校开展思想政治教育的深厚文化基础。思想政治教育必须植根于这一深厚的土壤，从中汲取精华，并将继承的优秀国学思想内涵赋予时代主旋律，从而真正发挥国学思想在高校思想政治教育中的时代价值。大学国学教育是动态的、变化的、与时俱进的文化传承，应当在历史的亘续中找到自己的位置，在多元文化的激荡中确定自己的地位，实现中国传统文化与马克思主义的有机结合，使国学教育成为大学生民族主体价值的载体。大学国学教育的现代价值就是把传统国学教育的特质与时代价值有机结合，把国学潜在价值赋予新的时代内涵，发挥国学为社会主义精神文明建设服务的德育功能。

（3）太原理工大学国学进课堂的经验总结。结合太原理工大学国学教育教学实际情况，在国学教育方法上做了新的研究探索，总结出四种新的教学方法：

1）以道德人格为本位的国学教育。深入挖掘文化话语潜藏的微言大义，发觉文本背后的思想意义和道德价值，并把这些思想道德与大学生生活实际相结合，以达到提升其人格素质的目的；把传统文化教育与主题班会、主题团课甚至大学生入学教育、就业教育相结合，以达到全方位、持续性的人格教育；加强以辅导员为主体的教学队伍的建设；把文化知识的考试与学生平时的操行考核、诚信档案建设等相结合。

2）以社会实践为本位的国学教育。教学设计以案例教学为主，以解决社会上存在的文化需求为目标，以个案研究为主要研究方式，以点带面，既提高学生的人格素养，又增强他们解决实际问题的能力；教学组织上要以小班化为主，教师由讲授知识的角色转变为活动指导者，在解决问题过程中学以致用；要配备专业的、经验丰富的教师；以单位教学时间内指导的学生成果作为衡量教师业务能力和水平的首要标尺，同时兼顾学生人格素质的提高。

3）以心灵关怀为本位的国学教育。教学设计以交流式和对话式为主，注重与学生的互动和理解沟通；教师要根据学生的具体心理需求，在解决教学问题的同时，兼顾心理辅导；以专业指导教师和心理辅导老师为主构成教师队伍；以目标学生群体的评价和单位教学时间内学生心理问题的发生率和解决率为主要考核指标。

4）以生态和谐为本位的国学教育。以对比和启发式教学为主，转变传统课堂教学以传授知识为主的教学思想，在传统文化现代化方面下功夫；对文化素养较好的班级以大班化教学和讲座的方式为主；以专业师资力量为主，教师最好具备跨学科文化研究的经验；以学生评价为主，同时参考学生在此方面的学术钻研成果。

2. 山西财经大学实践案例

（1）山西财经大学简介。山西财经大学是一所以经济学、管理学、法学为主干学科，经、管、法、文、理、工、教相互支撑的多学科性财经大学。学校始建于1951年，是新中国成立后建校最早的高等财经类院校之一。现面向全国30个省、自治区和直辖市招生，有各类在校学生25000余人，其中，全日制本科生近11000人，研究生近3100人。

学校始终坚持以教学工作为中心，不断深化教育教学改革，实施"特色与综合"人才培养模式，培养德智体美全面发展，专业基础厚、综合素质高、具有创新精神和实践能力的应用型高级专门人才，教育教学和人才培养质量不断提高。

学校秉承"修德立信、博学求真"校训，弘扬"明礼诚信、艰苦创业"晋商精神，为全面提高大学生的整体素质，提出了"内涵发展"的教学理念，对传统文化教育的重要性有充分认识，并结合大学教育特点，开展了丰富的文化教育实践。

（2）国学教育在山西财经大学的开展。高等院校对学生进行传统文化教育，使其接受历史文化典籍中蕴含的高尚的爱国思想、正确的人生理念、浓厚的人道精神，促使其树立正确的世界观、人生观和价值观。重视传统文化教育，既是对高校思想素质教育内容的新的补充，也是在新的形势下高校培养品德高尚的合格人才、提升整体文化品位必须采取的重要举措之一。它不仅有助于培养当代大学生崇高的人生理想和品德修为，而且能够增强学生的民族自豪感和自信心。为此，学校从两个方面加强了大学生的传统文化教育，一是以讲座的形式进行传统文化思想的传播；二是学校的各种学生社团举办的相关活动，起到了既弘扬传统文化，又提高学生各方面能力的作用；三是通过将传统文化融入财经类课堂，全面提升学生们的人文素质和专业素质。

1）财经大学举办的各类传统文化讲座。为弘扬中华传统经典文化，加强大学生德育素质培养，山西财经大学科研处从2006年开始推出"人文大讲坛"系列学术讲座，先后举办了晋商、道德经、论语等系列讲座30余场，深受广大师生的喜爱。2010年度的《人文大讲堂》，科研处邀请了太原师范学院中文系李蹊教授做"论语"系列讲座；邀请山西财经大学教授、金融学博士生导师，享受国务院特殊津贴专家孔祥毅教授做"晋商与晋商学"、"晋商与中国商业革命"等精彩的专题演讲；邀请省教育专家、山西国学大讲堂教授卫方正做国学经典《弟子规》讲座；另外，科研处、校团委、学生部还共同主办"每周一讲"活动，邀请校内外学者做相关讲座。《人文大讲堂》和"每周一讲"活动使广大师生对我国传统经典文化有了进一步的了解，使广大师生在快乐学习中增长了才干，对中华传统经典文化的弘扬和大学生德育素质的加强起到了积极的推动作用。

2）学生社团的弘扬传统文化活动。山西财经大学有各类校团委领导下的学生社团，以及学生们自己组织的各类社团。这些社团的相关活动对弘扬中国传统文化起到了积极的作用。

在校学生排演的大型话剧《立秋》，连续多年受到师生们的欢迎，并能一届一届地传承下去，已成为我校校园文化活动的一大特色。2011 年，在校学生表演的《立秋》片段，在全国第二届大学生艺术展演活动中荣获艺术表演类二等奖；我校晋商文化学生社团，每年都要举办晋商文化艺术节活动，通过讲座、表演、知识竞赛、晋商电影播放、参观晋商大院等活动增加了同学们对晋商文化的了解，也通过晋商学习到了传统文化在商界应用的强大力量。

3）教师在课堂上的点滴润化。除了承担相关的课题研究、开设相关课程，直接研究、讲授中国传统文化外，山西财经大学教师还结合自己的教学内容，有意识地将传统价值观与现代财经类学科教育相结合，起到了很好的教育与培养作用。课题随附的一篇文章，就展示了该校教师张亚兰如何通过理论讲解、学生实践、调查研究、历史介绍等相互结合，将中国传统价值观植入大学教育的经验。

（3）山西财经大学开展国学教育的经验。

山西财经大学开展国学教育的经验有以下几点：①通过举办多种类型的讲座传播国学教育；②通过学生社团的活动实践国学文化；③通过开设相关课程和承担相应课题研究国学、讲授国学；④通过有意识地将传统文化与现代财经教育相结合来宣传国学。

总之，山西财经大学国学教育的特点是能结合本校的晋商文化特色优势，同时吸收校内外的各种资源，以多形式、多渠道弘扬国学教育，是一种比较灵活有效的国学进课堂方式。

三、实践总结与建议

（一）国学教育进课堂实践的总结

1. 实践的效果与经验

（1）形式多样。课堂教学是进行国学文化教育，提高学生道德建设的主要阵地。在国学教育开展的形式上多种多样，将经典内容与现代社会道德要求相结合，采用朗诵、背诵、课文剧、小品表演等多种形式；除了经典诵读以外，还有手工课、识字课、国画课、书法课等；教学方法除了传统的讲授法外，还有故事教学、动画教学等多种形式。

（2）重在致用。目前，处于人生观、价值观形成过程中的青少年，因为缺失传统文化对他们为人处世准则的指引，对善恶美丑判断的标准，以至于同学们不能正确认识个人与家庭、社会的关系；不能和谐友好地处理人与人的关系；对世界的认识也容易偏激而缺乏系统观、整体观和辩证的动态发展观。这种缺失对孩子们的成长非常不利，其影响不在于某个孩子，而在于他们走向社会后，如何做时代的主人，如何向下一代继续传承。因此，在青少年中补上"国学"这堂课，是重新培养和奠定民族精神根基的大事，是关系到华夏民族世代繁荣、关系到人类和谐发展的大事。

教师在讲授时不能过于流于形式，而应该把道理讲透、说清，并结合生活实例进行讲解。推行国学教育的最终目的，不是为了让学生们去背诵国学、了解古人圣贤。而是让学生通过对中国传统文化的学习，让他们道德成长，让他们塑造民族精神，从中领悟中国先贤们总结出的人生哲理、做人道理，并学以致用，运用到自己的实际生活中去。学习经典要注意将经典知识"内化为这个学生自己的人格结构"，即"将本来是意识层面的东西内化为潜意识、下意识，把知识变为习惯，变为本能"。

（3）很受欢迎。

1）学生们喜欢国学。通过国学的学习，学生们把国学看作是自己的良师益友，为他们指引前进的方向，并学到了许多方面的知识。

2）老师们喜欢国学。通过老师们国学知识的教授，同学们不仅在学习方面有了较明显的变化，更加积极好学，而且在课下对老师更尊敬，对同学更礼貌、谦让。总之，同学们在学校的表现有了明显的进步。

3）家长们喜欢国学。国学教会了同学们孝道，使同学们在家里更懂得尊敬父母、孝顺父母。并且通过国学的学习，同学们更懂事、更有礼貌，各方面的素质也都有所提高。

（4）效果显著。国学进课堂实践活动的开展，效果十分显著，主要有以下几个方面的体现：

1）对幼儿、小学生来讲，通过国学教育进课堂的实践，使同学们在待人处事方面学会了最基本的礼貌，养成了良好的思想品德。对老师尊敬、对父母孝敬、对同学礼让。在学习方面，形成了一个良好的学习态度、增强了求知欲和学习能力。

2）对中学生、大学生来讲，通过国学教育进课堂的实践，学生们的思维方式、行为方式、生活方式都有了很大的转变，树立起了正确的人生观、价值观、世界观。

2. 反映出来的问题

（1）教育行政主流、学校都不是十分重视。国学，是炎黄儿女的魂魄，是华夏文明的根基，是我们生存与生活的支柱。"自强不息"，"厚德载物"，是整个民族精神的象征。"为天地立心，为生民立命，为往圣继绝学，为万世开太平"，是中国知识分子伟大心灵的体现。国学是传统文化的重要组成部分。回望历史，国学曾是教育的重要环节。不过在社会文化的发展历程中，国学一度被忽略，被年轻人视作"古董"。现在大多学校还没有开展国学教育，仅有的国学知识只有书本上一些零星的古文古诗而已。他们把国学教育看作可有可无，并不重要的东西，使国学教育错位。

随着经济全球化的发展，在当今经济和科技快速发展的中国，教育行政主流偏重的是对学生们科学知识、英语知识等方面的培养。由于对国学的认识问题和其他原因，他们对国学教育工作缺乏计划性和系统性，使得国学教育错位，处于打"擦边球"状态。常常是"脚踩西瓜——滑到哪里是哪里"。

（2）无统一认识、统一规划、统一教材、统一评价标准。国学教育近十几年才开始复兴，还只是处于摸索的阶段。目前的学科门类中并没有国学一项，在认识和规划上还没统一。对国学概念认识不清，许多中小学教师对国学的概念认识比较狭隘，认为国学经典也就是《三字经》、《百家姓》、《千字文》、《弟子规》、《论语》等书籍，将国学教育仅仅定位在诵读这些经典书籍活动中。各地各学校的国学教育也只是自己自发地去组织学习，教师自己编写教材或者只是"拿来主义"——单纯地学习一些古文书籍，没有形成统一的教材和统一的评价标准。这些还会导致国学教育中规范化、制度化的缺失，导致国民对国学教育认同感、归属感的淡漠，导致中国传统人文学术研究上整体性、综合性的分割，导致中国文化在国际文化话语权角逐中的边缘化，一句话，是画地为牢，自我矮化！

（3）师资队伍建设不足。要搞好国学教育，拥有一支高水平的师资队伍乃是基本前提。国学的博大性、通贯性、综合性，要求国学教育的师资也具有相应的特质与条件，必须是贯通文史哲，博知古今，兼融中西。然而，由于长期以来的文史哲分科教育的体制，使得目前在国学教育第一线的教师，无论在知识体系构成上，还是在学术方法运用上，都明显存在不足，不曾具备前辈国学名家的厚实功底与研究能力。这样，势必影响到国学教育的效果和学生培养的质量，也严重制约了国学教育向纵深发展。

（4）时代特色不够鲜明。虽然把国学教育引进了课堂，但是对国学大多还只是运用几十年前的传统的方法去讲授，老师利用课堂让同学们去诵读国学经典，上书法课、手工课……但大多并没有与现代科技、当代实际情况相结合，没有体现出我们这个时代的时代价值，缺乏时代特色。

（二）完善国学教育进课堂的建议

1. 提升对国学教育进课堂重要性的认识

章太炎先生有一句话："夫国学者，国家所以成立之源泉也。"中国之所以能成立，它背后的精神性的东西就是国学。如果没有国学，这个国家就不能自立。"吾未闻国学不兴而能自立者也"就是这个意思。在《左传》里也有一句话体现了这种思想，叫"国于天下，有与立焉"。一个国家在天下，一定要有足以立国兴邦的基础。文化问题成为立国兴邦的必要条件。如果一个国家失去了它的精神文化，这个国家就不能立足于天下。所以一个国家、一个民族要立足于世界，一定有它立国兴邦的基础。这个基础是在长期的历史发展当中所形成的共同的民族文化心理和它的凝聚力。所以有的学者又把国学叫作国魂，一个国家的灵魂。一个民族如果失去了这种文化认同、这种凝聚力、这种自尊心，那会是国将不国。

当今社会，一些人，尤其是青少年群体中的一部分人，对于中国传统文化观念，头脑空空如也，断了民族文化的根。导致文明礼仪、仁义道德严重缺失。国学教育进课堂已显得十分必要了。所以不论是教育行政主流还是学校都应该认识到国学教育进课堂的重要性，尽快让国学教育回归课堂。

2. 加大对国学教育的宣传力度，让国学教育回归"主位"

由于近几十年来，向西方发达国家学习，大力发展经济，而使得传统文化在国人眼中的地位下降。国家要加强宣传力度，让国人重新认识到国学的博大精深及其不可撼动的民族之根的重要地位。在以后的教学中，不仅要让国学教育走进课堂，更要让国学教育回归"主位"，特别是在幼儿和小学阶段。因为这是塑造一个人性格的关键时刻，这个时候的教育将影响一个人的一生。所以应该让国学教育回归"主位"，其他课程的教学工作，围绕国学教育展开，要按照国学思想配合进行。应充分认识到，要使每一个学生德智体美全面发展。国学是我们的先贤圣人经过几千年洗礼传承下来的文化精粹。

3. 教学重点、大纲、教材、评价体系全面调整

由于国学进课堂目前还只是处于实践阶段，所以在教学、大纲、教材

和评价体系等各个方面没有统一规划与布局，实施起来还不够成熟。政府教育部门要加快确立国学教育在我国的重要地位及非凡的作用。从而做到教育部门对国学教育有全局把握，对教学重点、大纲、教材、评价体系进行全面调整。并要尽快组织专业小组，编写统一适用的大纲、教材和制定高效的评价体系。

4. 充实、培养师资队伍

"师者，所以传道授业解惑也"，无论古今中外，这都是一个亘古不变的真理。但目前我们的国学老师在很大程度上还达不到该有的水平，并且师资力量相当短缺。教育领导部门应高度重视国学师资力量的培养，在大学开设国学的相关专业，培养专业国学教师。政府要制定更加优越的政策，吸引更多的人才投身到未来的国学教育事业中来。总之，要在培训经费上加大投入，在人才引进、流动、考核等问题上采取灵活的措施，使得新型国学教育队伍尽快得到整合和成长。

5. 实行开放教学、启发式教学

在国学教育过程中，不能让学生死读书，读死书。要开放教学，以知识教学为载体，把关注人的发展作为首要目标，通过创造一个有利于学生生动活泼、自主的教学环境，提供给学生充分发展的空间，从而促使学生在积极主动的探索过程中，各方面素质得到全面发展。在教学过程中学生可以提出自己感兴趣的问题，由老师来解答。或者可以让学生针对所学内容谈谈自己的见解和看法。把书本知识与实践相结合，做到学以致用，并提升学生的动手能力。推行启发式教学。在中国"启发"一词，源于古代教育家孔子的"不愤不启，不悱不发"。也就是在教学过程中充分调动学生的主动性，启发学生独立思考，发展学生的逻辑思维能力，让学生动手，培养独立解决问题的能力。

6. 与时俱进，提升国学教育的时代价值

在国学教育的政治导向上，始终不渝地坚持马克思主义的指导地位。要坚持用辩证唯物主义和历史唯物主义的立场、观点和方法，用中国特色社会主义理论体系特别是科学发展观指导国学教育和研究。国学历经不同社会形态的积累，精华与糟粕并存，先进与落后同在。我们在国学教育中，一定要坚持解放思想、实事求是、与时俱进的马克思主义思想路线，既要看到国学的历史局限性，又要看到国学的时代价值，认真辨析传统文化的科学因素和民主因素，善于去粗取精、去伪存真，推陈出新、古为今用，使国学教育贯穿科学精神、符合社会需要。

在国学教育的目标追求上，锲而不舍地增强中华民族的精神力量。一个国家的崛起，从根本上说，在于它的综合国力的全面提升。一个国家的综合国力，既包括由经济、科技、军事实力等表现出来的"硬实力"，也包括以文化、意识形态吸引力体现出来的"软实力"。精神力量是一个国家和民族软实力的核心，增强精神力量的一条重要途径就是深入挖掘和大力弘扬民族的优秀传统文化，使民族的优秀传统文化成为国家和民族振兴的根基和魂魄，从而形成强大的凝聚力、感召力和影响力。国学所承载的中华民族文化，博大精深，源远流长，是我国文化软实力的重要资源和基础。要充分发挥国学教育在提升中华文化软实力、增强民族精神力量中的重要作用。加强国学教育的重点是青少年。青少年是民族和国家的未来，开展国学教育，以源远流长、博大精深的中华民族文化熏陶青少年，对于提升青少年的文化素质和道德情操，培养合格的社会主义现代化的建设者和接班人，具有重要意义。

学会工作

在中国商业史学会换届会议
暨学术研讨会闭幕会上的讲话

背景说明

本文是 1999 年 11 月 7 日在中国商业史学会第四届理事会上的讲话。会上作者被选为会长，首届、第二届会长为中国社会科学院经济史研究所著名商业史专家吴慧老先生，第三届为原商业部部长胡平。

中国商业史学会换届会议暨学术研讨会自 11 月 5 日开幕以来，经过全体代表和工作人员的共同努力，现已圆满完成了本次会议的各项议程。今天就要闭幕了。

这次大会是中国商业史学会发展过程中的一次十分重要的盛会。大会审议了本学会第三届大会以来的工作报告；总结了本学会在改革开放新形势下开展学术活动的成绩和经验，并确定了今后的努力方向；大会通过了中国商业史学会新的章程，特别重要的是明确地规定了本学会的宗旨；大会选举产生了本学会新一届的名誉会长、会长、副会长、常务理事；调整了学会分支机构（专业委员会、分会）的设置与领导人选；尤其是进行了有益的学术交流活动。总之，这次大会是一次充分发扬民主和贯彻"双百"方针的会议。会议形式灵活，学术研讨气氛浓厚，时间虽短，但颇具特点，收获不少，且重点突出，开得圆满成功。

我们这次大会的成功，是与河南省政府、河南省商业委员会、郑州商品交易所以及河南财经学院等单位的大力支持分不开的。开幕式上，河南省张洪华副省长亲临大会表示祝贺并讲了话，河南省商委、贸易厅等有关单位的领导到会祝贺。从而使全体与会者深受鼓舞，更加坚定了我们致力于商业史研究的决心和信心。郑州商品交易所和河南财经学院的支持，为我们这次大会的顺利召开提供了重要的保证。在此，我们应该表示感谢。

这次大会有来自国内外 11 个科研单位、16 所高等院校和理论界、企业界、新闻界的代表共计 67 人。会议共收到 14 本约 500 万字的学术著作和 17 篇学术论文。大小会发言 30 余人次。胡平会长作了题为"商业史与 21 世纪"的学术报告。老会长吴慧先生作了商业史研究工作的回顾与展望的重要讲话。美国俄亥俄州莱特大学袁清教授，香港大学、亚洲研究中心李培德研究员和北京联大风险投资公司李世俊教授分别在大会上讲了话。胡平会长的学术报告，从文化差异与文化差距、经济文化一体化、重新审视历史文化、探索一种新的公私观、商人文化未来之发展五个方面作了精辟的阐述。这次学术研讨会的书面交流和大小会的发言，均呈现出一种崭新的可喜景象。在商业史研究的内容上呈现出一种不断深入和细化的专门研究态势。在研究方法上展现了一种从史实出发多角度专门研究和系统研究相结合的良好势头。反映了商业史研究正在向纵深发展的可喜局面。会议交流的研究成果，既有关于商业史学科建设和流通理论层面的，又有商业发展的综合研究、专题和个案研究方面的；有古代、近现代和当代的，也有全国性的、地方性的、内贸的和外贸的；更有香港的和海外华商的商业史研究，等等。涉及了商业发展、商业政策、商人组织、商业思想、交易方式，商业文化、公司制度等方面的问题。尤其是王相钦教授主编的《中国近代商业史论》和《中国民族工商业发展史》格外引人注目。

这次会议选举产生了本学会第四届的领导机构。产生名誉会长、会长、副会长 23 人，常务理事 36 人，理事 108 人。确定了学会办公室、秘书处和会长办公室的常设机构建置。肯定了原有的学术委员会、咨询委员会、财务委员的专门工作班子。对已有的 8 个专业委员会和分会的工作与机构建置作了肯定。新的领导机构不仅人员更加年轻化，更重要的是吸收了一批学术新秀和著名企业家。从而为本会学术研究工作的开展增添了新的力量。

会议期间，结合商业史的研究内容，代表们实地参观考察了北宋汴京遗址开封和郑州商品交易所。从而增强了代表们研究古代商业史和当代商业史的感性知识。

下面讲一下本会今后的工作思路:

首先,一个至关重要的问题上次会议未解决,即前天换届会议上吴慧曾提议胡平作为本会的名誉会长,大家一致表示赞成,这已成为大会决议。现在我要说的是,我们学会的创始人、老会长吴慧先生,他70多岁了,仍全身心地扑在学会的工作上。他为我们学会的创立和发展做出了巨大的实质性贡献。所以,现在我提议吴慧先生作为学会的终身名誉会长,大家意下如何?同意的请举手(大家一致举手,并鼓掌表示赞成)。现在我想郑重其事地强调一点,即本学会的终身名誉会长胡平同志和吴慧同志以及为本学会的创立和发展作出过贡献的其他同志,我们永远不能忘记!今后,二位名誉会长绝不能仅仅是名誉,而应是舵手。我们这届班子一定要紧紧依靠二位老会长的智慧、威望和影响把学会的事情办好。要把二位老会长当作本会的巨大无形资产来看待。二位老会长永远是我们学会的领导人,这届领导班子以及所有工作人员,包括会长、副会长、常务理事和理事,都要尊重这两位老会长,关心老会长,有事多与老会长商量、多向他们请示,以便把学会的工作做得更好。

其次,关于本学会今后活动的指导思想。要从史实出发,以马克思主义、毛泽东思想和邓小平理论为指导,运用辩证唯物主义和历史唯物主义的科学研究方法,更加深入地开展中国商业史的研究工作。贯彻百花齐放、百家争鸣的方针。提倡严谨治学和理论联系实际的学风。广泛联系、团结和组织国内外从事中国商业史的教学人员、研究人员,包括史志、文献编纂工作者和商业经营方面的实际工作者,积极开展学术活动,共同促进中国商业史学科的建设,以推动中国大商业、大流通的发展。

最后,本学会今后拟加强的几项具体工作:

第一,加强学会与工商界人士的联系,走商业史研究与流通企业相结合的路子。商业史研究人员应为流通企业和流通管理部门出点子,流通企业和流通管理部门可以支持商业史研究人员出稿子。这样可以实现优势互补、互利互惠。既符合商业史研究的目的,同时,又能促进商业史研究工作持续和深入的开展。因此,我们学会的工作,也要为流通企业的发展和流通管理部门的工作出主意、想办法。我们学会的会员,也要重视商业经营思想和流通管理思想的研究,尤其要重视近代以来企业史的研究。在商业史的研究上,不能就史论史,而要联系实际,以史鉴今,以史促今,促进我国流通企业的发展和流通管理水平的提高。

第二，加强学会与海外同行的联系，重视中外商业史的比较研究。同海外同行的联系，包括两个方面，一方面是同我国港、澳、台地区以及外国有关中国商业史研究人员的联系；另一方面是同外国世界商业史研究人员的联系。要了解外国商业史的研究方法、研究成果和学术动态，从中寻求启迪或借鉴。要重视中外商业史的比较研究，以比较研究促进中国商业史研究工作的深入和中国流通理论的发展，为我国流通和整个经济的发展提供参考借鉴的依据。

第三，加强学会与地方志、档案馆和文献整理编纂等有关部门的联系，重视中国商业史料的收集、整理和研究工作。商业史料是商业史研究的基础和前提，它对商业史的研究起着决定性的作用。史料是造福于子孙后代的，史料是"万岁的"。在广泛挖掘商业史料的同时，应特别注意近现代商业史料的收集和整理工作。我们所说的商业史料，包括档案、民间碑刻、家谱、书信、企业史料、图片、音像资料等。要用抢救的方式来搜集商业史料，争取为编纂一套《中国商业史料丛书》而做好准备工作。

第四，加强学会与各专业委员会和分会的学术活动，促进商业史研究工作的深入开展。相对学会本部来说，各专业委员和分会的活动规模较小，问题集中，学术活动易于进行，同行交换意见便于沟通，而且可减少重复劳动，学术研究成果彼此均有兴趣，便于交流，效率较高。所以，今后应把专业委员会和分会的活动作为本学会学术交流活动的一种重要形式来抓。争取每年有一至二次的学术会议，每次会议都要围绕一个主题。而且事先应做好充分准备，要以文参会，以文会友，提高学术会议质量。这样，大小型会议结合，分工合作，以促进中国商业史研究工作的深入开展。

第五，继续办好学会的不定期会刊《货殖》，为本会会员提供好学术交流园地。继续办好《中国商业史学会通讯》，加强学会与会员之间的沟通与联系。要加强学会秘书处与各分会各位会长、副会长，常务理事等人之间的联系，及时通报本学会的有关信息。另外，还要积极努力，争取使《海外华商》杂志及早创办成功。同时，还要加强学会面向社会的咨询服务工作，积极承担企业策划、企业诊断等方面的工作，也可与高校合作举办各种类型的培训班，发挥学会的人才优势，扩大影响，在提供服务的同时增加一点学术活动经费。

第六，关于学会的组织建设，要继续发扬吴慧会长提出的"兼容、宽容、优容"的良好会风。要按学会的章程发展吸收团体会员和个人会员。要积极筹备民营企业分会、粤港澳商业史专业委员会和近当代商业史专业委员会。要加强学会部的建设，建立健全学会各职能机构组织体系和工作规程。本会的学术委员会、咨询委员会、编辑出版委员会、财务委员会、秘书处和办公室等机构的负责人都应主动地负起责任，并相互配合，把学会的工作做好。要加强学会的会费管理工作和面向社会募集学术活动经费的工作，充分发挥财务委员会人员在筹资和用钱两个方面上的作用。要积极创造条件，加强学会与外界在计算机网络上的交流活动。总之，学会的具体工作很多，希望大家同心协力，主动合作，共同把学会的工作搞好。

在中国商业史学会第四届
理事会上的工作报告

背景说明

本文是 2004 年 3 月 28 日在第四届中国商业史学会换届及学术讨论会上的工作报告。

中国商业史学会第四届理事会自 1999 年 11 月郑州换届产生以来，已经过去了 4 年零 4 个月，跨越 5 个年头。现将这一届学会主要工作报告如下。

一、本届理事会的主要工作

第一，学会成立了粤港澳商业史分会。2000 年 4 月副会长邓开颂教授在广州主持召开了粤港澳商业史分会成立会议，到会学者交流了研究成果，并就粤港澳三地商业史资料的发掘、收集、整理进行了研究。学会副会长邓开颂教授与广东社科院陆晓敏研究员，外贸局陈伯坚先生，澳门大学黄汉强教授，香港大学叶汉明、李培德教授，中山大学邱捷教授等为分会的成立和组织工作付出了辛勤的劳动。

第二，学会参与了山西省晋中市晋商文化研究院成立即第一届晋商文化节学术讨论会。2000 年 10 月学会负责人孔祥毅、张正明、江太新、郑学檬、葛贤惠、胡逾越、刘建生等参加了晋中市第一届晋商文化节学术讨论会，并且分别在会上进行了限时演讲，会议还提出利用晋中市的晋商文化优势建立中国商业史博物馆北方馆的设想，得到了晋中市的欢迎。

第三，学会积极支持配合中央电视台录制专题片《中国商业史》。2002 年学会应中央电视台的要求，推荐了学会一批专家参与录制多集专题电视片《中国商业史》，副会长朱荫贵、刘兰兮研究员等出镜评论了中国商业发展的历史，在全国产生较大的影响。

第四，学会与中国金融学会金融史研究会、山西财经大学三家发起组织了山西票号国际讨论会。2002 年 7 月，学会与中国金融学会金融史研究会、山西财经大学合作召开山西票号学术讨论会，有近百名国内外知名之家出席了会议，会后集结会议论文，由中国财经出版社出版了 43.3 万字的《山西票号研究》一书，会议达成并发布了《龙城宣言》。

第五，学会参与山西省晋商文化研究中心的研究工作。2003 年 7 月，山西省委宣传部聘任学会名誉会长吴慧、高级顾问张正明、会长孔祥毅、副会长葛贤惠分别为山西省晋商文化研究中心名誉主任、主任、第一副主任、副主任，并且在太原参加了挂牌仪式。学会副会长胡愈越也参加了会议，学会的不少成员如黄鉴晖教授、阎应福教授、崔满红教授、王森博士、张亚兰博士等成为这个研究中心的骨干力量。

第六，学会曾经对杭州中国商业史博物馆的筹建工作给予了支持，与此同时，学会老会长委托副会长孔祥毅与山西省政府联系，在山西建立中国商业史博物馆北方馆。2003 年以来，经中共山西省委宣传部同意，在山西省晋中市筹备中国商业史博物馆北方馆。经过学会明清商业史专业委员会考察，确定中国商业史博物馆北方馆设在祁县，目前工作进展顺利，其中晋商博物馆、镖局博物馆、算具博物馆、度量衡博物馆、茶叶博物馆、家具博物馆已经对外展出，其他专业馆如瓷器博物馆、钱币博物馆、酒文化博物馆、蚕桑丝绸博物馆等正在建设之中。

第七，支持中国商会博物馆的建设。2001 年民营企业家李贵宝先生预筹资建设山西平遥商会博物馆，学会副会长葛贤慧教授带领明清商业史专业委员会多名专家在平遥参与了论证，2002 年秋中国商会博物馆在山西平遥建成，学会高级顾问、山西省政协副主席张正明教授，副会长葛贤慧教授等为之揭牌。为了提高商会博物馆的展出水平，学会专家孔祥毅、葛贤慧、虞和平、宋美云、阎应福等应邀参与了博物馆的布展等问题论证会，论证会提出了具体修改建议。会长孔祥毅与山西省商业联合会会长、副会长等考察指导。随后修改、拓展、增加了商会博物馆的展室展品和内容。在学会的帮助下，中国商会博物馆已经与山西财经大学国际经济与贸易学院合作建成了研究生教学与科研基地。

第八，学会积极配合山西省委宣传部、山西电视台、山西电影制片厂、北京三多堂影视公司等推出八集320分钟的专题片《晋商》。从呼吁制作这个专题片到剧本的多次讨论、采访对象的推荐、外景拍摄地的选择等都提供了大量的建设性意见。学会专家胡平、吴慧、张正明、孔祥毅、葛贤惠、朱荫贵、刘建生、黄鉴晖等在片子中多次出镜接受访谈。

第九，筹建中国商业史网站。从2003年夏季开始，学会积极筹措经费，制作中国商业史网站，现在已经完成部分工程，有望能够尽快对外联网。

第十，学会与社会力量合作共同挖掘中国商业史史料。如明清商业史专业委员会吸收聘请了社会一批喜欢商业史的爱好者和收藏家为研究人员，搜集、挖掘散在民间的珍贵资料，如照片、账本、合同、印章、票版及各种实物等。

第十一，拓宽商业史研究领域，与金融史研究密切结合。在学会的帮助下，晋中孔祥熙宅园改为金融史博物馆，成为山西省重点学科——金融学研究基地和山西财经大学金融学研究生教学与科研基地。

二、本届理事会工作的经验与教训

本届理事会在工作中体会到，学会工作需要每一位会员的共同努力和支持，才能把事情做好。本届学会在全体会员的支持下，做了一些工作，每一件事情，都凝结着会员们的共同心血和汗水。

在学会工作中我们也感到，学会工作离不开创建学会、发展学会的前几届老领导、终身名誉会长胡平、吴慧的始终如一的关怀、指导，还有高级顾问张正明、王相钦等各位老同志的帮助和参与，使得学会工作能够在困难中继续前进。

学会工作的开展，必须与社会各方面密切合作，配合社会有关方面的工作，为社会经济发展，为商业文化的传播，为精神文明、物质文明和政治文明建设服务，才能得到社会各方面的支持与帮助，孤军作战很难成就我们的民间社团的专业研究。

另外，在学会的组织建制和班子构成上，还存在一定程度的不顺，比如学会秘书处设置在北京，秘书长、常务副秘书长，学会的主要领导人大部分也在北京，但是学会会长在京外，日常工作有很多困难，诸如年检、报告等，与我们的上级主管机关联系很不方便，在一定程度上影响了工作的顺利开展。比如学会下属专业委员会的一些报告、请示、信函，常常不便及时沟通处理，从而贻误办事机遇。同样的原因，学会的一些很好的设想与计划，亦往往搁浅。

学会对各专业委员会和分会的工作关注不够，缺乏更多的信息沟通，也是本届理事会的教训。

三、今后工作建议

中国商业史学会从 1986 年夏季在太原召开成立大会以来，已经有了 18 年的历史。18 年来学会为中国商业史的研究作出了许多开创性的研究，完成大量国家和省部委托的研究项目，如老会长吴慧老先生主持的巨著《中国商业通史》以及各个专业委员会或分会的断代史、专门史、专题调查、个案研究、史料汇编、大学教材等，并且开辟了许多新的研究领域，使中国商业史研究呈现一个前所未有的学术氛围，并且出现了一大批年轻有为的青年学者。为了中国商业史学会能够进一步发展，为国家经济社会发展作出更大的贡献，这里对下一届新的理事会提出如下建议：

第一，下一届理事会会长在北京产生，以方便工作，搞好学会建设。

第二，下一届理事会从地方政府官员中聘请一些主管并且专长于商业史与文化建设的、有成就的专家作学会的高级顾问。

第三，下一届理事会更多地关注和发挥学会各专业委员会和分会的作用。

本届学会理事会五年来得到了全体会员，特别是各位名誉会长、顾问和副会长、常务理事的支持和关心，在此，我代表学会向各位老领导、常务理事、理事和全体会员表示衷心感谢，对几年来支持帮助过我们的社会各有关部门和单位表示感谢，向为这次会议费资助的厦门大学、宋捷董事长，以及具体承办这次会议会务的陈支平教授及所有为大会服务的同志表示感谢。祝愿会议将要产生的下一届理事会在今后的工作中取得更大的成就。

履行社会责任　让晋商文化放射
出更加耀眼的光芒

—— 2012 年 6 月 15 日在山西省晋商文化基金会
创立大会上的讲话

背景说明

本文是 2012 年 6 月 15 日在山西省晋商文化基金会成立大会上的讲话。山西省晋商文化基金会为非公募基金、非营利性法人组织，宗旨为传承晋商文化，弘扬晋商精神，塑造晋商品牌，研究、资助、扶持晋商文化发展，展示新晋商形象和风采。

在山西省民政厅、文化厅等有关部门、有关领导的大力支持、指导与帮助下，经过将近一年的紧张筹备，由晋商银行与部分企业共同发起成立的山西省晋商文化基金会，今天终于挂牌诞生了。这是山西省企业界、文化界的一件大喜事。现在，请允许我代表晋商文化基金会理事会，就基金会设立的缘起，宗旨、性质与任务，运作原则与近期工作等，向大会作以下说明和报告。

一、基金会成立的缘起

大家都知道，晋商，鼎盛于明清，称雄于商界，在中国与世界金融贸易史上，有很多创新，曾挈领 16 ~ 19 世纪的中国商业革命与金融革命，使山西成为中国金融发祥地与金融中心。晋商所创造的灿烂文化，不仅是三晋历史与文化的重要组成部分，也是整个中华民族历史与文化的重要组成部分。晋商文化是一个巨大的智慧宝库，内容极为丰富，在国内外最有影响的是"有钱出钱，有力出力，出钱者为东家，出力者为伙计，东伙共而商之"的本源价值观，这是劳资共创、劳资共赢的制度创新，是把投资者的物化劳动与伙计们的活劳动整合在一个产权制度框架中，将资本所有者与劳动者的物质利益牢固地凝结在一个平台上，使东伙共享新创造的价值。就是晋商的"资本论"。这是晋商区别于中外各大商帮的最根本差异。晚清时期，很多晋商企业的人身股总数大于银股。新学徒入店大掌柜有专门"请进"仪式，使基层劳动者获得一种终身归宿感，忠心耿耿为企业效力。晋商成功的经验，还有货币经营资本与商品经营资本相互参股投资，共同发展，金融业与产业混合生长。也就是以货币经营资本的发展来支持商品经营资本的发展，以虚拟资本来支持实体产业的扩张。直到民国年间，仍然是依靠这一经验，山西省赢得了第三次工业化高潮成功进步，这在其他商帮中是罕见的。晋商文化有很多成功经验都值得当代新晋商在实践中传承和发展。但是，由于历史的原因，大量珍贵的晋商史料、典籍、遗存等，损毁、散逸严重，如不尽快加以抢救性搜集与保护、整理，我们将会永远地失去这笔我们祖先留下的财富。对于晋商及其所创造的灿烂文化，我们有太多的工作需要去做。晋商文化需要去保护，需要去探索，需要去认识，需要去传承，需要去创新。一个没有根的民族是没有未来的，一个没有根的企业也是没有未来的。所以，珍惜自己的历史，传承先人的文化和精神，既是我们义不容辞的责任与义务，也是新晋商把自己的事业进一步做强做大的客观要求。

改革开放30多年来，大浪淘沙，在三晋大地上涌现出了一大批德馨业劭、实力雄厚的新晋商。他们深知自己的发展得益于党的改革开放的政策，得益于这个新的时代，得益于整个社会和人民，也得益于历史上的晋商的血脉和精神。因而他们感恩于心，富而思本，责任意识、社会意识、文化意识不断增强。渴望为家乡、为山西、为社会、为历史，履行自己的一份责任、贡献自己的一份力量，并视之为一种神圣的责任。这已成为许多新晋商的共同愿望和心声。3年前，在世界金融危机中，一个传承与发展老晋商银行业的新的银行——晋商银行，在省委、省政府的领导下挂牌运营。3年期间，资产总额增长3.71倍，一般风险准备增长50余倍，被英国《银行家》杂志排名全球前1000家银行的第798位。晋商银行的朋友们在传承和创新晋商金融文化中，一直感到对传承晋商文化有一种特殊的社会责任。晋商银行董事长倡导并联络山西金桃园煤焦化、山西大土河焦化、山西安泰控股集团、华通路桥集团、中阳钢铁厂等10家企业的老板，商议创设晋商文化基金会，立即得到了广大新晋商的热烈响应。大家慷慨解囊，踊跃参与，其情其景，令人感动。所以我们说，设立基金会是发展起来的新晋商，富而思源，感恩回报，渴望为家乡、为社会、为历史，贡献自己一份力量的一种自觉行动。

晋商文化基金会的设立，也是响应党中央关于"推动社会主义文化大发展大繁荣"的号召，响应省委、省政府"加快建设文化强省"战略部署的具体行动和体现。当今之世，文化越来越成为一个民族凝聚力和创造力的重要源泉，越来越成为综合国力竞争的重要因素，越来越成为经济社会发展的重要支撑。我们党历来重视文化建设工作，特别是改革开放和中共十六大以来，更是把文化建设工作提高到了一个前所未有的战略高度。中共十七届六中全会，审议通过了我党历史上第一个《关于深化文化体制改革、推动社会主义文化大发展大繁荣若干重大问题的决定》，向全党全国发出了兴起社会主义文化建设新高潮的伟大号召。要求大力发展公益性文化事业；建设优秀传统文化传承体系。省委、省政府专门出台了《关于贯彻落实十七届六中全会决定，加快建设文化强省的实施意见》。省委书记袁纯清同志向全省各级党组织和人民，发出了增强文化自信、提升文化自觉、实现文化自为的号召与要求。省委副书记、省长王君，要求要加强领导，多渠道增加资金投入，不断完善相关扶持政策；要进一步增强责任感和紧迫感，要像抓经济建设一样抓好文化建设。在省委、省政府的坚强领导下，一个建设文化强省的热潮正在全省兴起。我们的基金会，正是在这样的大的形势下，萌动、酝酿、筹备和诞生的。所以说，我们的基金会是响应党中央号召，响应省委、省政府加快建设文化强省战略部署的具体行动和体现。

二、基金会的宗旨、性质与任务

宗旨，是一个政党、一个社团、一个组织的主要目的和意图。它代表了方向、任务与目标。所以，明确宗旨，是办好我们基金会的前提与基础。那么，我们基金会的宗旨是什么呢？简而言之，可以用以下三句话来加以概括，这就是：传承晋商文化、弘扬晋商精神、塑造晋商品牌。

那么，我们的基金会是一个什么样性质的组织呢？按照国务院《基金会管理条例》的规定，同时根据新晋商企业家捐赠的意愿，它是一个以传承晋商文化、弘扬晋商精神、塑造晋商品牌为目的的非公募基金会，非营利性法人组织。它不但体现了我们的宗旨，实际上也对我们的活动方式、运作原则作出了规定，这是我们活动与运作的大原则。

根据基金会的宗旨与性质，基金会的活动范围、工作任务，大致可以概括为以下几个方面：

第一，资助晋商研究，搜集、整理晋商遗存，保护晋商文化遗产。

第二，开展晋商文化学术研究、交流活动。

第三，对在晋商研究，晋商文化传承、弘扬中作出突出贡献的单位和个人，予以奖励。

第四，开展捐资助学、扶贫济困、抗灾救灾等体现晋商精神与文化的公益活动。

第五，大力宣传当代新晋商的创业经历、奋斗精神、回报社会义举等先进典型和案例。展示他们传承先人血脉，艰苦创业、感恩奉献、义行天下的光辉形象。让晋商精神、晋商文化，让新时代的新晋商走向全国，走向世界。

第六，对本基金会事业发展有促进作用的其他活动与事项。

三、基金会的运作与近期工作

晋商文化基金会是新晋商自觉履行自己社会责任的产物。它的身上寄托着新晋商富而思源、感恩回报的愿望，寄托着新晋商所赋予的社会责任，也寄托着新晋商的无比信任。因此，我们的基金，本质上也是一种责任基金。为此，基金会的运作，首先要强调责任意识。要树立责任第一、责任为先的理念。要时刻牢记自己的社会责任和历史使命，紧紧围绕"传承晋商精神、弘扬晋商文化、塑造晋商品牌"的宗旨，来开展各项工作。一位著名的教育家曾说过一句话：知责任，明责任，负责任。士为知己者死，信任是最高的荣誉与奖赏。我们要尽自己的最大努力，以不辜负新晋商们的信任与委托。我想，这应该是我们做好基金会工作的最重要的前提与基础。

法律、法规既是对社会、经济、文化等有关领域及其活动主体的一种带有强制性的规范，同时它也是对相应领域与活动主体运动内在规律的一种科学总结。因此，执行国家有关的法律法规，既是社会有关主体应尽的责任与义务，也是有关主体活动达到预期目的和目标的一种有力保障和内在要求。作为由一批优秀的新晋商参与和支持的一个大型基金会，我们应该有这样的认识与自觉。基金会虽然刚刚设立，在运作伊始就必须高起点，就必须牢固树立依法合规的意识与观念。把依法合规运作作为做好基金会工作的重要保障，来对待，来执行。要自觉地贯彻执行国务院《基金会管理条例》等有关法律法规，按照条例要求，加强理事会的建设，规范理事会的运作。要自觉接受登记管理机关的监督与检查。要遵循公开、透明的原则，努力使理事会的决策与基金会的活动，做到合法、合规与科学。

基金会必须确保原始基金的安全。原始基金的安全，是基金会正常运作的最基本条件，因而确保其安全，是基金会运作的最重要的原则与要求。同时，我们也深深地懂得，这些基金饱含着硕果对根的情意。所以，确保原始基金的安全，既是我们基金管理者的责任，也是我们的良知之所在。为此，必须首先建立健全财务会计制度，认真执行财政部颁发的《民间非营利组织会计制度》，科学设置账务体系，严格会计记录与核算。并在此基础上，严肃财经纪律，强化会计监督。其次，实行专业化团队、专业化管理。资金的管理与运作，是一门与风险作斗争并在这种斗争中实现资本的保值与增值的科学，它有着自己特殊的内在规律性。为此，对基金的管理必须实行专业化团队的专业化管理。好在我们有这方面的优势、人才与经验。最后，在依法合规的前提下，建立科学而严格的资金运作流程。实践一再证明，科学的运作流程，是资金安全的重要保证。从一定的意义上来说，依法合规就是安全，所以，违法、违规的事情与操作，绝不能干。从而确保资金运作决策的正确性，确保实现基金的保值与增值。

对基金会开展的公益活动与资助项目的确定，要严格按照"严格程序，提前规划，深入调研，科学论证，公开发布，强化监督"的原则来开展工作。以确保这些活动与项目的正确性，以最大限度地发挥基金会和基金的社会效用，最大限度地扩大基金会的社会影响力，最大限度地让社会感受到公益与慈善事业的崇高与伟大。

晋商文化基金会近期的主要工作，这里简要向大家汇报三点：

第一，启动晋商史料整理工程。晋商史料与晋商文物的挖掘、抢救、整理、出版，是为晋商学者的晋商学研究，为企业家的晋商文化产业的开发创新，为以晋商为题材的文学艺术创作者提供原始素材，为子孙后代保存值得永久珍藏的历史文物。在山西财经大学耗时 30 年出版的百万字《山西票号史料》之外，还有大量的晋商史料文物散布在各地，急需填补这一史料的空白，这是惠及千秋的巨大工程。基金会初步定名为《晋商史料》，挖掘、抢救、整理、出版多卷本的系列丛书。内容包括历代晋商人物、经营行业、营销战略、企业制度、金融工具、金融机构、融资技术、商帮商会、商业政策、奏疏训令、商务纠纷、商人教育、商业习俗、商务合约、商事碑刻、商人言论等。每年出版 2 ~ 3 部，每部 30 万 ~ 50 万字，图文并茂。5 ~ 8 年出齐，预计 20 ~ 30 部。

第二，建立晋商文化研究项目资助制度。为更好地研究、传承、弘扬晋商文化，基金会制定了《晋商文化基金会项目管理办法》，每 5 年发布一次项目管理长期规划，每年制定发布一次项目课题，资助晋商文化研究项目，面向社会公开招标，经专家评审，择优资助，并且严格经费管理与成果鉴定、验收、结项，以及应用推广等操作流程。

第三，设立晋商文化杰出贡献奖项。为鼓励在晋商文化研究方面做出杰出贡献的专家学者以及在保护、发展晋商文化方面做出杰出贡献的人士，基金会决定设立晋商文化杰出贡献奖，面向国内外为晋商文化做出杰出贡献的有关人员提供奖励。奖项定名为"晋商文化杰出贡献奖"，两年一次，每次奖励一至数名，奖金人民币 100 万元（税前），本人申报，专家评审，向社会公示。奖励的时间、条件、评审方案将另行公布。

山西省晋商文化基金会已扬帆起航。我们完全有理由相信，在山西省委、省政府的正确领导下，在管理机关的大力支持与指导下，在各位同仁和广大新晋商的戮力相助与积极参与下，基金会一定会健康成长，不断壮大。基金会一定会不辱使命，最大限度地完成它所肩负的历史使命。我坚信，总有一天，我们大家不但会为我们山西得天独厚的文化资源而骄傲，而且更会为今天亲自参与和见证了山西省晋商文化基金会的组建与起航，而倍感光荣和自豪！

略谈中国商帮文化与高等商科教育

——2012 年 11 月 2 日在徽州中国商业史学会研讨会上的讲话

背景说明

本文是 2012 年 11 月 2 日在中国商业史学会徽州研讨会上的讲话。会上讨论了中国商人精神、商帮文化与商学、商法、商会以及商科教育、中国商学进课堂等问题。

一、从美国金融危机中《纽约时报》刊登"中国山西票号"文章说起

2008 年,华尔街金融海啸引发全球性金融危机。这一年,美国国际公司(AIG)的高管们为该企业带来了 993 亿美元的巨亏,股价由 100 美元跌到 33 美分以下,一度陷入破产危机。美国政府不得不紧急注资 1700 亿美元,才使其得以起死回生。但是这些高管们竟计划派发 4.5 亿美元的分红,使得奥巴马总统万分惊愕,称 AIG 挟持了国家当人质,发誓要把"钱要回来"。就在 AIG 等华尔街金融大亨面临经营和信任双重危机下,2009 年 3 月 18 日,《纽约时报》刊登了"中国山西票号"的特写文章,被媒体解读为"美国大力推销晋商精神,借以警醒处于经营危机和信任危机下的美国金融巨头们"。本来 AIG 与已经尘封百年的山西票号风马牛不相及,为什么《纽约时报》在此时向美国公众大力推荐山西票号?媒体认为,考虑到晋商的商业操守无懈可击,《纽约时报》在呼吁回归传统。该文章显然意义非凡。这使得晋商精神与美国企业高管们展开了一场跨越历史时空的对话,历史上的晋商精神,曾引发危机中商人们的整体反思。

二、商帮与中国商人精神

马克斯·韦伯曾认为中国没有宗教，中国商人伦理是从西方来的。还是印度泰戈尔实事求是，20世纪初，他带着几位英美学者到太原考察中道文化。阎锡山说中道文化在民间不在政府，民间非常重视伦理。寻找商人精神，仍然需要盯住民间，盯住各地商帮。

明清时期，中国出现了资本主义萌芽，也就是商业资本主义的诸多特征，晋商、徽商、潮商、陕商、鲁商、闽商、洞庭商、宁波商、江右商、龙游商等各大商帮崛起，各具特色，相互竞争合作，扮演了中国商业革命的主角。

与政府和谐相处被称为官商的晋商；被称为儒商的徽商；经世致用的浙商；走向海外的潮商；安土重迁的闽商；厚实热情的鲁商；末富守本的陕商；灵活机动的洞庭商；不露声色的龙游商；小买卖大开张的江右商；以亲缘、地缘、业缘、物缘和神缘的五缘闯天下的华商。

明清时期，中国各大商帮在国内市场上形成了既有分工又有互补，既有竞争又有合作的良好局面。共同引领了中国商业文明的发展与创新。其作为商业文明的核心问题的商业伦理，他们共同遵循孔夫子开创的伦理道德思想和明清自然形成的关公崇拜，又有各地各行自己的信仰与崇拜，共同演绎了中国明清商业文明在世界商业史上的辉煌。

2007年《北大商业评论》发表一批文章"晋商挈领中国商人精神"。晋商精神是晋人从事商业活动的一种相对稳定的思想方法、行为范式和价值观念。表现为重商立业的人生观、诚信义利的价值观、艰苦奋斗的创业精神、同舟共济的协调思想。其渊源来自千古传承的唐晋遗风，久远的经商历程，资源的地理禀赋。得益于明初开中法与王崇古和张四维努力促成的"隆庆议和"，汉蒙结束了长期的对立而友好互市。形成和气生财的理财理念，人本思想的企业文化，竞争合作的群体精神。

三、重商主义与早期商科教育

光绪初年山西一次乡试，试题为西商富华商困的原因。一位举子写道："良由商学无专门，商律无专条，商会无专责，而中西商情悬绝。"这一回答精彩绝妙。

商学。1897年（光绪二十三年），南洋高等商业学堂（专科）创立，

设银行、保险与关税。1901 年（光绪二十七年），京师大学堂创立，设有
商科。1902 年（光绪二十八年）清政府颁布《钦定高等学堂章程》和
《钦定京师大学堂章程》，其中有商务学科。1903 年（光绪二十九年），
清政府颁布《钦定大学堂章程》，规定大学 8 个学科，其中含农、工、
商、法。商科大学分 3 门：银行与保险学门、贸易与贩运学门、关税学
门。1912 年，民国政府颁布《专门学校令》，设法、商等 10 类；颁布
《大学令》，设商、法等学科。1913 年，教育部规定大学商科设银行学、
保险学、外国贸易学、领事学、关税仓库学、交通学 6 门。到 1948 年，
全国 207 所高校中，有商科的 80 所，商科系科 21 种，在校生占 11.4%。
在山西，1908 年（光绪三十四年）山西成立工业专门学堂，两年后改为
商业学堂，1912 年改为商业专门学校，1930 年改为商业专科学校。

商法。1903 年清政府颁发《钦定大清商法》、《商会简明章程》。
1904 年颁布《公司注册章程》、《商标注册试办章程》。还颁布有《商人
通例》、《公司律》、《破产律》等。要求用西方企业模式改造中国传统工
商业。但是晋商尚无行动，对企业管理体制转轨问题，直到 1907～1908
年才意识到，表现为保晋运动和票号改组的要求，比清政府的变革思想与
行动还迟缓。原因可能是晋商重视内部管理的号规、行规，更重视商业伦
理道德，而对商法的认识则较为迟钝。

商会。萌芽于唐宋，明清已经十分活跃，但是"大行"并不健全，
如金融商会直到清末也没能搞起来，只有票号、账局、钱庄、典当各自的
小行会。中国早期重商主义鼓吹者，极力呼吁商人进入主流社会。傅山
说："市井贱夫可以平治天下"（傅山《杂著录圣人为恶篇》），"生人之
有为也，本以富生人。富生人，而治人者乃有为。"（《霜红龛集》卷三十
五《墨子·大取篇释》）清中期后，一批研究历史地理的学者山西人祁士
韵、张穆、徐继畲等，不仅研究西北、蒙古地理商路，而且研究世界地
理。徐继畲说："欧罗巴诸国，皆善权子母，以商贾为本计，关有税而田
无赋。航海贸迁，不辞险远，四海之内，遍设埠头，固由其善于操舟，亦
因国计全在于此，不得不尽心而为之也。"（《瀛寰志略》）徐继畲盛赞华
盛顿"气貌雄毅绝伦"，"不僭位号，不传子孙，而创为推举之法，几于
天下为公"。浙江宁波府徐继畲推崇华盛顿文，镌碑赠送美国华盛顿纪念
塔，砌于第十级内壁，保存至今。徐继畲二次罢官后 61 岁，被平遥官绅
聘任超山书院山长，从事教育与研究十年，直至清政府再次起用。曾任山

西巡抚的张之洞、胡聘之等，是重商主义的推动者，也是洋务派的带头人物。

1500~1750 年欧洲商业革命，经过 250 年导致欧洲工业化；同时发生的中国商业革命，经过了 350 年后，才出现了一线工业化的曙光。原因就在于欧洲的文艺复兴运动，使得欧洲的神权得以清算，人权得以张扬，科学与民主成为时尚，使欧洲的商业精神、重商主义与市民思想成为社会的主流，导致工业化在欧洲崛起。中国的皇权始终没有得到清算，戊戌变法没有能够像明治维新那样获得成功，中国商人精神始终不能进入社会主流。

直到中共十六大后，商人可以入党，可以进入人民大会堂，参与国家大事。民营企业家已经登上政治舞台，"关有税而田无赋"业已实现，无城不商，无商不富的时代已经到来。历史上的晋商文化、晋商伦理在民间仍然存活着。只要政府确立天地之间人为贵，以民为本，为天地立志，为生民立道；只要企业家确立独富贵君子为耻，能够大富大红大德，相济于业，互惠互利，由此建立起我们共同的基本信念、价值取向、企业精神、行为准则，那么仁爱、正义、礼让、理智、诚信的社会环境与和谐发展，就是看得见的目标。中国商人精神的传承是当今建设市场经济与和谐社会的社会资本。

理性社会的建设，市场经济的发展，需要思想家和政府的引导，需要公共知识分子和社会媒体的传播，需要高等教育的贡献。高等商科教育担负着培育新一代企业家的重任。

四、商人精神与现代商科教育

商人的社会教育是必不可少的。晋商基础教育的形式主要是家庭教育、私塾、义学与书院。常氏重商而不轻学，重学而不轻商，学为经商之才培养基础，商为深学之人提供条件。

常家要求子弟，"凡语必忠信"、"凡行必笃敬"、"饮食必慎节"、"字画必楷正"、"容貌必端庄"、"衣冠必肃整"、"步履必安详"、"作事必谋始"、"出言必顾行"。

乔家尊师重教，书房中供先师孔子位，并有名家端方亲笔书写的"敏德以为行止，本立而可道生"的对联。对教书先生非常挑剔且尊敬，非饱学之士不请；平时每位先生配两名书童，逢年过节专宴款待，送红包，宴请宾朋时还要请教师坐正席，教师回家以轿车接送，主人们一字排开送到大门外，还要目送一程。民国以后，乔家的私塾，不仅读四书五经，还有文史、数理、英语等课程。乔家的子孙中有 12 名大学生，2 位博士，3 位硕士，2 位留学美国。私塾是晋商基础教育的基地，年至 9 岁入塾，教以《百家姓》、《三字经》、《千字文》3 种小书，次第读之。10 岁开始，次第读《论语》、《大学》、《中庸》、《孟子》，谓之四书。13 岁以上讲授《论语》，其书曰《二论典故》或《二论讲义》，均以白话解释书义，谓之开讲。13 岁以后向专业教育分化：有意于举业者，则续读《诗》、《书》、《礼》、《易》、《礼记》、《春秋》各经及古文辞，时文试帖，初学时文及试帖之摹制，谓之开笔。而有意经商者，于四书之外兼学珠算、五七言《千家诗》、《幼学》、《尺牍》。

十五六岁进入商号，需要经过学徒选拔、学徒训练的专业培养，有商人教科书。学徒阶段的学习内容，包括商人修养、写字、珠算、记账、秤平银色、经营技术与业务。商人修养是第一位，即诚信义利的商业伦理，中和之道的处世哲学，修身正己的心智素养。要求"学生意先要立品行，但行有行品，立有立品，坐有坐品，食有食品，睡有睡品。以上五品，务要端正，方成体统。行者，务必平身垂手，望前看，足而行，如遇尊长，必须逊让，你若獐头鼠目，东张西望，摇膊乱跪，卖呆望蜜，如犯此样，急宜改之；立者，必须挺身而立，沉重端严，不可依墙靠壁，托腮咬指，禁之戒之；坐者，务必平平正正，只坐半椅，鼻须对心，切勿仰坐、偏斜、摇腿、跣足，如犯此形，规矩何在？食者，必从容缓食，箸碗无声，菜须省俭，大可厌者，贫吞抢咽，箸不停留，满碗乱叉……扒于桌子，这样丑态，速速屏去；睡者，贵乎曲膝侧卧，闭目吻口，先睡心后睡目，最忌者瞌睡岔脚，露膊弓膝，多言多语，打呼喷气，一有此坏样，起早除之"。（《贸易须知》）诚如著名书法家徐润弟为乔家书写的一副对联："读书好经商亦好学好便好，创业难守成亦难知难不难"。体现了商士同性，贾儒相通，行贾习儒，都需要修身正己，提高心智素养。

明蒲州商人王文显说："夫商与士，异术而同心。故善商者，处财货之场，而修高明之行，是故虽利而不污。善士者引先王之经，而绝货利之途，是故必名而有成。故利以义制，名以清修，各守其业，天之鉴也。"晋商的心智素养，注重儒贾相通观、义利相通观、谋略竞争观、修身正己观、科技应用观、经世致用观的学习修养。

现代高等商科教育的课程设置，培养目标，注意了管理理论、科学技术、管理方法，这是现代商人必备的条件和要求，是非常重要的。但是，比较晋商当年称雄天下最重要的软实力——诚信义利的商业伦理，为人处世的中和之道，修身正己的心智素养，我们的现代商科教育还需要大大加强。现代工商业、金融业与服务业的竞争，已经不再是业务规模和资本数量的竞争，而是软实力的竞争、文化的竞争，软实力关系到一个企业、一个行业的生命力、创造力和凝聚力。软实力是现代企业的核心竞争力。当然，现代商科教育还需要注意多学科的交叉，关注当年晋商教育不存在的经济学、管理学与数学、工程系、心理学的融合，关注当年晋商失误的管理学与法学结合等。

传承中国商人精神，培育新一代企业家，是当代商科大学的重任。

五、晋商学的提出、研究与进入课堂

光绪年间山西一次乡试，试题是西商富华商困的原因。一位举子写道："良由商学无专门，商律无专条，商会无专责，而中西商情悬绝。"一个半世纪过去了，这个问题仍然没有很好地解决。商科大学的课程多数是照搬欧美的课程和教材。

2008年，作为原商业部直属的商科大学——山西财经大学，确定办学特色为以晋商精神培养新一代企业家。在全校开设公共选修课三门：晋商学、晋商案例精选、山西票号的经营管理。

晋商问题，是商业史但又不全是商业史，是金融史也不全是金融史，它涉及历史学、经济学、管理学、地理学、文化学、艺术学、建筑学、社会学、伦理学、哲学等多方面问题。为了科学、系统地深刻把握晋商的内涵，1997年10月在中国商业史学会学术会上，提出了建立"晋商学"的概念。晋商学的提出，得到了参加会议的胡平、吴承明、方行等一批老专家的充分肯定。2000年又对晋商学研究的对象与内涵作了进一步的提炼，草拟了《晋商学编写提纲》。《晋商学》在2008年3月正式出版。

晋商学的研究对象：以明清到民国时期山西商人及其商品经营资本和货币经营资本的活动为研究对象，探讨山西商人资本的发生发展规律性，研究晋商企业的经营战略、管理艺术、企业文化，研究晋商与政府、与外商、与亚欧经济交往的关系，研究晋商精神、商业伦理、哲学思想，研究晋商教育、文化、戏剧、武术、建筑等各方面的创新与特点，是探讨中国

金融贸易活动规律性的科学。晋商学是一门多学科交叉的综合性的科学。晋商学还要研究商人与社会。

晋商学的内容：包括晋商发生发展的社会经济背景、活动舞台、业务经营、管理技术、内部组织、行会约束、商业伦理、处世哲学等，以及晋商成功的经验与转型中的教训。晋商学从多角度分析晋商在各个科学领域的活动与建树，如地理学、管理学、市场营销、金融学、会计学、珠算、伦理学、哲学、戏剧学、教育学、建筑学、社会学等多方面的贡献，构成全面系统的从微观到宏观的综合体系。

晋商学包括了晋商的商业伦理与处世哲学。晋商的商业伦理是义利相通，见利思义，先义后利，以义制利。晋商的处世哲学是中和之道，和为贵，和气生财。主张人和、物义、事中。中为道，和为本，经商能否成功，实际是与人打交道，与物打交道，处人、理事、经营，坚持道御经营，和贯始终。

晋商学还要研究商人与社会。中国重商思想较早地出现在山西，到明末清初已经产生了傅山"市井贱夫可以平治天下"的思想，要求商人进入主流社会，而封建王朝始终没有答应。徐继畬说："欧罗巴诸国，皆善权子母，以商贾为本计，关有税而田无赋。航海贸迁，不辞险远，四海之内，遍设埠头，固由其善于操舟，亦因国计全在于此，不得不尽心而为之也。"

欧洲的文艺复兴使欧洲的神权得以清算，人权得以张扬，科学与民主成为时尚，使欧洲的商业精神、重商主义与市民思想成为社会的主流，导致工业化在欧洲崛起。戊戌变法的失败，使中国的皇权始终没有得到清算，商人精神始终未能进入社会主流。经济只能缓慢发展。

山西票号的经营管理课，是因为山西票号为中国金融机构创新、业务创新、技术创新、制度创新做出了巨大贡献，有些学者仍然是世界先进的。如晋商的人事股制度，"有钱出钱，有力出力，出钱者为东家，出力者为伙计，东伙共而商之"的本源价值观，这是劳资共创、劳资共赢的制度创新，是把投资者的物化劳动与伙计们的活劳动整合在一个产权制度框架中，将资本所有者与劳动者的物质利益牢固地凝结在一个平台上，使东伙共享新创造的价值。就是晋商的"资本论"。这是晋商区别于中外各大商帮的最根本差异。晚清时期，很多晋商企业的人身股总数大于银股。新学徒入店大掌柜有专门"请进"仪式，使基层劳动者获得一种终身归宿感，忠心耿耿为企业效力。又如，货币经营资本与商品经营资本相互参股投资，共同发展，金融业与产业混合生长。也就是以货币经营资本的发展来支持商品经营资本的发展，以虚拟资本来支持实体产业的扩张。直到民国年间，仍然是依靠这一经验，使山西省赢得了第三次工业化高潮成功进步，这在其他商帮中是罕见的。晋商文化有很多成功经验都值得当代新晋商在实践中传承和发展。

但是，到底商科大学应当开设哪些中国商人精神、中国商帮文化的课程，需要研究。山西财大还没有开设中国商业伦理的课程，这是个缺陷。

经济社会发展史证明，商可以富民，商可以强国。贱商、抑商是没有理论依据的。农业的现代化，就是商品化、货币化、市场化、城市化、工业化。当今社会，无商不富，无商不城，事实上当代社会已是商业社会。一个理性社会的形成，需要思想家和政府的引导，需要公共知识分子和社会媒体向大众传播。商帮文化、中国商人精神，是今天建设和谐社会的重要社会资本。

商帮文化、商人精神进课堂、进教材的提法很好。

专　　访

紧紧追赶时代的潮汐

——访山西财经学院副院长孔祥毅教授

背景说明

　　本文是《山西日报》资深记者席殿晋采写的报道，原载《山西日报》1994 年 3 月 28 日。

　　记得那是 1991 年 11 月 18 日、19 日，孔祥毅教授与山西省社科院张正明研究员合写的文章"山西商人及其历史启示"，在《山西日报》接连两日用两个整版的篇幅刊发。他们的文章中阐述的"历史上的山西人极具商品经济观念和开放意识。我们在改革开放的今天应当积极继承晋商精神，重振晋商雄风"的学术观点，在社会上产生了强烈的反响。《经济日报》率先以"一篇在山西引起反响的好文章"为题做了专门报道，《中国经营报》以及国内多家报刊也都相继予以转载或介绍，特别是当时任中共山西省委书记的王茂林专为这篇文章写了长达千余字的批语，热情推荐给全省领导干部学习参考。从而引发了更多的人对山西如何深化改革、扩大开放的进一步思考……对此，许多读者来信评价说这是一个经济学家对社会的理论贡献。

　　其实，上述研究成果相对于孔祥毅教授的整个理论研究成就来讲，那实在是"一滴水"而已。孔祥毅教授自 1963 年从山西财经学院毕业留校从事教学和研究工作 30 余年来，在经济学园地里辛勤耕耘，孜孜不倦，早已收获了累累学术成果。他撰著的专著、教材、工具书等就达 25 部之多，发表的学术论文和重要研究报告等有 100 多篇。仅在中国金融出版社评选的 18 本获奖图书中，就有他主编和合著的 4 部著作。他先后承担的 10 项国家和省（部）委托的科研课题，更是多次获得优秀科研成果奖励。正是由于在经济学研究方面的显著成绩，1992 年他被评为享受政府特殊津贴的专家，同时获得国内贸易部部级优秀专家荣誉称号。

孔祥毅教授告诉我，他的学术研究方向是金融史学和金融理论。1963 年大学毕业留校之后，他从研究山西票号入手切入金融史学的研究。他用心撰著的《中国近代金融史》、《中国金融史》、《山西票号史料》、《阎锡山和山西银行》等著作，就是他这方面研究成果的集中体现。《中国近代金融史》一书，是我国第一部高等财经院校金融史教科书，填补了我国金融史学研究的空白。票号研究一直是金融史学的重要课题之一。孔祥毅教授在这方面的研究也取得了重大突破。他和同事们一道整理出的长达 120 万字的大型资料书《山西票号史料》，为金融研究工作者提供了大量的珍贵的史料，具有较高的学术价值。他发表的一系列对于山西票号兴衰史的研究的独到见解，带有一定的开创性，受到学术界极高的评价。孔祥毅教授为我国自铸银元和转账清算制度历史的正本清源，在金融史学研究领域更是功不可没。他通过对大量史料和文物的历史考证，在全国率先提出"自铸银元始于清代康熙、乾隆年间的西藏地区"这一重要学术观点。后几经考证，已被史学界所公认，从而改变了"中国自铸银元始于光绪十三年"的传统看法。中国的转账结算究竟源于何时何地？金融史学界一直存有异议。以往国内不少学者认为起源于 19 世纪 80 年代末和 90 年代初期上海的"钱庄"。孔祥毅教授在对出土石刻进行系统钻研的基础上，提出了"山西金融行会首创我国转账和清算中心，其转账清算制度在时间上至少要比上海'钱庄'早一个世纪"的观点。他的这些重要研究成果，被认为是闯出了金融史学研究的诸多误区，大大推进了我国金融史学研究的进程。

孔祥毅教授在金融理论的研究方面，学术成果更辉煌。他的研究成果曾填补了我国金融理论研究的 4 项空白，为我国金融理论特别是中央银行理论的发展做出了自己独特的理论贡献。他首创了中央银行理论研究的新学科和社会主义金融理论的新体系，开拓了城市金融理论与业务研究的新领域，倡导建立存款准备金制度。孔祥毅教授是我国中央银行理论的创始人之一。他对于中央银行理论的研究成果，集中体现在其学术专著《中央银行概论》和高校文科统编教材《中央银行学》之中。特别是《中央银行概论》这部著作的出版，受到经济学界的充分肯定和高度评价。我国著名金融学家盛慕杰盛赞说："这是我国第一部系统地专门论述社会主义中央银行的著作，为金融事业的发展贡献了有价值的精神食粮。"它获得了山西省首届社会科学优秀科研成果一等奖。

　　孔祥毅教授认为，研究史旨在"以古为鉴"，为现实经济发展服务。因而，他在主攻金融史学与金融理论的同时，广泛涉足于当代经济学的诸多领域，也取得了许多喜人的成绩。比如，开拓和建立社会主义金融市场，是中国经济体制改革的主要内容之一。在没有任何模式和框架的情况下，理论研究与方案设计的任务十分艰巨。孔祥毅教授知难而进，从理论与实践的结合上做出了许多有益的探索，提出来一系列自己独到的见解和理论观点。尤其是近 10 年来，他积极参与省委、省政府主持的许多重大经济决策的论证，为山西经济的发展提供了一定的理论支持，在区域经济研究方面取得了显著成绩。他关于开拓和完善山西金融市场的构想的一些重要观点，被太原市工商银行所采纳。经过短短 4 年的试验，就使该行一跃成为全国金融创新的典范，被确定为全国金融改革的目标模式。

学人论语 古道寻踪

——访著名金融学家、山西财经学院院长孔祥毅教授

背景说明

本文原载《挑战新世纪》，香港文化教育出版社 1998 年出版，编辑沛文采写。

山西财经学院院长、著名金融学家孔祥毅教授。一腔富有韵律的晋东南口音，讲起话来，风趣、幽默、滔滔不绝，给我的采访留下很深的记忆。我们的采访是从刚刚结束的"晋商文化研究会"开始的……

孔祥毅教授告诉我们：自古就有"晋人善商"之说，山西人经商历史悠久，自春秋到宋辽金元，史书屡有记载。晋商作为中国近代十大商帮之首，在明清两代左右中国经济命脉数百年，中国历史上的第一家银行就是山西平遥的日升昌票号；中国历史上第一所专门的商科教育学校是元朝在山西运城设立的"运学"。世界经济史学界把山西商人与意大利商人相提并论，给予了很高的评价。孔教授将往日晋商的辉煌娓娓道来时，我们感受到了这位从事高等商科教育与研究的学者用心良苦，作为一名从事高等商科教育与研究的学者，研究历史上的"晋商"，是"以古为鉴"，服务现代，所做之事，意义极其深远。

遥想 5 年前《山西日报》用整版的篇幅，接连两日刊发孔教授和省社科院张正明研究员合写的"山西商人及其历史启示"，这是一篇颇具学术价值的文章，洋洋数万字，提出了在改革开放的今天，"继承晋商精神，重振晋商雄风"的重要学术观点，这正像时下这场瑞雪，给当年的

山西学术界注入了新的活力，一时间，在社会上和理论界引起了强烈的反响。

身为大学的校长，孔祥毅教授每天都要处理繁忙的教学和行政管理事务，每周还要给本校硕士研究生上课，他每天的工作时间大多在 12 小时以上。他对金融理论和金融史学的研究，数十年如一日，坚韧不拔，笔耕不辍，而且硕果累累，丰泽学园。自 1963 年从山西财经学院财政金融专业毕业留校任教以来，他从研究山西票号入手，切入金融史学的研究。先后参加了《山西票号史料》、《阎锡山和山西银行》等金融史料的整理研究，现在他正受全国高校古籍整理委员会委托，整理研究《山西商人史料》。他的专著和主编的教材有：《中央银行概论》、《中国社会主义金融理论》、《金融通论》、《金融市场学概论》等 15 部之多，发表了 70 余篇有价值的学术论文和重要研究报告，承担了 10 项国家和省（部）委托的研究课题，多次获得国家和省（部）的奖励，当名利与荣誉滚滚而来时，孔教授却没有困惑，他生活的信条从未改变：清清白白做人，认认真真做事，平平淡淡生活。

孔祥毅教授作为我国中央银行理论的创始人之一，他的代表作《中央银行概论》出版后在学术界引起了较大的反响，受到了同行和专家的好评。我国著名金融学家盛慕杰先生称赞说："这是我国第一部系统地专门论述社会主义中央银行的著作，为金融事业的发展，奉献了有价值的精神食粮。"他和同事们整理的长达 120 万字的《山西票号史料》，为金融史研究工作者提供了大量珍贵的史料，具有较高的学术价值，日本学者松蒲章教授在《东洋文化》杂志上给予了极高的评价。孔祥毅教授还为我国自铸银元和转账清算的历史正本清源，率先闯出了金融史学研究的误区，大大推动了我国金融史学研究的进程。

孔祥毅：从寒门孺子到经济学家

背景说明

本文原载《山西晚报》2003 年 10 月 12 日 "特别档案" 专栏，记者张瑾采写。

一、家世：耕读传儒业，诗书续精神

孔教授不仅是中国著名的金融学家、金融史学家，而且是中国第一大家——孔氏家族第 75 代传人、孔子第 43 代孙文宣公、孔氏中兴祖孔仁玉的后代，为山东孔氏广文户支派。他的祖上——第 54 代孔思用在元朝曾任山西沁水县教谕，后升威州学正，因为元末战乱，未能到任，在山西翼城落户，为山西孔氏始祖。至明初第 56 代孔希直又迁到山西阳城县仙翁山下，披荆斩棘，在深山老林中耕读传家，为阳城孔氏始祖。这种令人羡慕的家世给了记者更愿意接触孔先生的兴趣。

谈到家世，孔先生说，家居乡下的孔氏家族后代，对儒家思想的继承和发扬，更多地和广大的中国老百姓一样，是潜移默化、代代相传的，而自己和所有的孔氏家族的族人一样，每遇过年过节，都要对着孔夫子牌位顶礼膜拜，多少个世纪以来，孔子在他的家族中，像神一样，被子孙后代尊敬着。不仅视书为宝，就连写过字的纸，也不能踩在脚下，也不能当作手纸使用，否则就要受到大人的责罚，认为这是对祖宗的不敬。为了让儿子好好读书，母亲给他起了个乳名叫书宝，自幼就嗜书如命。在这种从小到大对孔子的顶礼膜拜中，儒家思想的精神融入了孔先生的精神世界，成为了他步入著名学者行列无意识层面的原动力和行为准绳。

　　孔先生童年生活在山沟里，没有学校，但是孔氏家族重视文化礼仪之风尚存，乡亲们在农闲时请一位有文化的先生在一间土窑洞中教孩子读书识字，农忙时让小孩与大人一起下地干活，叫季节性小学。他一边放牛，一边学习，用红土、烟灰做墨写字，用桑皮纸抄书做课本，到了小学五年级时，才有步行到 30 里地以外一个大庙正式读书的机会，每两个星期回一次家，每次离家都得背着下两个星期的口粮。不过，一直到上中学，他的学习成绩始终是第一名。1960 年，孔先生考上了山西财经学院财政金融系。由于当时正值国家经济困难，通货膨胀，财政金融管理人才紧缺，在 1962 年的高校调整中，他们这批学生必须在两年内学完四年本科的全部课程，提前毕业投入到祖国经济建设中。在夜以继日地学习的同时，由于经济困难，他还要争取时间去校外打工，自己缝衣服、拆洗棉袄被子，大学念得很辛苦。1963 年，孔先生以优异的成绩毕业留校任教，开始了毕生的教育生涯。1966 年，"文革"开始，他也身不由己地被卷入"文化大革命"的洪流中。"文革"开始一年多后很多事情他感到不可思议，在困惑中他把所有时间都花费在泡图书馆上。当时学校图书馆有一位张光亚老先生，早年毕业于日本早稻田大学，曾做过大学教授，后来任中央银行兰州分行协理，解放军解放西北时，他开车带着黄金投奔陶峙岳将军参加新疆起义，拥护中国共产党的领导，号称山西财经学院的活字典。孔先生每天在图书馆跟着张教授整理图书资料、做经济学专题卡片、学习日语，"文革"岁月反而成了他的知识再积累过程。在"批林批孔"中，他是"批林批孔简报"的编辑，他从张先生那里借了很多书作"参考资料"，实际上成了他真正系统学习儒家思想的机会，张老先生的影响和指导，为孔先生后来的学术研究打下了良好的基础。

　　作为孔子的后代，儒家思想对孔先生成为"道谊、事功两全"的著名学者始终具有深层次的影响作用，尤其是儒家的中庸哲学思想，对孔先生的影响至深至广。孔先生认为对人应该以德化教育为主，以仁治人，德重于刑，才能从思想上使一个人由恶向善。而做人要有恒德，不管是从政、从商，还是从儒，有长久之德才能取得真正的成功。从教 40 多年，孔先生在工作中、生活中、科研中，始终贯穿着祖宗遗传下来的儒家中庸思想：遵从王道、以义处事、以礼待人、以信处人、以廉正身、以智回报社会。谈到现在社会上存在的一些问题，他认为"还是应该提倡儒家思想的精髓，孔孟之道不是神学，更不是鬼学，而是人学，它告诉人们如何为人为官，告诉人们如何做人处事"。

孔先生曾经担任山西孔子学会副会长，积极参与山西儒学研究，最近又请在台湾的衍圣公孔德成书写"山西孔子研究会"的牌匾，希望在弘扬儒家思想、振兴中华传统文化的事业中做更多的事情。这也许是作为孔子后代的一种责任和义务。

二、授业：杏坛方丈地，桃李满天香

孔先生自从走上讲台那一天起，就在认认真真地履行着自己作为大学教师的"传道、授业、解惑"的天职。

作为山西财经大学的一位名师，他的弟子们始终认为孔先生是一位恪尽职守、视师德为生命的学者。孔先生是一位惜时如金的人。上课，他会准时推开教室的门走上讲台，风雨无阻；开会他总是按时进入会场，把浪费别人的时间认为是不道德的事情，所有走访的孔先生的弟子都记忆犹新，孔先生是一位博古通今的学者，无论是他的学术报告，还是面对学生的每一堂课，孔先生总是侃侃而谈，古今中外、理论联系实际，融会贯通，每一次课，他总是用他极具磁性的语言向他的弟子们传授最前沿的知识，沟通着最有用的信息。

孔先生还是一位激情满怀、不知疲倦的学者。孔先生一旦出现在他的学生面前，总是仪表端庄、精神饱满、充满自信、富有激情。课堂外的他，平易随和；课堂内的他，却师态俨然；台下的他，有时也倦态可忧，而一旦站在讲台上，则总是神采奕奕。学生们受到他的感染，也总是显得格外的精神和专注。

由于孔先生精彩的讲授与教导，许多学生都觉得金融世界并不是抽象得看不见、摸不着的，而是富含着巨大的宝藏，等待自己去开采和发掘。在孔先生的引导下，他的弟子们常常沉醉于他演讲式的课堂氛围中，学习变得不再是一种艰苦的劳动，而变成一种令人愉悦的享受。

孔老夫子有三千弟子七十二贤人，孔先生培养博士、硕士、本科学生超几千人，这些学生分布于全国各地，有的在国家机关工作，有的在各级金融机构任职，有的尚在京沪或者国外攻博，也有留在各地大学里像他一样教书育人者。其中不乏仕途腾达、儒道辉煌者。在"教"与"学"的过程中，孔先生收获了"桃李遍天下"的快乐，而他的学生也从他那里学到了成就事业的知识和做人的高尚品格。

三、治学：文章千古事，仕途一时荣

孔先生可以说是山西仅有的几位研究晋商的大学者之一。

1963 年，孔先生毕业不久，就参加了《山西票号史料》的编写工作，这一次偶然的加入，为山西造就了一位"晋商学"的奠基人。孔先生回忆这一段历史之后说，后来之所以潜心研究票号史，是因为"山西票号在世界金融史上的地位很特殊，这是晋商的历史贡献，他们按照儒家文化经营商业，讲究诚信至上，以义制利，和气生财，珍重'相与'。研究晋商的目的就是要传承晋商精神，这就是重商立业的人生观、诚信义利的价值观、艰苦奋斗的创业精神和同舟共济的协调思想。"几十年孔先生始终对晋商与票号兴趣盎然、笔耕不辍。为此倾注了毕生精力，几十年在这片孤寂的土地中耕耘，奠定了他当今中国近代金融史学第一人的学术地位。

在孔先生的书房中，笔者看到了 10 个书架上的书不仅双层摆放，一个书架当两个使用，就连书架顶上和地下也都是堆积如山的资料，其中一个架子全部是他个人的研究成果和各类证书。

1974 年冬天，他受中国人民银行总行的委托参加山西省分行《阎锡山和山西省银行》研究，1980 年由中国社会科学出版社出版发行，补充了中国金融史上的空白。此后，他又撰写了"阎锡山早期的金融资本"、"抗战以前阎锡山的农村金融政策"、"阎冯中原混战与晋省金融"、"阎锡山的金融思想与实践"、"山西商品经营资本研究"、"山西货币经营资本研究"、"山西票号与清政府的勾结"、"晋商今鉴"、"晋商兴衰与市场"等一大批文章。他多次对学生讲："山西商人在山西，山西商人研究专家不能在日本。"孔先生同山西部分学者的不懈努力极大地推动了晋商与票号研究在省内外理论界的深入开展；香港大学专门请孔先生赴港作"山西货币商人的金融创新"的报告。1991 年他与张正明研究员合作撰写并荣获全国报纸优秀理论文章奖和山西省社会科学研究成果应用一等奖的"山西商人及其历史启示"一文，引起了时任省委书记王茂林同志的重视，亲自写了 1000 多字批示，省委办公厅主办的《工作研究与交流》全文刊发并加编者按语，希望山西的同志都能读读此文。同年 12 月 24 日，《经济日报》以"一篇在山西引起反响的好文章"为题，对该文又一次予以重点报道和宣传。由此推动了晋商研究的社会化和广泛化的进程，古代

晋商的精神风貌开始深入人心。在他的建议和推动下，晋商文化开始成为山西旅游业的一个亮点，晋商精神在推动山西社会经济的发展和进步中的作用越来越显著。

关注山西现实是孔先生理论研究的另一个重要方面。为了尽快改变山西的落后状态，孔先生同样把巨大的精力投入到山西社会经济的研究领域，他通过省城社会科学工作者"月中漫谈会"、社会调研、答记者问等多种形式和途径，发出了《弘扬晋商精神，重振晋商雄风》、《我们别无选择》、《山西不能再等待》的急切呼唤。透过这声声呼唤，我们真切地感受到一颗热爱故乡的、急切跳动的赤子之心。

金融理论研究是孔先生的另一个重大学术贡献。1986年他与慕福明合著的《中央银行概论》一书，被中国著名金融学家盛慕杰教授称为"我国第一本系统地专门论述社会主义中央银行的著作，为社会主义金融事业的发展和从事金融科学研究的同志奉献了有价值的精神食粮"。该成果对我国中央银行体制的设立，以及对中央银行理论的建设与发展，作出了开创性的贡献。南开大学、中央财金学院等全国20多个大学将此书作教材开设新课，有的学校还派老师来山财进修。1997年亚洲金融危机之后，孔先生在研究金融危机和世界金融发展趋势中，认为当代金融的全球化国际化及其与高科技的高度结合，使金融的脆弱性进一步发展，为了提高金融的安全和效率，金融必须与经济、社会相协调，这种协调只能通过市场的博弈和国家调控的科学结合，这就需要有建立在中庸哲学、制度经济学、系统论和信息论基础上的协调理论的指导。他提出的金融协调理论，在国内学术界产生了重大影响。孔先生的金融思想，在华夏大地传播着……无远弗届，影响至深，受益的学子也将过书墙而远达四方。

孔教授在2000年10月由学校党委书记岗位退下来以后，完全从"事功"的琐碎事务中摆脱了出来，全身心投入到了他醉心的学术领域，笔耕不辍，他的学术专著也在一部接一部地呈献给他的读者：《百年金融制度变迁与金融协调》、《金融理论教程》、《宏观金融调控理论》、《金融票号史论》、《山西票号研究》，再版了《中央银行通论》……真是道谊永久、学术永久。

采访结束的时候，孔先生随手拿起他的几本学术著作送给笔者："文章千古事，仕途一时荣。"他那爽朗的笑声显露出了投身学术生涯的满足和快乐，也充分表露出了大者为尊的学者风范。

孔祥毅：四十年浓缩五百年

背景说明

本文原载《新晋商》2005年第10期，杂志主编苏彦采写，后中华企业文化网于2005年10月12日转载。

在山西经济学界，尤其是在金融票号史研究领域，孔祥毅教授的名字始终是一个重要的符号。

10多年前，记者曾有幸成为孔教授旗下的学生，尽管在上大学的4年中，真正的谋面也就有限的几次，他当时是山西财经学院的院长。所以，当我以一个记录者的姿态坐到孔教授面前时，生出一种不由自主的崇敬。比我印象中稍显瘦削，但很精神，尤其是在谈到他研究了40年的晋商时，孔教授眼角眉梢有掩饰不住的兴奋。

一、指点40年晋商研究路

回忆起自己过去40年来的研究历程，最准确的还是他在自己一本书的序言里的话，看似平实无奇的叙述中流露出对他的事业的热爱。所以，在此辑录如下：

不知不觉大学毕业已经40多年了。在这40年中，除了最近搞了十几年学校管理工作外，基本上都是读书、教书、写书。我们这些搞社会科学的，不可能在实验室发现规律。研究经济金融理论，需要研究经济金融历史，通过经济金融发展过程的分析，去探讨规律性。

1963年一踏上工作岗位，领导交给我的第一项任务就是参加山西票号史料编写组的工作。山西票号史料编写组是 1960 年成立的，是学校的一个重点科研课题组。从 1960 年开始，到 1963 年春主要资料收集工作基本完成，书稿框架已经出来。大约在 1963 年 9 月系里调整了教学与科研人员的力量，减少编写组成员。我是编写组的新兵，编写组给我的任务是收集、研究票号为什么会发生在山西的史料。

我在山西省图书馆泡了三个多月，翻阅了 40 多部府、州、县志，还有 20 世纪初中外学者们的一些研究成果，收获很大，心情也很激动。但是 12 月初的一天，学校突然通知我去省委党校学习一个月，然后下乡参加农村社会主义教育运动。就这样我中断了这个题目的研究，一去就是三年，到"文化大革命"发展到红卫兵大串联时，才返回学校，但是票号研究已经停下来了。然而山西票号与山西商人的关系问题始终在我的脑海中挥之不去。

1974 年 12 月，中国人民银行总行接受了国家关于民国金融史的研究任务，要求山西分行配合研究民国时期阎锡山独立王国统治下的山西省银行历史。为了完成这个任务，我被借调参加了山西省金融史编写组的工作，对散在民间的和山西省图书馆、档案馆和国家第二档案馆，以及南京、上海、山西各县的资料进行了大量的调查和整理，到 1977 年基本完成《阎锡山和山西省银行》史料。就在接近结束时，人民银行总行又指示山西金融史编写组继续完成《山西票号史料》收集整理工作。这样，我又二度参与了山西票号史料的研究工作。

1981 年我偶然看到一条消息，日本东北大学教授寺田隆信先生出版了一本《山西商人研究》的书，我写了一封信，并附去了我们的《阎锡山和山西省银行》一书。没过多久我收到了寺田先生寄来的日文版《山西商人研究》。我读了他的《山西商人研究》感到很震惊，一个日本人竟然能对山西商人的了解比我们山西人还清楚，我深感不安，这是山西人的羞愧，是山西财经学院学者的耻辱。后来又了解到日本还有老一代的学者左伯富先生，新一代的学者滨下武志、松浦章先生等都是研究山西商人的专家。心里想，山西商人在山西，山西商人研究的专家岂能在日本？

在山西财经学院和人民银行山西省分行的领导下，经过行、校两家共同组成的编写组全体成员的一致努力，1981 年末完成了《山西票号史料》的补充修订，于 1982 年春天召开了"票号讨论会"，来自北京、上海、成都等地的专家对山西票号研究发表了很好的意见，到 1990 年，《山西票号史料》终于由山西人民出版社正式出版了。大概是由于这些经历，所以在后来的教学中，尽管我主要是讲授货币银行学理论，但是对金融史始终有着浓厚的兴趣。

1992 年，在著名剧作家华而实等同志的努力下，"晋商文化研究会"成立，我作为研究会的副会长之一也积极推动晋商与票号的研究与宣传。1995 年，晋中地委和行署决定建设晋中晋商大院文化旅游走廊，确立旅游经济为支柱产业的经济发展战略，使晋商和票号研究与现代经济发展联系起来，票号研究从此走出了经院式闭门研究的藩篱，给晋商与票号研究注入了活力。

二、指点明清晋商成败

晋商在其近 500 年的历史实践中，积累了宝贵的精神财富，留给后人以丰富的经营宝训，是一笔泽被世人、恩泽后代的遗产。500 年间，晋商以其勤劳、智慧传承富裕、文明，足迹遍华夏，声名振欧亚，影响之大，在中国、在亚洲甚至于世界商史上都有一定的位置。

晋商精神，也是晋商文化内涵的核心，晋商精神可以用四句话来概括："重商立业的人生观，诚信义利的价值观，艰苦奋斗的创业精神，同舟共济的协调思想。"

重商立业的人生观：山西自宋元以后，逐渐在民间形成了一种重商观念，即"以商致财，用财守本"的立业思想，这就是通过经商获得金钱，然后置房产买田地，再以土地出租和放高利贷，经商获取收入，以其商业收入发展商业和金融业，建立以商业为始点的价值循环和增值过程。这种与传统伦理观念相伴的人生观，是山西商业发达的思想基础。

诚信义利的价值观：山西商人同全国各地商人一样受孔孟之道影响，崇尚信义，在其重商立业的创业思想指导下，在"义"和"利"的问题上，有其独特的理解和行为规范，主张"君子爱财，取之有道"。晋商的成功是建立在诚信的基础上的。

艰苦奋斗的创业精神：山西地处黄土高原，自然条件差。而往来于"茶马之路"的山西商人，贩茶于福建、湖南，销售于大漠之北，千山万水，穿沙漠瀚海，夏则头顶烈日，冬则餐饮冰雪，年复一年奔波于商途，尤其经商于新疆、蒙古、俄国、日本的山西商人，更需要克服语言和生活习惯等障碍，没有艰苦奋斗的创业精神是难以称雄于商界的。

同舟共济的协调思想：山西商人笃信"和气生财"，重视与社会各方的和谐，尤其是在同业往来中既保持平等竞争，又保持相互支持和关照。

尽管在传统思想中，商人的地位一直受到压制，但由于他们在社会生活中的重要作用，商人在当时还是比较受政府重视的，官府对商人的正常经营不加干预。晋商在明清时代的崛起，与当时政府推行的一系列政治、军事、民族方面的政策有很大关系。特别是清代后半期，由于晋商积极为清政府办理筹款，办理捐纳汇兑，代理财政收支汇解等，与清政府的关系迅速密切起来。可以说，与官府的密切勾结使晋商在一定时期内获得了巨大收益，但到清末民初，与官吏的过往太密，则是晋商迅速垮台的原因之一。

晋商衰落的原因可以分为客观和主观两方面，从客观原因方面分析主要有：

一是交通改变，商路转移，失去地理优势。山西商人的贸易重心在蒙古、俄国，由于科技的进步，19世纪末随着铁路、轮船现代交通工具的引入，海上贸易迅速扩大，沿海、沿江（长江）商路扩大，欧洲以及俄国亚洲部分商品多经海上输入中国，出口商品亦由海上输出，原来的经山西北出归化、库伦、恰克图的路线顿时冷落，而京包线的开通，也改变了晋商货运的格局，失去了山西商务的地理优势。这是自然条件造成了交通方面的变化。

二是外商入侵，洋货泛滥，失去了旧有市场。自鸦片战争，五口通商，洋货输入，洋行入侵，旧有的中国市场上插进了以坚船利炮为后盾、经营现代机器生产和成本低、质量好的洋商品的洋行这样一个竞争对手。晋商拜倒在清政府下，清政府拜倒在洋人下，自然晋商不是洋商的对手。

三是清廷退位，政治动荡，贷款荒废，存款逼提。随着清政府垮台，官吏四散，山西票号对政府的放款，一夜之间成为荒账，而官吏个人的存款却需如数支付，挤兑风潮，将票号逼得只能关门破产。

从晋商自身看，其衰落的主观原因可以归纳为以下几个方面：一是制度缺陷，股东无限责任企业破产后累及老家的财产。二是财东腐败，不理号事，管理混乱。清末，山西商人的财东已渐渐失去其创始人的精神和风貌，只知坐家享受，不知业务艰辛，而各地商号管理人员见财东腐败，也乘机捣鬼，亏赔增加。三是拒绝改革，固守旧制，失去发展机会。山西商人在商路改变、失去地理优势和洋货深入、土货滞销、市场缩小，旧有的组织管理形式、经营方针受到严重挑战的情况下，却迟迟没有重大的改革和创新。

三、指点新晋商发展路

晋商的以企业制度为核心的经营管理之道，在当时是很完备和先进的。今天，把晋商的决策、领导、监督、控制等管理机制及其与内外环境的协调，同当代经济学、社会学及管理学、行为科学、心理学等学科结合起来，对研究、探讨今天的企业经营管理会有很高的价值。

我们研究晋商不是醉心于颂扬他们当年的辉煌业绩，也不是要沉溺于繁琐的历史细节，而是要实事求是地总结前人的得失成败，去和现实相结合，去指导今天的实践。

在当前中国东部快跑，西部提速，东北振兴的情况下，中部在塌陷。中部经济塌陷中，山西金融呈紧缩状态，表现在资金外流严重；金融保险业产值比重不断降低，从 1995 年占全省 GDP 的 12% 降到 2003 年的 3.62%；银行贷款效率下降，山西亿元贷款创造的 GDP，1978 年是 2.1 亿元，1999 年只有 0.7 亿元，贷款使用效率也从 1990 年的 0.684 降至 2002 年的 0.513；不良贷款率从 20 世纪 90 年代初的 15%～18% 上升到现在的 30%～40%；资本市场发展滞后，上市公司有 24 户，是全部上市企业的 1.58%，市值仅占 1.07%，而且上市公司融资能力差，1993 年以来山西从股票市场融资近 60 亿元，仅相当于全国同期筹资额的 1.25%。金融紧缩的直接后果是产生了"虹吸现象"：山西资金被抽走，外部资金不愿进来。

山西要建成新型能源和工业基地，就要解决建设资金。紧缩的金融态势显然完不成这个重大任务，必须创新金融机制，由此，提出了"营造山西金融洼地"的构想。"营造山西金融洼地"就是要吸引外部资金流入，阻止内部资金流出。孔教授建议以政府的强势弥补市场弱势，以政府驱动营造有利金融环境，吸引资金内流；再通过金融先导，引导资金流向新型产业部门，实现金融转换促进产业结构转换的目的；通过金融创新，培育货币市场，扩张证券市场容量，拓展金融宽度，营造资金内流市场环境，从而扭转山西金融紧缩局面，提升山西经济和金融实力。

山西经济结构是一种衰竭性经济结构，因为山西再生产过程中损耗与补偿极不对称。给这种不对称雪上加霜的是，山西付出极大代价挣下来的一大笔资金，又通过富豪外地消费的形式大量流失。

目前的山西民营企业家在继承了老晋商的"官商"传统的同时，却丢失了老晋商一个宝贵特质：走出去的市场开拓精神。自从一些晋商将视野盯住官场以后，因为很容易获得丰厚利润，通过商业与金融创新去寻求新发展就不再重要了，以致坐失改革良机。

就山西民营企业来说，现代企业机制完善的任务确实很重。晋商的整体素质有待提高，向现代商人转变，晋商还需要把丢掉的宝贵东西捡回来。

当前中国正处于新一轮经济高潮。由于 2003 下半年到 2004 年的宏观调控，经济周期可能延长，2005~2006 年会是高峰期。

改革开放 25 年来，第一轮发展高潮是沿海战略，山西没有赶上；第二轮西部大开发，山西没有赶上；2001 年以来，中国进入新一轮经济扩张，晋商能不能抓住机遇迎头赶上？是无所作为还是破釜沉舟？

随着科学发展观和中部崛起战略的提出，晋商复兴，正逢其时。

其　　他

残留诗作

寄并州

1977 年 5 月 28 日于北京三里河财政部招待所

燕城初夏绿荫稠，
鸡毫作伴做高楼。
电话频来有戏看，
展览岂能放背后？
沪桂川吉共聚首，
愚子点头见师友。
三秋三秋有几何？
屈指可数七之首。

一九七七年六月三十日

1977 年 6 月 30 日于北京

盼日前夕惊盼闻①，

---

① 盼日，7 月 1 日党的生日。

大浪淘沙我何妨？
念念之中二百日，
薄梦依稀十八春。
尽管洪峰顶头来，
不减当年锐半分。
暴雨能摧是渣滓，
狂风难毁是花岗。

登长城

1977 年 7 月 1 日于八达岭

自古豪杰闯险道，
祖龙业绩见长城。
居庸关外多崎岖，
人生自古亦坎坷。

无　题

1983 年 1 月 20 日晚饭后静坐，思自己"气滞血瘀"日重，
原因何在？无意之中出此拙句。

谁知人生如此难，
天涯何处觅清官？
出门需穿铁甲鞋，
回家当带裙罗衫。
经济世故出差错，
屁打脚跟淌血斑。
清清楚楚难做人，
拉拉扯扯人上人。
世人都以关系重，

做笑傻瓜与书呆。
学问学问学难问，
此风何时得清翟。

参观自然科学馆

1989 年 7 月 17 日

虫草鱼龙竞沧桑，
胎幼少老走马灯。
今生怎能尽万事，
何必追月赶太阳。

三座塔随感

1989 年 7 月 19 日于凌源朝阳途中

昔日三座塔，
今日朝阳城，
不见曹家号，
高楼立如林。
不闻驼铃响，
只听车笛鸣。
北亚古道今何在，
何日丢却缠身事，
背着干粮觅商影。

本溪水洞走船

1989 年 7 月 21 日于本溪

一日南海起波涛，
万家宫阙齐喧闹。
天宫天事天人管，
敢问客船来何由？

千山行

1989 年 7 月 22 日于千山

重峦叠嶂峰外峰，
一堆土丘颂千山，
奇险幽秀多隽石，
吾唯崇尚可怜松。

金融神仙会

1990 年 7 月 15 日于庐山参加中国农村金融学会与银行企业化研讨会

金融神仙会庐峰。
赣州诸神敞仙洞。
各张宏论谈信用，
乱云至今仍从容。
青年锐意论改革，
老人犹记在险峰。

两个文件同送上①，
陶令是否还耕耘？

庐山易居否？

1990 年 7 月 15 日于庐山

香炉峰下居易庐，
庐林湖畔一号楼。
事隔千年谈居易，
庐山易居不易居？

白钦先六十寿题联

2000 年 7 月

晋阳范阳沈阳一路追名师
读书教书写书一生育英才

祝扬州盐商盐论开坛②

2011 年 4 月 25 日于太原

盐委盐城论盐场，高论新论记犹存。

---

① 两个文件是 1990 年 7 月中国农村金融学会与银行企业化两个研究会形成的两个总结文件，要上报农行总行作决策参考。

② 2008 年 7 月，中国商业史学会盐业史专业委员会在盐城胜利召开。2011 年第二次学术讨论会在扬州大学召开。

今日扬州再论盐，盐仓盐市护盐文。
张王范展阎薛杨，瘦了西湖肥了亢。
黄家掘得个园竹，两淮盐帮维晋商①。

恭贺厦门大学金融系八十华诞

2008 年 10 月

海纳大师坐镇南国金坛布道
春催桃李走向五洲经世济民

吟晋阳白氏三杰

——写在白先生钦先古稀时
2009 年暑月

经纶济世寻大家，白氏三杰鸣晋阳。
首鸣战国见白圭，弃取之道读典藏。
再鸣盛唐白香山，君操刀布驭农商。
三鸣华夏复兴时，发展理论钦先倡。

恭贺张亦春先生执教五十周年

2010 年孟冬

道通天地种桃李，
椽笔一枝著文章。

---

① 两淮盐商中，晋帮有永济张四教、王宾、范世奎、展玉泉，代州杨继美，太原阎若琚，大同薛嬰，介休范毓滨等大盐业世家，实力最强者数临汾亢家、大同黄家。

海风北吹越江河，
煦润书屋冬亦春。

恭贺曾康霖教授荣获中国金融教育终身成就奖

2012 年 11 月 22 日

慎而不葸立宏论济世
文修朴质树英才襄国

题　词

——写给学生经济研究会《专家导读》

背景说明

本文是 1995 年 10 月 30 日应山西财经学院学生经济研究会《专家导读》专刊而写。作者极力支持专家教授为学生们读书提供指导。青年人的成长，需要本人爱好，名师指导，博观约取，恒心毅力。

学生经济研究会举办《专家导读》，是件很好的事，祝贺这株幼苗苗壮成长。

当代大学生是跨世纪的一代，肩负着历史重任。从现在到 2010 年，我国人均国民收入又要翻两番，这要靠人力资本的投入。著名经济学家诺贝尔奖奖金获得者舒尔茨提出："当代高收入国家的财富是由什么构成的？主要是人的能力。"人的知识与能力，构成了社会财富。而知识和能力首要是从读书开始才能得到。博学之，慎思之，明辨之。哲学家培根说："读史书使人明智，读诗使人聪慧，演算使人精密，哲理使人深刻，伦理学使人有修养，逻辑修辞使人长于思辨。"2000 多年以前，我国就有立德、立功、立言的"人生三不朽"之说，为社会立德，为国家立功，为民族立言，只有读书、自励，有知识、有能力、有道德，才可能立德立功立言。诚如列宁所说："只有用人类创造的全部知识财富来丰富自己的头脑，才能成为共产主义者。"

读什么书？怎样读书？听一听专家教授的意见是很有必要的。传导授业、教书育人是教师的天职，专家教授会以自己的亲身体会，向同学们介绍怎样做人、怎样做学问、怎样思考，因而《专家导读》一定会有助于同学们达到素质训练的目标。

我过去常和同学们讲，本人爱好，名师指导，博观约取，恒心毅力，这是成功的必经之道。

祝贺《成才之路》

背景说明

　　本文是 1996 年 4 月 25 日山西财经学院学生会在"五四"青年节前夕出刊《成才之路》的刊首语，表达对学生们成才之路的厚望。

　　一个成才者的身上至少可以折射出三种光芒，其一是自身良好的修养；其二是过人的学识和才气；其三是面对繁纷世界应对自如的能力。以上三条，也正是新一代大学生成才需要穿越的三道关隘。求学期间，正是打基础时期。如何打基础，首先要读万卷书，积累书本知识；其次要行万里路，学习实践经验；再者开阔心胸，广采博蓄。努力向知识型、实践型、开发型人才历练。新的一代，是创造者，又是继承者，祝愿年轻人能够秉承民族的优秀传统，以出众的才识和修养，无比开阔的眼见和心胸，去开创新世界的美好前景。雄关漫道，迈步从头。

2005 年在新晋商联合会成立
会议上为报社题词

本文是在 2005 年新晋商联合会成立会议上，应《山西商报》要求写的题词。

重商立业的人生观，诚信义利的价值观，艰苦奋斗的创业精神，同舟共济的协调思想是晋商精神；关公崇拜的商业伦理，唐晋遗风的经营战略，地缘贸易的创业之路，人本主义的企业文化，官商相维的展业思想，乡土轴心的用人之道，是晋商文化的特点。历史证明，商可以富民，商可以强省，商可以兴国。山西经济的复兴，当弘扬晋商精神，传承晋商文化，依靠新晋商的崛起。

《百姓理财》专栏寄语

背景说明

本文是 2010 年 1 月 9 日应《太原晚报》与太原电视台要求，为其《百姓理财》专栏写的寄语。

《百姓理财》专栏是百姓家庭的必修课，你们能够让百姓理财从无到有、从冷到热、从激情到理性、从投机到投资，创造条件让百姓拥有更多的财产性收入，百姓感谢你们。需要告诉百姓，分散、多元、谨慎地打点自己的财产，不会没有收获。

不可忘记晋商金融文化的世界意义

背景说明

本文是在 2010 年太原首届世界晋商大会期间，应《环球人物·晋商特刊》要求而写的题词。

晋商最成功的经验之一，是货币经营资本与商品经营资本相互参股投资，金融业与产业混合生长，以货币经营资本的发展来支持商品经营资本的发展，以虚拟资本创新来支持实体产业的扩张。

虽然历史上的山西是金融大省，但现在山西已是"金融高地"，急需蓄住自己水，引来外地水，让已经流出去的水再流回来。

打造金融洼地也不难，只要找到支点与杠杆，由政府主导，通过政府创造金融政策和制度，使金融业先于其他产业发展起来，以金融业推进整个产业的快速发展。山西票号金融文化的核心，是信义至上，以人为本。票号商人的人生观、价值观、创新精神、风险控制等很多都值得现代金融传承与借鉴。